한국 현대법철학의 형성과 전개

The Forming and Unfolding of Contemporary Legal Philosophy in Korea

한국법철학회

세창출판사

이 저서는 2007년도 정부(교육과학기술부)의 재원으로 한국연구재단의 지원을 받아 수행된 기초연구사업임(No. 2007-321-B00161).

This work was supported by Basic Science Research Program through the National Research Foundation of Korea(NRF) funded by the Ministry of Education, Science and Technology (No. 2007-321-B00161).

차 례

발 간 사

[발간사]

한국 현대법철학의 형성과 전개

김 정 오*

Ⅰ.

한국법철학회가 학회 창립 50주년을 기념하여 그 동안 한국의 법철학 연구를 정리한 단행본을 내게 되었다. 참으로 감개무량한 일이 아닐 수 없다.

50여 년 전 사회의 어느 부문 하나 제대로 내세울 수 없는 상황에서 이 땅에 '법철학'이란 학문을 뿌리내리고자 학회의 先覺者들께서 우리가 몸담고 있는 법철학 담론의 장을 열었다. 그 작은 씨앗이 지금 알찬 한국의 법철학계를 만드는 계기가 되었던 것이다. 이 자리를 빌어 우리의 先學들께 깊은 존경과 감사의 뜻을 전한다.

이번에 펴내는 『한국 현대법철학의 형성과 전개』는 지난 50여 년 간 '법철학'의 이름으로 한국 법학계에서 펼쳐 온 지적 흐름을 다각적인 관점에서 정리해 보았다는 점에서 큰 의미가 있다. 제1부에서는 시대별 이론과 쟁점으로 해방 이후부터 1950년대까지, 1960년대부터 1970년대까지, 그리고 1980년대 이후로 시

* 한국법철학회장, 연세대학교 법학전문대학원 교수.

대 구분을 하여 각 시대별로 어떠한 주제에 대해서 그리고 어떠한 문제의식을 갖고서 법철학 연구를 진행해 왔는가를 살펴보았다. 제2부에서는 주제별 이론과 쟁점으로 자연법론, 법실증주의, 법학방법론 및 특수성에 기초한 법철학의 동면 등 전통적인 법철학의 주제로 구분해서 기존의 연구성과를 다루었다. 제3부에서는 외국법철학의 수용이란 주제로 독일 및 영미의 법철학이 우리 학계에 어떻게 수용되었는지 그리고 동양의 법철학이 어떻게 탐구되어 왔는가를 살펴보았다. 그리고 원로교수님들을 모시고 연 좌담회를 통해서 그분들이 평생 동안 탐구해온 법철학적 주제와 문제의식을 접할 수 있도록 대담록을 실었다.

어떻게 보면 앞의 세 주제에서 다루어진 대상들이 동일한 것들이지만, 지난 60여 년 간 발표된 법철학 논문들을 다양한 관점에서 접근함으로써 우리의 법철학 先學들이 남겨 놓은 궤적, 특히 그들이 천착해 온 법철학적 주제와 문제의식을 총체적으로 점검할 수 있을 것이다. 이 책을 통해서 우리는 지난 50여 년의 학회 역사를 돌아보고, 앞으로 한국의 법철학이 나아갈 방향을 가늠하게 될 것이다.

Ⅱ.

이제 한국의 법철학은 제3세대가 주류를 이루고 있다. 제1세대는 이항녕, 황산덕, 이태재, 최태영 선생님들께서 주도하였고, 제2세대는 심재우, 심헌섭, 김지수 교수님들께서 주축을 이루어 왔다. 박은정, 오병선 교수님께서는 2세대와 3세대를 잇는 2.5세대라고 할 수 있을 것이다. 그리고 제3세대는 김영환, 장영민 교수님을 비롯해서 현재 법철학회를 이끌어 나가는 세대라고 할 수 있다. 여기에서 굳이 세대를 나누는 이유는 다른 데 있는 것이 아니라, 그 동안 우리나라 법학계에서 법지식인들에게 제기되었던 문제점을 검토해 보고자 하는 데 있다.

제1세대에게 주어졌던 가장 큰 과제는 일제 식민 잔재의 청산이라고 하는 시대적 과제라고 할 수 있다. 해방 후 독립된 한국의 상황에서 법철학자가 추구했어야 할 학문적 방향이 과연 무엇이었는가 하는 것이다. 1980년대 이후 한국의 법학계에서 제기되었던 일제 식민 잔재의 청산이라는 과제에 비추어 볼 때, 한국 법철학 1세대의 학자들이 이를 충분히 실천해내지 못했다는 이의가 제기되어 왔다.[1] 해방 이후 한국사회가 요청하는 바는 자유주의 법체계, 특히 민주주의를 확립하고 정착시켜야 하는 것인데, 이들이 천착했던 켈젠의 규범주의 법이론[2]이나 풍토설[3]로써는 시대적 요청에 충분히 대응할 수 없었다는 것이다.

사실 이러한 문제제기는 단지 법철학자들에게만 해당되는 것은 아니다. 이 문제는 당시 한국의 법학자뿐만 아니라 모든 지식인에게 적용되는 비판적 관점이라고 할 수 있다. 하지만 이제 이러한 문제제기는 새로운 관점에서 다루어져야 하지 않나 생각된다. 거시적인 관점에서 볼 때, 한국의 근대화 역사에서 일제 36년이 차지하는 물리적 시간이 그렇게 긴 것이 아니라고 하는 점이다. 물론 시간이 흘렀다고 해서 이 문제가 자동적으로 해결되었다고 주장하는 것은 아니다. 법관양성소가 설치되었던 1895년을 우리나라 근대법학의 시발점으로 보았을 때, 지금은 근대법학 115년을 지나고 있으며, 해방된 지 65년을 맞이하고 있다. 그리고 지난 60여 년 동안 우리 사회에서는 일제 식민 잔재를 충분히 극복할 수 있는 정치적·사회적·경제적 토대를 마련했다고 볼 수 있다. 뿐만 아니

1) 박은정, "한국법철학의 반성과 과제," 『법과사회』 제10호 (1994), 189면 이하.
2) 황산덕, 『法哲學講義』(邦文社, 1978).
3) 이항녕, 『法哲學槪論』(박영사, 1974).

라 법학의 영역에서는 2세대들의 적극적인 노력, 즉 1세대가 일본학자로부터 습득한 지식과 관점을 통해서 법학을 탐구하였다면, 2세대는 영미나 대륙으로부터 법철학 이론뿐만 아니라 법학의 각 분야에서 법이론을 직접 수용하였다.[4] 이러한 노력을 통해서 적어도 우리 법학계는 일본학자들에 의해서 해석되고 수용되었던 법철학적 이론이나 관점들로부터 벗어날 수 있는 계기를 마련했다.

물론 서구의 이론을 직접 접하고 수용하는 시도도 중요하지만, 보다 중요한 것은 최근 타 학계에서 제기되고 있는 식민시대에 대한 새로운 관점을 공유하는 것이 아닌가 싶다. 식민자들이 정착자들에게 가르쳐 준 것을 활용하는 것이 과연 식민적 행동인가 하는 것이다. 과거의 관점에서는 '식민자/피식민자'라고 하는 이분법적 사고 속에서 식민자가 이식한 것은 나쁜 것이고, 피식민자의 고유한 문화와 전통을 되살리는 것이 식민지배의 극복이라고 해석되기도 했다. 아직도 우리 학계에서는 이에 관한 논쟁이 지속되고 있다. 그러나 인류의 역사를 통시적으로 보게 되면, 모든 지식의 역사는 차용의 역사라고 하는 것이다. 우리는 사상사를 통해서 서구의 각 국가들이 얼마나 타국의 지식인들의 성과를 차용해 왔는가를 잘 알 수 있다. 로마는 그리스를, 독일과 프랑스는 로마를, 미국은 영국을, 한국은 일본을, 그리고 일본을 넘어 영미와 대륙의 지식을 차용해 왔다. 이러한 지식의 차용을 통해서 후발국가 또는 피식민국가들이 새로운 단계로 도약하는 발판을 만들어 왔다. 우리의 현대사 역시 철저한 차용의 역사였으며, 일제 식민통치 기간에 배운 지식을 통해서 그들에게 저항할 수 있는 이념들을 습득하고, 이를 토대로 그들에게 저항하는 계기들을 마련했다고 볼 수 있다.

---

4) 2세대 대표적인 학자인 심재우, 심헌섭, 김지수 교수님들의 주요 저술로는 심재우, "인간의 존엄과 법질서,"『법률행정논집』 제12집(1974); 심헌섭, 『法哲學 I』(법문사, 1982); 김지수, "법삼원론의 현대적 이해, Gustav Radbruch의 법철학을 중심으로,"『외법논집』 제2집(1995).

비록 1세대들이 직접 이러한 저항의 모습을 보이지는 못했지만, 그들이 천착했던 법철학적 물음들 그리고 지속적인 학문적 활동을 통해서 생산해낸 학술적 결과들은 후세대들을 통해서 새로운 형태로 변형되어 왔다. 이러한 흐름을 보면서 이제 우리는 일제 식민역사의 콤플렉스로부터 벗어날 때가 되지 않았나 싶다.

제1세대와 마찬가지로 제2세대에게 제기되는 문제점은 1970년대와 1980년대 형성된 권위주의 정권 시기에 요구되는 시대적 과제에 대한 것이다. 과연 이러한 시대적 과제에 대해서 2세대 법철학자들이 법철학적 탐구를 통해서 저항의 몸짓을 보였는가 아니면 학문적 작업 속에 민주화를 위한 지적 장치를 마련했는가 하는 것이다. 이 문제는 사실 다루기가 만만치 않은 주제이기도 하다. 이것은 학문에 있어서 이론과 실천의 관계인데, 법철학적 탐구가 현실과 어떤 관계를 맺는가 하는 것이다. 단기적으로 보면, 현실적 요구에 대해서 충분한 대응책을 제시하지 못했다 하더라도, 장기적인 관점에서 보면 그러한 이론이 다른 함의를 지닐 수 있는 것으로 판명되는 것이 학문의 세계에서는 종종 일어난다. 예를 들어 2차 대전 이후 한스 켈젠의 법이론이 마치 나치 정권의 정당화에 기여한 것처럼, 아니면 비인간적인 행위들에 대해서 속수무책인 이론으로 낙인이 찍혔다. 그러나 켈젠의 이론을 적극 수용하여 자신의 이론을 제시한 하트 이후, 켈젠의 이론이 재평가되어 왔다.[5] 이처럼 학문적 활동에 대한 평가는 다면적인 특성을 갖고 있다. 물론 이론과 실천의 관계에 대한 끊임없는 성찰은 여전히 우리의 과제로 남아 있게 될 것이다.

이제 우리 사회는 이러한 두 가지의 콤플렉스로부터 상당히 치유된 것으로 생각된다. 그러한 점에서 제3세대는 축복을 받은 세대라고 할 수 있다. 그러나 제3세대 역시 새롭게 직면하는 문

---

5) 한스 켈젠(심헌섭 역), 『켈젠법이론선집』(법문사, 1990).

제제기로부터 자유롭지 못하다고 하는 점을 인식할 필요가 있다. 그것은 다름 아닌 '수입법학'에 대한 문제제기이다. 우리들은 한국 사회의 법철학을 하는 것이 아니라, 외국에서 수입된 법철학 이론을 전파하고 이를 논구하는 데 몰두하고 있다고 하는 비판이다.[6] 한편으로는 이러한 비판에 동의하지만, 다른 한편으로는 이 비판이 갖고 있는 맹점을 지적하지 않을 수 없다.

지난 100여 년의 한국 역사를 되돌아보면 과연 무엇이 '우리의 것'인가를 자문하지 않을 수 없다. 조선시대의 유교 이데올로기와 그 당시의 규범체계가 과연 지금 우리의 것인가 아니면 고대 그리스의 철학이 우리의 것인가 묻지 않을 수 없다. 지난 100년 동안 적어도 남한 사회에서는 한국인들이 새로운 선택을 했다고 하는 점을 간과해서는 안된다. 현대 한국인들은 조선시대 500여 년을 지배했던 통치체제나 관행과는 완전히 다른 서구의 근대적 법체계와 제도를 적극적으로 수용해 왔다. 이제는 그 토대 위에서 우리의 삶을 살아가고 있을 뿐만 아니라, 생각하고 행동하는 방식 또한 그 체계에 근거하고 있는 것이다. 이러한 전환은 첫 번째 제기했던 문제와도 연결이 되는데, 우리 국민들은 서구에서 발생하고 진화되어 온 법체계와 제도들을 '우리의 것'으로 선택해 왔다. 이제 더 이상 자유주의 법체계는 서구인들의 것만이 아니다.[7] 조선의 역사를 꼼꼼히 살펴보면, 유교 이념을 토대로 형성된 규범체계가 완성되고 실시되는 데 100여 년이 소요되었다.[8] 조선시대 이전에 고려시대를 지배했던 이데올로기와 체제를 대체하는 데 소요되었던 시간과 현대 한국사회가 자유주의 법

---

6) 강희원, "수입법학, 외제법철학, 죽은 법학교육, 그러나…," 『법철학연구』 제4권 1호(2001), 277-318면.

7) 김정오, 『한국의 법문화: 인식, 구조, 변화』(나남, 2006).

8) 함재학, "경국대전이 조선의 헌법인가?", 『법철학연구』 제4권 1호(2001), 263-288면.

체계를 정착시키는 데 소요된 시간과 거의 엇비슷하다. 이것이 우연의 일치인지는 몰라도 지난 100여 년에 걸쳐서 한국 사회는 지배방식과 삶의 방식의 패러다임적 전환을 이루어 왔으며, 그것이 바로 현대 한국인들의 선택인 것이다.

이러한 관점에서 보면 이제 고대 그리스의 법철학이나 법사상, 근대 자연권사상들이 더 이상 서구인들의 것만이 아니며, 우리의 것이기도 하다는 점이다. 그것은 인류의 공동자산(commons)이라고 하는 점에서 더 이상 수입법학으로만 치부할 수 있는 대상이 아닌 것이다.

Ⅲ.

지난 50년의 법철학 역사를 돌아보면서, 각 세대의 학문적 특징을 구분해 보았다. 1세대의 학문적 작업은 독창성과 거대한 스케일을, 2세대는 학적 엄밀성을, 그리고 2.5세대는 실천과 참여를 그 특징으로 하고 있다. 이처럼 각 세대가 이루어 놓은 업적이 바로 우리의 자산인 것이다.

그렇다면 과연 우리 3세대의 학문적 특징은 무엇인가? 이에 대한 답변은 제4세대, 아니면 더 후세대에게 맡겨져 있을 것이다. 그렇지만 이 물음에 대해서 3세대의 법철학자들은 보다 진지하게 고민하고, 실천해야 할 과제들을 보다 구체화해야 한다. 1세대, 2세대의 업적을 토대로 3세대가 이뤄야 할 과제에 대해서 몇 가지 제안을 하고자 한다.

첫째, 한국의 법철학 이론과 관점을 수립할 수 있는 기틀을 마련하는 것이 3세대의 우선적인 과제라고 생각된다. 외국학자들의 이론을 보면 그들은 자신들의 삶이 놓여 있는 현실과 제도에 대해서 지속적인 관심을 갖고서 그 현실에서 발생하고 있는 문제점에 대해서 철저하게 논구하고 있다. 또한 서로간에 치열한 공방을 통해서 이론을 생산하고, 관점을 형성해 나가고 있다. 그렇다면 이제 우리도 수용한 이론을 갖고서 우리의 법문제와 법현실을 분석하고, 이를 통해서 새로운 관점과 이론을 생산해낼 때가 되지 않았나 싶다.[9] 물론 아직까지 우리가 독창적이고 거대한 이론을 형성할 단계에 이르렀다고 생각되지는 않는다. 그러나 우리가 수용한 이론들을 점검하고 그 이론들이 안고 있는 한계점들을 발견해내고, 이를 통해 또 하나의 층위를 형성할 때, 독자적인 이론을 구축해 나갈 수 있을 것이다.

이를 위해서 우리는 다양하고 폭넓은 법철학적 담론을 형성해야 할 것이다. 한국 학자들 사이에 쟁점을 형성하고 이에 대해서 다양한 입장들을 개진하면서 치열한 논쟁을 통해서 법철학 담론을 형성해 나갈 때, 우리의 법철학이 구축될 것이다.[10] 우리는 우리의 학문적 작업들이 담론을 형성하지 못하고 독백으로 그치고 마는 경우를 자주 보아 왔다. 우리의 법철학 담론을 형성하는데 가장 필요한 일은 국내 학자들의 글에 좀더 익숙해져야 하고, 상호간에 적극적인 논평과 인용을 통해서 상대방의 이론과 관점이 성숙되도록 협력해야 할 것이다. 이러한 학문적 풍토를 조성함으로써 우리는 우리들 자신의 법철학 이야기를 엮어낼 수 있을 것이다.

둘째, 이제 우리 법철학은 인바운드 단계에서 아웃바운드 단계로 전환할 시점이 되었다고 생각된다. 앞에서 지적한 것처럼 우리들 스스로의 법철학 담론을 형성할 때 그것이 가능할 것이다. 외국에서 수용한 이론들을 통해서 우리의 법현실과 법문제를 다루고 이를 국제학술대회에서 적극적으로 소개할 때, 우리의 법철학이 더욱 성숙하게 될 것이다. 법철학을 하는 우리의 환경이

9) 이상돈, 『기초법학』(법문사, 2008), iii면.

10) 최근 한국 법학계에서 나타난 학술적 논쟁의 대표적인 예로는, 신동운 외, "법률해석의 한계" (서울: 법문사, 2000).

외국의 어느 나라 못지않게 풍부하다고 생각된다. 지난 60여 년 동안 우리 사회는 어느 나라도 겪지 못했던 다양한 경험을 했다. 경제 후진국에서 선진국의 문턱으로, 비민주사회에서 민주사회로 변화해 왔다. 그리고 이러한 역사적 과정 속에서 법 역시 활력적인 역할을 해 왔다. 우리는 이러한 역사적 경험을 법철학적 담론 속에 담아야 하고, 이를 이론으로 성숙시켜야 할 것이다. 이러한 연구의 결과들이 국제학술회의를 통해서 전파될 때, 우리의 법철학이 한 단계 도약하는 계기가 될 것이다. 이 과제는 단지 법철학에만 해당되는 것은 아닐 것이다. 그러나 다른 어느 분야보다 법철학이 이 과제를 수행하는 데 더욱 적합하지 않나 생각한다.

셋째, 연구의 기본이 R&D, 즉 연구와 개발이라고 할 때 그동안 우리 법철학계는 R에 많은 시간을 투자해 온 것이 사실이다. 최근 우리 사회에서는 인문학의 위기에 대한 우려가 팽배해 있다. 물론 급격한 시대적 변화로 인해서 이러한 위기상황이 발생했겠지만, 내부적인 원인도 있지 않나 생각된다. 인문학을 연구하고 교육하는 학자들이 시대 변화에 능동적으로 대처하지 못한 데에도 원인이 있다.

어떻게 보면 법철학 역시 인문학과 유사한 성격을 갖고 있기 때문에, 만일 우리 법철학자들이 시대적 변화에 능동적으로 대처하지 못하면, 법철학 역시 위기를 맞게 될지도 모른다. 과학과 기술의 급속한 발전으로 인하여 매우 복합적이고 풀기 어려운 문제들이 속출하고 있고, 사회적으로도 이해관계의 첨예한 대립으로 인하여 혼돈의 상태에 놓여 있는 것이 지금 한국 사회의 현실이기도 하다. 이러한 현실들을 학술적으로 풀어낼 수 있는 법철학적 토대를 마련하고, 이러한 문제들에 대해서 학생들과 같이 고민하고 토론할 수 있는 교육과정을 개발해야 할 것이다. 법철학적 사유가 다양한 사회적 쟁점에 직면하여 이들과 씨름할 때, 더욱 풍성해질 것이다. 한편으로 법철학적 사유는 고도의 체계성과 엄밀성을 특징으로 하지만, 다른 한편으로는 자유로운 실험정신을 갖고 있다. 아직 제도적으로 확립되지 못한 곳에서 그리고 기존의 제도로서 해결하지 못하는 문제들에 대해서 적극적으로 도전하고 사유하면서 그 결과들을 내어놓을 때, 우리의 법철학이 빛을 발하게 되지 않을까 한다.

넷째, 법학전문대학원 체제에서 법철학이 어떤 위상을 가져야 할 것인가에 대해서 진지하게 고민해야 할 때가 되었다. 2009년부터 시행된 새 법학교육시스템에서는 전문직업교육이 중심이 되고 있다. 모든 교육과정이 실제적인 법률문제를 해결할 수 있는 지식과 능력의 향상에 역점을 두고 있으며, 학생들은 졸업 후 자신이 나아갈 분야에 적합한 교과목들에 집중하고 있는 현실이다. 따라서 법학도가 지녀야 할 기본적인 소양으로서 또는 고도의 문제해결을 위한 법철학적 지식에 대해서는 별로 관심을 보이지 않고 있다. 이러한 상황에서 법학전문대학원에서의 법철학교육이 상당히 위축되고 있다. 이웃 일본의 사례가 보여주고 있듯이, 이것이 3세대가 직면한 가장 현실적인 과제이기도 하다.

이러한 위기적 상황에 대처하는 데 가장 필요한 것이 바로 지적 활력이라고 생각된다. 법철학적 사유를 다양한 실정법 영역과 법실무로 침투시키고, 다양한 분야의 철학적·사상적 이론들과 접맥함으로써 법학의 새로운 면모를 보여 주어야 하는 것이 우리의 과제가 아닌가 싶다. 우리가 법학전문대학원에서 법철학교육을 정착시키고, 학생들로 하여금 법철학과목을 반드시 이수하고 졸업해야겠다는 생각을 갖게 할 때, 3세대에게 주어진 과제를 이행하게 될 것이다. 이를 위해 우리는 1세대와 2세대가 험난한 사회환경 속에서도 한국법철학의 전통을 세워온 것처럼 혼신의 힘을 쏟아야 할 것이다.

第1部 | 법철학연구의 시대별 개관

[1] 해방전후-1950년대까지의 한국 법철학에 관한 연구
_ 김유근

[2] 1960-70년대의 한국 법철학에 관한 연구
_ 김영환

[3] 1980년대 이후 한국 법철학에 관한 연구
—이론과 쟁점을 중심으로—
_ 신동룡

[1] 해방전후 - 1950년대까지의 한국 법철학에 관한 연구

김 유 근*

Ⅰ. 서 설

한국 법철학의 태동기라고 할 수 있는 해방전후-1950년대의 한국 법철학계의 경향을 개관하고 비판적인 고찰을 한다는 것은 쉽지가 않다. 그 이유 중의 하나는 많은 사료들이 소실된 채 전해 내려오지 못하고 있기 때문일 것이다. 이런 의미에서 법사학적인 그리고 법학설사적인 조사 및 연구는 한국 법철학의 연구뿐만 아니라 전체 법분야에 매우 중요한 의미를 갖으며, 현재의 한국 법학 및 법철학의 정체성에 새로운 의미를 부여해 준다. 본 소고도 경험적인 자료를 통해, 특히 서지학적인 방법을 통해, 한국 법사상사의 한 단편을 새롭게 조명함으로써 당시의 법철학계의 경향을 가늠해 보는 것이 목적이다.

먼저 일제강점기 하에서의 한국 법철학 교육 및 연구활동을 살펴본 후, 해방이후의 법철학계의 동향에 관하여 서술하고자 한다. 그런데 당시 활동하던 주요 법철학자인 최태영, 유진오, 박덕배, 고병국, 이항녕, 황산덕, 고광림, 유기천, 김홍섭, 이병린, 박광

* 한양대학교 법학전문대학원 법학연구소 연구조교수.

서, 장경학, 서돈각, 김병규, 이태재, 갈봉근, 전원배, 함병춘 선생 등을 어느 시대구분에 분류하여야 하는가는 매우 어려운 문제이다. 왜냐하면 일제강점기를 경험하면서도 1940년대와 1950년대에 매우 활발한 연구활동을 했기 때문이다. 따라서 여기서는 1940년대와 1950년대를 하나로 묶어 설명을 진행하고자 한다.

Ⅱ. 일제강점기 하에서의 한국 법철학

1. 법철학교육

우리나라에서 법철학강의가 언제 처음 시작되었는지는 알기 쉽지 않다. 1895년에 설립된 법관양성소와 그 뒤를 이은 경성법학전문학교 그리고 1905년에 설립된 보성전문학교에서는 법철학강의가 이루어지지 않았던 것으로 알려져 있다.[1)] 법철학강의가 처음 실시되었던 것은 1926년 경성제국대학에 법문학부가 설치되면서 오다카 도모오(尾高朝雄, 1899-1956)에 의하여 이루어졌던 것으로 추측된다.

경성제국대학 재직중이던 당시 오다카 교수는 "법리학" 강의를 했던 것으로 알려져 있는데, —최종고 교수의 조사에 따르면— 서울대학교 귀중자료실에 보관된 그의 "법리학강의"(1938년)라는 강의안을 보면 서론, 법철학의 발달편에서 제1장 법형이상학, 제2장 실정법의 기초이론, 제3장 현대의 법철학의 주요문제로서 제1장 법의 본질, 제2장 실정법의 성격, 제3장 법과 국가, 제4장 국법질서, 제5장 법학의 내용으로 구성되어 있다.[2)]

(1) 당시의 교육환경

우선 당시의 법학교육환경을 살펴보면, 거의 일본인 교수에

1) 이항녕/최종고, "법철학," 대한민국학술원, 『한국의 학술연구: 법학』(2003. 12.26), 4면.
2) 이항녕/최종고, 앞의 글, 주 1), 4면.

의해 이루어졌다. 그러나 일제강점기라고 하더라도 전문과정 이상의 학교에서 법학에 관하여 교편을 잡고 있는 사람이 있었다.[3)]

당시 보성전문학교에 최태영(崔泰永),[4)] 유진오(兪鎭午),[5)] 옥선진(玉璿珍, 피랍), 최용달(崔容達, 월북), 진승록(陳承錄), 서재원(徐載元, 피랍) 등이 있었으며, 강사로는 김병로(金炳魯), 김용무(金用茂, 피랍), 이승우(李升雨), 강병순(姜柄順, 피랍), 이우창(李遇昌), 진헌식(陳憲植) 등이 있었고, 연희전문학교에 정광현(鄭光鉉), 혜화전문학교에 이동화(李東華), 명륜전문대학에 고병국(高秉國) 등이 있었다. 그리고 법학교육에는 종사하지 않아도 법학에 관하여 어느 정도 업적을 남긴 사람으로는 장후영(張厚永), 홍진기(洪璡基), 장윤식(張潤植) 등이 있었다.

그러나 유진오 선생의 회고에 따르면, "人員이 적었을 뿐 아니라, 그들의 學問的 業績에 이르러서는 한층 보잘 것 없는 것이 한국의 法學界였다. 學者間에 橫的 連絡이 없었던 것은 물론이고, 그들의 論文은 대부분이 日本文으로 씌어진 것이어서 도저히 독립한 단위를 가진 學界라고는 볼 수 없는 형편이었다."[6)]

(2) 경성제국대학에서의 법철학강의—오다카 도모오(尾高朝雄, 1899-1956)의 법철학

한국에서 법철학이 고등교육과정에서 처음으로 강의되기는 1924년 5월에 설립된 경성제국대학의 법문학부(1926년 5월에 설치)에서 일본인 법철학 교수 오다카 도모오(尾高朝雄, 1899-1956)[7)]에

3) 이하의 인명자료는 유진오, "韓國法學界의 回顧와 展望," 玄民兪鎭午博士 古稀紀念論文集刊行委員會 編, 『玄民兪鎭午博士 古稀紀念論文集 헌법과 현대법학의 제 문제』(일조사, 1975), 489면 이하를 참조하였다.

4) 최태영 선생에 관한 상세한 것은 최종고, 『한국의 법학자』, 서울대학교 출판부(2007.11.10), 94-106면.

5) 유진오 선생에 관한 상세한 것은 최종고, 앞의 책, 142-188면.

6) 유진오, 앞의 글, 주 3), 489면.

의한 것으로 추측되고 있다.[8] 당시 경성제국대학 재학중이던 유진오(1926.4-1929.3),[9] 이항녕(1934-1940) 그리고 황산덕(1938-1941) 선생 등이 그의 강의를 들었던 것으로 알려져 있으며,[10][11] 이들의 법철학사상은 그의 사상에 많은 영향을 받은 것으로 추측된다.[12] 또한 박덕배 선생의 『法哲學槪論』(文泉社, 1964)은 주로 오다카 교수의 법철학 저서들이 토대로 쓰였지만 군데군데 저자의 기독교적인 신념에 입각한 내용들이 가미되어 있다.[13]

간략히 오다카의 법철학사상을 살펴보면 다음과 같다.

일본이 1868년 메이지유신을 단행하고 1888년 일본제국헌법을 제정한 이래 외국 문물에 대한 연구가 활발히 이루어졌다. 법학 분야에서도 사정은 다르지 않아 많은 외국 문헌들과 법사상들이 일본 내에 소개되었다. 당시의 유럽의 법사상을 살펴보면, 막스 베

---

7) 1956년 페니실린 쇼크로 사망하였다. 1928년 3월 경성제국대학 조교수로 임용되고 1930년에 교수로 승진하였다. 1944년 5월에는 동경제국대학 교수로 임용되었다. 그의 『民主主義의 法律原理』를 황성희에 의해 번역되기도 하였다(수선사, 1950). 그리고 오다카의 법철학사상에 관하여는 이한교 교수(강원대), "尾高朝雄의 法思想에 관한 考察," 論文集 제13집(춘천교육대학, 1973), 27-41면이 있다.

8) 최종고, 『韓國法學史』(박영사, 1990), 503면.

9) 이하 괄호 안의 연도는 추정되는 경성제국대학 법문학부 재학기간이다.

10) 그 밖에 경성제국대학 주요 졸업생으로는 김종열(金鍾烈), 김증한(金曾漢), 민복기(閔復基), 성낙서(成樂緖), 신현확(申鉉碻), 이강국(李康國), 이대원(李大源), 이도영(李道榮), 이임학(李林學), 이재학(李在鶴), 이주형(李周衡), 이효석(李孝石), 전봉덕(田鳳德), 최병주(崔丙柱), 홍진기(洪璡基), 홍익표(洪翼杓) 등이 있는 것으로 알려져 있다.

11) 황산덕 선생의 오다카 교수에 대한 회고는 취산황산덕박사 유고집편집위원회, 『翠玄黃山德博士 遺稿集, 法과 社會와 國家』(1991), 43-46면에 수록되어 있다.

12) 특히 유진오 선생의 법철학 사상에 대한 영향에 대해서는 이영록, "兪鎭午의 法哲學思想 —헌법학과의 관련을 중심으로—," 법사학연구, 제22호(2000.10), 29-52면; 이영록, 『유진오; 헌법사상의 형성과 전개』(한국학술정보(주), 2006), 특히 100-104면, 154-167면.

13) 최종고, 앞의 책, 주 9), 506면; 이항녕/최종고, 앞의 글, 주 1), 6면.

버(Max Weber)가 1922년 『경제와 사회(Wirtschaft und Gesellschaft)』를, 한스 켈젠이 1925년 『일반법이론(Allgemeine Staatslehre)』, 1928년 『자연법과 법철학의 철학적 기초(Die philosophischen Grundlagen der Naturrechtslehre und des Rechtspositivismus)』 그리고 1934년 『순수법이론(Reine Rechtslehre)』을, 그리고 구스타프 라드브루흐(Gustav Radbruch)가 1932년 『법철학(Rechtsphilosophie)』을 출간하던 시기였다. 일본에서는 이미 1921년에 나카시마 신이치(中島愼一)[14]에 의하여 루돌프 슈탐러(Rudolf Stammler)의 『법 및 법학의 본질(Wesen des Rechtes und der Rechtswissenschaft)』이, 1923년 시마다 다케오(島田武夫)[15]에 의하여 라드브루흐의 『법철학강요(Grundzüge der Rechtsphilosophie)』가 번역되었고, 그리고 한스 켈젠의 『순수법학(Reine Rechtslehre)』이 출간되자마자 이듬해인 1935년 요코다 기사부로(横田喜三郎)[16]에 의하여 번역되었다.

그러나 무엇보다도 당시 일본에서는 유럽에 유학을 가서 유럽의 법철학사상을 직접 배우고 돌아오는 사람들이 많았다. 오다카 교수도 그 중의 한 사람이었다.

그는 1928년부터 1932년에 걸쳐 오스트리아의 빈(Wien, 1929)에서 한스 켈젠(Hans Kelsen)으로부터[17] 그리고 이어 독일의 프라이부르크(Freiburg im Breisgau, 1930년 6월)에서 에드문트 후설(Edmund Husserl)로부터 강의를 들었으며,[18] 알프레드 슈츠(Alfred Schütz)와도 친밀한 교류를 지낸 것으로 알려져 있다. 그는 옐리네

14) シュタムラー 著/中島愼一 譯, 『法律及法律學の本質』(東京, 大村書店, 1921.4).

15) グスタブ・ラードブルヒ 著/島田武夫 譯述, 『法律哲學概論』(東京, 嚴松堂書店, 1923.3).

16) ケルゼン 著/横田喜三郎 譯, 『純粹法學』(東京, 岩波書店, 1935.4).

17) 또한 경성제국대학에서 법학 및 헌법을 가르치던 기요미야 시로(清宮四郎)도 유럽유학시절 한스 켈젠의 강의를 들었던 것으로 알려져 있다.

18) 그 외에 프랑스, 영국, 미국을 거쳐 귀국하였다.

크(G. Jellinek)의 『국가에 관한 일반이론(Allgemeine Staatslehre)』을 바탕으로 『국가구조론(國家構造論)』[19]을 쓰기도 하였다.

이러한 사상적 조류는 그대로 오다카의 법철학사상에도 각인되었는데, 그는 슈탐러 및 한스 켈젠 연구로부터 출발하였으나, 처음부터 신칸트학파에 대하여 비판적이었는데 이것은 동시에 한스 켈젠 비판이기도 하였다. 예컨대 신칸트학파의 존재와 당위라는 양자택일적인 사고방식에 대하여 그는 다음과 같이 비판한다.

"신칸트학파적 법철학에 수반되는 두 번째 결함은 그 법학적 고찰이, 수미일관된 논리의 요구를 중요시한 나머지, 대상의 한 측면만을 보고 다른 측면을 도외시하게 되는, 그 견해의 일차원성에 그 원인이 있다. 법적·사회적 대상의 세계는 그 자체가 입체적이고 복합적인 구조를 갖는다. 그럼에도 불구하고 대상의 구성을 전적으로 방법에 의존시켜 법학의 대상은 오로지 법뿐이라고 말하고 법과 도덕, 법과 정치, 법과 국가 등의 상호관계를 단지 법일원적으로 설명하는 것은 복합적인 대상에 부당한 강제를 가하여 살아 있는 실재를 죽은 단편으로 해소시키는 것과 다르지 않다. 그래서 법학의 올바른 사명달성은 기대할 수 없는 것이다. 법의 이론과학의 인식태도 자체에 도덕이나 정치의 요구를 혼합시키는 것은 반드시 배척되어야 하지만, 법학의 인식대상과 관련해서는 법과 다른 사회영역과의 접촉이 당연히 문제되지 않으면 안 된다. 이러한 필요성을 무시하는 법일원적인 고찰은 켈젠의 순수법학 속에도 뚜렷하게 나타나 있다."[20] 경험과 초경험적인 이념을 동시에 추구하면서 대상을 그 자신을 구성하는 모든 요소들의 상호작용으로부터 종합적으로 파악하는 단서를 막스 베버의 사회학과 특히 후설의 현상학에서 찾았다. 그래서 법학의 소재인

---

19) 『国家構造論』(岩波文庫, 1936).

20) 尾高朝雄, 『改訂法哲学』(日本評論社, 1937), 204면 이하(『法哲學』(1935), 179면)(밑줄은 원문에서 강조된 부분이다).

실정법을 사회학적, 역사학적, 법규범론적 고찰에 의하여, 즉 경험을 바탕으로 한 인식에 의하여 파악하면서 이들 고찰과정에서 실정법의 "그 안에 살아 있는 법의 이념을 궁극에까지 규명"해 나가는 방향, 다시 말해 노에마(본질)를 지향하는 사고를 발휘하는 방법을 주장한다.[21)]

이것이 바로 오다카가 규명하려 했던 『법의 궁극에 존재하는 것』[22)]이었다. 이 때 그는 "정치를 조정하는 것(政治の矩[23)])"이라는 개념을 사용하게 되는데, 이것을 1947년에 발표한 "법의 궁극에 존재하는 것에 대한 재론"[24)]에서 다음과 같이 요약하고 있다:

"법의 근저에는 힘이 존재한다. 이 힘이 작용하여 법을 만들고 법을 지탱하며 경우에 따라서는 법을 파괴한다. 이 법의 근저에 존재하는 힘은 일반적으로 '정치'의 힘이라고 생각되고 있다. 파쇼시대에는 독재주의의 정치력이 강하게 작용하여 그 작용에 알맞은 법을 만들어 냈다. 오늘날의 일본에서는 민주주의 정치가 '인류보편의 원리'로 인정되어 이것이 모든 법제도의 민주화를 철저하게 관철시키고 있다. 그러나 이처럼 법을 만들고 법을 지탱하고 경우에 따라서는 법을 파괴하는 정치력은 결코 무법(無法)

---

21) 笹倉秀夫, 法哲学講義(東京大学出版会, 2004.10.15), 440면 이하.

22) "法の窮極に在るもの," 国家学会雑誌, 제60권(1946) 제1호-제2호. 이 논문은 같은 제목의 단행본으로 1947년에 有斐閣에서 출간되었다. 여기에서의 인용은 1982년 유히카쿠(有斐閣)에서 출판된 『法の窮極に在るもの』를 바탕으로 하였다.

23) "矩(さしがね)"란 본래 꼭두각시극에서 무대 뒤에서 인형을 조정하는 끈과 막대들의 장치를 말한다. 따라서 "政治の矩"란 "정치를 조정하는 끈과 막대들의 장치"에 대한 비유적인 표현이라고 할 수 있다. 그러나 이것에 대한 적당한 번역어를 찾지 못하여 여기서는 그 뜻을 직접적으로 풀어서 사용하기로 한다. 이 개념에 대하여 이한교 교수는 "政治의 法度, 혹은 正道"라고 말하고 있다. 이한교, "尾高朝雄의 法思想에 관한 考察"(論文集 제13집, 춘천교육대학, 1973, 33면 주 29).

24) "法の窮極にあるものについての再論," 国家学会雑誌, 제61권 제6호(이후 같은 이름의 단행본으로 1949년 게이소쇼보(勁草書房)에서 출간되었다).

이나 무궤도(無軌道)의 힘이어서는 안 된다. 무법의 정치는 한때 번창할 수는 있어도 점차 역사의 심판을 받아 멸하고 만다. 그리하여 인간공동생활의 목적에 맞는 힘이 정치의 방향을 결정하게 된다. 거기에 '정치를 조정하는 것'이 있다. 홍수처럼 법을 쓸고 가는 정치의 힘도 정치를 조정하는 것에 복종하지 않으면 안 된다. 그것은 정치가 따라야 하는 규준이라는 의미에서 일종의 근본적인 법으로 간주되어야 한다. 이러한 이유 때문에 법의 근저에는 정치가 있지만, 정치의 보다 그 근저에는 정치를 조정하는 것으로서의 법이 있다. 이것이 '법의 궁극에 존재하는 것'이다."[25)]

여기에서 그의 관심사는 이처럼 실정법을 움직이고 실정법을 파괴하고 법을 파괴한 다음 새로운 법을 만드는 힘은 법과는 전혀 다른 힘인가 아니면 법적인 힘인가라는 것에 그 초점이 맞추어져 있으며, 이 때 "정치를 조정하는 것"이 실질적으로 "법의 궁극에 존재하는 것"이자 법의 본질이고 이념이다.[26)]

그러나 "정치를 조정하는 것"에 대해서는 다음과 같은 비판이 제기되고 있다. 첫째 "정치를 조정하는 것"의 존재론적 성격에 관한 것인데, "정치를 조정하는 것"을 가지고 거의 자연법과 동일한 것을 이야기하면서도, 다른 한편으로 이것을 자연법이라고 부르는 것에 대해서는 매우 주저하고 있다는 점이다.[27)] 둘째 "정치를 조정하는 것"을 도출해 내는 과정에서 이루어진 다양한 정치사상에 대한 평가와 관련된 것인데, 오다카는 마르크스주의에 대해서는

---

25) 尾高朝雄, 앞의 글, 322면(이후 단행본으로 1942년 2월에 게이소쇼보(勁草書房)에서 출간되었다)[長谷川西涯, "尾高朝雄と「政治の矩」," 成城法学, 제62호(2000), 125면 이하로부터 재인용]; 『法の窮極に在るもの』, 有斐閣, 160면 이하.

26) 『法の窮極に在るもの』, 6면.

27) 이러한 비판은 田中耕太郎, "尾高朝雄著 「法の窮極に在るもの」," 法学協会雑誌, 제65권 제6호(1947), 55면에 의해 제기되었다. 이것에 관해서는 長谷川西涯, 앞의 글, 주 25), 126면.

철저하게 비판적인 태도를 보이면서도,[28] 일본의 천황제를 옹호한다.[29] 이러한 태도는 전쟁 직후인 1946년에 발표한 논문 "국민주권과 천황제"[30]로부터 말년의 논문 "신의 국가와 악마의 국가"[31]에 이르기까지 일관되고 단호한 자세로 견지되고 있다.[32]

2. 법철학관련 연구활동

일제강점기하에서는 독일 법철학에 강하게 영향받은 일본학계의 영향을 많이 받을 수밖에 없었다. 이것은 앞서 인용된 유진오 선생의 회고를 보더라도 알 수 있다. 이러한 상황에서도 김종필은 "英米法의 概念"[33]을 발표하기도 하였다.

---

28) 『法の窮極に在るもの』, 有斐閣, 167면 이하. "… 마르크스주의가 철저히 실력에 의해 법을 파괴하는 것을 목적달성의 필연적인 수단으로 보는 한, 그리고 이것이 인류보편적인 성격을 가지면 가질수록, 국제사회의 법질서에 대하여 새로운 심각한 위협을 가하게 될 것이다"(202면).

29) 『法の窮極に在るもの』, 有斐閣, 241면 이하. 오다카는 보편성과 개별성을 통해 일본 천황제를 옹호하고 있다. "일본에서의 천황의 지위는 본래 이념적인 것이다. … 이것은 매우 특수한 이념으로서 이후에도 일본의 국민생활에서 특수한 존재이유를 갖게 될 것이다. 보편적인 올바른 정치를 조정하는 것을 천황의 성려라는 특수한 형태로 파악해 왔다는 것은 일본민족고유의 역사적 전통으로서 존중되어야 할 것이다. 다만 천황을 둘러싸고 현실의 정치력이 형성되는 것은 모처럼의 이념에 현실이라는 진흙을 묻히는 결과가 된다. 따라서 천황은 순수한 이념의 구현으로서 어디까지나 현실정치의 밖에 서 있어야 한다. 올바른 입법의지의 이념을 현실화시켜 나가는 일은 어디까지나 국민이 국민 스스로의 권리와 책임을 가지고 이루어져야 한다. 그러나 아무리 힘을 기울인다고 해도 완전한 현실화를 기대할 수 없는 올바른 정치의 이념이 천황에 의해 상징되고 있다는 것은 민주정치가 신념 없는 수많은 정치로 타락하는 것을 방지하기 위한 지표로서 깊은 의미를 갖는다고 할 수 있다. 이러한 의미에서 보편적인 민주주의원리와 특수한 천황제와의 종합・융화 속에서 일본의 '국내법의 궁극에 존재하는 것'을 찾을 수 있을 것이다"(241면 이하).

30) "国民主権と天皇制," 国家学会雑誌, 제60권 제10호(1946).

31) "神の国と悪魔の国," 国家学会雑誌, 제67권 제9호-제10호.

32) 이것에 관해서는 長谷川西涯, 앞의 글, 주 25).

유진오 선생의 당시 법학교육에 관한 회고에도 불구하고 최종고 교수는 당시의 시대상황에서도 한국법학의 명맥을 찾아낸다. 즉 그는 『韓國法學史』(1990, 429-468면)[34]에서 서지학적 고찰방법을 사용하여 당시의 연구활동의 상황을 다음과 같이 평가하고 있다.[35]:

"이상에서 日帝植民統治下에 있어서 한국법학의 존재 가능성을 검증해 보기 위하여 법학협회의 활동, 京城法學專門學校의 法學, 普成專門學校의 法學, 延禧專門學校의 法學, 그리고 日帝下 言論雜誌에 실린 法學論文들을 살펴보았다. […] 日帝 36년 동안 한국인의 손에 의하여 혹은 일본인에 의하여 韓國法과 法學에 대하여 쓰여진 논문들이 위에서 본 바와 같이 日帝末까지 끊이지 않았다는 사실을 볼 수 있다. 물론 그것이 量的으로 質的으로 그리 많거나 높다거나 하는 평가는 어려울 것이고, 그 자체가 日帝로부터의 수난받는 韓國法學의 현실을 말해 주는 것이라 하겠다. 韓末에 法學을 배운 제1세대의 法律家들도 日帝가 들어서자 法으로써 일본인과 대결하기 힘들다는 것을 눈치 채고 더러는 親日官僚로, 더러는 은행 같은 데로 잠적해 버리고, 또 더러는 변호사를 개업하여 抗日의 자세로 들어가기도 하였다. […] 어쨌든 일제시대에도 한국법학은 명맥이 끊이지 않고 있었고, 그것이 해방 후의 韓國法學과 연결된다고 필자는 해석한다. 수난의 법학이라는 점에서 日帝뿐만 아니라 해방 후에도 政治的·社會的 不安定으로 학문으로서의 발전이 저해되고 있다는 韓國法學을 日本法學으로 취급하여 타부시할 것이 아니라 애정과 연민의 시각에서 이해해야 할 것이다."[36]

---

33) 김종필, "英米法의 槪念," 學之光, 제10권 제2호(1920).

34) 최종고 교수는 주로 김근수 편저, 『韓國雜誌槪觀 및 號別目次集』(韓國學硏究所, 1973)을 참고한 외에 여러 근원을 통해 상세하게 조사하였다고 한다.

35) 최종고, 앞의 책, 주 8), 429-463면.

36) 최종고, 앞의 책, 주 8), 463면.

당시에는 아직 전문법학학술지가 활성화되지 않은 시기였기 때문에 대부분 일반언론잡지에 게재되었다. 최종고 교수가 현재 남아 있는 사료를 바탕으로 조사[37]한 것을 주제별로 살펴보면, 1920년대부터 해방 전까지 주로 법의 일반론,[38] 법의 개념 및 본질,[39] 정의론,[40] 인권,[41] 자유[42] 그리고 법학방법론[43] 등에 관하여 논의가 이루어졌다. 크게 두드러진 것은 여성과 법의 문제가 활발히 다루어졌다는 점일 것이다. 즉 법과 여성에 관한 일반론[44]이나 여성의 법적 지위에 관한 문제,[45] 남녀평등,[46] 여성해

---

37) 최종고, 앞의 책.

38) 김병로, "法理觀," 법학계, 법학협회, 제1권 제1호(1915.10.25); 이종하, "法學의 必要," 법학계, 법학협회, 제1권 제1호(1915.10.25); 강전, "法律通義의 槪論," 법학계, 법학협회, 제1권 제2호(1915.11.25); 김준연, "禮와 法," 법학계, 법학협회, 제1권 제2호(1915.11.25).

39) 옥준진, "法律의 本質을 論함," 時鍾, 제2권 제1호(1927); 최태영, "法律의 宗敎에 대한 態度," 普聲, 제7권 제2호(1931); 최중봉, "法律의 資本主義的 基礎," 新興, 제4권 제1호(1932); 류시근, "法と道徳," 六曹, 경성법학전문학교, 제16호(1935.2.26); 이완우, "法の本質を論ず," 六曹, 경성법학전문학교, 제20호(1939.2.20).

40) 최태영, "法의 最高目標와 不正法," 普聲, 제1권 제1호(1925); 유진오, "中世에 있어서의 正義思想," 普專論集, 보성전문학교, 제1집(1934); 최준정, "功利主義に就きて," 六曹, 경성법학전문학교, 제18호(1937.1.25); 고기양, "正義と衡平," 六曹, 경성법학전문학교, 제20호(1939.2.20).

41) 최원순, "天賦人權論," 學之光, 제11권 제1호; 진오, "私有財産權의 基礎: Hegel의 法理等에 나타난," 新興, 제2권 제1호(1930); 박헌용, "生存權의 觀念," 新興時代, 제1권 제1호(1931); 최중봉, "法律主體로의 人格의 槪念," 新興, 제3권 제1호(1931); 김병로, "生存權의 强化振作에 勇往力進하라," 新東亞, 제6권 제1호(1936); 홍승기, "法と弱者," 六曹, 경성법학전문학교, 제17호(1936.2.25).

42) 이창휘, "法眼으로 본 民衆運動," 普聲, 제1권 제3호(1925); 심상원, "自由와 制限," 普聲, 제1권 제3호(1926); 김병로, "國家의 根本義와 民衆의 自由," 東光, 제4권 제1호(1932).

43) 류시근, "法律学における必要的矛盾," 六曹, 경성법학전문학교, 제17호(1936.2.25); 서재원, "所謂 法의 欠缺에 對하여," 新興, 제6권 제1호(1937).

44) 전준성, "婦人의 法律常識," 別乾坤, 제5권 제3호(1930); 정광현, "女性의 法律," 朝鮮中央日報, 1934.11.16.-1935.1.20; 이인, "婦人에 필요한

방[47] 그리고 성윤리와 관련된 문제[48] 등이 그것이다. 또한 독일 관념론, 특히 칸트[49]와 헤겔[50]에 관한 논의도 있었다.

Ⅲ. 해방 이후 — 1950년대의 한국 법철학

해방 이후 1950년대는 한국 법철학에 의미 있는 시기라고 말할 수 있을 것이다. 일제강점으로부터의 해방과 한국전쟁의 혼란 속에서도 그 동안 부재하던 법철학 교과서가 황산덕 선생에 의해 출판되었을 뿐만 아니라 다양한 주제에 걸쳐 많은 연구활동이 이루어졌고, 무엇보다도 한국법철학회가 설립된 연대이기도 하다. 그러나 아직까지는 대학교육의 정상화를 위한 노력의 시초에 해당하였다.

法律常識," 新東亞, 제5권 제2호(1935); 전동식, "婦人問題管見," 六曹, 경성법학전문학교, 제17호(1936.2.25); 정광현, "朝鮮女性과 法律," 東亞日報, 1936.4.1.-25.

45) 정광현, "朝鮮女性의 法律上 地位," 梨花, 제4집 제5호(1935); 김문식, "判例에 나타난 女性動態," 女性, 제3권 제3호(1938); 정광현, "朝鮮女性과 氏制度," 女性, 제5권 제1호(1940); 정광현, "朝鮮女性의 法律上 地位," 春秋, 제2권 제4호(1941); 최태영, "婦人의 法律上 地位," 新東亞, 제5권 제5호(1935).

46) 김준연, "男女平等과 不平等國," 別乾坤, 제2권 제6호(1927); 최태영, "女性의 保護(通俗法律④)," 新東亞, 제6권 제9호(1936).

47) 최형종, "法律上 女性의 解放," 新家庭, 제2권 제2호(1934); 장승두, "朝鮮婦人運動の過去と将来," 六曹, 경성법학전문학교, 제19호(1938.2.25).

48) 문태선, "法律案에 映한 公娼," 開闢, 제3권 제4호(1922); 운암내인(雲岩內人), "墮胎가 罪냐?," 東光, 제4호 제9호(1932); 신태악, "判例에 나타난 貞操," 新家庭, 제1권 제7호(1933); 정광현, "朝鮮女性의 貞操蹂躪과 慰藉料," 女性, 제33호 제2호(1938).

49) 이상호, "Kantと宗教," 六曹, 경성법학전문학교, 제19호(1938.2.25).

50) 안호상, "Hegel의 哲學의 始初와 論理學의 始初," 普專論集, 보성전문학교, 제1집(1934).

1. 법학교육

유진오 선생의 회고에 따르면 해방이 되자마자 한국법학계가 당면한 최대의 과제는 일본인으로부터 접수한 구(舊)경성제국대학의 법학과교수진을 편성하는 사업이었다.[51] 법학을 학문으로서 전업하는 법학교수들에 의해서가 아니라, 법률을 실천하는 판사, 검사, 변호사 등 법조계의 인사들에 의하여 주로 법학교육이 지탱되었다. 유진오 선생의 회고에 따르면, 그 이유는 일제강점하에서 법학교육에 종사하는 사람들은 그 수도 적었을 뿐 아니라, 두드러진 업적도 별로 없었던 데 대하여, 법조계는 우수한 인재가 비교적 많았으며, 다른 한편으로 새로이 법학교수로 등장한 신인들은 아직 그 진가를 발휘할 시간적 여유를 얻지 못하였다.[52] 그래서 1945년 12월부터 다음해 1월에 걸쳐 겨우 편성된 것이 헌법(유진오), 행정법[이태진(李泰鎭, 월북)], 민법[고병국, 서재원, 민복기(閔復基), 주재황(朱宰璜)], 상법[홍진기, 이종갑(李鍾甲, 월북), 주유량(朱愈涼, 월북)], 형법[이동직(李東直)], 국제사법(金甲洙), 법철학(유진오)이었다.[53]

1946년 10월 국립서울대학교가 설립되면서 황산덕 선생이 법철학 강의를 담당하였고 그 뒤를 이어 동경대학에서 영미법을 전공한 전원배 선생이 담당하였다. 그리고 1946년 9월 보성전문학교가 고려대학교로 승격되면서 이항녕 선생이 법철학 강의를 담당하였다.

그러나 해방 이후 3년간의 미군정기간은 이제까지 일본을 통한 대륙법학에 친밀했던 한국 법학에 새로운 법문화인 영미법학이 접목되는 계기를 마련하였으나,[54] 최종고 선생의 비유에 따르

51) 유진오, 앞의 글, 주 3), 490면.
52) 유진오, 앞의 글, 491면.
53) 유진오, 앞의 글, 490면.

면, "대륙법문화의 골격에 영미법문화의 간판을 걸친 엉성한 건축물"[55]과 같이 되어버렸다.

한국전쟁 이후 대학교육의 정상화와 사법시험의 개선을 위한 논의가 활발하게 이루어졌다. 예컨대 김진한,[56] 강상진,[57] 현승종,[58] 장경학,[59] 윤세창,[60] 이항녕,[61] 김증한,[62] 이영섭[63] 등이 법학교육에 관한 논문을 썼는데, 이들은 주로 미국 법학교육을 이상적인 모델로 생각했던 것으로 보인다.

대학교육과 관련하여 주목할 만한 것은 무엇보다도 1950년대에 우리나라 최초로 법학박사 학위가 수여되었다는 사실일 것이다. 우리나라 최초로 법학박사를 취득한 사람은 황산덕 선생[64]이었는데, 그는 1955년 11월 25일 "最新自然科學의 發達이 法哲學에 미친 影響"을 서울대학교에 제출하였으며, 유진오 선생을 심사위원장으로 하여 고병국 선생이 부심이었고, 박종홍, 윤태림, 이항녕 선생이 심사위원이었다. 그러나 당시 문교부 승인이 늦어지면서 1960년 9월 30일에야 비로소 그에게 박사학위가 수여되었다. 이처럼 박사학위 수여가 늦어진 데 대한 비화는 1991년에

54) 최종고, 앞의 책, 주 8), 469면 이하; 최종고, "韓美法律交流 100年史," 『법학』(서울대학교), 제23권 제3호(1982), 46-64면.

55) 최종고, 앞의 책, 주 8), 470면.

56) 김진한, "美國의 法科大學과 考試," 고시와 전형(1954.1-11).

57) 강상진, "法學敎育의 方法論," 법정(1955.6).

58) 현승종, "美國 法科大學協會 一九五五年度 年次大會와 法學의 方向," 법정, 1956.3; 현승종, "法科大學의 教授科目에 對한 一考," 법정(1956.9).

59) 장경학, "韓國法學의 環境分析-法源, 硏究課程 等 混亂의 淨化를 위하여," 대학신문, 제155호-제156호(1956.7.9-16).

60) 윤세창, "大學敎育과 考試," 법정, (1957.9).

61) 이항녕, "法律공부는 어떻게 할 것인가," 법정(1957.4).

62) 김증한, "法科大學 五年制案을 支持한다-敎育法 및 同施行令 改正案과 관련하여," 대학신문(1957.4.15).

63) 이영섭, "美國의 法學敎育方法," 법률평론(1958.1).

64) 황산덕 선생에 관한 상세한 것은 특히 최종고, 앞의 책, 주 4), 300-321면.

출간된 황산덕 선생의 유고집에 수록되어 있다.[65)]

이에 대해 외국에 유학하여 박사학위를 최초로 취득한 것은 1960년대에 들어와서였다. 당시 독일로 유학하던 사람들이 주를 이루었었는데, 이 때에도 해방 전후로부터 1940년대까지 그리고 1950년대에도 국내에서는 주로 한스 켈젠에 대하여 높은 관심을 보였던 것과는 달리 1960년대에 독일로 유학을 떠났던 사람들은 구스타프 라드브루흐에 대단한 관심을 보였다. 우리나라 사람으로 최초로 독일에서 박사학위를 취득한 사람은 권영백 선생이었는데, 1963년 자르부뤼켄 대학에서 "라드브루흐 법철학에서의 사물의 본성론의 발전과 의미(Entwicklung und Bedeutung der Lehre von der Natur der Sache in der Rechtsphilosophie bei Gustav Radbruch)"로 박사학위를 취득하였다. 그 뒤를 이어 김지수 선생이 1967년 프라이부르크 대학에서 "라드브루흐의 사상에서의 '방법삼원론'과 '사물의 본성': 동시에 빈델반트, 리퀘르 그리고 라스크에서의 라드브루흐의 문화철학적 문제제기의 기원에 관한 연구('Methodentrialismus' und 'Natur der Sache' im Denken Gustav Radbruchs: zugleich Quellenstudien zu ihren kulturphilosophischen Vorfragen bei Windelband, Rickert und Lask)"로 박사학위를 취득하였다. 1967년에는 정종욱 선생이 본 대학 한스 벨첼 교수의 지도하에 "라드브루흐의 법철학적 상대주의의 길(Der Weg des rechtsphilosophischen Relativismus bei Gustav Radbruch)"로 박사학위를 취득하게 된다.[66)] 특히 정종욱 선생은 한국뿐만 아니라 독일, 중국, 일본 법학계에 널리 알려져 1985년 6월 22일에 일본 세이분도(成文堂)에서 발간된 『정종욱교수추모논문집(鄭鍾勗教授追悼文集)』[67)]은 독일,[68)] 한국,[69)] 중국,[70)]

65) 취산황산덕박사 유고집편집위원회, 『翠玄黃山德博士 遺稿集』, 83면 이하, 요약은 153면 이하에 수록되어 있다.

66) 정종욱 선생에 관한 상세한 것은 최종고, 앞의 책, 주 4), 651면 이하 참조.

일본[71]의 석학들에 의해 4개 국어로 출판되기도 하였다.[72]

2. 한국법철학회의 설립

1950년대 후반은 많은 학회들이 창립되던 시기이기도 했다. 예컨대 1956년 7월 16일 한국법학원이 설립되었는데, 초대 회장은 정구영(鄭求瑛, 1956-1957) 선생이었고, 현재 제13대 원장을 이재후(李載厚, 2005-현재) 선생이 맡고 있다. 1957년 5월 4일에는 비교법학회,[73] 6월 1일에는 한국민사법연구회,[74] 6월 22일에는 한

67) Hans-Heinrich Jescheck/金鍾源/西原春夫/Hans-Ludwig Schreiber 편, 『鄭鍾勗教授追悼文集』, 成文堂(1985.6), 288면.

68) Günter Blau, Albin Eser, Hans Joachim Hirsch, Hans-Heinrich Jescheck, Güntther Kaiser, Armin Kaufmann, Arthur Kaufmann, Fritz Loos, Heinz Müller-Dietz, Claus Roxin, Heinrich Rüpning 등이 참여하였다.

69) 황산덕, 손주찬, 김종원, 손해목, 성시탁, 김철수, 박동희, 심헌섭, 이형국, 강구진, 최종고, 박은정 선생 등이 참여하였다.

70) 蘇俊雄이 참여하였다.

71) 平野龍, 平野洋子, 比嘉康光, 福井厚, 福井平, 堀内健三, Jose Llyompart, 神山敏雄, 金沢文雄, 小暮得雄, 宮沢浩一, 山中敬一, 西原春夫, 西田典之, 野村二郎, 岡野光雄, 大野平吉, 斎藤信治, 下森定, 鈴木敬夫, 高田昭正, 森本益之 등이 참여하였다. 특히 스즈키 게이후(鈴木敬夫) 교수는 1938년 당시 일제강점하에 있던 한국의 원산에서 태어나 1982년에는 고려대학교의 심재우 선생의 지도하에 "法을 통한 朝鮮植民地 支配에 관한 研究"로 박사학위를 받았다. 그는 한국 법철학을 일본에 소개하는 데 많은 노력을 기울였는데, 특히 이항녕 선생의 『법철학개론』을 1978년 11월부터 1986년 7월까지 13회에 걸쳐 『札幌学院大学人文学部紀要』에 번역하여 연재하였고, 이후 단행본으로 『法哲学概論—法哲学の風土的方法と世界史的構造』(成文堂, 1990)을 출판하였다. 또한 2005년 11월호부터 2006년 12월까지 3회에 걸쳐 『札幌学院法学』에 황산덕 선생의 『법철학강의(제4정정판)』를 번역하여 연재하였다. 그가 편역한 『現代韓国の法思想』(成文堂, 1982.5)에는 황산덕, 심재우, 김철수, 정종욱, 전원배, 구병삭, 이준구, 심헌섭, 현승종, 이항녕 선생 등의 대표적인 논문이 일본어로 번역되어 있다.

72) 이 추모논문집의 내용은 최종고, 『한국의 법학자』(개정판, 서울대출판사, 2007.11.10), 669면 이하에 상세하게 소개되어 있다.

국형사법학회,[75] 9월 28일에는 한국상사법연구회,[76] 7월 18일에는 한국공법학회[77] 그리고 이듬해인 1958년 9월 9일에는 한국노동법학회[78]가 연이어 창립되었다.

한국법철학회는 이러한 가운데 1957년 3월 10일[79]에 창립되었다.[80] 초대 회장은 유진오 선생(고려대)[81]이었고 상무이사를 황산덕 선생(서울대)이 맡았다.[82] 당시 한국법철학회에는 이항녕(고려대학교), 이태재(경북대학교), 김여수(성균관대학교), 장경학(연희대학교), 최식(정치대학교), 최태영(중앙대학교), 정희철(경북대학교), 엄민영(신흥대하교), 안이준(신흥대학교), 김기수(동국대학교), 남상학(홍익대학교), 금영우(충남대학교), 최해태(청구대학교), 문홍주(부산대학교), 현승종과 김증한 선생 등이 참여하였다.

초대 회장이었던 유진오 선생의 뒤를 이어 제2대 황산덕(1965.5-1989), 제3대 심재우(고려대학교, 1990.5-1992.4), 제4대 김지수(한국외국어대학교, 1992.5-1994. 4), 제5대 심헌섭(서울대학교, 1994. 5-1996.4), 제6대 오병선(서강대학교, 1996.5- 1998.4), 제7대 박은정(이화여자대학교, 1998.5-2002.4), 제8대 김영환(한양대학교, 2002.5-2004.4), 제9대 장영민(이화여자대학교, 2004.5-2006.4) 그리고 2008

73) 초대 회장은 엄민영 선생이었다.
74) 초대 회장은 이희봉 선생이었다.
75) 초대 회장은 이태희 선생이었다.
76) 초대 회장은 최태영 선생이었다.
77) 초대 회장은 유진오 선생이었다.
78) 초대 회장은 이항녕 선생이었다.
79) 한국법학원, 『韓國法學院五十年史 1956-2006』, 한국법학원(2006.5.15)에서는 한국법철학회의 창립시기를 1957년 9월 19일로 기재하고 있다.
80) 참고로 일본법철학회(홈페이지: http://wwwsoc.nii.ac.jp/jalp/index.html)는 1948년 5월에 설립되었다. 그러나 당시 일본법철학회 17명의 이사 및 감사 중 법철학자는 다나카 고타로(田中耕太郎), 쓰네토 굣(恒藤恭), 와다 고지로(和田小次郎), 오다카 도모오(尾高朝雄)의 4명뿐이었다.
81) 괄호 안의 대학은 당시의 소속대학을 의미한다. 이하 같다.
82) 이하의 명단은 한국법학원, 앞의 책, 주 79), 48면을 참고하였다.

년 현재 제10대 김정오(연세대학교, 2006.4-) 교수가 회장을 맡으며 지금에 이르고 있다.

초기 유진오 선생이 회장으로 있던 당시 한국법철학회는 특별한 활동을 전개하지 못하다, 1965년 황산덕 선생이 회장으로 취임한 이후 연 1회 정도의 학술발표회를 가졌으며, 부정기적으로 외국학자의 초청강연회를 개최하였다.[83] 1989년 한국법철학회 회장이던 황산덕 선생이 별세한 후 한국법철학회는 회칙을 정비하여 임기 2년의 회장단제도를 도입하였다.

한국법철학회는 연 2회의 학술대회를 개최하는 한편, 1998년 7월부터는 매월 넷째주 토요일 오후 3시에 대우재단빌딩 세미나실에서 월례독회를 개최하고 있다.

또한 1998년 한국법철학회는 학회지인 『법철학연구』를 창간하여 오늘에 이르고 있다. 그 밖에 법철학총서를 발간하고 있는데, 현재까지 제1권인 『현대법철학의 흐름』(1996, 법문사), 제2권 『법치국가와 시민불복종』(법문사, 2001) 그리고 제3권 『응용법철학』(아카넷, 2002)이 출판되었다.

3. 법철학관련 연구활동

(1) 교 과 서

먼저 우리나라에서 처음으로 법철학 교과서가 출간된 것은 1950년 4월 25일 황산덕 선생의 『法哲學』[84]이었다. 그 후 선생은 1955년 『法哲學序說』[85]을 출간하고, 이를 바탕으로 이듬해인

83) 이하의 서술은 인터넷 자료 이재승, "[기획] 한국법철학회의 현황" (http://jurist.kolis.co.kr/mbbs/view.php?id=nonjum&number=41&article_number=40, 검색일: 2008년 6월 6일)을 참조하였다.

84) 『法哲學(法政叢書 제1권)』(조문사, 1950.4.25).

85) 『法哲學序說』(양문사, 1955).

1956년 『法哲學新稿』[86]를 출간하였다. 1955년에는 이항녕 선생이 『法哲學槪論』[87]을 출판하였다. 지금까지 알려진 바로는 해방이후 1950년대까지 우리나라 사람이 저술한 법철학 교과서는 이들 두 선생의 교과서뿐이었다.

(2) 연구활동

1940년대에는 법과 정치[88]의 관계가 중요한 주제였으나, 1950년대에 들어와서는 매우 다양한 주제에 관한 논의가 진행되었다. 또한 번역서의 출판도 두드러졌다. 최초로 번역된 법학서는 프리드리히 할므스의 『法律哲學槪論』으로 추측되는데, 이것은 1948년 조중학에 의해 번역되어 신학사에서 출판되었다. 한스 켈젠의 저서는 주로 황산덕 선생에 의해, 로스코 파운드의 저서는 이병린 선생에 의해, 라드브루흐의 저서는 정희철, 손주찬, 엄민영, 서돈각 선생에 의해 번역되었다.

구체적으로 보면, 1950년대에는 특히 한스 켈젠에 대한 높은 관심을 보였는데, 황산덕 교수는 한스 켈젠의 『法과 國家의 一般理論』,[89] 『순수법학』[90] 그리고 『實存主義法學은 可能한가?』[91]를

86) 『法哲學新稿』(덕수출판사, 1956).

87) 『法哲學槪論』(수도문화사, 1955).

88) 강준호, "法과 政治의 相關性," 법정(1948.3); 이정남, "法律과 政治의 優位性一考," 법정(1948.5); 정순호, "法目的과 政治의 對立 及 調和," 법조(1949.10); 이사묵, "法과 政治의 根本問題," 법정(1952.3); 장후명, "法의 階級性," 법정(1953.3); 장경학, "政治와 法," 사상계(1953.8); 엄상섭, "法과 政治," 법정(1955.2); 최대현, "法과 政治," 숙대학보(1955.7); 엄상섭, "政治의 合法性과 非合法性," 고시와 전형(1955.12); 남윤호, "國家權力의 正當性에 關한 考察," 중앙대학교 법정논총(1956.9).

89) 한스 켈젠 저/황산덕 역, 『法과 國家의 一般理論』(서울대학교, 1953.12.4).

90) 한스 켈젠 저/황산덕 역, 『純粹法學』(서울대학교, 1953.12.4).

91) 한스 켈젠 저/황산덕 역, 『實存主義法學은 可能한가?』, 사상계, 제5권 제10호(1957.5).

번역하여 우리나라에 소개하였다. 그 밖에 그는 한스 켄젤에 대한 다수의 논문을 발표하게 된다.[92] 그리고 장경학 선생은 1958년에 한스 켈젠의 『마르크스主義 法理論』을 번역[93]하는 한편, 그를 소개하는 글을 다수 남겼다.[94]

그 밖에 막스 베버의 『프로테스탄트의 倫理와 資本主義의 精神』이 1958년 권세원과 간명규 선생의 공역으로 일조각에서 출판되었다. 황산덕 선생은 막스 베버에 대해서도 많은 관심을 보였다.[95]

1950년대에 들어와서 구스타프 라드브루흐의 법철학이 우리나라 학자에 의해 처음으로 소개되기 시작하였는데, 이것은 주로 상법 교수에 의해 이루어졌다.[96] 예컨대 정희철 선생은 『法政』지 제10권 제11호부터 제11권 제2호(1955년 11월호부터 1956년 2월호)에 "法과 正義"를 게재하였는데 이것은 라드브루흐의 『법학입문』의 첫 장을 번역한 것으로 보이며, 이어 동지(同誌) 제11권 제6호부터 제8호(1956년 6월호부터 8월호)에 "私法의 原理"를 게재하였는데 이것도 『법학입문』의 사법(私法)부분을 번역하여 게재한 것

---

92) "純粹法學의 이데오로기的 性格," 법조협회잡지, 제1권 제2호(1949); "根本規範의 數理的 硏究," 법조협회잡지, 제1권 제8호(1949.12); "켈젠 敎授의 學說變更과 그 意義," 법학연구, 제1권(1954); "純粹法學解說," 법률계, 제1권(1958); "한스 켈젠의 思想體系," 대학신문, 제72호(1982.8).

93) 한스 켈젠 저/장경학 역, 『마르크스主義 法理論』(일조각, 1958).

94) 예컨데 "한스 켈젠," 사상계, 제2권 제4호(1954); 『켈젠의 法理論』, 신양사, 1958, "純粹法學批判," 사상계(1956.8.-10).

95) "막스 웨버(書評)," 사상계(1951.6); 『막스 웨버』(사상계사, 1960.4.1); "베버의 社會學의 어제와 오늘," 사상계(1960.6); "베버 · 經濟와 사회(書評)," 新東亞(1967.6); 『막스 베버의 생애와 사상』(미문출판사, 1970.4).

96) 우리나라에서의 구스타프 라드브루흐 법철학의 수용에 관하여는 최종고, "日本과 韓國에 있어서 라드브루흐法哲學의 受容," 법학논총, 숭전대학교, 1985.6.(창간호), 150면 이하를 참조하였다. 일본에서 처음으로 라드브루흐를 소개한 사람은 모리구찌 시게하루(森口繁治)로 알려져 있는데, 그는 1919년 『法学論叢』 제1권 제1호에 "라드브루흐 법리학의 본질"을 게재하였다. 최종고, 앞의 글, 142면.

이다.[97] 또한 손주찬 선생은 『法曹』지 제5권(1956.12)에 "法學"을 게재하면서 라드브루흐를 소개하고, 동지 제6권 제3호부터 제5호(1957년 4월호부터 6월호)에 "法과 正義"를 게재하였는데, 이것은 라드브루흐의 『법학입문』의 첫 장을 번역한 것이었다.[98] 우리나라에서 라드브루흐의 저서로 최초로 번역된 것은 『法學入門(Einführung in die Rechtswissenschaft)』인데, 이 책은 1957년 계철순과 정희철 선생의 공역으로 문성당에서 출판되었다. 1958년에는 라드브루흐의 『법철학입문(Vorschule der Rechtsphilosophie)』이 김성배 선생의 번역으로 한국학술도서출판사에서 출판이 되고, 1959년에는 엄민영과 서돈각 선생의 공역으로 공조문화사에서 출판되었다. 또한 1959년 10월 서돈각과 손주찬 선생의 공역으로 라드브루흐의 『英美法의 精神(Der Geist des englischen Rechts)』이 박영사에서 출판되었다. 그러나 라드브루흐의 대표적인 저서인 1932년에 초판이 출판된 『법철학(Rechtsphilosophie)』은 1975년에 와서야 비로소 최종고 선생의 번역으로 삼영사에서 출판되었다. 또한 라드브루흐에 관한 연구논문에는 이준구 선생의 "라드부릇흐 교수의 生涯와 業績"[99]을 들 수 있으나, 당시 자연법과 법실증주의나 정의론을 논의하면서 라드브루흐는 자연스럽게 소개되었으리라고 추측된다.

그리고 로스코 파운드(Roscoe Pound)에 대한 소개가 많았다. 1955년 김효영과 안이준 선생의 공역으로 그의 『法의 任務』가 법문사에서 출판되었고, 이병린 선생은 1955년 1월 "十九世紀의 法哲學"을 그리고 1955년 2월부터 5월까지 "法律의 理性"을 『법정』지에 게재하였으며, 이혁주 선생에 의해 "法哲學의 任務"가 중앙대학교 법정논총 제9권(1959.11.)에 번역되었다. 또한 파운드에 관한 석사논문이 서울대학교에서 나오기도 하였다.[100]

97) 최종고, 앞의 글, 주 96), 150면.
98) 최종고, 앞의 글, 주 96), 150면 이하.
99) 법률학보, 동아대학교, 제9호(1959).

그 밖에 루돌프 슈탐러(Rudolf Stammler),[101] 풀러(L. L. Fuller),[102] 칼 슈미트(C. Schmitt),[103] 엘리네크,[104] 헬무트 코잉(Helmut Coeing)[105] 등이 처음으로 소개되었다. 그리고 몽테스큐의 『法의 精神 上』(현대문화사, 1956)이 신상초에 의해, 루소의 『民約論(政治的 權利의 諸原理)』(대조사, 1957)는 성인기와 남용기(『社會契約』, 한국번역도서, 1959)에 의해 그리고 헤겔의 "헤에겔의 法哲學"[사상계, 제6권 제3호(1958.3)]이 이항녕 선생에 의하여 번역 소개되었다.

주제별로 보면 당시 정의론,[106] 자연법,[107] 법실증주의,[108]

---

100) 구자헌, "파운드의 法律史觀 硏究"(서울대학교 석사, 1953); 조규갑, "Pragmatism- Pound의 法律史觀"(서울대학교 석사, 1953).

101) 루돌프 슈탐러(Rudolf Stammler) 저/한태연 역, 『法과 哲學의 本質』(조선공업문화, 1949).

102) 풀러(L. L. Fuller) 저/배기민 역, "법의 본질—이의 解題 및 抄譯," 법학연구, 부산대학교, 제3권 제1호(1958.8).

103) 칼 슈미트(C. Schmitt) 저/김형배 역, "法學的 思考方式의 三類型에 관하여," 법률학보, 제3권(1956).

104) 법정 편집부, "게을그 에르네크 篇(世界法律思想家小傳①)," 법정, 1954.

105) 헬무트 코잉(Helmut Coeing) 저/정희철 역, 『法哲學槪論』(동신문화사, 1958).

106) John. C., H. Wu 공저/서돈각 역, 『正義의 源泉: 自然法硏究』, 박영사(1958); 유병진, "正義와 法强制의 限界," 법정(1952.6); 장후영, "法의 理念에 關聯하여," 법정(1952.7); 최공득, "法과 正義," 고시(1953.2); 이병용, "法의 本質—惡法도 無法보다는 낫다는 이유—," 법정(1953.6); 박삼세, "法의 理念으로서의 正義의 本質," 경북학보, 경북대학교(1954.12); 황산덕, "實存主義와 正義의 問題," 사상계(1957.2); 윤형준, "勸力에 對決하는 正義," 사상계(1957.2).

107) 마리탱 자크 저/김창수 역, 『自然法과 人權』, 갑진문화사(1958); 당뜨레보 A. P. 저, 배기민/김여수 공역, 『自然法』(1958); 김도창, "實定法과 自然法," 서울대학교 석사(1947.7); 이항녕, "自然法의 現代的 意義—官僚法學에서 民衆法學에—," 법정(1955.8); 손주찬, "自然法理論," 법조(1956.7); 황산덕, "自然法論과 우상숭배," 사상계(1956.7.-9); 박광서, "新自然法의 性格," 법정논총, 중앙대학교(1956.9); 최태영, "스토아 學派의 自然國家 및 自然法論," 법학논고, 청주대학교(1956.12); 최식, "自然法思想," 학술지(1957.5); 정범석, 法의 效力과 그 限界, 건국대학교학술지(1959.9).

법과 도덕,[109] 그리고 법학방법론[110] 등이 중요한 주제를 이루었다. 각국의 법철학 사조에 관한 논문도 등장하는데, 영미법 법철학과 관련하여 정범식,[111] 최식,[112] 조규갑[113] 그리고 장경학[114] 선생이 논문을 썼으며, 독일 법철학과 관련해서는 한홍수,[115] 김증한,[116] 한승종[117] 그리고 황산덕[118] 선생이 소개하였다.

서양법철학의 일방적인 수용이라는 학계의 분위기 속에서도 동양법철학에 관한 글들이 등장하였다. 예컨대 1953년에 백남훈 선생이 『법정』지에 "孫子의 法治國家觀"을 게재하였고, 1953년 12월부터 1954년 1월까지 장경학 선생은 『사상계』에 "春香傳의 法律

108) 장후영, "現實主義 法學의 實踐," 법정(1952.10); 태윤기, "現實主義 法學에 對하여," 법정(1953,1); 황산덕, "현실주의 법학적 사고를 삼가라," 법률과 경제(1954.8); 황산덕, "法實證主義," 법정(1955.3.-4).

109) 장후영, "法과 道德과의 關係," 법정(1947.8.-1948.11); 황산덕, "三個의 公序良俗," 고시와 전형(1954.2); 황산덕, "二種의 道德," 서울대학교 법대학보, 제1호(1954.6); 장경학, "美國法에 있어서 道德의 優位," 법정(1957.2); 양태식, "自然法의 現代的 意義," 서울대학교 석사(1957.3).

110) 장후영, "法律學的 方法論에 對하여," 법정(1948.5); 권오규, "法의 素材—法의 認識은 如何한 資料에서—," 법정(1953.3.-10); 이희봉, "解釋法學의 目的—韓國에서 現行되는 法과 現行되지 않는 法의 分看을 促求하며," 고시와 전형(1956.8); 백남휴, "法解釋學의 科學性," 법정(1957.1.-2); 한창열, "法律思想上으로 본 法務官과 衡平法," 법대논총, 경북대학교(1958).

111) 정범석, "美國法學思潮," 학술지(1957.1); 정범석, "美國法學思潮," 학술지(1957).

112) 최식, "美國의 現實主義的 法學," 법학회지(정치대, 1957.6); 최식, "美國의 現實主義的 法學," 학술지(1957.6).

113) 조규갑, "美國 Realism 法學의 歷史的 背景 및 哲學的 基礎," 동아대학교 법률학보(1958.8).

114) 장경학, "美國法에 있어서 道德의 優位," 법정(1957.2); 장경학, "美國法에 있어서 現實主義의 法理論," 법조(1958.9.-11).

115) 한홍수, "1945年以後 獨逸法律哲學의 新傾向," 법정(1955.6.-7).

116) 김증한, "大陸的 思想方式의 成立," 법제월보(1958.1).

117) 한승종, "大陸法과 그 歷史的 方向," 고시계(1958.1.-2).

118) 황산덕, "現代法哲學의 根本問題," 사상계(1958.2).

學的인 接近"을 연재하였다. 그리고 1957년에는 송두용 선생이 『학술지』에 "茶山 丁若鏞과 그의 政法論"을 게재하는가 하면, 1959년 9월에 이항녕 선생이 『법조』지에 "東洋의 自然法"을 게재하였다.

Ⅳ. 결 어

일제강점기 하의 한국 법철학사상은 일본 학계의 영향을 피할 수 없었다. 즉 외국 법철학은 일본의 전통적인 법의식에 각인된 채 변형된 형태로 우리나라에 수용되었다. 그리고 일제강점기 하에서 법학을 배웠던 학자들이 1940년대 이후 한국 법철학계를 이끌어 왔다는 점에서 한국 법철학사상의 독자성과 정체성이라는 것이 과연 존재했었고 그리고 존재하는가라는 회의는 한국 법철학 뿐만 아니라 법학을 이야기할 때마다 항상 따라다니게 되었다.[119] 그러나 앞서 보았듯이 일제강점기 하에서도 여러 연구논문들이 발표되었고 그런 점에서 한국 법학 및 법철학은 그 맥락을 유지했다고 생각한다.

1940년대와 1950년대에는 많은 외국 법철학이 소개되었던 기간이었다. 국내에서의 연구활동뿐만 아니라 유학을 통하여 직접 서양법철학이 한국으로 수용되었다. 그러나 당시의 일방적인 서양법철학의 의존에도 불구하고 동양 법철학에 대한 관심은 유지되었고, 뒤를 이은 1960년대 이후에도 이러한 동양적 법의식 및 법사상의 발달이 계속 유지될 수 있는 계기를 마련했다고 생각된다.

---

119) 특히 한상범, 『일제잔재 청산의 법 이론』(푸른세상, 2000); 한상범, "일제시대의 법학이 한국법학에 미친 영향," 고시계(1995년 4월호); 한상범, "韓國의 法制와 法學에서 日帝 殘滓의 問題," 사법행정, 한국사법행정학회(1992.1).

Abstract

Studien zur lehrengeschichtlichen Entwicklung der Rechtsphilosophie von 1940er bis zu 1950er Jahren in Korea

Yookeun Kim

Es ist nicht so einfach, die lehrengeschichtliche Entwicklung der Rechtsphilosophie von 1940er bis zu 1950er Jahren in Korea zu überblicken. Viele geschichtich bedeutsamen Materialien, welche die lehrengeschichtliche Entwicklung der damaligen Rechtsphilosophie zeugt haben, sind uns aus vielen Gründen nicht mehr überliefert. Umso mehr bedeutsam ist das empirische Studium nicht nur für die Rechtsphilosophie, sondern auch für alle Rechtsbereiche, womit die gegenwärtige Rechtswissenschaft und Rechtsphilosophie in Korea die Kontinuität festgestellt und damit ihre Identität neu bestimmt werden können. In diesem Sinne versucht das vorliegende Studium, durch die empirische sowie bibliographische Ermittlung eine nicht viel bekannte Schnittstelle der lehrengeschichtlichen Entwicklung der Rechtsphilosophie von 1940er bis zu 1950er Jahren in Korea ins Licht zu bringen.

Aus diesem Studium zeigt sich die Tatsache, dass die koreanische Rechtsphilosophie trotz der von der japanischen Herrschaft erzwingten Einflüsse von der ersten Hälfte von 1940er die Versuche zur selbstä ndigen wissenschaftlichen Entwicklung erfahren hat und in der nachfolgenden Zeit diese Versuche ohne Unterbruch fortgesetz worden sind. Darin kann die Kontinuität der lehrengeschichtlichen Entwicklung der Rechtsphilosophie liegen und sie bestimmt die Identität der gegenwärtigen Rechtsphilosophie in Korea.

색 인 어

한국법철학(koreanische Rechtsphilosophie)
한국법철학사(Geschichte der Rechtsphilosophie in Korea)
해방 전후의 한국법철학(Rechtsphilosophie von 40er Jahren in Korea)
오다카 도모오(Odaka Tomoo)
구스타프 라드브루흐(Gustav Radbruch

[2] 1960-70년대의 한국 법철학에 관한 연구

김 영 환*

Ⅰ.

주지하듯이 법철학의 주제는 "정당한 법", 즉 "정의"이다. 그리고 이 주제는 다시금 두 가지로 나누어진다. 그 하나는 객관적인 관점에서 "올바른 법"이 존재하는가라는 법의 내용(was)에 관한 것이고, 그 다른 하나는 주관적인 측면에서 그것을 어떻게 인식할 수 있는가(wie)에 관한 것이다. 엄밀히 살펴보면 이 두 가지 질문은 밀접하게 관련되는데 왜냐하면 아무리 객관적으로 올바른 법이 존재한다고 해도 주관적으로 이를 인식하지 못하는 '법의 무지'도 문제이지만, 반면 객관적으로 존재하지도 않는 법을 인식했다고 주장하는 '법의 환상'도 문제이기 때문이다. 물론 이 두 질문은 서로 분리되어 전자가 자연법론, 후자는 법학방법론의 영역에서 다루어진다. 그러나 법의 내용에 관한 질문이 우선할 수밖에 없었으며 서양의 법철학사를 돌아보아도 이런 사정은 마찬가지이다. 요컨대 서양법철학의 기나긴 역사는 자연법에 관한 오

* 한양대학교 법학전문대학원 교수.

래된 점철과정이라고 할 수 있으며 고대에는 "자연", 중세에는 "신", 근대에는 "권리" 그리고 현대에는 "사물의 본성"을 중심으로 "올바른 법"을 모색하고 있다. 물론 오늘날에는 이러한 자연법사상의 존재여부가 불투명했지만 그럼에도 불구하고 오늘날에도 이러한 正法에의 갈구는 여러 개별적인 분야에서 시도되고 있다. 이러한 사정은 우리에게도 마찬가지이다. 다시 말해 우리의 법철학도 正法이라는 최종목표를 끊임없이 추구하고 있다는 점에는 다름이 없다. 다만 주목할 것은 이러한 영원한 법철학적 문제를 표현하는 방식과 이것이 실현되는 역사적 맥락이 서로 다르다는 것이다.

돌이켜 보면 해방 후 오늘날까지의 한국의 법철학은 시대상황이나 연구자들의 학문적인 경력과 그 성향을 고려한다면 시기별로 크게 4단계로 구별될 수 있을 것이다. 그 제1세대는 해방 후 60년대에 이르는 시기이며 이 기간 중 왕성한 활동을 한 학자들은 일제시대에 일본 교수들에게 법철학을 배운 분들이라 할 수 있다. 여기에는 유진오, 황산덕, 이항녕 교수 등이 속한다. 제2세대는 60년대에서 70년대에 이르는 기간으로서 이 분들의 제자들로 구성되며 대부분 독일로 유학해서 법철학을 배운 독일유학파들이다. 여기에는 권영백 박사, 김지수, 정종욱, 심재우, 심헌섭 교수 등이 속한다고 할 수 있다. 제3세대는 80년대에서 90년대에 이르는 기간으로 다시금 대학에서 이들로부터 법철학을 배운 사람들로 이루어지며 그 대부분은 독일로 유학을 했지만 일부는 영미권으로 유학을 해서 법철학을 배운 사람들이다. 그리고 제4세대는 90년대 이후 오늘날까지 계속되는 기간으로 여기에는 그 후의 젊은 학자들이 속한다. 이 시기의 특징은 오늘날의 시대적 사조와 마찬가지로 법철학의 주제도 다양해졌을 뿐만 아니라 그 정신적 지주도 비단 독일이나 영미에 국한되지 않는다는 사실이다.

방법적인 측면에서 고찰할 때, 대부분의 시대적인 고찰들은 다음과 같은 양자택일의 기로에 놓일 수밖에 없다. 한편으로는 관련된 학자들의 개별적인 업적들을 일일이 세분되게 검토를 하든가 아니면 그들의 전반적 사상적 특징에 초점을 맞추든가이다. 즉 나무를 보든가 아니면 숲을 보든가이다. 그러나 이 두 가지 방식 모두 적합한 방법은 아닐 것 같다. 우선 개별적인 논문들에 초점을 맞추게 되면 자세한 정보는 얻지만 사실 그 정보는 이미 시대에 뒤쳐진 것들이어서 쓸모가 없을 뿐만 아니라 그 분들은 그 후에도 왕성한 활동을 했기 때문에 이것은 정보로서도 그다지 가치가 적다. 그렇다면 그분들의 학문적 업적을 일관하는 학문적 경향을 특징지우는 것인데 그러한 시도는 무엇보다도 자세한 정보를 제공해 주지 않는다는 단점이 있을 뿐만 아니라 초기의 몇몇 논문으로 그분들의 사상적 경향을 특징짓는다는 것은 무모할 뿐 아니라 위험하기조차 하다. 그러므로 이하에서는 이 두 가지 방식을 적절하게 결합해서 때로는 개별적인 나무를 때로는 숲을 살펴보는 방식을 사용하겠다.

제목에서도 알 수 있듯이 필자에게 부과된 과제는 이 중 제2세대의 법철학이므로 이하의 설명은 이에 관한 것이다. 다만 반드시 언급할 것은 필자는 이 분들의 후학으로서 우리 선생님들의 법철학 사상을 다만 소개할 뿐이지 그것을 비판하거나 평가하려는 것은 결코 아니라는 것이다. 그리고 이러한 평가적인 시도는 무엇보다도 이분들의 몇몇 논문들을 검토하는 것으로는 애당초 가능하지도 않다. 그러므로 이하에서 이분들의 법철학 사상이 소개된다면, 여기에 이분들의 생각을 곡해한 부분이 없기를 바랄 뿐이다.

Ⅱ.

아르투어 카우프만은 정종욱 박사의 회고논문집에 발표한

"라드브루흐와 한국의 법철학 — 3편의 박사학위 논문에 대한 스케치"라는 논문에서 다음과 같이 적고 있다.

"동아시아 법학, 주로 법철학에 대한 라드브루흐의 영향은 이미 사람들이 이곳(독일)에서 전혀 이야기하지 않을 때부터 대단히 컸다. 이 영향은 그의 죽음 후에 적어진 것이 아니라 오히려 더욱 커졌다. 이 점을 일본, 한국, 타이완에 정통한 사람들은 인정할 것이다. 라드브루흐만큼이나 그의 이름이 위의 세 나라에 널리 알려진 법학자는 없다. 이것은 결코 우연이 아니다. 라드브루흐가 동아시아 —특히 일본과 한국의— 법문화에 큰 영향력을 미쳤고 아직까지도 그것이 줄어들지 않는다는 것은 아마도 라드브루흐의 인격 및 법철학과 동아시아 국민의 성향과 사유 사이의 상호적인 관련성에 있는 것 같다. 한국인과 일본인이 라드브루흐만큼이나 이해를 잘하는 사람은 없으며 그가 다루었던 문제들, 예컨대 '사물의 본성'은 그들에게 친숙하다. 라드브루흐는 그들의 사유방식에 적합한 방식으로 문제에 접근하며 그들은 그의 언어에 감탄하며 그것을 사랑하기조차 한다. 저 먼 동방에서 사람들은 독일어를 라드브루흐의 책을 가지고 배운다.…"[1)]

카우프만이 여기서 다룬 학위논문은 권영백, 김지수, 정종욱 박사의 것인데 이것들은 모두 라드브루흐의 법철학 사상을 그 연구주제로 하고 있다. 시기적으로 보면 이 분들이 독일에 유학한 시기는 50년대 말 60년대 초쯤으로 이 시기는 이승만의 자유당 말기이고 아마도 한국의 생활은 상당히 궁핍했으리라 추측이 된다. 그렇다면 여기서 제기되는 문제는 보다 풍요로운 독일에 가

1) Arthur Kaufmann, Gustav Radbruch und die koreanische Rechtsphilosophie, in: Jescheck u. a.(hrsg.), Gedächtnisschrift für Zong-Uk Tjong, 1985, S.112ff. 또한 그의 다음의 논문도 참조. ders., in: ARSP, Bd. 56, 1970, S.597. 그는 여기서 사물의 본성 이외에도 상대주의, 관용, 양극성 등이 극동의 철학자들에게도 발견됨으로써 일본인, 한국인들은 라드브루흐의 작품에서 자기 자신을 재발견한다고 주장한다.

서 어떤 이유에서 이분들은 모두 라드브루흐를 연구하게 되었는가이다. 그들은 가난한 나라에서 올바른 법을 세워야만 한다는 "자연법"에 대한 막연한 꿈은 없었는가? 혹시 카우프만의 추측과 같이 라드브루흐의 인격과 그의 법철학적 태도 때문일까? 아니면 그 당시 독일에는 라드브루흐만큼이나 유명한 법철학자가 없었기 때문인가? 필자의 추측으로는 라드부르흐를 연구하게 된 동기는 아마도 이분들 자신의 학문적 기호 및 편의가 그 원인이 되지 않았는가 한다. 다시 말해 라드브루흐의 법사상에는 文을 숭상하는 동양적인 정서가 깊이 각인되어 있었으며 더 나아가 그 당시 독일의 법철학에서 라드브루흐는 반드시 거쳐야 할 사람으로 인식되었기 때문이리라.[2)]

1. 권영백 박사는 고려대 정외과를 졸업하고 독일로 가서 아르투어 카우프만의 지도하에 Saarbrücken대학에서 "라드브루흐 법철학에서의 '사물의 본성'이론의 발전과 의미(Entwicklung und Bedeutung der Lehre von der 'Natur der Sache' in der Rechtsphilosophie bei Gustav Radbruch)"라는 제목의 학위논문으로 1963년 박사학위를 받았다. 그는 귀국해서 대학에 자리를 잡으려고 노력했지만 뜻을 이루지 못했고 그래서 동아일보 논설위원을 거쳐 중앙정보부에서 일하다가 불운하게 생을 마쳤다. 귀국 후 그는 고려대에서 강사를 했는데 논문의 대부분이 그 당시 독일에서 유행했던 목적적 행위론에 관한 것이므로[3)] 그의 법철학 사상은 유일하게

2) 최종고 교수는 한국의 법철학자들이 라드브루흐에 매료된 이유를 크게 두 가지를 들어 설명한다. 그 하나는 상대주의 법철학 및 그의 역사적 경험 등과 같이 라드브루흐 법철학 자체가 갖는 요인과 그 다른 하나는 민주주의에의 갈구 등 한국인과 한국문화가 갖는 요인이라고 한다. 이에 대해서는 최종고, 라드브루흐 연구, 1995, 160면 이하 참조.

3) 그 당시 발표된 논문은 다음과 같다. "서독의 언론 증언거부권," 입법조사월보 7호(66.04), 116-121면; "최근서독형법의 사상동향," 법률신문

남아 있는 그의 박사학위논문을 중심으로 설명될 수밖에 없다.

박사학위논문의 서문에서 그는 고려대 재학시절에 이미 그의 원전을 통해 라드브루흐를 알게 되었고 이를 통해 그가 어떻게 사물의 본성을 통해 법실증주의를 극복하는가에 대해 관심을 가졌다고 한다. 주지하듯이 라드브루흐는 신칸트학파에 의해 존재와 당위를 준별하는 방법이원론을 주장했고 이에 따르면 당위는 존재로부터가 아니라 반드시 보다 상위의 당위에 의해서만 근거지워진다는 것이다. 그런데 그는 사물에 내재하는 당위적인 것을 사물의 본성이라고 주장함으로써 이 존재와 당위의 이원적인 구별을 지양하려 했던 것이다. 즉 사물의 본성은 형식적인 법적 사고를 극복하고 구체적인 법질료를 파악하려는 시도이다. 그렇다면 존재와 당위를 서로 결합시키는 중국의 고전철학을 통해 라드브루흐가 이 둘의 관계를 어떻게 보았는가를 재조명해 보는 것은 대단히 흥미로울 것이다. 사실상 이런 의도로부터 권영백 박사의 연구는 시작된다.

그는 우선 라드브루흐 법철학의 중심이 되는 사실과 가치를 고찰하는 네 가지 방식의 설명으로부터 출발한다. 즉 일정한 所與에서 사실과 가치는 원래 구별되지 않고 혼돈상태에 있으나 인간의 정신을 통해 이 둘은 서로 구별된다는 것이다. 그런데 여기에는 우선 자연과학과 같이 가치를 전혀 고려하지 않는 가치맹목적인 입장과 가치철학과 같이 가치평가를 하는 가치평가적인 두 가지 근본태도가 있고 그 사이에 법학과 같은 가치관계적인 태도와 존재하는 모든 것을 인정하는 종교와 같은 가치초월적인 태도가 있다고 한다. 요약해서 말한다면 "자연의 왕국", "가치의 왕

649호(65.10), 1-3면; "한미행협형사특별법의 문제점," 법정(구) 22권 6호(67.06),21-23면; "형법학에 있어서의 목적적 행위론의 문제점, 상," 법정(구) 22권 1호(199호)(67.01),41-45면; "형법학에 있어서 목적적 행위론의 문제점 하," 법정(구) 22권 2호(200호)(67.02), 43-49면.

국", "종교의 왕국", 그 중간 형태로서 "문화의 왕국"이 존재하고, 각각에 대해 가치맹목적, 평가적, 가치관계적, 가치초월적인 태도가 대치한다는 것이다.

그리고 여기서 중요한 것은 라드브루흐는 법을 존재와 당위가 서로 관련을 맺는 가치관계적으로 파악함으로써 그것은 한편으로는 존재에 속하지만 다른 한편 정의라는 당위에로 지향되어진, 요컨대 존재와 당위가 서로 결합하는 문화현상으로 본다는 것이다. 그의 정의에 따른다면 "법은 정의라는 이념에 봉사하는 현상이라는 것이다."[4] 그런데 문화는 가치관련적인 현실, 구체화되고 실현된 가치규정이므로 여기서 질료가 지향하는 이념은 그것이 실질화되기 위해서는 반드시 질료자체에 적합해야만 하다는 것이다. 라드브루흐의 말을 빌리면, "이념은 질료를 지배하려는 요청을 가지고 있는데, 그것이 의미하는 바는 이념은 특정한 질료에 대한 것으로서 이 질료에 지향되어 있으며 이를 통해 다시금 그 질료에 의해 재규정된다"[5]는 것이다. 라드브루흐에 따르면 이러한 "이념의 소재규정성(Stoffbestimmtheit der Idee)"[6]이 사물의 본성이고, 이것은 마치 예술가의 이념이 질료를 통해 실현되듯이 — 예를 들면 예술가의 표상이 구리에 조각할 때와 대리석에 그것을 할 때 서로 다르게 되듯이 — 법이념도 법적 질료에서의 그것의 실현을 통해서만 법이 된다는 것이다. 달리 말한다면 "이념의 소재규정성"으로 인해 법은 법이념만이 아니라 오히려 그에 기초한 법적 질료에서의 의미관련성에 의해 규정된다는 것이다.

4) Radbruch, Rechtsphilosophie, 6. Aufl., 1963, S.95.

5) 무엇보다도 Radbruch, Rechtsidee und Rechtsstoff, in; ARWP 17, 1923/24, S.343 참조.

6) 라드브루흐는 초기에는 사물에 본성에 의한 인식을 "직관의 우연(Glücksfall der Intuition)"이라고 생각했으나 그 후 이런 입장을 바꿨다. 이에 관해서는 Radbruch, Die Naur der Sache als juristische Denkform, 1960, S.14. Fn 24 참조.

이렇듯 라드브루흐는 “이념의 소재규정성”을 통해 준엄한 방법이원론으로부터 사물의 본성, 즉 구체적인 사태의 의미관련성에 따라 사물을 중시하는 법철학으로의 첫발을 내딛었다. 그것은 마치 노자에 있어서의 직관에 의한 자연에로의 몰입과도 같은 것이었다. 그렇다면 과연 라드브루흐는 이러한 사안을 중심으로 하는 소위 “구체적인 자연법”에로의 길을 걸어 갔는가? 다시 말해 그는 사물의 본성을 독자적인 법원으로 인정했는가?

권영백 박사의 주장에 따르면, 라드브루흐는 사물의 본성에 의해 그의 법철학의 실질화를 가져오기는 했지만 결국에는 방법이원론을 극복하지 못한다는 것이다. 다시 라드브루흐의 말을 빌린다면, “사물의 본성은 존재와 당위, 사실과 가치의 엄격한 이원론을 완화하는 구호”[7]에 불과하다는 것이다. 따라서 사물의 본성은 그 자체로 효력이 있는 法源이 아니라 법에 보충적으로 봉사하는 해석 내지 흠결보충의 수단에 불과하다는 것이다. 요컨대 그것은 법률의 흠결시 법을 완성시키는 “보충적인 원칙(ultima ratio)”일 뿐이다.[8] 그렇지만 분명한 것은 라드브루흐는 사물의 본성을 통해 신칸트학파의 방법이원론으로부터는 벗어난다는 것이다. 그러나 물론 그는 아직까지 합리주의의 그늘에 남아 있어 형식적인 법이념을 실현하는 인간의 본성을 신임하고 그 결과 권 박사의 주장에 따르면 라드브루흐는 아직까지 신칸트학파의 굴레에 얽매인다고 한다. 결론적으로 말하면 라드브루흐의 공헌은 역사적인 실제적인 것, 살아 있는 것으로 시야를 넓힘으로써 법철학을 한편으로는 추상적이고 절대적인 이성법이라는 자연법이론과 다른 한편 현실만을 중시하는 엄격한 실증주의로부터 해방시킨다는 점에 있다는 것이다. 요컨대 그는 무익한 “자연법론과 법실증주의 양자택일을 넘어서서 제3의 길을 주장함으로써[9] 방법이

7) Radbruch, aaO(Fn 6), S.5.

8) Radbruch, aaO(Fn 6), S.15.

원론을 극복하고 새로운 의미에서의 법존재론이 근거지울 수 있는 토대를 마련했다는 것이다.[10]

대단히 흥미로운 것은 권영백 박사의 학위논문의 후기인데 왜냐하면 그는 여기에서 중국고대철학에서 발견되는 "사물의 본성"에 관한 내용들을 서술하기 때문이다.[11] 그에 따르면, 理는 윤리로서 그것은 실정법이나 자연법을 의미하는 것이 아니라 이 둘을 모두 내포한다는 것이다. 그러나 理를 개념정의 하기는 대단히 어려운데 왜냐하면 동양철학은 서양철학과 달리 개념을 직접적으로 정의하기보다는 비유적으로 서술할 뿐만 아니라, 더 나아가 그것은 전통적인 자연법에서의 추상성, 형식성, 불변성과 사물의 본성에서의 구체성, 실질성, 역사성 모두를 포괄하기 때문이다. 따라서 우리들은 理를 개념정의 하기보다는 단지 서술할 뿐이라고 한다. 그런데 이 개념은 순자의 철학에서 잘 나타나는데 그에 따르면 그것은 다음과 같은 세 가지 근본원칙들을 지닌다고 한다. 즉 생명의 근원으로서의 하늘과 땅, 세대의 근본으로서의 조상, 그리고 교육의 근거로서의 임금과 신하가 그것이다. 어떻게 하늘과 땅 없이 살 수 있고, 조상 없이 살 수 있고, 임금과 선생 없이 가르칠 수 있는가? 그러므로 理는 하늘과 땅, 조상, 임금과 신하를 지향하고 있으며 그런 한에서 理는 불변의 법칙이라는 것이다. 또한 理는 실천적인 행위의 기준으로서도 중요한데 고대 중국과 한국에서는 실정된 규범이 없었고 그 대신 윤리인 理에 따라 행위를 평가했다고 한다. 더 나아가 理에는 필연적으로 척도의 원칙도 들어 있다. 그러므로 사람들이 어떻게 하면 온성한 품성을 얻을 수 있는가라는 제자의 질문에 대해 공자는 윤리로서

---

9) 필자(역), 아르투어 카우프만, 『법철학』(2007), 118면 이하.

10) Yungback Kwun, Entwicklung der Lehre von der 'Natur dr Sache' in der Rechtsphilosophie bei Gustav Radbruch, 1964, S.47.

11) Yungback Kwun, aaO(Fn 10), S.49ff.

이해되어진 理는 척도를 가지고 있으므로 理를 다시 세워 올바르게 만들면 된다고 대답했다고 한다. 이러한 의미에서의 理에는 교육, 국가의 법, 정치에 있어서 행위의 규율이 속한다. 요컨대 理는 다름이 아니라 모든 규범의 최상의 표현이라는 것이다. 이렇듯 사물에 관련된 규범으로 이해된 理는 시대에 구속되고 가변적이므로 라드브루흐의 사고에서 발견되는 이념과 질료 사이의 긴장은 여기서는 발견되지 않고 다만 여기서는 절대성과 상대성, 가변성과 불변성 사이의 긴장만이 존재한다고 한다. 요컨대 理는 라드브루흐에서와는 달리 오늘날의 개념으로 표현한다면 소위 "구체적인 자연법"이라는 것이다.[12)]

권영백 박사는 理 이외에도 그것에 이르는 방법인 道에 대해서 언급하며 이러한 인식방식에서 正名이 중요하다고 한다. 正名이라는 말 그대로 올바른 개념형성을 의미하는데 이것은 사물의 본성으로부터의 인식을 말하며 그것은 인식능력인 知를 사물 자체에 매몰시켜 사물 자체로부터 그 본성을 묘사하는 것을 의미한다. 그리고 이런 인식방법을 중국과 한국에서는 고대로부터 윤리법칙인 理에 적용했다는 것이다. 이렇듯 중국철학은 이미 오래전부터 사물의 본성으로부터 도움받아 공동체의 규율인 理를 올바른 행위의 기준으로 인식하고 있다고 한다. 그리고 사물의 본성은 서양철학과 달리 중국에서는 구체적이고 사안에 적합한 질서로 관념했다는 것이다.[13)] 결론적으로 말한다면, 사물의 본성은 중국의 고대철학에서는 존재와 당위, 현실과 가치를 서로 연결하는 구체적인 존재 속의 당위로 개념화되어진 반면 라드브루흐는 이와는 달리 사물의 본성이라는 개념을 통해 비록 방법이원론은 벗어났지만 그러나 합리주의 방식을 고집한 결과 존재 속에서 당위를 바라보는 법존재론에는 이르지 못했다는 것이다.

---

12) Yungback Kwun, aaO(Fn 10), S.50f.

13) Yungback Kwun, aaO(Fn 10), S.52ff.

2. 권영백 박사가 1963년에 라드브루흐의 사물의 본성에 관한 논문으로 박사학위를 받은 지 3년 후에 김지수 교수는 독일의 프라이부르그에서 에릭 볼프의 지도하에 "라드브루흐 사상에서의 '방법삼원주의'와 '사물의 본성'('Methodentrialismus' und 'Natur der Sache' im Denken Gustav Radbruchs)"이라는 논문으로 박사학위를 취득했다. 김지수 교수는 권영백 박사와 마찬가지로 고려대 정외과를 졸업하고 1960년에 독일유학길에 올라 6년 만에 우수한 성적으로 박사학위를 취득했다. 학위 취득 후 그는 귀국해서 2002년 퇴임할 때까지 한국외국어대학에서 법철학과 국제법관련과목을 담당했다. 그는 한국외국어대학 재직시 대학원 원장과 부총장을 역임했으며 더 나아가 1992년부터 1994년까지 한국법철학회 회장직을 맡은 바 있다. 김 교수는 귀국 후 법철학에 관해서도 여러 편의 논문을 발표했으나 그 이외에도 국제상사법과 관련한 논문이 비교적 더 많다.[14] 특기할 것은 그는 해박한 외국어 실력을 가지고 있다는 점이며 최근에는 그에 못지않게 컴퓨터 프로그램도 소화하고 있다는 것이다. 그는 정년퇴임 후 현재 태국에서 거주하면서 그곳 대학에도 출강하고 있다. 그러면 이하에서 그의 박사학위논문을 소개하면 다음과 같다.

김지수 교수의 논문은 권영백 박사의 논문보다 훨씬 그 분량이 많을 뿐만 아니라 그의 법철학적 관심도 권 박사의 것과는 사뭇 다르다. 이미 언급한 바와 같이 권 박사에게는 라드브루흐의 사물의 본성에 관한 이론을 중국철학과의 비교를 통해 고찰해 보

14) 필자가 아는 그의 법철학 논문을 열거하며 다음과 같다. "Max Weber의 몰가치이론," 『현승종박사화갑기념논문집』(1979), 29면 이하; "법해석학의 존재론적 전환," 『장경학박사고희기념논문집』(1987), 573면 이하; "법현실주의와 법리의 발견," 『인권과 정의』 214호(1994), 103면 이하; "Dworkin의 정의론과 二價値論의 전환," 『인권과 정의』 217호(1994), 117면 이하; "법의 부정과 법긍정의 二價値論," 『한국외대법학논집』 제3집(1996), 27면 이하 등이 있다.

는 것이 주된 목적이었다면, 김지수 교수의 관심사는 라드브루흐의 법철학 사상을 독일의 정신사적 맥락에서 본격적으로 추적하는 데에 있다. 그러므로 그는 서문에서 그의 관심이 다음, 즉 1945년 이후의 라드브루흐의 법철학이 결정적인 전향을 경험했는가 아니면 애초의 사상의 지속적인 발전으로 볼 수 있는가라는 문제에 있다는 것을 밝힌다. 그런데 이것은 라드브루흐의 방법이원론과 상대주의의 해석과 밀접하게 연관되며, 또한 이에 대한 해답은 다시금 방법이원적인 칸트의 선험철학과 사물의 본성에 근거한 괴테의 일원적인 철학이 얼마만큼 그의 법사상에 영향을 주었는가에 달려 있다고 한다. 그러나 어쨌든 간에 전후 라드브루흐의 자연법론에의 회귀여부는 칸트와 연관을 맺지 않고는 설명할 수 없으므로 김 교수는 라드브루흐와 칸트와의 사상적인 관계를 탐구하기 시작한다. 그런데 자세히 보면 라드브루흐는 그의 사상이 근거했던 서남독일의 신칸트학파의 대표자인 빈델반트, 리케르트, 라스크를 통해 간접적으로 칸트를 경험했기 때문에 그는 서남독일학파와 칸트의 관계부터 분석하기 시작한다. 요컨대 김 교수의 일차적 관심은 존재와 당위를 준별했던 칸트와 달리 어떻게 서남독일의 신칸트학파가 존재와 당위를 결합시키는 문화개념에 도달했는가를 밝히는 데에 있다. 그리고 이 점은 그의 학위논문 제1장에서 다음과 같이 다루어진다.

김 교수에 따르면 비록 서남독일학파도 칸트의 선험철학으로부터 출발하지만 이 둘 사이에는 다음과 같은 차이가 있다고 한다. 즉 칸트의 선험철학은 인식의 범주에 관한 이론이고 이로부터 인식은 객관성을 얻는다고 한다. 그리고 칸트의 가치철학도 이러한 인식론에 근거하기 때문에 단지 일반적인 것만이 초경험적인 가치로서 파악되는 반면 구체적이고 개별적인 것들은 가치가 없는 것으로 여겨진다. 이에 반해 서남독일학파에서는 수학과 같이 경험과 무관한 순수한 이론적인 인식이 중요한 것이 아니라 오히려 경험에서 주어지는 것, 문화적인 것이 체화된 비이론적인 것이 철학의 본래적인 대상이 된다고 한다. 그러므로 칸트가 일반적인 것, 비역사적인 것, 초경험적인 것을 중시한다면, 서남독일학파는 개별적인 것, 역사적인 것의 경험적인 것에 초점을 맞춘다. 다시 말해 칸트의 추상적인 가치체계에 따르면 개별적인 현상은 보편적인 것이 체화된 것에 불과하다고 본 반면, 서남독일학파의 가치문화철학은 개별적인 것을 전체적인 것의 구성부분으로 파악함으로써 개별적인 것이 지니는 독자적인 의미를 발견한다는 것이다. 그러므로 문화를 중시하는 서남독일학파의 역사이해는 다음과 같은 세 가지 특징을 지닌다는 것이다. 1) 역사의 개별화, 2) 역사적인 대상의 가치 관련성, 3) 대상의 문화가치. 그리고 특이한 것은 다음과 같은 김 교수의 시도인데, 즉 그는 피히테를 칸트의 본래적인 의미를 발전시킨 사람으로 파악하려는 것이다.[15] 다시 말해 비록 논리적으로는 확실히 파악되지 않았지만 피히테에서 역사적인 것과 가치를 연결하는 "개별적인 가치(Wertindividualität)"라는 개념이 등장한다는 것이다.[16]

제2장의 목적은 역사적 문화과학적인 방법의 도움을 받아 라드브루흐의 방법이원론을 자세히 설명하고 그것을 그 밖의 방법이원론과 구별짓는 것이다. 김 교수는 여기서 라드브루흐의 잘 알려진 4가지 고찰방식으로부터 출발한다. 즉 가치맹목적인 존재, 평가적인 당위, 그리고 그 사이에 위치하는 중간적인 가치관계적인 문화와 그것들을 넘어서는 가치초월적인 종교. 그리고 이 네

15) Arthur Kaufmann, Gedächtnisschrift für Zong Uk Tjong(주 1), S.114.

16) 이런 의미에서 라스크는 다음과 같이 말한다. "그러므로 칸트로부터 벗어난… 문화철학은 다시금 칸트 철학의 무진무궁한 심연으로부터 유래한다. 그러므로 가치철학에서도 피히터는 스승의 업적을 지키면서 그를 넘어서는 칸트철학의 계승자처럼 보인다." 이에 관해서는 Lask, Fichtes Idealismus und die Geschichte, in: ders., Gesammelte Schriften, Bd. 1, 1923, S.174.

가지에는 각각 자연(Natur), 이상(Ideal), 문화(Kultur), 종교(Glauben)가 대치된다. 그런데 라드브루흐는 법을 존재와 당위가 결합하는 문화에 위치시킴으로써 사실상 방법이원론을 슈탐믈러와 같이 존재와 당위를 준별하는 것으로 이해하는 것이 아니라 오히려 이 둘을 서로 결부시키는 방법삼원론(Methodentrialismus)으로 이해한다는 것이다. 다시 말하면 라드브루흐는 법을 존재와 당위 모두에 관련을 맺는, 즉 가치가 실현된 문화현상으로 파악한다.[17] 그런데 이 장에서도 주목할 것은 김 교수는 문화를 제대로 파악할 수 있는 방법3원론의 세 가지 방법론적 특성을 자세히 설명한다는 것이다. 그것의 첫 번째 개념적인 표지는 "이해할 수 있는 것"이라는 것으로서 문화현상은 지각할 수 있는 것을 넘어서지만 경험적으로 파악될 수 있는 것으로까지 확장되어야 한다는 것이다. 달리 말해 물리적인 것과 심리적인 것을 모두 포함하는 감각적인 것을 넘어서는 비감각적인 의미도 포괄되어야 한다는 것이다. 두 번째의 개념표지는 "개별화하는 것"으로서 문화현상을 이해하기 위해서는 현상을 일반화시키는 자연과학적인 방법이 아니라 문화현상들의 구체적인 특성을 파악할 수 있도록 개별화해야 한다는 것이다. 만약 문화현상인 법을 체계적인 방식으로 일반화시키면 법도그마틱의 경직화를 가져오기 때문에 법의 독자성을 제대로 파악하기 위해서는 개별화시켜야 하며 그렇게 되면 법학의 체계성은 "체계들의 체계"를 의미하는 개방된 체계가 된다고 한다. 그 세 번째 개념표지는 "가치관계적인 것"인데 김 교수는 리케르트를 따라 실천적인 평가와 이론적인 가치관계적인 태도를 다음과 같이 서로 구별한다. 즉 평가적인 입장에서 보면 긍정적인 가치와 부정적인 가치는 서로 다른 것이지만 이론적인 입장에서 고찰한다면 이 둘 모두 가치관련적인 것이라는 점에서 동일선상에

17) 요컨대 라드브루흐에 따르면 법은 정의라는 이념에 봉사하는 현실로 정의된다. 이에 대해서는 앞의 주 4 참조.

놓여 있다고 한다. 물론 이렇게 이해된 방법삼원론이 어떤 인식가치를 지니는지는 확실하지 않지만,[18] 그러나 분명한 것은 이이 언급한 바와 같이 라드브루흐의 방법이원론은 존재와 당위를 서로 결합시키는 방법삼원론의 도움없이는 제대로 이해될 수 없다는 것이다.

김 교수 박사학위논문의 마지막 장은 가장 중요한 부분으로서 여기서는 "사물의 본성"이 다루어진다. 우선 김 교수는 오늘날의 독일의 법철학은 모두 구체적인 것, 존재적인 것으로 지향하고 있고 그것의 구체적이고 내재적인 생활질서는 이미 데른부르그가 말한 바와 같이 "사물의 본성"이라고 표현될 수 있다고 한다.[19] 그런데 그것의 내용은 사람에 따라 모두 다르게 파악되기 때문에 라드브루흐에서의 이것의 의미를 제대로 파악하기 위해서는 먼저 所與(Gegebenheit)와 현실(Wirklichkeit)의 개념부터 파악해야 한다고 한다.[20] 그리고 나서 김 교수는 이러한 분석 위에 이러한 존재적인 것과 가치판단이 서로 결합되는 논리적인 구조를 광범위하게 탐구한다.[21] 이제 이러한 분석 위에서 김 교수는 "이

18) 마찬가지의 입장으로 Arthur Kaufmann, 앞의 논문(주 1), S.114.

19) 데른부르그는 이에 대해 다음과 같이 말했다. "생활질서는 … 그 자체 척도와 질서를 지닌다. 이러한 사물에 내재한 질서를 사물의 본성이라고 부른다." 이에 관해서는 Dernburg, Pandekten, Bd. 1, 5. Aufl., 1896, S.87.

20) 김 교수에 따르면 모두 6개의 所與개념 중 4가지만이 현실이라고 표현될 수 있고 그것들은 모두 所與가 변형된 것이라고 한다. 이에 관해서는 Jisu Kim, 'Methodentrialismus' und 'Natur der Sache' im Denken Gustav Radbruchs, 1966, 128면 이하 참조.

21) 간단히 설명을 하면 이 구조는 다음과 같이 설명된다. 즉 칸트의 인식론에 따르면, 논리적 타당성이 대상에 의해 정해지는 것이 아니라 오히려 거꾸로 대상이 논리적 효력에 의해 결정된다. 이렇듯 칸트에서는 대상성과 이론적인 효력의 분리는 지양되고 논리적 내용은 대상성을 규정하는 구성적인 것으로 파악된다. 그러므로 존재의 객체에 대해 대상성과 논리적인 효력내용은 서로 일치하게 된다. 이에 관해서는 Jisu Kim, aaO(주 20), 158면 이하.

념의 소재규정성"과 "사물의 본성"이 어떻게 관련을 맺는지를 분석한다.[22] 그에 따르면 라드브루흐의 "사물의 소재규정성"은 다음의 두 가지, 즉 그 하나는 "이념의 소재규정화(Stoffbestimmung)"와 "소재의 이념규정화(Stoffbestimmtheit)"[23]를 의미한다고 설명되고 사물의 본성도 라드브루흐에 따라 차례대로 세부화된다. 그리고 법적 사유형식으로서의 사물의 본성이 "異種法(Heterothethik)"[24]인가 아니면 "변증법(Dialektik)"인가를 다룬다. 대단히 중요한 것은 이 논문의 결론부분인데 왜냐하면 김 교수는 라드브루흐 사상의 변천과 관련해서 "사물의 본성" 개념과 "방법이원론"이 그에게 있어서 사실상 다음과 같이 변천되었다고 설명하기 때문이다. 즉 사물의 본성은 3가지 의미를 지니는데, 첫 번째는 아무런 의미를 가지지 않는 칸트적인 의미에서의 단순한 존재로 파악된 초기사상이고, 두 번째는 질료에 있어서 이념이 미리 규정되었다는 것을 의미하지만 아직도 그것은 비학문적인 의미를 지는 것으로서 그것을 아는 것은 단순한 "직관의 요행(Glücksfall der Intuition)"에 불과하다는 생각이며 마지막에는 사물의 본성은 학문적인 개념으로서 존재와 당위의 긴장을 완화하지만 그것을 완전히 극복하지는 못한다는 사상으로 바뀐다는 것이다. 이와 함께 방법이원론도 변하여 처음에는 당위와 존재는 서로 준별되기 때문에 존재로부터 당위를 이끌어낼 수 없다는 주장을 했는데 점차 이러한 생각은 가치관련적인 방법과 함께 변모해서 가치와 현실의 상호작용

---

22) 그에 따르면 라드브루흐의 "사물의 소재규정성"을 제대로 알기위해서는 이념개념의 분석이 필요하다고 하면서 이념개념을 4가지로 세분화한다. 이에 관해서는 Jisu Kim, aaO(주 20), 178면, 특히 198면 이하.

23) 이 말이 의미하는 것은 일정한 소재에로(für) 규정되기 때문에 소재에 의해(durch) 규정된다는 것을 의미한다.

24) 異種法은 이념과 질료가 서로 다른 것으로 남아 있지만 하나로 합일화되어 가는 반면 변증법은 이미 그 둘의 차이가 없어져서 하나로 되었다는 것을 의미한다고 한다. 이에 관해 자세한 것은 Jisu Kim, aaO(주 20), 217면 이하 참조.

을 인정하게 되었다는 것이다. 그리고 마지막으로 김 교수는 라드브루흐에 있어서 사물의 본성과 인간의 본성 간의 관계를 다음과 같이 설명하는 것으로 논문을 마무리한다. 즉 사물의 본성은 주어진 법소재를 의미 있게 형성하라는 요구를 통해 법의 이념에 봉사하지만 최종적인 결정은 인간의 본성이라는 법이념에게 돌아간다는 것이다. 이렇게 본다면 괴테적인 의미에서의 사물의 본성과 칸트적인 의미에서의 인간의 본성은 서로 대립하는 것이 아니라 서로 보충적인 관계에 있는 것이 된다고 주장하면서 그가 논문의 서문에서 말했던 그의 관심사에 대한 해답을 찾는다.[25)]

그 후 1994년 한국법철학회 추계학술대회에서 김 교수는 다시금 라드브루흐 법철학에 대해 다음과 같이 말을 하고 있다.

"법철학의 관계성, 상대성의 무한함을 끈기와 집념을 가지고 주장하면서도, '자연법'이라는 이름까지도 붙이기가 두려워서, 소리없이 묵묵히 실천에 옮기기만 했지만, 라드브루흐에게는 법 안에서의 참다움 경외의 믿음이 있었으니 이것이 곧 각자의 인간존엄이다. 이념으로 현실을 유리하고, 현실을 이념으로 위장하는 가식의 질서, 자의의 질서를 혐오하면서 라드브루흐는 인간의 누구나의 존엄을 근본으로 하는 믿음, 박애, 성실, 겸허, 아내, 실천이 법철학의 열린 마당을 우리 각자가 모여 이야기를 나눌 수 있도록 마련해 놓았다."

3. 정종욱 교수는 김 지수 교수의 학위논문이 출간된 지 1년 뒤 독일 본에서 목적적 행위론의 주창자인 한스 벨첼 교수의 지

25) 역기서 반드시 언급할 점은 김 교수의 지도 교수인 에릭 볼프 교수의 다음과 같은 말이다. 즉 그는 문헌의 이상은 다름아니라 사유자의 정신이고 이 둘은 서로 다른 것이 아니기 때문에 그는 라드브루흐를 항상 그의 내심, 인격으로부터 이해하려고 시도한다는 것이다. 이에 대해서는 Jisu Kim, aaO(주 20), 256면 주 471 참조.

도하에 "라드브루흐에 있어서 법철학적 상대주의의 길(Der Weg des rechtsphilosophischen Relativismus bei Gustav Radbruch)"이라는 논문으로 박사학위를 취득했다. 그는 1956년 서울대학교를 졸업하고 1958년부터 독일 본 대학에서 법학공부를 시작해서 석사과정을 마치고 1960년부터 본격적으로 밸첼 교수의 지도하에서 학위논문을 쓰기 시작해서 1967년에 마쳤다. 그는 1965년부터 벨첼 교수의 조교로도 활동했지만 박사학위 취득 후 귀국해서 1968년부터 1년간 부산대에 봉직하다가 1969년 중앙대로 자리를 옮겼다. 그러나 그의 독일 부인은 독일로 돌아갈 것을 강력하게 요구했기 때문에 다시 독일로 다시 돌아가 독일 보쿰대학을 거쳐 독일 프라이브르그의 Max Planck 국제형법연구소의 극동담당연구관을 지내다 위암으로 인해 안타깝게도 1982년에 너무 일찍 세상을 떠났다. 그는 이 연구소에서 재직할 당시 한국인들과 많은 일본인 교수들을 후하게 대접해 주었을 뿐만 아니라 독일 형법 교수들에게도 널리 알려 있었기 때문에 그의 죽음은 한국, 일본, 독일에 비보로 전해졌으며 또한 그의 죽음으로 인해 독일과의 학술교류에도 적지 않은 타격을 받았다. 뿐만 아니라 그는 황산덕 교수의 제자로서 그와 각별한 인연(?)[26]도 지니고 있다. 그는 비교적 짧은 인생을 살았기 때문에 많은 논문을 남기지 못했을 뿐만 아니라 귀국해서는 독일에서의 지도 교수인 한스 벨첼의 형법사상인 목적적 행위론을 널리 알리는 데 주력했기 때문에 그의 법철학 논문은 박사학위논문이 전부인 것 같다.[27] 다만 벨첼의 철학적

---

26) 정종욱 교수와 황산덕 교수와의 인연에 대해 자세한 점은 손해목 외, 한독법학논고, 정종욱박사유고집, 1983, 311면 참조.

27) 그의 논문들을 열거하면 다음과 같다. Der Ursprung und die philosophische Grundlage der "Lehre von den sachlogischen Strukuren" im Strafrecht, ARSP (1968), 411ff.; "형법에 있어서 '사물논리적 구조론'의 기원과 그 철학적 기초," 부산대 법학연구 제10권(68.06), 140면 이하; "한스 벨첼의 생애와 학문," 정종욱박사유고집 1983, 92면 이하; 손해목

사상의 원류를 다룬 논문들도 법철학적 내용이 있기 때문에 그것들도 법철학에 포함시킬 수 있을 것 같다. 그럼 이하에서는 그의 박사학위논문을 소개하려고 한다.

아르투어 카우프만이 세 명의 한국인이 쓴 것 가운데 가장 뛰어나다고 평가하는 정 교수의 논문은 김지수 교수와 마찬가지로 라드브루흐의 법사상을 그의 정신사적 맥락에서 다루고 있다. 여기서 그의 관심은 라드브루흐의 법철학의 두 기둥인 방법이원론과 법철학적 상대주의이며 이 두 주제는 4장으로 이루어진 그의 논문의 처음 두 장을 이룬다.[28] 방법이원론을 다룬 제1장에서 라드브루흐는 초기에는 다음과 같이 생각한다고 한다.[29] 즉 처음

외, 한독법학논고: 정종욱박사유고집, 1983.

28) 정 교수는 우선 19세기 중반 독일에서 풍미했던 실증주의적인 사고, 즉 형이상학을 배제하고 모든 현상을 인과성에 의해 기계적으로만 설명하려 들었던 사조를 극복한 신칸트학파의 서남독일학파의 사상을 소개한다. 여기에는 빈델반트, 리케르트, 라스크가 속해 있었는데 그들 중 특히 리케르트는 인지되는 현실 말고도 가치와 같이 경험되어지는 비현실적인 것이 존재한다고 주장한다. 더 나아가 대상은 인식범주에 의해 규정된다는 칸트의 선험철학에 따라 대상을 바라보는 관점에 따라 동일한 대상은 달리 파악된다고 하면서 보편적인 고철방식을 중시하는 자연과학과 개별적인 것을 중시하는 역사학을 서로 구별한다. 그러나 인식을 궁극적으로 규정하는 것은 방법이 아니라 대상이기 때문에 리케르트는 그의 형식적인 개념론을 가치관련성이라는 원칙을 통해 실질화하려고 했으며 이를 통해 이제 대상은 의미를 지니는 문화와 의미와 무관한 자연으로 구별된다. 요컨대 문화과학은 개별화할 뿐만 아니라 가치관련적인 반면, 자연과학은 일반화할 뿐만 아니라 가치와 무관한 절차를 통해 구성된다. 이렇게 보면 가치관련성이라는 원칙은 문화과학에 있어서 지도적인 원칙이 되는데 그는 이러한 생각을 법학에 적용한다고 한다. 즉 모든 문화현상은 객관적인 현실이 문화가치에 관련을 맺는 것을 통해 성립한다는 리케르트의 생각에 따라 라스크도 법학을 경험적인 문화과학에 속하는 것으로 파악하고 이러한 생각은 라드브루흐에 그대로 침전된다고 한다. 이에 관해 자세하는 Zong Uk Tjong, Der Weg des rechtsphilosophischen Relativismus bei Gustav Radbruch, 1967, S.17ff. 참조.

29) 정 교수에 따르면, 방법이원론과 관련해서 라드브루흐는 여러 곳에서

에는 현실과 가치가 혼돈된 所與만이 주어져 있는데 이것은 인간의 정신활동을 통해 서로 구별되어지며 여기서 현실은 그 자체 의미와 가치로부터 벗어난 所與이며 그러므로 필연적으로 가치원칙에 의한 구성을 필요로 한다는 것이다. 이러한 인식론적인 태도는 라드브루흐에 대해 결정적으로 영향을 미치며 이에 따라 존재로부터 당위를 추론할 수 없다는 그의 방법이원론이 성립하게 된다고 한다. 그러나 그 후 라드브루흐는 다시금 문화를 강조하는 신칸트학파의 영향 아래 존재와 당위를 준별하는 슈탐믈러식의 방법이원론을 극복하고 법을 존재와 당위모두와 관련을 맺는 문화현상으로 파악하게 된다고 한다. 다시 말해 법은 자연과 가치 사이에 존재하는 현실과 가치의 중간영역이라고 한다. 정 교수에 따르면 라드브루흐의 법철학의 공적은 실증주의가 소홀히 다룬 법이념을 법학의 구성적인 부분으로 고양시켰다는 데에 있다고 하며 바로 여기에 또한 문화철학적인 방법삼원론과 그것의 목적론적이고 가치관련적인 개념형성의 의미가 존재한다고 한다. 그러나 라드브루흐의 법철학의 결정적인 잘못은 존재와 당위의 구별을 준수함으로써 법이념과 관련이 없는 법개념을 형성한다는 데에 있다는 것이다.[30] 물론 그는 이러한 문제점을 사물의 본성이라는 개념을 통해 해결하려고 시도하지만 이것도 그의 방법이원론에 의해 성공하지 못하는데 왜냐하면 법적 결정은 궁극적으로 사물이 본성이 아니라 법이념에 의해 정해진다고 파악하기 때문이라고 한다.[31]

그는 제2장에서 법철학적 상대주의의 사상적 연원을 제공한

칸트를 원용하지만 사실 이것은 칸트보다는 오히려 신칸트주의의 서남독일학파와 관련을 맺고 있다고 한다. 이에 관해서는 Zong Uk Tjong, aaO(Fn 26), S.29 참조.

30) Zong Uk Tjong, aaO(Fn 28), S.33ff.

31) Zong Uk Tjong, aaO(Fn 28), S.40f.

짐멜, 리케르트, 막스 베버를 자세히 설명하면서 이들 중 특히 막스 베버의 학문이론이 라드브루흐에 많은 영향을 미쳤다고 밝히고 있다. 그리고 라드브루흐는 법철학적 상대주의를 단순히 방법으로만 파악하지 않고 일종의 체계로서 파악한다고 설명한다. 사실상 법철학적 상대주의는 모든 것을 이성에 의해 남김없이 파악하려는 합리주의의 한계를 뜻하기 때문에 이것은 다음의 두 가지 생각 위에 기초한다. 그 하나는 학문은 가치판단에 대해 말할 수 없으며 그러므로 그것에 관해서는 인식이 아니라 단지 고백될 수밖에 없다는 것이고, 그 다른 하나는 그러한 가치판단에 관한 결정은 개인의 양심에 맡길 수밖에 없다는 것이다.[32] 법철학이 궁극적인 가치를 인식하지 못한다면 그것의 임무는 무엇인가? 이에 대해 라드브루흐는 일종의 "가치체계들의 체계"를 제시하는 것에 국한한다는 것이다. 요컨대 생각가능한 가치평가들을 체계적으로 발전시킴과 동시에 그 실현을 위한 수단과 그에 의해 조건지워지는 결과들을 기술함으로써 각각의 가치평가적 태도들의 세계관적 전제조건들을 발견한다는 것이다. 여기서 그는 개인적 가치를 중시하는 개인주의적 가치세계, 전체적 가치를 중시하는 집단주의적 가치세계, 그리고 문화작품을 중시하는 초인격적 가치세계를 제시한다. 정 교수의 말에 의하면 그러나 중요한 것은 법철학적 상대주의는 이러한 이론적인 차원에서의 객관적인 인식에 머무르는 것이 아니라 실천적인 차원에까지 미친다는 것이다. 그리고 이러한 상대주의적인 태도는 궁극적 인식을 단념하지만 태도결정

---

32) 라드브루흐는 이에 대해 다음과 같이 말한다. "상대주의적 법철학은 서로 대립하는 궁극적 전제들로부터 체계적으로 발전된 여러 법률관들에 대한 선택을 각 개인으로부터 빼앗을 수 없다. 법철학은 그의 임무를 태도결정에 관한 가능성 전부를 각 개인들에게 제시하는 데에 한정시키며, 각 개인들의 태도결정 자체는 그의 인격의 깊은 곳 ―그의 恣意가 아니라 그의 양심― 에서 형성된 결단에 위임한다." 이에 관해서는 Radbruch, Rechtsphilosophie, 8. Aufl., 1973, S.98 참조.

자체를 단념하는 것이 아니라 오히려 자기의 생각만큼이나 다른 이의 생각도 마찬가지로 존중하고 배제가 아니라 대결을 통해 궁극적인 가치에 도달할 것이라는 실천적인 토론의 관용을 의미한다는 것이다.

정 교수는 제3장에서 법철학의 핵심문제인 법의 효력을 다룬다. 법의 효력은 존재와 당위, 사실적인 것과 규범적인 것이 서로 결합하는 것인데 이제 방법이원론과 법철학적 상대주의라는 방법론적 기초하에 라드브루흐가 이 문제를 어떻게 파악하는지가 분석된다. 라드브루흐에 따르면 우선 법률적 효력이론은 법체계 내에서 효력을 설명하는 것이기 때문에 법효력 자체를 설명할 수 없는 단점이 있을 뿐만 아니라 법규범과 다른 사회규범과의 충돌 시 속수무책이 될 수밖에 없다고 한다. 사회적인 효력이론의 하나인 실력설은 이러한 문제를 해결할 수 있지만 그러나 결정적인 문제점은 힘은 강제만을 가져올 뿐 당위를 의무지우지는 못한다고 비판된다. 또 다른 사회적인 효력이론인 승인설은 강제의 궁극적인 근거를 법수호자의 승인에 둠으로써 이러한 문제점은 어느 정도 해결할 수 있지만 심리적인 것으로서 파악된 승인은 사실성을 넘어서는 무언가를 전제할 필요가 있다는 점이 지적된다. 왜냐하면 승인설에 의하면 무엇 때문에 다른 사람이 승인을 했다고 해서 승인하지 않은 사람에게도 효력이 있는가를 제대로 설명할 수 없기 때문이다. 그리하여 라드브루흐는 철학적 효력이론에 도달하게 되는데 이러한 사정은 그의 방법이원론에 의해서도 설명될 수 있는데 왜냐하면 사회학적 효력이론에서와 같이 존재영역으로부터 당위를 추론하려는 것은 불가능하기 때문이다. 그렇다면 법의 효력은 이념적이고 규범적인 법이념에만 근거할 수 있는가? 라드브루흐는 그의 전통적인 자연법적인 이념과 그의 법이념론을 다음과 같이 구별한다. 즉 전통적인 자연론은 실정적인 규정 없이도 타당하지만 그의 법이념은 법철학적 상대주의로 인해 객관적인 인식이 확보되지 않기 때문에 반드시 실정성을 필요로 한다는 것이다 이렇게 본다면 법의 효력은 한편으로는 가치적인 요소와 다른 한편에서는 힘의 요소가 서로 결합될 수밖에 없고,[33] 그러므로 법의 이념이 개별적인 규정을 통해 체화될 수밖에 없다고 한다. 이런 생각 하에 그는 법의 세 가지 이념인 정의, 합목적성, 법적 안정성을 차례대로 설명해 나간다.

마지막 장은 전후 라드브루흐의 자연법으로의 회귀를 다루는데 여기서는 다음의 세 가지 논점, 즉 1) 실증주의의 무력과 자연법의 부활, 2) 실정적 불법과 초실정적인 법, 3) 실질적인 정의에로의 길이 중심이 된다. 정 교수는 우선 라드브루흐가 나치지배 하에서의 불법을 경험한 후 법실증주의의 문제점을 지적하고 자연법에로의 회귀를 여러 논문에서 주장했다고 한다. 즉 법실증주의는 자신의 힘만으로 법을 근거지울 수 없으며 "법률은 법률이다"라는 구호로 나치의 불법을 초래했다고 주장한다. 그러므로 그는 이러한 실증주의를 극복할 길을 모색하며 그러는 가운데 초실정적인 법을 알게 된다. 그리고 이러한 초실정적인 법은 세계 제2차대전 후 발표된 그의 논문인 "실정적인 불법과 초실정적인 법"을 통해 잘 나타난다고 한다. 그는 여기서 소위 "라드브루흐 공식"을 통해 초실정적인 법을 암시하지만 그것의 구체적인 내용은 밝히지 않는다고 한다. 다만 분명한 것은 초실정적인 법은 전통적인 자연법과는 분명히 다른 것으로서 정의는 형식적인 이념을 의미하며 불법을 불법으로 규정하는 척도이기는하지만 내용적인 규율을 할 수 없다는 것이다.[34] 정 교수는 실질적인 정의에로

33) 정 교수에 따르면, 라드브루흐는 법의 효력을 규범적인 철학적 이념에서 모색했지만 결과적으로는 사회학적인 이론으로 낙착되었다고 비판한다. 이에 관해 자세한 점은 Zong Uk Tjong, aaO(Fn 28), S.73ff.

34) 사정이 그러하다면 이러한 초실정적인 법과 법철학적 상대주의와의 관계는 어떠한가라는 질문이 제기되는데 정 교수에 따르면 초실정적인 법이 법철학적 상대주의의 전제라고 생각하면 이 둘은 서로 배제하는 것

의 길에 대한 예로 다음의 세 가지를 든다. 즉 1) 인권사상, 2) 사물의 본성, 3) 일반적 승인이론, 4) 법률가 집단의 임무 등. 다시 말한다면 인권이라는 외적인 자유 없이 윤리적인 목적 실현이라는 내적 자유는 성립할 수 없기 때문에 인권의 보장은 법치국가의 핵심적인 내용이 된다는 것이고, 또한 사물의 본성은 규율대상인 법률관계 자체에 내재되어 있는 의미를 의미하기 때문에 입법자는 반드시 이것을 고려하여 된다는 것이고, 더 나아가 라드브루흐에 따르면 법의 효력은 반드시 법수호자들 전반의 승인을 필요로 한다는 것이고 마지막으로 초법률적인 법의 실현은 법률가 집단에 맡겨져 있으므로 초실정적인 법이 실현될 수 있도록 법관에게 창조적인 활동을 할 수 있는 여지를 남겨두어야 한다는 것이다. 그리고 결론으로 정 교수는 위의 4가지 요구들은 하나의 체계로 발전되지 못하고 부분적인 것이 되었다고 하면서 다음의 두 가지 문제는 아직 해결되지 않은 채 남아 있다는 것을 지적한다. 즉 그 하나는 초실정적인 법과 실질적인 규율과의 관계이고 그 다른 하나는 어떻게 초실정적인 법이 그의 법철학적 상대주의에 접합될 수 있는가라는 문제라는 것이다.

Ⅲ.

1960년대 독일에서 라드브루흐의 법철학에 관해 세 편의 학위논문들이 발표된 후 심재우 교수는 베르너 마이호퍼 교수의 지도하에 빌레펠트 대학에서 "저항권과 인간의 존엄(Widerstandrecht und Menschenwürde)"이라는 논문으로 1973년 박사학위를 취득하고

은 아니라고 한다. 다시 말해 궁극적인 정의 자체를 전제하지 않는 절대적인 상대주의는 그 자체 모순이라고 한다. Zong Uk Tjong, aaO(Fn 28), S.80.

귀국해서 정년퇴임까지 줄곧 고려대학교에서 교편을 잡고 법철학과 형법을 가르쳤다. 그는 필자의 스승으로 고려대에서 이항녕 교수로부터 법철학을 시사했으며 또한 한국형사법학회장직과 1990년-1992년까지 한국법철학회회장직을 수행한 바 있다. 현재는 고려대를 정년퇴임해서 강릉에 살고 있으며 강릉대학의 대학원에서 대학원생들을 지도하고 있다. 심 교수님의 저작은 비단 법철학뿐만 아니라 다수의 형법논문들이 있고 또한 1990년부터는 동양철학에 관한 법철학논문도 다수 발표하고 있다.[35)]

벨첼 교수도 적절히 지적한 바와 같이 법철학자의 시도는 그들이 처한 역사적인 상황에서 법의 의미를 기획하는 것에 다름이 아니다. 그런데 심 교수님에서의 법의 갈구는 언제나 암울한 시대상을 그 배경으로 하고 있다. 본인 스스로도 고백하듯이, "우리는 권력국가에서 살아 온 경험만 가지고 있을 뿐 법치국가에서 살아본 경험은 거의 없다. 500년에 걸친 조선왕조의 권위주의국가, 36년에 걸친 일제식민지 하의 군국주의국가, 그 후 30년에 걸친 군사독재국가 등 권력국가의 질곡에서 벗어나 본 적이 거의

35) 법철학 업적 중 중요하다고 생각되는 것을 열거하면 다음과 같다. "인간의 존엄과 법질서," 법률행정논집 제12집(1974.10), 103면 이하; "Thomas Hobbes의 법사상," 현승종박사화갑기념논문집(79.12), 61면 이하; "저항권," 고려대 법학논집 제26집(91.09), 47면 이하; "유가의 법사상," 안암법학 제1집(93.09), 1면 이하; "순자의 법사상," 고려대 법학논집 제29집(93.12), 39면 이하; 헬라 만트, "폭정론과 저항권(역서)," 1994; 마이호퍼, "법치국가와 인간의 존엄(역서)," 1994; 마이호퍼, "법과 존재(역서)," 1996; "한비자의 법사상," 고려대 법학논집 제32집(96.12); "권력자와 법치주의," 동아대 동아법학 제21호(96.12), 275면 이하; "동양의 법사상의 재조명: 법치주의, 예치주의, 덕치주의를 중심으로," 동아대 동아법학 제23집(97.12). 345면 이하; "동양의 자연법사상," 고려대 법학논집 제33집(97.08), 367면 이하; "법치국가와 계몽적 자연법," 법철학연구 제1권(98.02), 11면 이하; "사물의 본성과 구체적 자연법," 법철학연구 제2권(99. 05); "21세기 한국법철학의 과제와 전망," 안암법학 제13집(2001.11), 1면 이하 이하 다수.

없다."[36] 이렇듯 법이 자유의 보장책이 아니라 단순히 권력의 시녀가 된 현실로부터 투영된 법철학의 임무는 단순히 현학적인 지식만을 논리적으로 체계화하는 형식적인 이론이 될 수 없으며, 법이라는 현실태를 초월해서 "법의 본질"을 관조(?)하려는 선험적 혹은 종교적인 법철학은 더더욱 아니다. 그러기에는 우리의 시대적 상황이 너무나 절박했을 뿐만 아니라, 또한 올바른 질서를 직접 일구려는 본인 스스로의 법에 대한 실천적 열망이 이를 용납하지 않았던 것 같다. 이런 연장선상에서 심 교수님의 법철학을 줄곧 일관했던 문제는 바로 "법의 존재론적, 인간학적 기본구조"라는 물음이었던 것 같다. 즉 사회 있는 곳에 언제나 법이 존재한다면, 인간이 자신의 생존을 보호받을 수 있는 시민적 자유뿐만 아니라 더 나아가 자신의 인격을 啓發시키는 도덕적 자유를 보장받는 올바른 사회질서는 어떤 형태의 것이어야 하는가? 요컨대 심 교수님의 궁극적인 관심은 어느 입법자도 거역할 수 없는 사회질서의 원형, 즉 "자연법"이었다.

적어도 심 교수님의 서양의 법사상에 국한할 때, 그의 인식관심은 "사회계약", "인간의 존엄", 그리고 "저항권"이라는 세 가지 축에 의해 지탱되는 것 같다.

첫째 문제는 "자연상태"로부터 법이 지배하는 "시민사회"로 이전하는 과정, 즉 "사회계약"에 관한 문제이다. "사회계약"이란 현실적인 계약을 의미하는 것은 아니라, 국가 혹은 법질서의 정당성을 설명하는 일종의 사유상의 가설이다. 그렇다면 사람들은 공동생활을 위해 사회계약에 의해 만들어진 법을 필요로 하는가? 주지하다시피 이 문제는 심 교수님에 의해 "계몽적 자연법"을 중심으로 다루어지며, 이런 관점에서 먼저 홉스의 법사상을 다음과 같이 원용한다. 아마도 계몽주의 자연법론자 가운데 "법의 지

---

36) 심재우, "법치주의와 계몽적 자연법," 법철학연구 제1권(1998), 28면.

배"가 지니는 일차적인 이념인 인간의 생존확보 —법적 안정성 이념— 를 이론적으로 가장 깊이 있게 천착한 사람은 홉스라는 것이다. 즉 그에 의하면 자연상태에서 "인간은 인간에 대해 늑대이다." 이 상태에서 인간을 보호해 주는 것은 "자연권(ius naturale)"이지만, 이와 달리 자신의 권리를 포기하는 사회계약을 통해 시민상태로 들어선 후 개개인을 보호해 주는 것은 "자연법(lex naturale)"이다. 요컨대 홉스의 자연법은 "만인의 만인에 대한 투쟁상태(bellum omnium in omnes)"로부터 벗어나서 평화스러운 질서상태에 이르는 조건들을 "이성의 일반원칙"으로 확립해 놓은 것이다.

이렇듯 심 교수님이 홉스의 자연법에서 찾은 것은 법에 의한 지배가 갖는 일차적인 정당성, 즉 "개인의 자기보존"이라는 측면이다.[37] 그러나 이에 대해 항상 제기되는 문제는 "개인의 자기보호"라는 법의 현실적인 측면을 절대시함으로써 법의 이념적 가치라는 다른 측면이 경시되는 것은 아닌가이다. 심 교수님은 이 문제에 대한 해결책을 루소의 "사회계약", 특히 "일반의지(volonté génerale)"라는 개념 가운데서 모색하고 있다. 왜냐하면 그의 "일반의지"는 단순히 자기생존의 보호를 넘어서서 각자에게 평등한 권리가 보장된 질서의 존재구조를 암시하기 때문이다. 다시 말해 "일반의지는 공통의 이익을 기초로 한 사회의 구성원리를 말하는 것이며 인간의 현실적인 개별의지나 집합의지를 말하는 것은 아니다." 보다 자세히 말한다면, "일반의지"는 먼저 "특수의지(volonté particulière)"와 대립된다. "특수의지"가 개개인들이 추구하는 사적 이해관계를 의미한다면, 이에 반해 "일반의지"란 개별적인 이해관계 속에서 추출되는 공통적인 이해관계이다. 그러므로 "특수의지"

37) 바로 이 점을 가리켜 Welzel도 Hobbes의 법사상을 "실존적인 자연법론의 가장 이상적인 형태" 혹은 "이념적인 자연법에 대해 가장 중요한 실존적인 보충이론"이라고 평한다. Welzel, Naturrecht und materiale Gerechtigkeit, S.114, 116.

를 단순히 모아놓은 "집합의지(volonté de tous)"와 "일반의지"는 그 성격이 본질적으로 다르다. 왜냐하면 "일반의지"란 사회공동체의 결속을 가능케 하는 최소한의 조건으로서 개별적인 이해관계에 존재하는 공통적인 이해관계이기 때문이다. 따라서 "일반의지"는 언제나 정당한데, 왜냐하면 "일반의지"는 모든 시민에게 공통된 이해관계를 포함함으로써 각자는 자신의 고유한 이해관계를 추구하는 동시에 곧 공통의 이해관계를 추구하는 것이 되기 때문이다. 이렇게 해서 루소의 "일반의지"는 지배자와 피지배자의 동일성을 가능케 하는 개념적인 도구가 될 뿐만 아니라, 더 나아가 그것은 복종할 뿐만 아니라 동시에 자유를 누리게 되는 질서의 구성원리가 된다.

두 번째 문제는 사회계약을 통해 시민사회로 이행된 후의 법질서의 정당성에 관한 문제이다. 즉 법의 임무가 단순히 인간 생존의 가능조건을 넘어서서 인간 실존의 실질적 조건을 보장하는 데에 미쳐야 한다면, 이와 같은 법질서의 "근본상황"은 어떤 것인가? 이것은 실질적인 법치국가와 직결되는 문제로서 심 교수님은 법의 궁극적인 임무를 인간의 도덕적 자유와 관련된 "인간의 존엄성"에서 발견한다. 달리 말해 자연상태의 종식과 함께 주어진 시민적 자유는 바로 인간의 도덕적 자유를 가능하게 만드는 필요조건에 불과하며, 따라서 법의 실질적인 정당화는 바로 이러한 "인격"이라는 인간존엄의 실현에서 찾아야 한다는 것이다. 바로 여기에서 칸트의 실천이성과 사회윤리개념은 그 이론적 토대가 된다.

심 교수님에 의하면, Kant는 계몽주의적 인간관에 따른 "인간의 존엄"의 개념으로부터 출발한다고 한다. 그리고 그의 계몽주의적 인간관에 따르면 인간은 태어날 때부터 인간인 것은 아니고 동물로 태어난 자신을 살아가면서 인간으로 만든다는 것이다. 즉 인간은 "이미 규정된 존재"가 아니라 "규정해 가는 존재"이며, 이렇듯 인간을 그의 본능적 존재(homo phaenomenon)로부터 이성적 존재(homo noumenon)로 바꾸는 인간화작업을 Kant는 "계몽(Aufklärung)"이라고 말한다. 이렇듯 신은 인간을 하나의 동물로서는 완성품으로서 만들어 놓았지만, 인간으로서는 미완성품으로 남겨 놓았다면 이제 신이 남겨 놓은 "창조의 공백(das Leere der Schöpfung)"을 메워나가는 "계몽"의 인간화작업은 인간 스스로에게 부과된 과제가 아닐 수 없다. 바로 여기에서 Kant의 윤리학은 인간에 대해 두 가지 윤리적인 의무—즉 "자기자신에 대한 존중의무"와 "타인에 대한 존중의무"—를 제시하고 있다.

우선, "자기 자신에 대한 존중의무"는 다시금 다음과 같은 두 가지 명제로서 명하여 진다. 즉 그 하나는 "너의 자연의 완전성 가운데서 너 자신을 보존하라!"는 인간의 자기보존의무이고, 그 다른 하나는 "자연이 단순히 너를 창조한 것보다 너 자신을 더 완전하게 만들라!"는 인간의 자기발전의무이다. Kant에 의하면, 이러한 두 가지 "자기 자신에 대한 존중의무"는 도덕적 실천이성의 요청으로서 인간이 피할 수 없는 인간의 의무라고 한다. 또한 인간은 이 의무를 받아들여 자신을 인간으로 완성시킬 수 있다는 점에서 바로 "인간으로서의 존엄과 가치"가 있다는 것이다.[38] 더 나아가 인간은 자기 자신뿐만 아니라, 타인을 존중할 의

38) 이렇듯 Kant에 의하면 인간은 이성을 가진 존엄한 존재이며, 또한 이성의 본질은 자율성(Autonomie)에 있다. 요컨대 "자율이 인간적 존재, 즉 모든 이성적 존재의 존엄의 근거이다." Kant, Grundlegung zur Metaphysik der Sitten, S.69. Kant의 자율개념을 둘러싸고는 해석상 논란이 있으며 Arthur Kaufmann은 자기입법은 객관적으로 일정한 규범내용을 전제한다는 점에서 이를 "상대적인 자율(relative Autonomie)"이라고 해석한다. 그러나 심 교수님은 이에 대해 다음과 같은 반론을 편다. 즉 자기입법이 객관적인 당위를 논리적으로 전제하기는 하나, 자기입법은 전적으로 자신의 결정이며 그런 한 절대적으로 자율적이라고 한다. 이에 관해서는 Zai-Woo Shim, Widerstandrecht und Menschenwürde, 1973, S.58, Fn 13 참조.

무도 지닌다. 이것은 인간 상호간에 있어서의 적용되어야 할 사회윤리적인 의무를 말하는 것인데, Kant는 여기서 타인을 "일방적인 수단"이 아니라 "항상 동시에 목적"으로 사용하라는 정언명령(kategorischer Imperativ)을 내린다. 즉 인간관계는 항상 쌍방적으로 이용하고 이용당하는 관계에 있을 때에만 허용되며, 따라서 만약 타인을 단순한 수단으로만 사용한다면 그의 인격성은 상실될 수밖에 없다는 것이다. 이렇듯 Kant의 "타인에 대한 존중의무"는 전적으로 "상호성의 원칙"에 근거하고 있으며, 또한 이를 통해 그는 "목적의 왕국(Reich der Zwecke)"에서 타당하게 되는 "자유의 일반법칙"이라는 질서원칙을 발견한다. 달리 말해, "목적의 왕국"에서의 인간존재는 타인과의 관계에 있어 일방적인 수단으로 전락되어 있지 않고 항상 동시에 목적 자체로서 그의 인격성이 상호존중될 수밖에 없고, 그 결과 각자는 여기에서 서로 평등하게 자유로울 수 있다는 것이다. "목적의 왕국"에서 타당하게 되는 바로 이러한 "자유의 일반법칙"을 겨냥해서 Kant는 "모든 사람이 목적적 존재일 수 있는 일반격률에 따라 행동하라!"[39]는 실천적인 정언명령을 내린다.

이와 같은 "자유의 일반법칙"이 바로 Kant의 법의 개념으로 그대로 침전된다는 것은 당연한 귀결이다. 왜냐하면 이 법칙은 타인과 함께 공존할 수 있는 질서의 구성원칙을 의미하기도 하지만, 동시에 타인과의 관계에 있어서 자유의 제한원칙도 될 수 있기 때문이다. 달리 말해, 모든 사람이 목적적 존재일 수 있는 일반원칙은 인간의 자유를 무제한적으로 허용하는 것은 아니다. 즉 그 자유권은 타인과의 관계에서 타인의 자의로부터 벗어나는 한도에서만 허용될 뿐이다. 그러므로 한 사람의 자유가 다른 사람의 자유와 서로 양립할 수 있는 한계를 설정할 필요가 생기는데,

---

39) Kant, Die Metaphysik der Sitten, S.526.

Kant는 이 한계선을 "자유의 일반원칙"에 의해 긋고 있으며 이것은 그의 다음과 같은 법개념으로 공식화된다. "법이란 한 사람의 恣意가 다른 사람의 恣意와 자유의 일반법칙에 따라 서로 양립할 수 있는 조건의 총체이다."[40] 이렇게 해서 심 교수님이 구상하는 "법의 존재론적, 인간학적 기본구조"는 일단 그 형태가 마무리된다. 그와 같은 질서형태가 전제하는 "근본상황(Grundsituation)"이란 비단 인간의 생존을 법에 의해 보호할 뿐만 아니라, 더 나아가 그 속에서 만인이 평등하고 자유로울 수 있도록 보장하는 법적 상태를 의미한다.

세 번째 문제는 올바른 질서를 확보하기 위한 최후의 수단(ultima ratio)으로서의 "저항권"[41]에 관한 것이다. 만약 법이 권력의 수단으로 전락하여 "한계상황"을 야기했다면, 법은 자신의 정당화 근거를 토대로 이를 다시 회복해야 한다는 것이다. 다른 말로 말한다면 위에서 설명한 "법의 존재론적, 인간학적 기본구조"란 "지금 있는 상태"가 아니라 "있어야 할 상태"를 이론적으로 개념화한 것이므로 이와 같은 이념적인 구조가 현실적으로 실현된다는 보장은 어디에서도 찾을 수 없고 오히려 우리는 역사를 통해 그 반대의 예를 더 많이 접하게 된다. 바로 여기에서 "저항권"은 심 교수님이 제시하는 현실적인 부정의에 대한 법철학적 처방책이다. 법철학의 임무가 단순히 이상적인 질서의 원형을 구상하는 데 그칠 것이 아니라 실천적인 미래의 설계도로 현실을 개조하기 위해서는 "한계상황(Grenzsituation)"을 바로잡는 치유책은 법철학의 마지막 보루가 되어야 한다는 것이다.

---

40) Kant, Die Metaphysik der Sitten, S.337.

41) 주지하다시피 "저항권"의 문제는 심 선생님의 박사학위의 논문주제이며, 이것은 마치 잘못된 현실에 대한 일종의 법철학적 처방으로서 그 이후에도 줄곧 논의주제로 되어 있다. 이에 관해서는 Zai-Woo Shim, aaO(Fn 38) 참조.

그렇다면 이와 같은 저항권의 한계는 무엇인가? 또한 그것은 단순히 국가전복을 목표로 하는 혁명과는 어떻게 구별될 것인가? 심 교수님에 있어서 저항권의 정당화 근거는 다시금 실질적인 법치국가를 구성하는 "법의 존재론적, 인간학적 기본구조"로부터 주어진다. 즉 계몽주의적 자연법이 사회계약을 통해 자연상태에서의 인간의 자연권을 포기하라는 것은 단순히 "법에 의한 통치"라는 형식적인 법치주의 때문만은 아니라는 것이다. 즉 사회계약의 궁극적인 목적은 인간의 시민적 자유뿐만 아니라 그의 도덕적 자유까지 보장하는 실질적인 법치국가를 실현하기 위해서이다. 따라서 이러한 "법의 근본상황"이 무너져서 급기야는 "인간의 존엄" 자체가 침해되는 "한계상황"에 이르러서는 사람들은 "사회계약"의 합의내용에 따라 다시금 자신의 "자연권"을 되찾아서 스스로 자신의 생존을 보호해야 할 뿐만 아니라 "인간의 존엄"이 보장받는 "근본상황"을 쟁취할 수 있다는 것이다.[42)]

그리고 유의할 점은 심 교수님의 "저항권" 개념의 특징은 그것의 실천적 의의를 헌법상 제도화된 저항보다는 오히려 제도화되지 않은 저항에서 찾는 데서 발견된다. 예컨대 일마 타멜로나 필자의 독일에서의 은사이신 아르투어 카우프만 등과 같은 학자는 저항권의 발동을 "불법국가"에 한정시키는 것을 반대하고 그것을 법치국가 내로 끌어들일 것을 역설한다. 왜냐하면 독재정권이 확립되기 이전에 이를 방지하는 "일상적이고, 작은, 그리고 부분적인" 소위 "예방적 저항권"이 보다 더 효과적이고 실효성이 있다고 생각하기 때문이다. 그러나 심 교수님의 생각은 이와 다

42) 이러한 사정이 단순히 역사적인 예외상황이 아니라는 점은 다음과 같은 Kant의 말을 통해 경고된다. "우리는 지금 계몽된 시대에 살고 있는가? 아니다. 우리는 아직도 계몽되어가는 시대에 살고 있다." 이에 대해서는 Kant, Beantwortung der Frage: Was ist Aufklärung?, in: Kant Werke Bd. 9, (Ausgabe der wissenschaftlichen Buchgesellschaft, Darmstadt, 1968), S.59.

르다. 왜냐하면 이와 같은 저항권은 헌법상 제도적으로 보장된 비판권이나 반대권에 불과하다는 것이다. 달리 말해 저항권의 진정한 의미는 반대하고 비판할 자유가 없는 곳에서 그러한 자유를 획득하기 위해 쟁취하는 데에 있다는 것이다. 반대와 비판을 할 수 있는 곳에서 구태여 저항을 할 필요는 없으며, 따라서 "저항권"이 전제하는 상황은 인간의 존엄과 인간의 기본권이 직접적으로 침해되는 "한계상황"이라는 것이다. 이런 관점에서 심 교수님은 "저항상황은 형식적으로는 법치국가의 기능이 완전히 제거된 곳에서, 그리고 실질적으로는 인간의 존엄과 가치 그리고 인권이 침해되는 곳에서 발견되는 것이다"라고 말한다.[43] 더 나아가 이와 같은 저항권은 실정헌법의 작용이 끝나는 곳에서 비로소 시작될 수밖에 없기 때문에 이와 같은 저항권을 법규범으로 실정화한다는 것은 그 자체 모순이라고 말한다.

이렇듯 심 교수님의 법철학은 우리 법현실의 존재와 당위 간의 간격을 줄기차게 있어야 할 법에 의해 규정함으로써 강력한 실천적인 힘을 발휘하고 있다. 그리고 바로 여기에 그것이 지니는 매력이 있는데 왜냐하면 법철학은 올바른 법에 관 학문이고 그리고 이것은 바로 인간이 인간답게 사는 사회질서 이외에 다름 아니기 때문이다.

Ⅳ.

심헌섭 교수는 독일 프라이부르크 대학에서 에릭 볼프 교수의 지도하에 박사학위를 준비하다가 지병으로 인해 귀국해서 서울대학교에서 1976년 "존재와 당위의 관계에 관한 연구"라는 논

43) 심재우, "저항권," 고려대 법학논집 제26집(1991), 49면 이하 참조.

문으로 박사학위를 취득했다. 그는 황산덕 교수의 제자이며 오랫동안 한국법철학의 대들보 역할을 맡았으며 또한 그는 1993년 말부터 1995년 말까지 한국법철학회회장직을 수행한 바 있다. 비록 그는 정년퇴임도 했고 최근에는 청각장애도 있지만 아직도 서울대학교 명예연구실에 나가 법철학연구를 지속하는 노장의 투혼을 발휘하고 있다. 그는 초기에는 형법에도 관심을 가졌지만 만년에는 법철학만 연구함으로써 아마도 현존하는 법철학자 가운데 가장 많은 법철학적 업적을 내신 분이기도 하다.[44)]

44) 심 교수의 대표적인 법철학논문들을 열거하면 다음과 같다. “법과 도덕과의 관계,” 서울대 법학 제18권 1호(77.06), 226면 이하; “법으로부터 자유로운 영역,” 서울대 법학 제19권 2호(79.02), 61면 이하; “존재당위 이원론의 논리와 현대논리학,” 서울대 법학 제20권 1호(79.08), 155면 이하; “법의 효력에 관한 연구,” 서울대 법학 제21권 1호(80.12), 141면 이하; “법과 힘,” 서울대 법학 제22권 3호(81.11), 174면 이하; “법획득방법의 기본구조에서 본 법학과 법실무,” 서울대 법학 제23권 1호(82.05), 35면 이하; “법학의 학문성, 상,” 서울대 법학 제23권 3호(82.11), 17면 이하; “법철학적 법학방법론: 법철학과 합리적 법학방법,” 서울대 법학 제24권 1호(83.03), 1면 이하; “법적안정성에 관한 연구,” 서울대 법학 제25권 2 · 3호(84.10), 133면 이하; “정의에 관한 연구: 其一, 정의의 기본개념과 기본원리,” 서울대 법학 제29권 2호(88.09), 77면 이하; “일반조항 소고,” 서울대 법학 제30권 1 · 2호(89.05), 107면 이하; “법개념에 관한 논의: Dreier, Hoerster, Krawietz 사이의 논쟁을 보고,” 서울대 법학 제31권 1 · 2호(90.08), 61면 이하; “독일 철학 및 법철학에서의 정의론의 동향,” 서울대 법학 제34권 3 · 4호(93.12), 39면 이하; “Ota Weinberger의 제도적 법실증주의,” 서울대 법학 제35권 1호(94.05), 146면 이하; “석우 황산덕 박사에 있어서의 자연법론과 법실증주의: 그의 5주기(1994.10.19) 추모에 부쳐,” 서울대 법학 제35권 3 · 4호(94.12), 72면 이하; “정의의 실질적 규준에 관한 연구,” 서울대 법학 제36권 1호(95.05), 85면 이하; “규범의 일반이론에 관한 연구: 서론적 고찰,” 서울대 법학 제37권 3 · 4호(96.12), 1면 이하; “법철학 · 혁명 · 쿠데타: 검찰의 5 · 18 불기소 처분을 계기로, 5 · 18,” 박은정/한인섭(편), 『법적책임과 역사적책임』(99.01), 40면 이하; “한스 켈젠의 법이론,” 서울대 법학 제40권 1호(99.05), 333면 이하; “권위에 관하여: 배제적 법실증주의에서 포용적 법실증주의에로,” 서울대 법학 제39권 2호(98.08), 103면 이하; “근본규범 이론 소고,” 서울대 법학 제40권 3호(99.12), 50면 이

단적으로 말해 심재우 교수가 자연법론자이라면 심헌섭 교수는 분석적 법률실증주의자라고 볼 수 있다. 다시 말해 심재우 교수가 법이념에 합치한 올바른 내용의 법을 내용적으로 근거지우려 한다면 심헌섭 교수는 법현실에 존재하는 실정법을 전제로 그것의 논리적인 구조를 분석해 가는 데에 그의 주안점이 있다. 그리고 그 자신도 말한 바와 같이 이러한 "분석적 법률실증주의의 특색은 법현상을 사회학적이나 심리학적 관점에서 탐구하는 것보다 법제정행위를 통해 주어진 실정법을 하나의 실증적 사실로 받아들이고, 이를 우선 개념적이고 '언어로 이루어진 의미체계로서' 다룬다. 그리고 이러한 실정법과 기본적인 법개념의 분석을 통해 법질서의 일반적 윤곽을 해명"[45]하려는 것이라고 한다.

그의 법철학적 관심은 대단히 광범위하다. 즉 법학의 학문성을 위시하여 법학의 방법에 대해서뿐만 아니라 자유, 정의 등의 법이념, 법효력, 그리고 법원리에 까지 이른다. 그는 특히 서양의 법철학자들—예컨대 칼 엥귀슈, 한스 벨첼, 한스 켈젠, 하트 등—의 이론들을 우리나라에 소개했을 뿐만 아니라 외국의 서적에 대해서도 서평을 자주 썼다. 더 나아가 그의 법철학 책은 아마도 우리나라에서 발간된 최초의 법철학 체계서일 것이다. 아직까지도 국내의 법철학책들은 대부분 사상사를 중심으로 구성되지만 그의 책은 이와는 달리 법의 개념, 이념, 효력 등 고전적인 법철학적 주제들을 그것도 대단히 수준 높은 단계에서 다루고 있다. 더 나아가 최근에 발간된 『분석과 비판의 법철학』은 그가 얼마나 꾸준히 법철학적 문제에 대해 연구를 해왔는가를 여실히 증명한다. 여기에 실린 논문들은 그의 30년간의 연구결과들을 집대성하

하; "법과 인도성: 과학적 인도주의를 바탕으로," 서울대 법학 제41권 4호(2001.02), 7면 이하; "법과 자유: 법가치로서의 자유에 관한 한 고찰," 서울대 법학 제42권 4호(2001.12), 1면 이하 등.

45) 심헌섭, 『분석과 비판의 법철학』(2001), 563면.

는 것으로서 여기에는 법의 본질, 법학의 방법, 법원리와 법실천 등 주옥같은 논문들이 실려 있다. 이런 사정을 감안하면 그가 왜 독일의 저명한 법철학자이자 형법학자인 칼 엥귀슈를 좋아하는지를 잘 알 수 있다. 그것은 무엇보다도—비록 이해하기는 힘이 들지만— 엥귀슈만큼이나 법철학의 모든 문제에 대해 해박한 지식을 가지고 그리고 철저하게 분석을 해서 그 연구결과들을 발표한 학자는 보기 힘들기 때문이다. 여하튼 그의 법철학적 업적은 대단히 많기 때문에 여기서는 그의 박사학위논문[46]를 중심으로 그의 사상적 경향 및 특색을 살펴보기로 하기로 하겠다.

그의 학위논문의 중심주제는 존재에서 당위가 이끌어 내어지는가이다. 좀 더 정확하게 말해서 하나는 다른 하나에서—특히 당위는 존재에서— "추론되고 근거지워질 수 있는가"이다. 이 문제를 다루기 위해 그는 먼저 존재와 당위의 의미를 다음과 같이 규정한다. "존재란 어떤 것(사실 내지 현실)이다(그리고 또 어떤 것이 아니다)라고 말할 수 있는 모든 것을 포괄하는 사유영역이고, 당위란 어떤 것이어야 한다(그리고 또 어떤 것이어서는 안 된다)라고 말할 수 있는 모든 것을 포괄하는 사유영역이다."[47]

그는 먼저 이 질문을 긍정하는 입장을 "일원론적인 논거"로 포괄하는데 이것은 다시금 다음과 같이 여섯 가지로 세분화된다.

첫째, 당위의 규준은 자연이나 혹은 존재적 所與에서 찾으려는 자연법론, 사물의 본성론, 사물의 논리적 구조 등의 "존재론적 논의"가 여기에 속한다고 한다. 그리고 다시금 자연법론에는 자연, 신을 중심으로 하는 자연법론 이외에 인간의 본성으로부터 법의 규준을 모색했던 인간학적 자연법론이 속한다고 한다. 이들의 특징은 현실 속에서 정당성의 척도를, 존재 속에서 당위에 대

46) 그의 학위논문은 "존재와 당위—분석적 논리적 연구"이며 이것은 그의 『법철학 I』(1982), 177-270면 이하에 실려 있다.

47) 심헌섭, 앞의 책(주 46), 180면.

한 규준을 찾는다는 데에 있다. 비록 사물의 본성론은 그 주창자인 라드브루흐에 있어서 독자적인 법원으로 인정되지는 못했지만 여하튼 이러한 시도들의 특징은 한결같이 당위를 존재 가운데서 파악하려 한다는 점에 있으며 또한 사물의 논리적 구조에 관한 이론에서도 공통점이 발견된다.

둘째, 당위는 현실적 가능성에서 제약하고 있다는 "실현성의 논의"도 이러한 부류의 것이다. 생각건대 법규범이 인간의 행위를 금지 또는 명령하는 당위규범이라면 현실적으로 가능한 행위만이 법적 규율의 대상이 된다는 것은 아마도 자명할 것이다. 요컨대 입법자는 불가능을 요구할 수는 없고 그러한 한 당위는 가능을 함의한다는 것이다.

셋째, 법은 목적적 욕구나 사실적 이익이라는 그것의 목적을 추구한다는 "목적론적 논의"도 여기에 속한다. 다시 말해 법의 궁극목적이 확정되어 있으면 남은 것은 사회적 "존재"에서 법적 "당위"를 사실인식에 따라 이끌어내는 것이며 이렇게 해서 사실로부터 당위가 추론된다고 한다.

넷째, 이와 비슷한 유형으로 법을 사실적 질서메커니즘으로 파악하는 "사회학적 논의"도 일원론의 한 유형이다. 대부분 이 이론의 특성은 법규범인 당위는 사회적 사실에서 나오며 일정한 "사회적 법칙성"에 기초하고 있다는 것이다.

다섯째, 법은 역사현실의 발전을 외면할 수 없다는 "역사적 논의"도 이러한 부류에 속한다. 사회학적 논의가 법을 사회의 발전적 경향의 산물이라고 보려고 했다면 역사적 논의는 사회의 발전이 아니라 역사현실의 발전으로 파악한다는 점에서 특색이 있다. 요컨대 "존재하는 것"을 역사적으로 생성된 것으로 고찰하고 또한 이에 따라 있어야 할 것을 결정한다는 것이다. 이렇게 해서 발전적 경향은 하나의 "존재"가 되고 여기에서 법적 당위가 추론된다고 한다.

여섯째, 법은 현실적인 지배적 평가에 입각해야 된다는 "지배적 평가의 논의"도 이러한 유형에 속한다. 사회에는 당시의 지배적 가치평가가 있으며 이러한 가치평가는 지금 존재하는 하나의 사실인데 법제도는 이러한 존재사실 위에 근거한다고 볼 수 있다는 것이다. 다시 말해 법은 당시의 가치평가를 존중해야 한다는 것이다.

그러나 이러한 논거들은 모두 다음과 같은 3가지 오류에 빠져 있다고 한다. 첫째, 존재론적 논의에서처럼 모든 존재는, 그것이 단지 존재인 것만으로 가치와 규범적 성격을 지닌다는 형이상학적 주장을 하는데 특히 이러한 논의를 펴는 자연법론은 대부분 순환론에 빠져 있다는 것이다. 다시 말해 사람들은 자연에 투입시킨 평가기준에 따라 각각 상이한 자연법론을 이끌어낸다는 것이다. 그러나 벨첼이 적절히 지적한 바와 같이, 여기에서 이끌어내진 당위는 사실은 전제 속에 이미 가정되어 있는 것이며 따라서 존재에서 당위가 추론된 것은 아니라고 한다.

둘째, 대부분의 일원론들은 생략적 추론에 빠져 있다고 한다. 즉 여기에는 생략된 전제가 주어져야 하며 그렇지 못할 경우 그 논증은 타당하지 하지 않다는 것이다. 예컨대 현상학적 논의에서의 본질직관이나 실현성의 논의에서의 가능성 함의, 목적론적 논의에서의 목적 등은 모두 그 내용이 설명되지 않은 채 생략되어 있다는 것이다. 이러한 사정은 그 밖의 사회학적 논의, 역사적 논의에서도 마찬가지이며 지배적 평가론도 여기에 대한 예외가 아니라고 한다. 다시 말해 존재의 인식만으로 당위가 나오는 것은 아니며 오히려 법적 당위는 규범적 전제를 통해 확정되어야 하는데 이러한 관련점이 이상의 일원론에서는 대부분 생략된다는 것이다. 요컨대 존재와 당위는 서로 다른 차원에 놓여 있는 문제라는 것이다.

셋째, 가치와 당위명제를 "사물의 본성" 등의 "수사학적 관점을 빌려 존재 안으로 잠입시킨다는 것이다. 달리 말해 사물의 본성은 단순히 사물의 자연적 본성이 아니라 그것은 이미 이념화되었기 때문에 이러한 사물의 분성은 이미 원하는 결과를 내포하고 있다는 것이다.

이렇듯 존재로부터 당위를 이끌어내려는 일원론적인 논의는 논증이 잘못된 전제에서 출발했거나, 아니면 애당초 아무런 전제 없이 이루어져 논리적으로는 설득력이 없다는 것이다. 이에 반해 존재에서 당위를 추론하는 것을 부정하는 입장은 "이원론적 논의"라고 하며 그것은 다음과 같은 두 가지 주장을 근거로 한다. 즉 존재와 당위는 구별되며 더 나아가 논리상 전제에 없는 것을 결론 속에 끌어들일 수 없다는 것이다.[48] 그리고 이러한 이원론에는 다음과 같은 네 가지 유형이 속한다고 한다.

첫째, 존재와 당위의 차이는 인간의식에 직접적으로 주어져 있는 직각적 사실이라는 "직각론적 논의"가 이원론의 한 유형이다. 이에 따르면 존재와 마찬가지로 당위라는 개념도 단순한 개념이어서 정의할 수 없을 뿐만 아니라 더 이상 분석할 수 없는 보편적인 사유형식이고 시원적인 범주라는 것이다. 둘째, 가치는 존재와 다른 독자적인 세계를 형성한다는 "가치철학적 논의"도 여기에 속한다. 다시 말해 당위는 사실의 주장이 아니라 요청이며 그러므로 당위 자체는 존재와 달리 眞, 僞를 모른다는 것이다. 셋째, 언어적 차원에서 볼 때 그 기능적 의미가 다르다는 "의미론적 논의"도 이러한 부류의 것이다. 즉 물론 서로간의 결합 형태는 발견되기는 하지만 일반의미론에서의 기술적 언어(descriptive)와 지시적 언어(prescriptive)가 대립한다는 것이다. 넷째, 존재와 명

48) 심 교수에 의하면 이상의 두 주장은 사실상 하나의 논거에 불과하다고 한다. 왜냐하면 논리상 전제에 없는 것은 결론 속에 들어올 수 없다면, 거기에는 존재와 당위의 구별이 전제되어야 하기 때문이라는 것이다. 이에 관해서는 심헌섭, 앞의 책(주 46), 225면 참조.

제만으로 된 전제로부터 당위명제가 추론되지 않는 것은 연역추론의 분석성에 따라 명백하다는 "논리학적 논의"도 이러한 이원론의 부류에 속한다.

심 교수의 견해에 따르면 이러한 이원론은 제기된 질문에 대한 적절한 답이기는 하지만 다음이 지적되어야 한다는 것이다. 즉 존재와 당위는 직각적일 만큼 그렇게 단순한 개념은 아니며, 가치 자체도 플라톤의 이데아처럼 독립적인 존재자는 아니며, 더 나아가 의미도 어용론의 차원에서만 볼 문제는 아니라는 것이다. 다시 말해 실용론의 차원에서가 아니라 오히려 의미론적인 관점에서 고찰할 때 비로소 존재와 당위의 구별이 주어진다는 점이 지적되어야 한다고 한다. 그런데 아무런 제한 없이 가장 중요한 것은 논리적인 논의인데, 이에 따르면 존재명제에서 당위명제가 추론될 수 없다는 것은 "전제에 내포되어 있는 것을 결론에 명시할 뿐이라는 연역추론의 분석적 성격에 비추어 명백하기 때문에 이원론의 근본취지는 옹호될 수밖에 없다는 것이다. 이렇듯 존재와 당위, 현실과 가치, 사실과 명령은 서로 구별되며 존재에서 당위가 사실에서 가치가 추론되고 근거지워지지 않는다는 주장은 현대 분석철학과 형식기호논리학에 의해서도 그 타당성이 전반적으로 입증된다고 한다.

그러나 심 교수는 이러한 이원론에 대해 다음의 점이 언급되어야 한다고 주장한다. 즉 존재에서 당위가 추론될 수 없다는 것은 이 둘의 논리적 관계만을 의미할 뿐이기 때문에 이 둘의 사실적 분리까지 포함하는 것은 아니다라는 것이다. 그러므로 가치판단이 사실의 언명에서 논리적으로 추론될 수 없다고 해도 가치판단은 사실에 관한 지식을 고려할 수 없다고 주장될 수는 없다고 한다. 더 나아가 당위는 眞, 僞의 대상일 수는 없지만 합리적이거나 비합리적일 수 있고 정당하거나 부정당할 수 있다고 한다. 그러므로 이원론은 당위란 어떠한 임의적인 내용도 함의할 수 있다는 극단적인 실증주의의 견해로까지 발전할 수는 없다. 달리 말해 당위는 그 내용이 제한될 수 있다는 견해와 이원론은 서로 모순되는 것은 아니라는 것이다. 요컨대 법적 당위는 사회의 규제를 위한 규범의 체계이고 그 규제는 인간생활의 존속을 위해 적합하고 필요한 것이어야 한다는 것이다. 그리고 이것이 법개념의 최소한의 논리라는 말로 논문의 끝을 맺는다. 이렇듯 광범위한 법철학적 사유들을 분석적으로 검토하는 것을 통해 존재와 당위는 논리적으로는 서로 구별되지만 여러 실천적인 차원에서는 서로 결합될 수 있다는 점이 밝혀진다.

이미 언급한 바와 같이 심 교수님의 법철학의 주제는 이 학위논문 이외에도 무궁무진하기 때문에 이것을 여기서 모두 소개할 수는 없다. 그리고 비록 노령임에도 불구하고 그의 법철학 사상이 앞으로 어떻게 더 완숙되어 갈지는 알 수 없다. 그러나 분명한 것은 끈질기게 파고드는 그의 분석적 태도와 정법을 향한 그의 지속적인 갈구는 앞으로도 우리를 끊임없이 긴장케 할 것이라는 점이다. 여기에 왜 한국법철학을 논할 때 그를 빼놓을 수 없는가가 밝혀진다.

Abstract

Zur Problemgeschichte der koreanischen Rechtsphilosophie von den siebziger bis zu achtziger Jahren

Young-Whan Kim

Der Rückblick auf die rechtsphilosophische Enwicklung in Korea zeigt, daß man vier Phasen unterscheiden sollte, die im soziokulturellen Kontext wie auch in der geistigen Milieu stark voneinander divergieren. Die erste dauert von der Befreiung der japanischen Besatzungszeit bis zum Ende der sechziger Jahre, die zweite vom Beginn der siebziger Jahre bis zum Ende achtziger Jahren, die dritte vom Beginn der neunziger bis zum Ende zwanziger Jahre, und die vierte folgt diesem nach. In der vorliegenden Untersuchung geht es hauptsächlich darum, die zweite Phase näher darzustellen. wobei 5 Rechtsphilosophen in Frage kommen.

Zunächst wird Dr. Youngback Kwun mit seiner Dissertation über die Natur der Sache von Radburch in Betracht gezogen. Er versucht dabei zu beantworten, ob Radburch mittels dieser Lehre tatsächlich den Rechtspositivismus überwunden und daher das Naturrecht entdeckt hätte. Denn die Natur der Sache verfolgt das Ziel, den schroffen Dualismus von Sein und Sollen zu entschärfen und dadurch das konkrete Naturrecht herauszufinden. Aber er kommt zum Ergebnis, daß Radbruch zwar mit Hilfe dieser Lehre den strengen Methodendualismus einigermassen abmildert, dennoch reicht diesnoch nichtaus, ihn zu verlassen. Als Nachtrag illustriert er als

Beispiel für das erfolgsreiche Modell des konkreten Naturrechts die alten chinesischen phisophischen Lehren.

Prof. Jisu Kim als der zweite unternimmt auch die Rechtsphisophie von Radbruch näher zu analysieren, wobei sein Hauptinteresse darin liegt, zu erklären, ob in der Rechtsphisosophie von Radbruch der Umbruch nach dem zweiten Weltkrieg auffindbar wäre. Er geht davon aus, daß man drei verschiedenen Auffassungen der Natur der Sache feststellen kann. Nämlich hat Radbruch anfänglich die Natur der Sache dem kantischen Dualismis entgegen gesetzt und sie mit dem Sein identifiziert. Dann betont er ihre Zweideutigkeit im Sinne, daß die Stoffbestimmtheit der Idee als eine vorwissenschaftliche nur einen Glücksfall darstellt. Und letztlich wird die Stoffbestimmtheit der Idee als eine juristische Denkform angesehen. Aufgrund dieser Diffenrenzierung gelangt er dazu, daß die spaetere Wendung zum Naturecht bei ihm keinen Umbruch, sondern nur eine Akzentverschiebung bedeutet.

Bei Prof. Zong-Uk Tjong geht es auch darum, die rechtsphilosophische Lehre von Radbruch zu untersuchen, wobei zwei Probleme, nämich der Methodenduralismus und der Wertrelatividmus im Vordergrund stehen. Ausgehend davon, daß der Grundfehler der Radbruchschen Rechtsphilosophie darin besteht, den Rechtsbegriff unabhängig von der Rechtsidee zu definieren, weil er am Methodendualismus festhält, vertritt er die Ansicht, daß man im Gegensatz zu Prof. Jisu Kim einen Umkehr von der früheren Position bei Radbruch beobachten kann. Daher versucht er am Ende, die konkreten Beispiele für seine Zuwendung zum Naturrecht zu betrachten.

Wenn es bei vorhin erwähnten drei Rechtsphilosophen um die Rehtsphisosophie von Radbruch geht, wendet sich Prof. Zai-Woo Shim dem Naturrecht als der Urform der Sozialordnung zu. Seine Rechtsphilosphie beruht auf drei gedanklichen Säulen, nämlich dem

Sozialvertrag, der Menschenwürde und dem Widerstandrecht. Wie bekannt stellt der Sozialvertrag ein gedankliches Experiment zur Rechtsordung dar, während die Menschenwürde als eine Richtschnur zu ihrer Rechtfertigung dient. Das heißt, die Aufgabe der Rechtsordnung liegt eben darin, die Menschenwürde zu verwirklichen bzw. bewahren. Falls dies in der realen Welt nicht möglich wäre, dann sollte man das Widerstandrecht ausüben, um die menschenwürdige Ordnung zu bekämpfen. In dieser Weise zeicht sich seine Rechtsphilosophie gerade durch das rechtsphilosophische Pathos aus.

Die Dissertation vom Prof. Hyunsup Shim stellt die Frage, ob man vom Sein auf das Sollen schließen kann. Zunächst lassen sich dazu zwei Gruppen der Ansicht heruausfinden, nämlich der Monismus und der Dualismus. Dabei diffenziert er vom Monismus sechs verschiedene Meinungen, während der Dualismus in vier Lagern eingeteilt wird. Nach der umfangreichen Untersuchung bemängelt er bei den monistischen Auffassungen folgende Argumentationsfehler, nämlich den Zirkelschluß, die verkappte Implikation, und die rhetorische Formeln der normativen Voraussetzungen. Daher kommt er zum Schluß, daß der Dualimus vor allem im Hinblick auf die logische Struktur richtig wäre, wobei aber hinzugefügt werden soll, daß Sein und Sollen miteinander vielfach in Berührung kommt, obwohl sie sich in logischer Hinsicht voneinander unterscheidet. Hervorzuheben sei hier noch seine analytische Fähigkeit zur Untersuchung.

색 인 어

방법이원론(Methodendualismus)
가치상대주의(Wertrelativismus)
사물의 본성(Natur der Sache)
저항권(Widerstandsrecht)
존재와 당위(Sein und Sollen)

[3] 1980년대 이후 한국 법철학에 관한 연구

— 이론과 쟁점을 중심으로 —

신 동 룡*

Ⅰ. 들어가며

한국법철학회는 1957년에 결성되었지만, 한국 법철학은 1980년대 이후 가장 큰 변화와 발전을 겪게 된다. 물론 1980년대 이전에도 법철학이 발전할 수 있었던 계기들이 존재하였다. 그러나 그것들은 정치적 상황에 의해 번번히 좌절되었다. 법철학은 '정의'라는 법이념을 추구하고 그에 입각하여 현존하는 법에 대한 비판적 관점을 전제하고 있기 때문에, 필연적으로 정치적 상황에 민감할 수밖에 없다. 비판적 담론을 거부하는 권위적 사회체제의 경우 법철학은 왜소해질 수밖에 없다. 반면 그것을 포용하는 민주적 사회체제의 경우 법철학은 개별법학 및 법실무에 대해 공히 '최후·최고의 법정'이 될 수 있는 것이다. 1980년대는 이러한 법철학적 토양의 전환기였다. 본 논문은 "1980년대 이후 한국 법철학의 이론과 쟁점"을 점검하기 위해, Ⅱ에서 성찰의 준거점으로서 한국에서의 법철학 연구의 과제를 간략하게 살펴볼 것이다. 그리고 Ⅱ에서 분석한 성찰의 준거점에 입각하여 Ⅲ에서는 1980

* 강원대학교 법학전문대학원 교수.

년 중반을 분기점으로 하여 '각 시기별 법철학 연구'에 대한 평가를 수행하도록 할 것이다. 마지막으로 Ⅳ에서는 한국 법철학이 앞으로 해결해야 할 과제를 점검할 것이다.

Ⅱ. 성찰의 준거점

법철학은 개별학문으로서의 법학에 대하여 언제나 '최후 · 최고의 법정'으로 나타난다.[1] 그러나 이러한 명제가 '법철학은 모든 법적 문제에 대해 항상 정답을 제시해야 한다'는 것을 의미하지는 않는다. 이러한 과제 설정은 스스로에게 과중한 부담감을 안겨 준다. 일반적으로 생각하는 바와 같이 법철학은 언제나 실정법학의 토대를 이루는 것도 아니고, 실정법학이 안고 있는 딜레마를 해결해 주는 것을 유일한 임무로 삼는 것은 아니다.[2] 박은정 교수가 언급하고 있듯이 "법철학은 다양한 법적 문제점들에 대하여 하나의 자명한 정답을 말해주지 않는다고 할지라도, 문제에 포함되어 있는 쟁점이 무엇인가를 밝혀주고 일련의 합리적 논증유형을 제시해 줌으로써 서로 다른 결론에 이를 수 있는 여러 논증절차들이 있음을 알려주고, 그것들 사이의 상관관계를 밝혀 준다. 그것을 통해 법철학은 적어도 우리들 자신의 기존에 젖어 있던 법적 편견과 일그러진 관행으로부터 벗어나 사고를 풍부하게 할 수 있다. 그럼으로써 우리는 서로 상충하는 삶의 양식들을 더욱 확실히 알게 되어, 결정을 위한 다른 가능성, 그리고 적어도 가지 않아야 할 길에 대한 암시를 받을 수 있게 된다. 그를 통해 우리는 우리의 책임으로 입법과 판단을 통해 택하게 된 삶의 목표와 그에 따른 대가가 어떤 것인지를 알게 되는 것이다."[3] 법철

1) 심헌섭, 『법철학 Ⅰ』(법문사, 1982), 17면.
2) 김정오, "법과 철학의 교차로에서," 『철학과 현실』 제35권(1997), 255면.

학에 대한 이러한 관점에 입각하여 1980년대 이후의 한국 법철학을 살펴보고자, 본 논문은 다음과 같은 한국 법철학에 대한 두 가지 성찰의 준거점을 제시하고자 한다.

1. 한국의 법현실에 대한 끊임없는 성찰

법은 존재현실에 기반하여 당위이념을 지향하듯이 법철학적 성찰과 비판은 항상 법현실과 법이념에 열려 있어야 한다. 물론 법이념은 보편적인 것으로 다루어질 수 있다. 그러한 의미에서 법이념을 연구대상으로 하는 법철학은 보편학으로 여겨질 수 있다. 그러나 법이념에 대한 연구는 법철학의 핵심이지만, 그렇다고 해서 법철학 자체가 100% 보편학일 수는 없다. 법이념은 항상 주어진 법현실에 터잡고 있는 것인데, 주어진 법현실은 언제나 특수한 시간의 흐름과 공간의 유동 속에서 구체적일 수밖에 없기 때문이다. 만약 법현실이 구체적이라고 한다면 이에 대한 성찰 없는 법이념의 고찰은 사변적이거나 자기만족적일 수밖에 없다. 이러한 태도는 다양한 법적 쟁점에 관하여 올곧게 참여할 수 없다. 법철학 연구는 언제나 주어진 법현실에 대한 관심에 바탕을 두고 있어야 하며, 그럴 경우에만 법철학은 비판적 기능과 새로운 논증가능성을 제시할 수 있다. 즉 법철학은 법현실에 대한 실천철학인 것이다.

이러한 관점에서 만약 한국에서의 법철학자가 주어진 우리들의 구체적인 한국의 현실에 무관하게 외국의 법철학을 도입한다면, 그것은 단순히 법철학을 배우는 것이지 법철학을 하는 것이라고 볼 수 없다. 그러한 법철학은 한국에서 발생한 문제에 대한 법적 담론에 올바로 참여할 수 없다. 한국에서 법철학을 하는 것

3) 박은정, "한국 법철학의 반성과 과제," 『법과사회』(1994), 197면.

은 개별로서의 한국적 상황에 맞게 특수한 법철학을 수행해야 하는 것을 의미한다.

2. 법철학적 담론의 활성화를 위한 성찰

법철학은 무엇보다도 법학 안에서 뿌리내리고 활성화될 필요가 있다. 법철학은 법존재, 법인식 및 법실천을 논의한다는 점에서 일반철학과는 명백히 구별된다. '법철학'은 '철학'적 사유방법을 동원할 뿐, '법'을 대상으로 하는 학문이기 때문에 분명 '법학'의 일부분이다. 이러한 이유로 법철학적 담론은 항상 실정법학 및 입법과 사법의 법실무의 담론에 항상 맞닿아 있어야 한다. 실용적인 관점에서 볼 때 법철학이 활성화되기 위해서는 법실무 및 실정법학과 교류해야 함은 주지의 사실이고, 이러한 경우에만 법실무 및 실정법학의 발전도 담보될 수 있는 것이다.

일반적으로 학문으로서의 담론구성체는 자기 고유의 용어와 사유방식을 가지고 있다. 법철학적 담론도 일상적 담론, 일반철학적 담론, 실정법학 및 법실무의 담론과 다른 용어와 사유방식을 가지고 있다. 법실무 및 실정법학의 담론도 마찬가지이다. 따라서 법철학적 담론이 법실무 및 실정법학적 담론으로 간단하게 용해되기를 기대할 수 없다. 만약 법철학적 담론이 자신의 고유한 방법과 용어를 통해 법실무의 담론와 마주한다면, 법철학이 전달하려고 하는 메시지가 법실무와 법현실에 효율적으로 전달될 수 없다. 그것은 법철학과 법실무 또는 실정법학 사이의 이질감을 부추겨 그들에게 법철학이란 어렵고 힘든 학문이며, 나아가 사변적 학문일 뿐 법학에 현실적으로 크게 도움이 안 되는 것으로 여기도록 한다. 이러한 점에서 법철학자들은 법철학적 담론이 법실무와 실정법학의 고유한 담론으로 용해될 수 있도록 노력해야 한다.

Ⅲ. 1980년대 이후 한국 법철학사에 대한 개관 및 평가

법철학 연구에 대한 성찰의 준거점을 Ⅱ와 같이 설정한다면, 우리 한국 법철학은 이러한 준거에 얼마나 부합할 것인가? 본 장에서는 1980년 이후 한국 법철학사를 개관하면서 그에 대한 평가를 수행할 것이다.

법철학이 가장 잘 발달되어 있는 독일과 영미의 법철학은 그들 자신의 역사적 맥락과 밀접한 관련성을 갖는다. 독일의 경우 자연법론의 부활은 철저히 나치에 대한 경험에서 비롯되었다. 1970년대 후반부터 불붙기 시작한 미국의 비판법학도 60년대와 70년대의 반전·반문화·인권운동과 같은 그들의 정치적·사회적·문화적 경험을 떼어놓고 생각할 수 없다. 마찬가지로 한국 법철학사는 우리 시대의 역사적 맥락과 분리해서 설명할 수 없다. 한국 법철학사를 볼 때, 해방 후 현재까지 가장 중요한 분기점은 1987년 민주화항쟁과 때를 같이 한다. 1961년 5·16 군사쿠데타 이후 경제개발과 반공의 이데올로기가 1972년의 유신독재를 거쳐 1987년 민주화항쟁에 이르기까지의 긴 세월 동안 법철학은 때로는 좌절기, 때로는 준비기의 형태를 지냈어야 했다. 그러나 1987년 이후 민주화가 진행되면서 법철학은 엄청난 발전을 거듭했다. "'법과사회'이론연구회," 민주법학연구회, 한국법철학회 등 법철학 관련 학자들의 모임과 그들의 정기간행물이 그 때서야 출간되었다는 사실은 이를 입증한다. 이러한 학문적 공간 속에서 법철학적 담론이 풍부해지고 다양해지면서 한국 법철학사에 일대 전환기가 형성되었다. 다만 1980년대 이후의 한국 법철학은 1987년을 전후로 시기구분을 할 수 있다.

1. 1980년대 중반 이전의 한국 법철학

1980년 중반까지의 한국 법철학은 1960~70년대와 맥을 같이 한다. 1987년 이후로 전개된 한국 법철학의 발전에 비추어볼 때, 1960년대와 1980년 중반까지 한국 법철학은 시대의 변화와 법현실의 요구에 만족스럽게 대응하지 못하였다. 다만 1970년대의 경우 좌절과 침묵이 우세하였다면, 1980년을 전후로 해서는 앞으로의 시대를 위한 준비가 조용히 이루어지고 있었다.

(1) 자연법론에 대한 연구

1960년대와 1970년대까지의 자연법론 연구는 1980년대에 접어들었어도 그대로 유지된다. 그러나 당시의 자연법론은 ① "신학전망"이라는 잡지에 정종휴 교수가 H. 롬멘의 "자연법의 기초와 본질"(1980. 3월 이후 연재)을 번역하거나, 이태재 교수가 "한국법학과 자연법사상"(1981.9.)을 게재하였으며, 김정오 교수가 "신자연법론에 관한 연구: 네오토미즘을 중심으로"(연세대 석사학위논문, 1982)을 제출한 것처럼 네오토미즘의 신학적 관점에서 접근하였다. ② 또한 김영환 교수의 "법과 법률의 관계: A. Kaufmann, H. Welzel, W. Meihofer의 소론을 중심으로"(고려대 석사학위논문, 1980), 박종훈, "근대자연법사상과 국가권력"(한국외대 석사학위논문, 1983) 등 1960~70년대에 독일에서 자연법론을 수학하였던 심재우 · 김지수 교수 등으로부터 석사학위를 받은 대학원생들이 자연법을 연구하기도 하였다. ③ 대학교수로서는 1979년 프라이부르크 대학에서 박사학위를 받고 1980년에 이화여자대학교에서 교편을 잡은 박은정 교수가 "법인간학에 대하여"(이화여대 사회과학논집, 1980), "정의론의 인간학적 기초"(이화여대 사회과학논집, 1983), "자연법의 현위치"(이화여대 사회과학논집, 1984), "한스 켈젠의 자연법비판의 한계"(이화여대 사회과학논집, 1985)를 발표한다.

④ 주목할 만한 점은 1982년 서슬푸른 신군부 체제하에서도 시민불복종에 대한 글이 출간되었다는 것이다. 그러나 그것은 법철학자가 아닌 재야운동가 함석헌씨의 『시민의 불복종』(간디 저)였다.

(2) 법실증주의에 대한 연구

1980년대 법실증주의 연구의 중심에는 심헌섭 교수가 있었다. 다만 그의 법실증주의 연구는 자연법론의 단점을 극복하면서도 그 장점을 취하려는 "비판적 법실증주의"(현대사회과학방법론, 1977)로 나아가고자 하였다. 『법철학 I』 (법문사, 1982)은 이러한 그의 사유를 총합하고 있다.

> 오늘날 실정법 자체를 부정한다는 것은 삶 자체를 포기하는 것과 마찬가지이다. 그만큼 실정법은 우리의 생활질서와 불가분의 관계를 맺고 있다. 따라서 법실증주의의 주장은 일단 그 의의를 인정해 주어야 할 것이다. 그러나 그러한 주장이 너무 지나친 데에 문제가 있는 것이다. 그 문제점은 한 마디로 "어떠한 내용도 법이 될 수 있다"는 입법자의 전능화라고 요약할 수 있다. 따라서 우리는 이 점을 보충하여 법실증주의가 다시 살아날 수 있도록 해야 할 것이다. … 요컨대 법질서는 법률실증주의의 극단적 주장처럼 단순히 존재한다는 것만으로는 정당화될 수 없고, 인간다운 평화질서를 보장해 주는 질서이어야 할 것이며, 그것은 법이 보장하고 입법자 및 법담당자들이 책임져야 하는 최소한도의 법의 내용이라고 할 것이다. 그리고 이러한 바탕 위에 법실증주의의 정신을 접목하는 것이 곧 현실적이면서도 건강한 법실증주의, 즉 비판적 법실증주의로 나아가는 길일 것이다.[4]

4) 심헌섭 · 강경선, 『법철학』(방송통신대학출판부, 1996), 173-175면. 인용부분은 1982년 출간된 심헌섭, 앞의 책(주 1)의 283-287면을 동 저자가 요약한 것으로 내용은 거의 대동소이하다. 다만 1996년의 저서가 본 논문의 내용을 보다 정확히 전달하고 있기 때문에, 1982년의 글이 아닌 1996년의 요약글로 대체하였음을 밝힌다.

사실 심헌섭 교수의 분석법학적 법실증주의 연구 경향은 보편적 인권, 저항권, 시민불복종 등을 내용으로 하는 자연법론에 비해 당시의 정치적 상황으로부터 자유로웠을 것이다. 또한 심헌섭 교수의 논문 가운데 직접적으로 시대접목적인 것은 발견하기 어렵다. 그가 법철학 이외에 관심을 가졌던 것은 형법이론에 관한 것이 대부분이었다. 이러한 이유로 후배학자는 "언젠가부터 심 교수에 대해 불만이 생기기 시작했다. 책이나 논문 어디에도 우리의 구체적인 법현실이 들어 있지 않았기 때문이다. 70년대와 80년대에 씌어진 심헌섭 교수의 글에는 군홧발과 최루탄에 짓밟혔던 폭압적인 우리의 정치상황과 불법적인 법현실에 관해 단 하나의 사례도 언급되지 않고 있었다(독일 사례들을 가끔 언급된다). 즉 그의 법철학은 항상 언제 어디서나 타당하고 보편적인 법과 정의만을 문제 삼았으며, 따라서 현실성과 구체성이 없는 관념성에서 벗어나지 못했다. 또한 그러한 보편타당한 법의 기준에 맞추어 우리의 법현실을 분석하고 비판하는 작업도 찾아볼 수 없었다"고 불만을 토로하기도 한다.[5)]

일면 이러한 불만은 이해되지 못할 것은 아니다. 그러나 또 다른 일면에서 보면 1972년 유신헌법을 기초한 한태연 교수의 논지가 반민주적 자연법론이었다는 사실, 군부가 정권을 장악한 이후 사법부가 —특히 정치적 사건의 경우— 법적 논리를 무시하고 권력의 편에 서서 판단을 하였던 사실, 당시 법실무에서는 권위에 입각한 법해석이 상당히 이루어지고 있었다는 사실 등을 고려한다면, 반드시 심헌섭 교수의 연구가 현실을 초월하였던 것만은 아니라고 볼 수 있다. 정치적 상황에 연연하지 않고 법학 본연의 자세를 견지하는 것은 비록 소극적이지만 법치주의가 제대로 실현되지 않았던 당시의 현실에 대한 또 다른 비판적 모습일 수

---

5) 강진철, "서평: 5·18, 이 시대 법과 역사의 화두,"『법과사회』 제13권 (1996. 6), 308면.

있다. 즉 심헌섭 교수는 자신의 논문으로써 당시의 권위적이었던 법실무의 법발견·법해석의 문제점을 이성적·분석적으로 비판하였다고도 해석할 수 있다. 이러한 심헌섭 교수의 관점은 1990년에 번역한 『한스 켈젠 법이론선집』의 편역자 서문에 제시된다.

> 법학은 그야말로 '실천과학'이다. 또 특히 법학은 이데올로기의 멍구름 밑에 눌려 있고 또 그것이 당연한 것으로, 따라서 '탈이데올로기' 자체가 이상하게 여겨지기도 한다. 켈젠의 불능선고에도 불구하고 실천이성은 복권되어 자연법론의 받침돌이 되고 있으며, 켈젠의 저돌적인 우상타파에도 불구하고 정의는 힘차게 설계되고 있다. 그러나 켈젠의 글을 읽으면 우리는 법학자가 얼마나 냉철하여야 하며, 아니 냉철하다 못해 냉혹하여야 하며, (법)철학자가 얼마나 과학적 내지 비판적이어야 하는가를 절실하게 깨닫게 된다. 과학의 목표가치는 진리이고, 이것의 모습이 때로는 몸서리칠 정도라 하더라도 똑바로 보지 않으면 안 된다. 그 모습을 바꾸는 것은 행동과 실천에 맡겨진 일이다. 과학의 이름으로 이를 할 수 는 없다. 진리만 일그러지게 될 뿐이라는 것이겠다.[6]

심헌섭 교수는 가치상대적이라는 관점을 노정하고 있다. 그러나 각 시대에 합당한 정의와 진리의 모습을 행동과 실천에 맡길 수 있다는 그의 논지는 포용적이고 비판적인 관점을 항상 견지하는 것이다. 이러한 그의 상대주의적 가치관은 이후 다양한 관점을 보이고 있는 장영민, 정태욱, 김도균, 이재승, 오세혁, 임미원 등과 같이 1990년대에 왕성하게 활동하게 되는 신진 법철학자들을 양성하는 계기가 되었을 것이다.

(3) 비판 또는 저항을 위한 준비

1980년대 이전까지 한국 법철학계를 이끈 법철학자들에게 있

6) 심헌섭 편역, 『켈젠법이론 선집』(법문사, 1990), 10면.

어 1970년대로부터 1980년대 중반까지는 치명적인 시대였을 것으로 추측된다. 1972년 유신체제가 들어선 이후 1980년 '민주화의 봄'을 잠깐 맛보았지만, 다시 유례 없는 군사독재의 광풍이 한반도를 휘감고 있었다. 1985년 이전까지 대학에 전투경찰이 상주하고 있었으며 사복경찰들이 항상 학내에서 감시활동을 벌이고 있었다. 또한 당시는 법의 논리가 아니라 힘의 논리가 작용하였다. 5·18 광주양민학살이 그러했고, 방송통폐합 조치가 힘의 논리로 진행되었다. 더불어 권력자들과 재벌에 대한 각종 특혜는 법형식의 일반성과 보편성을 상실케 하였다. 이처럼 당시는 민주주의뿐만 아니라 군사엘리트에 의한 법만능주의, 법권위주의로 법치주의 이념이 크게 훼손되었다. 사법부의 경우에도 권력 앞에 무력했으며 법학계에서도 법의 정신과 이념을 강조하기조차 어려웠다. 이러한 당시의 사회적, 정치적 상황은 법지식인들을 벼랑 끝에 몰아넣었으며, 지식인들에게 엄청난 자괴감을 안겨 주었다. 이러한 현상은 법철학에서도 마찬가지의 상황이었다.

그러나 이러한 1980년대의 상황은 역설적이게도 극히 소수이지만, 새로운 법과대학 학생들로 하여금 법철학에 대한 강력한 동기부여를 형성하였다. 물론 단순히 학문적 관점에 의해 법철학에 몸담게 되었던 학자들도 있지만 한국의 정치적 상황에 의해 비롯된 법허무주의를 극복하기 위한 돌파구로서 법철학 또는 법사회학을 택한 경우도 있다. 다만 이러한 관심은 대중적인 것이 아니라, 소수에게만 이루어졌다는 점에서 한계를 지니고 있었다. 엄혹한 현실에 맞서 지적 호기심을 충족해야 한다는 것은 대부분의 법과대학 학생들에게 어려운 일이었다. 마치 前衛처럼 몇몇 학생들에게만 정의, 인권, 민주주의에 대한 상당한 열망과 지적 호기심이 이들을 법철학으로 이끌었던 것이다.

그러나 이들의 지적 열망과 호기심은 법실증주의적 관점으로만 충족될 수 없었다. 이들은 무엇보다도 김정오, 김영환, 박종훈처럼 자연법론에 관심을 갖게 되거나, 또는 당시 사회변혁운동 세력 내에서 조심스럽게 비판적 사회이론의 무기로서 연구되고 있었던 마르크시즘에 대하여 관심을 갖기도 하였다.

(4) 평 가

내부참여자의 관점이 아닌 외부관찰자의 시점에서 1980년대 중반까지의 한국 법철학을 평가하는 것은 무책임한 행태일 수 있다. 1960년대부터 사반세기 동안의 법철학이 매우 미미하게 발전해 왔었다는 사실 자체가 비판의 대상일 수 있지만 당시의 정치적 상황과 연구인력의 상황 등을 반영한다면 이해하지 못할 바는 아니니다.

그럼에도 불구하고 당시의 법철학은 한국의 법철학이라고 보기에는 어려웠다고 평가할 수 있다. 예를 들어 자연법론은 국외의 이론을 연구, 소개하기만 하였을 뿐 그것이 어떻게 한국적 상황에 어울리는가에 대한 연구는 부족하였다. 또한 분석법학적 법실증주의 관점에 따라 한국의 법관들이 법을 적용, 해석함에 있어서 어떠한 문제점을 가지고 있는가에 대한 '분석'은 진행되지 않았다. 그러한 의미에서 사실상 당시의 법철학은 보편적 법이념에 대한 강학적이고 사변적인 연구의 성격이 강하였다. 이들의 논문에 대부분 "어떤 법철학자의 어떠한 이론을 중심으로"라는 부제가 붙어 있듯이 당시에는 외국의 법철학 이론을 한국의 법현실에 맞게 해석, 수용하지는 못하였다.

물론 당시의 법철학이 개별 실정법학과 완전히 괴리된 것은 아니었다. 심헌섭, 심재우 교수 등은 형법에 대한 상당한 관심을 가지고 있었다. 하지만 그것은 형사사건에서의 법논증에 대한 비판이 아니라, 추상적인 형법이론에 대한 것뿐이다. 이러한 점에서도 당시의 법철학은 법현실에서 도피되어 있었다. 그러나 오늘날의 관점에서 볼 때, 당시의 형법실무에 대한 다양한 법철학적 비판이 제기될 수 있었던 사건들이 많았다. 예를 들어 인혁당 사건의 경우 과연 사형이라는 것이 정당한 형벌인가에 대한 체자레 베카리아의 이론을 중심으로, 또는 국제그룹 해체사건에 대해 로크의 소유권론을 중심으로 하는 법철학적 논의가 가능할 수 있었을 것이다. 그리고 언론통폐합 사건 및 국가보안법에 대해서는 언론출판, 사상의 자유에 대한 법철학적 논문이 발표될 수도 있었을 것이다. 그러나 이러한 내용들은 1980년대 후반에 이르러 비로소 발표되기 시작했을 뿐이다. 즉 1980년대 중반 이전까지는 자연법론이든 법실증주의든 강학적이었다. 물론 법철학은 실천철학일 뿐, 운동의 철학은 아니다. 운동의 철학으로 들어서면 그것은 진정한 학문이라기보다는 이데올로기로서의 주의, 주장이 될 가능성이 있다. 하지만 그렇다고 해서 법철학이 항상 無운동으로 일관해도 될 정도로 비참여적일 수 있는지 대해서는 의문의 여지가 있다.[7]

2. 1980년대 중반 이후의 한국 법철학

1980년대 중반 유화조치 이후 사상적 해빙무드가 조성되었고 법철학적 담론의 장도 마치 빅뱅처럼 확장되었다. 처음은 군부독재를 지탱하였던 반민주적 악법에 대한 대대적인 비판작업이 이루어졌다. 그러나 1990년대 중반, 문민정부가 들어선 이후 법철학은 새로운 담론의 대상을 찾아나서게 되었다. 이러한 점에서 1980년대 중반 이후는 두 가지 시기로 구분해서 살펴볼 수 있다.

---

7) 물론 이러한 자세가 과연 바람직하였는가에 대한 것은 본 논문의 범위를 벗어난다. 그러나 한국 법철학계에서 법철학의 학문성과 자세와 관련하여 이를 진지하게 논의해 볼 필요성이 있을 것이다.

(1) 1980년대 중반～1990년대 초반까지

박은정 교수의 지적처럼, "법철학은 80년대의 민주화항쟁에 기여하지 못했지만, 민주화항쟁은 법철학에도 기여했다. 민주화항쟁은 법철학의 전환을 가능하게 했다."[8] 이러한 전환은 시대를 기다리면서 준비하였던 다양한 법철학자들에 의해 불 지펴지기 시작하였다. 그리고 그러한 등불은 "'악법도 법이다'라는 피해의식의 만연 상태를 '악법은 법일 수 없다'는 대중적·학자적 자각을 불러 일으켰다." 이것은 자연법론을 연구하였던 1960～70년대 학자들로부터 시작하여, 비판과 저항으로써 법철학과 법사회학을 인생의 향로로 정한 1980년대의 신진학자들이 주축이 된 "'법과 사회'이론연구회"와 민주법학연구회에서 이루어졌다. 이들의 노력은 사회적으로 상당한 파장을 일으켰다.

1) 자연법론의 활발한 전개

자연법론의 경우, 1960년대와 1970년대 독일의 자연법사상과 정법론을 수학하고 돌아왔지만 정치적 상황에 의해 국내에서 그 담론을 활성화시키지 못하였던 법철학자들의 고충이 담겨 있었다. 처음의 물꼬를 튼 법철학자는 계몽적 자연법론을 주창한 심재우 교수였다. 그는 실존주의 법철학을 탐구하였던 베르너 마이호퍼로부터 1973년 "저항권과 인간의 존엄"(빌레펠트대학 박사학위논문)이라는 주제로 박사학위를 취득하였었다. 그러나 그는 귀국 후, 10년이 넘는 세월동안 1974년 "인간의 존엄과 법질서: 특히 칸트의 질서사상을 중심으로"(고려대 법률행정논집), 1979년 "T. Hobbes의 죄형법정주의사상과 목적형사상"(고려대 법률행정논집), 1981년 "루소의 법철학"(고려대 법률행정논집) 등의 고전자연법론 논문 몇 편만을 발표하였을 뿐이었다. 하지만 그는 1986년, 1988년 "고문은 영원히 추방되어야 한다"(신동아), "악법개폐 더 이상

---

8) 박은정, 앞의 논문(주 3), 209면.

미룰 수 없다: 1988년의 미해결과제"(신동아)라는 時論을 발표하면서 왕성한 활동을 전개한다. 특히 그는 1986년 "인간존엄의 법리와 국가윤리," "저항권"(고려대 법학논집, 1991), 베르너 마이호퍼 저, 『법치국가와 인간의 존엄』(법문사, 1994), 헬라 만트 저, 『폭정론과 저항권』(1994) 등을 잇따라 출간하게 된다.

이러한 글들을 통하여 심 교수는 칸트가 언급한 바와 같이 자율적 존재로서의 인간은 어느 누구에게나 단순히 수단적 존재가 아니라 항상 동시에 목적적 존재로 대우받아야 함에도 불구하고, 조선왕조의 권위주의 국가와 군사독재의 질곡 속에서 우리 국민은 국가적, 정치적 목적을 위한 단순한 수단적 존재이었지, 목적적 존재로 존중받은 적은 없었다고 설명한다. 그러나 이제 우리는 인간의 존엄성과 자율성을 회복하여야 하며 그것이 가능하기 위해서는 그 자유를 박탈하는 국가에 대해 저항권을 행사해야 한다는 것이 바로 심재우 교수의 논지이다.[9)]

심재우 교수를 필두로, 자연법과 인권 및 시민불복종 관련 논문들이 지속적으로 발표된다. 예를 들어 윤명선, "시민불복종의 법리"(경희법학, 1987), 최상주, "자연법사상의 헌법상의 수용에 관한 연구"(경남대 박사학위논문, 1989), 김형곤, "자연법이론의 기본적 인권에의 수용에 관한 연구"(경남대 박사학위논문, 1990), 양건, "시민불복종의 논리"(철학과 현실, 1990), 한상수, "시민적 불복종에 관한 연구"(부산대 박사학위논문, 1990)가 그러하다.

그 다음은 인간학적·미래지향적 자연법론을 전개한 박은정 교수가 열었다. 심재우 교수가 계몽적 자연법을 통해 민주화에 기여하면서 동양법철학 연구의 초석을 다졌다면, 박은정 교수는 '인간학적-미래학적 자연법'을 통해 민주화에 참여하면서 이미 과학기술시대의 문제가 본격적으로 제기되는 2000년대를 준비하고

9) 심재우, "법치주의와 계몽적 자연법," 『법철학연구』 제1권(2002), 27-28면.

있었다. 그는 “한스 켈젠의 자연법비판의 한계”(이화여대 사회과학논집, 1985), “라드브루흐의 상대주의법철학이 남긴 것”(이화여대 사회과학논집, 1988)과 『자연법사상: 실천을 위한 보편이론』(1987)을 발표하면서, 법실증주의의 문제점을 실존주의적이며 인간학적인 정의론의 입장에서 해석·비판한다.

또한 박 교수는 서구의 자연법 전통을 인간의 자연적 본성을 탐구하는 것이 아니라, 인간의 윤리적·실존적 지평, 즉 “인간은 어떻게 살아야 하는가?”를 법사고에 끌어들여 이를 실정법 속에 구현하고자 하는 것으로 재해석하면서, 인간의 본성 그 자체만을 탐구하려는 매몰된 자세는 진정한 자연법전통을 도외시한 것으로 실정법구조와 무관하거나 이를 초월한 초실정적 의미에서의 자연법을 포기해야 한다고 주장한다. 또한 이러한 인간학적 자연법론에 의할 때 현대 과학기술시대, 복수다원주의시대를 인간 없는 정의, 목적 없는 합목적성에 의해 기능주의적으로 파악한 방식은 자칫 인간적 삶을 왜곡시킬 수 있으며, 따라서 오늘날 자연법론의 과제는 인간성을 복원시키는 실천이성으로서의 자연법을 통해 정법을 수립하는 것이고, 선실정적 차원인 법원리 등이 끊임없이 역동적으로 실정법에 새겨질 수 있도록 해야 한다고 박 교수는 설명한다.[10)]

또한 박은정 교수는 자연법론을 단순히 추상적인 원리에 머무르게 해서는 안 되고, 미래지향적인 합리적인 법정책이 될 수 있도록 해야 한다고 주장한다.[11)] 이렇게 총론을 마무리한 박은정 교수는 1990년 “생명과학기술과 윤리”를 기점으로 각론으로서의 생명공학과 법윤리를 연구하기 시작한다.

2) 법사회학 연구

1980년대의 두드러진 특징 중의 하나는 법사회학 연구가 활

10) 박은정, 『자연법사상』(민음사, 1987), 272-284면.
11) 위의 책, 298면.

성화되었다는 점이다. 이것은 1987년 남궁호경, 양건, 배종대, 심희기, 한인섭, 강진철, 김창록 등 20여명의 학자들이 주축이 되어 구성된 "'법과사회'이론연구회"에서 강력하게 이루어졌다.[12] 이들은 처음 2년간 비공개로 법사회학 스터디를 진행하다가, 1989년 3월 이화여대에서 "반민주적 법률의 개폐를 위한 공개토론회"를 개최함으로써 외부에 알려지게 되었다. 당시 주제로는 심희기 교수가 "개정집시법의 비판적 검토," 남궁호경 교수가 "국가보안법의 개폐문제," 배종대 교수가 "사회안전법 및 보안관찰법에 관한 비판적 고찰"을 주제로 발표하였으며, 박은정 교수가 종합토론을 맡았다. 이 토론회는 당시 사회적으로도 엄청난 주목을 받게 되었고 연구회는 이에 힘입어 「법과사회」 창간호를 출간하게 된다. 당시의 주요한 논문으로는 강진철 "북한법연구의 현황과 과제: 북한사회에서의 법의 지위 및 역할에 관하여," 김창록 "문익환 목사의 방북과 국가보안법" 등, 사회적으로 첨예한 이슈들을 다루었다. 창간호에 이어 1989년 11월에는 당시 사회적으로 이슈화 되었던 '토지문제와 법', 1991년에는 '남북한 관계와 법적 문제'라는 주제로 공개토론회가 진행되기도 하였다.

"'법과사회'이론연구회"는 법철학이라기보다는 법사회학적 입장을 가지고 있었는데, 이는 당시의 사회현실상 어쩌면 당연하였다. 왜냐하면 당시에는 당면한 악법에 대한 구체적 비판이 추상적인 이념이나 개념에 대한 논구보다도 훨씬 필요하였기 때문이다. 또한 이들의 연구는 단순히 실정법의 기본원리 또는 비교법적 관점에서 이루어진 것이 강하였다. 이는 복잡한 이론이 필요없어도 당시의 법들이 얼마나 민주주의와 법치주의에 반하였는가

12) 이미 남궁호경 교수는 "법과 이데올로기"(서울대 법학석사, 1980), 양건 교수는 "악법과 법의 준수"(현상과 인식, 1980), "최근 구미에서의 비판적 법이론의 전개에 관하여"(공법연구, 1985.8.)라는 논문을 발표하였듯이 대단히 비판적이었다.

를 여실없이 드러낸다.

3) 진보법학에 대한 실험

"'법과사회'이론연구회"가 처음으로 외부에 알려지기 2개월 전, 당시 방송통신대학교의 강경선 교수와 울산대의 조국 교수 및 일부 대학원생들이 "'법과사회'이론연구회"를 비판적 아나키즘이라고 평가하면서 이를 탈퇴, 1989년 1월 5일 '민주주의법학연구회'를 발족시켰다. "'법과사회'이론연구회"가 자유민주주의적 기본질서 내에 있었다면, '민주주의법학연구회'는 체제외적인 급진좌파적 입장을 가지고 있었다. 이들은 이른바 자본주의법학으로서의 체제법학에 대해 단호히 투쟁하고 법의 계급성과 당파성을 견지하는 사회주의 법이론에 기반하여 진보법학, 민중법학, 민주법학이라는 것을 추구하고자 하였다.

'민주주의법학연구회'의 간행물 「민주법학」의 창간호에는 「법과사회」의 창간호와 마찬가지로 국가보안법과 사회안전법, 경찰법, 집시법, 사회보호법, 노동관계법 등 당시의 반민주악법이라고 불리어지던 법률에 대한 비판적 글이 게재되었다. 그러나 창간호 제목이 "민주법학: 남한사회의 법현실과 법이데올로기 비판"이었듯이 그들은 자유민주주의 체제 내에서 법과 사회현실 자체의 모순과 문제점을 분석하였던 것이 아니라, 마르크시즘 법이론에 기초하여 상부구조로서의 법의 이데올로기성과 계급성에 주목하였다. 그리고 기존의 1980년대를 포함하여 그 이전의 한국 법철학의 연구를 체제법학, 부르주아 법학이라고 과감하게 비판하였다.

당시의 '민주주의법학연구회' 발족 선언문은 이러한 점을 여과없이 보여준다. 이들은 우선 우리 현실을 "근로민중의 힘찬 발걸음에 대하여 남한 신식민지 파쇼체제는 각종 파쇼악법과 부르주아 기본법 및 법이데올로기를 가지고 올가미를 씌우려고 하는 것으로"[13] 분석한 후, 우리 법을 마르크시즘에 입각하여 "민법,

상법, 경제법 등은 독점자본에 의한 생산수단의 전유와 그 재생산을 보장하고 있고, 행정법은 파쇼체제의 조직을 체계화하여 그 작용을 원활하게 해주고 있으며 … 헌법은 이상과 같은 제반 법률을 구성요소로 하면서도 이를 '자유민주주의'의 미명 하에 이데올로기적으로 정당화하며 재생산하고 있다. 이렇게 볼 때, 남한사회의 제반 법률은 남한 신식민지 파쇼 체제를 유지하고 근로민중의 민족민주운동을 탄압하는 남한 반동부르주아지의 도구 바로 그것이다. 그리고 '법의 지배', '법치국가'라는 구호로 표상되는 법이데올로기는 지배계급의 법파괴 행위를 은폐하면서 피지배계급을 '법질서'에 충실하게 만들려고 하고 있다"[14]고 설명하고 있다.

나아가 '민주주의법학연구회'는 당시의 자연법론과 포섭법실증주의와 대립선을 긋게 된다. 자연법론은 비록 역사적 의의를 지니고 있을지라도 그것은 부르주아 자본주의 이데올로기의 반영에 불과할 뿐이고, 개념법학은 소전제인 사실관계를 해석함에 있어서 총체적 사회관계, 사물구조, 계급관계에 대한 인식을 결하고 있기 때문에 결국 해석상 체계고착적이고 반민중적 결과를 야기했다고 비판한다.[15]

이러한 연구는 국순옥 교수의 『자본주의와 헌법』(까치, 1987), 강경선 교수의 "해석과 변혁"(민주법학, 1989), "법의 이데올로기적 성격"(경제와 사회, 1991), 조국 교수의 『실천법학 입문』(학민사, 1990)으로 표현되었으며, 여기에 서울대에서 1986년 "파슈카리스 법이론에 대한 비판적 연구"로 석사학위를 받은 김도균의 "소련에 있어서 소비에트 법이론의 전개과정에 관한 고찰: 1917-1940"

13) 민주주의법학연구회, "연구회 발족선언문," 『민주법학』 창간호(1989), 159면.

14) 위의 논문.

15) 강경선, "해석과 변혁," 『민주법학』 제3호(1989), 17-21면.

(중소연구, 1988), “마르크스주의 법이론의 형성과 전개”(민주법학, 1989), 김종서의 “사회주의적 법치국가”(민주법학, 1990), ‘민주주의법학연구회’ 편역, 『맑스와 엥겔스는 법을 어떻게 보았는가?』(터, 1991) 등을 통해 강화된다.

그러나 이들에게도 당시 현실사회주의의 몰락은 부담이 될 수밖에 없었다. 이에 ‘민주법학연구회’는 토대-상부구조론, 법의 상대적 자율성, 법사멸론을 재해석하기 이른다. 예를 들어, 법사멸론은 법 자체가 가질 수밖에 없는 강제성, 억압성을 항상 경계하면서 입법과 법집행 과정에서 민중의 참여를 실현하고 법기구에 대한 민중의 통제를 강화함으로써 인민의 자율적 규범의식을 함양한다면, 자본주의법을 대체하여 진정으로 변혁적이고 민주적인 법을 만들어 낼 수 있을 것이라는 관점으로 재해석하게 된다.[16]

하지만 대략 1993년을 전후로 해서 계급대립의 완화현상, 동구사회주의 몰락의 여파, 사회주의 법이론으로 해석 곤란한 다양한 사회문제의 출현, 더불어 논문지도교수가 마르크시즘이라는 이유로 논문지도를 거부하는 극단적 사태로 인하여 조금씩 완화된 이론을 펼치게 된다. 즉 ‘민주주의법학연구회’는 민중이 해방되는 민중민주주의를 실현하기 위해 마르크시스트의 논리뿐만 아니라 점차적으로 자유민주주의의 원리론적 주장, 다양한 철학이론과 법이론, 비판법학운동이론 등을 모두 수용하려는 입장을 취하게 된다.

4) 법문화 연구

1980년 중반 이후에는 자연법사상의 뿌리내림과 함께 일각에서는 한국법문화를 쇄신하려는 시도가 있었다. 이는 “‘법과사회’ 이론연구회”의 핵심이었던 양건 교수에 의해 구체화되었다. 양

16) 강경선 · 조국, “진보법학의 개념정립을 위한 몇 가지 질문들,” 「민주법학」 제6호(1993), 295-296면.

교수에게 한국의 법문화가 문제가 되었던 것은 바로 자연법사상과 마찬가지로 민주화에 대한 열망에서 비롯되었다. 즉 이제부터 자유민주주의적 법체계를 실현하고자 하는데 왜 아직까지 우리나라에 진정한 자유민주주의적 법문화가 형성되지 않았는가? 그 원인을 규명함으로써 진정한 민주화를 달성하고자 함이었다. 양건 교수의 이러한 연구는 1970년대 한국의 법문화에 대해 선구적 업적을 남긴 함병춘 교수와의 대화로부터 시작되었다.

함병춘 교수는 한국의 문화는 비법적이라는 점에서 서구의 근대적인 법문화와 상이한 차이점이 있음을 지적하였다. 한국인은 법에 의해 행위의 기준을 정하는 것이 아니라 유교적인 예에 의해 행위를 규율한다. 또한 한국인은 개인적인 이익을 구하는 것에 대해 적극적이지 않다. 만약 한국인에게 분쟁이 발생하였을 경우 그들은 관이나 법에 의해 해결하는 것보다 양보와 타협, 화해와 같은 비공식적, 비재판적 분쟁해결을 선호하며, 판사에게 분쟁해결을 의뢰하는 사람은 호전적인 사람으로 본다. 이처럼 일도양단의 결정을 내리는 합리적 판사는 한국인들에게 문화적으로 거리가 멀다. 결국 한국의 법문화는 계산가능한 객관적이고 합리적인 서구의 법과는 다르다. 함병춘 교수는 이러한 비법적인 한국의 전통 때문에 근대 대륙법을 계수한 한국의 법체계가 민중의 삶에 뿌리를 내리지 못한다고 보았다. 따라서 그에게 이러한 전통적인 비법적 삶의 방식은 국가의 발전과 진보를 위해 극복해야 하는 대상인 것이다.[17]

이에 대해 양건 교수는 함병춘 교수의 연구가 지나치게 문화론적이며, 비문화적인 요인, 즉 법체계를 둘러싼 사회적, 정치적,

17) Pyong-choon Hahm, "The Traditional Patterns of Authoritative Symbols and the Judicial Process in Korea: A Study in Legal Culture and Legal Development," in Pyong-choon Hahm, Korean Jurisprudence, Politics and Culture (Yonsei University Press, 1983), 174-177면.

경제적 힘과 관련된 요인들을 간과하였다고 지적한다. 양 교수는 파슨스의 구조기능주의에 입각하여 법체계는 사회체계의 하위체계로서 구조・법규범・법문화로 구성되어 있고, 따라서 자유민주주의적 법체계를 달성하기 위해서는 법문화 이외의 비문화적 요인의 걸림돌을 찾아내야 한다고 보았다. 양 교수는 낮은 산업화 수준에서 오는 하위사회체계의 미분화, 선성장 후분배원칙에 의한 극심한 소득분배의 격차, 소수 변호사 독점에 의한 높은 소송비용, 일제시대와 권위주의정권 하의 억압적 법체계 요소 등이 이에 해당한다고 지적한다. 따라서 양 교수는 이러한 부정적 요인들로 인하여 법에 대한 회의와 불신의 태도가 발생한 것이기 때문에 이제 법체계 속에 터잡고 있는 이러한 요인들을 극복하기 위해 노력해야 한다고 주장한다.[18]

양건 교수의 이러한 주장은 법문화 논쟁을 촉발시켰다. 우선 방법론적으로 이철우 교수와 김정오 교수는 양건 교수의 구조적 분석방법에 대해 문화는 구조기능적으로 분석될 수 없다고 지적한다.[19] 다만 김정오 교수는 함 교수의 분석은 한국의 법문화에 내재한 고유한 논리를 설명함에 있어서는 긍정적이지만 지나치게 정적으로 분석하는 것에 문제가 있음을 논하고 새로운 문화이론으로서 문화적 전용의 역동성에 초점을 맞출 필요가 있음을 지적한다. 즉 이질적 문화를 가진 주체는 타문화를 그대로 이식수용하는 것이 아니라 능동적이고 주체적으로 전용함으로써 적극적인 법문화를 구성할 수 있다는 것이다. 법문화 분석에서는 그러한 과정을 분석, 포착하는 것이 요구되며, 이를 통해 그러한 능동적

18) 양건, "한국에서의 '법과 사회' 연구," 『법과 사회』 창간호(1998); 양건, "한국과 일본간의 비교법문화론을 위한 서설: 함병춘과 가아시마 다케요시를 넘어서," 「저스티스」 제34권 제1호(2001).

19) 이철우, "법문화의 담론적 생산: 방법론적 비판," 『법철학연구』 제4권 제1호(2001); 김정오, 『한국의 법문화: 인식, 구조, 변화』(나남, 2006).

전용을 활성화시켜야 한다는 것이 김정오 교수의 주장이다.[20)]

유교적 법문화에 대한 재평가도 이루어졌다. 함병춘 교수는 유교적 전통을 소극적으로 평가하였지만 함재봉 교수는 유교민주주의 긍정성을 이야기한다. 다만 최종고 교수는 동아시아 보통법 연구를 주장하면서 그 장단점을 취할 것을 주문하고 있다.[21)]

5) 평 가

1980년대 중반 이후 1990년대 초반까지의 법철학은 민주화라는 시대적 요청에 매우 충실하였다. 자연법론적 관점은 실정법이 갖추어야 할 보편타당한 인간의 권리와 국가권력의 한계 등을 명확히 설명하였으며, "'법과사회'이론연구회"는 현실의 반민주악법을 구체적으로 검토, 비판하는 담론을 활성화시켰다. 비록 '민주주의법학연구회'가 과도하게 마르크시즘에 경도된 측면은 있지만, 이들도 실정법 배후에 존재하는 경제적, 정치적 역학 관계 및 이데올로기 등을 분석하였다는 점에서 법을 바라보는 시각을 보다 확장시켰다.

그러나 이러한 연구경향들은 동일한 문제점을 내재하고 있었다. 자연법론이든, "'법과사회'이론연구회" 및 '민주주의법학연구회'든, 그들의 활동은 모두 기존의 '법'과 '법실무'를 부정적으로 바라보는 경향을 갖고 있었다. 물론 정도의 차이는 있지만 새로운 사회를 위해 현재의 법과 법실무는 개혁될 필요성이 있었다. 그러나 그들의 강도 높은 비판적 태도는 법실무와 법철학과의 부정적 단절을 야기했을 뿐만 아니라 법철학 자체에도 과중한 부담감을 갖도록 하였다. 그들의 입장은 현재의 '법실무'는 올바른 법을 인식하고 실천할 수 있는 능력을 가지고 있지 않기 때문에,

20) 김정오, 앞의 책(주 19), 29-42면.

21) 함재봉, 『탈근대와 유교: 한국정치담론의 모색』(나남출판, 1998). 최종고, "동아시아 보통법론 — 한, 중, 일 법사의 기본과제," 『법학』 제40권 제2호(서울대학교 법학연구소, 2000).

법철학이 그들에 대한 최후의 심판관으로서 그들에게 해결점을 제시하고 그들을 인도해야 한다는 관점이었다. 자연법론이 그러하며, 특히 법실무와 법학계의 모든 입장을 반민중적인 것으로 치부하였던 마르크시즘 법이론은 더더욱 그러하였다. 그러나 법철학적 전통이 아직 미천한 당시의 상황에서는 그들 스스로의 힘만으로 현실의 모든 문제를 해결할 수 없었던 것은 당연하였다. 이러한 이유로 이들에게는 (법)철학사를 통해 어느 정도 권위가 입증된 외국의 (법)철학이론을 도입하려는 경향이 강하였다.

1980년대와 1990년대 중반의 연구들이 법철학을 보편학으로 여기는 정도가 강하였던 것도 이러한 경향과 맥을 같이 한다. 이들에게 자연법론이든 마르크시즘 법이론이든, 만약 그 이론들이 모든 사회에서도 보편타당한 것이라고 한다면 이미 권위적 지위를 획득한 외국의 법이론을 도입한다고 할지라도 우리의 법현실에도 타당한 것이었다. 이러한 경향 속에서 법철학 연구는 점점 더 우리의 현실에서 활동하고 있던 법실무와 실정법학 담론과 멀어지게 된다. 즉 법철학적 담론 내에서 사용되는 용어와 사유방식 등이 법실무 또는 실정법학적 담론의 그것들과 융해되기 어려울 정도로 서로 상이하게 되었다. 민주화의 시대사적 과제가 어느 정도 해결되고 법의 당파성에 대한 강박관념이 어느 정도 녹아내리게 되는 1990년 중반 이후부터는 그러한 문제점들이 어느 정도 극복될 필요가 있었다.

나아가 마르크시즘 법이론에 의해 야기된 법철학연구의 前衛성도 극복되어야 할 과제이었다. 사실 1990년대 초반까지 상당한 수의 신진법철학자들과 예비법철학자로서의 국내 법과대학생들은 마르크시즘을 받아들이는 경우가 많았다. '법철학회', '법사회학회', '기초법학회', '법역사학회' 등등 1980년대 후반부터 국내 법과대학 학생들이 자발적으로 만든 법철학 관련 학회들은 예비법철학자들이 몸담고 있었던 모임이었다. 그러나 이들 대부분의 학회는 마르크시즘 법이론을 운동의 차원에서 수용하였던 측면이 강하였다.[22] 때문에 이들에게 민중적 법이론 vs 반민중적 법이론이라는 이분법적 사고가 암암리에 내재되어 있었다. 이것은 당시 법철학 담론이 다양한 사고실험을 어렵게 하는 계기가 되었다. 당시 '민주법학연구회'의 사회주의 법이론 연구는 비록 5~6년이라는 짧은 기간 동안 매우 역동적으로 이루어졌으며 예비법철학자들을 양산하는 계기가 되었지만, 이러한 태도는 운동의 차원에서는 효율적이었을지라도 법철학에 대해서는 치명적이다. 이러한 관점은 법철학은 前衛적인 학문이라는 거리감을 갖도록 충분하였으며, 결국 예비법철학자들이 충분히 형성되는 데 부정적 동인으로 작용하였다.

(2) 1990년대 중반 이후의 한국 법철학

1) 조직의 강화

1990년대 중반 이후, 한국 법철학은 인적인 측면에서 유례없는 큰 전기를 맞이하게 된다. 심헌섭, 심재우, 박은정, 최종고 교수가 꾸준히 법철학적 연구를 계속 수행했고, 김지수 교수가 "법해석학의 존재론적 전환"(장경학박사고희기념논문집, 1987), "현대법리와 언어"(인권과 정의, 1994)를 발표하였다. 오병선 교수가 "하아트와 풀러의 법이론 비교고찰: 법과 도덕의 분리론을 중심으로"(미국학, 1985), "자유공동체주의의 정의론"(사법행정, 1993)을 통해 하트의 분석법학적 법실증주의와 자유공동체주의 정의론을 주제로 법철학적 담론에 참여하게 되었다. 이미 1979년, "법에 있어서 해석학적 방법에 관한 연구"로 심헌섭 교수에게 석사학위를 받았던 장영민 교수는 "법발견의 방법론에 관한 연구"를 주제로 박사학위를 받은 1990년을 전후로 법철학 연구에 박차를 가하였

22) 예를 들어, 당시 법과대학 내에 있었던 법철학 관련 학회들의 커리큘럼은 대부분 마르크시즘 법이론으로 채워져 있었다.

다. 특히 드워킨의 법이론에 관심을 가지고 있었던 장영민 교수는 오병선 교수와 더불어 영미 법철학을 국내에 활성화시켰다.

1980년대에 해외유학을 갔던 신진학자들이 대부분 1990년을 전후로 귀국하였다. 이들은 1960년대에 박사학위를 받은 선배 법철학자들과는 달리 사상적 해빙기 속에서 주도적으로 한국 법철학 담론에 참여하게 된다. 아르투어 카우프만으로부터 1986년 박사학위를 받은 김영환 교수가 "전후 독일에서의 정법론의 전개과정"(한림대학교 FORUM, 1994), "법적 논증이론의 전개과정과 그 실천적 의의"(한양대 법학논총, 1995)를 잇따라 발표하였고, 이상돈 교수가 1991년 프랑크푸르트 대학에서 박사학위를 받은 후, "형법상 유추금지의 대화이론적 재구성"(형사법연구, 1992)을 발표하면서 하버마스와 알렉시의 대화이론적 법이론을 국내 형법학에 적용하기 시작하였다. 미국 위스콘신 대학교에서 비판법학운동을 그 중심에서 같이 하면서 1990년 "법, 이데올로기 그리고 힘: 맑시스트 이론, CLS 및 푸코에 대한 이론적 연구"라는 주제로 박사학위를 받은 김정오 교수가 "푸꼬의 권력이해와 법"(법과사회, 1990), "자유주의 법체계에 대한 구조적 분석과 비판: 던컨 케네디의 비판법담론을 중심으로"(연세법학연구, 1992)를 발표하면서 한국 법철학 담론에 있어 비판법학의 새로운 흐름을 만들어 내었다. 또한 같은 대학에서 1993년 "포스트모던 판단"으로 박사학위를 받은 최봉철 교수가 "해체적 정의와 법적 판단"(법과사회, 1995)을 통해 미국 비판법학이론을 활성화시켰다. 1993년 튀빙엔 대학에서 박사학위를 받은 은승표 교수는 루만의 체계이론을 소개하였다. 기타 강진철, "포스트모더니즘 법학"(법철학과 사회철학, 3, 1993), 김재원, "포스트모더니즘과 법"(법과 사회, 1993), 윤재왕, "법적 논증과 절차적 정의"(법과 사회, 1992) 등이 가세하였다.

이러한 인적 발전과 더불어, 한국법철학회의 조직이 강화되었다. 이들은 1993년부터 대우재단 회의실에서 월례독회를 열기 시작하여, 1996년 『현대법철학의 흐름』(법문사)과 2002년 『응용법철학』(아카넷)이라는 '법철학총서'를 출간한다. 그리고 1998년부터 최초의 법철학 전문학술지인 『법철학연구』를 반년간으로 출간하기 시작하였다. 이러한 흐름은 1957년 한국법철학회가 처음으로 창립된 이래 가장 왕성한 활동이라고 볼 수 있다. 여기에 좌종훈, 허일태 교수와 민주법학연구회에서 활동하였던 강경선, 강희원, 김도균, 정태욱 등이 참여하였고, 기타 이재룡, 김학태, 진희권, 조천수, 오세혁, 이준일, 임미원, 김현철, 서윤호 등 국내외에서 법철학 학위를 받은 신진학자들이 가세하면서 더욱 강력한 탄력을 받게 되었다.

2) 현대사회분쟁에 적절한 법철학이론의 수용

1990년대 중반부터는 마르크시즘에 입각한 급진좌파적 경향이 서서히 자취를 감추게 되었다. 이미 서구에서도 1970년대를 기점으로 점차적으로 쇠퇴하였던 마르크시즘이 국내에서 적극적으로 연구될 수 있었던 것은 우리나라 변혁운동의 과정에서 나타난 특수성 때문이었다. 그러나 동구권의 몰락과 문민정부의 출현 이후로 마르크시즘의 과도한 급진성 및 사상적 편협성, 현실화 불가능성 등의 이유로 국내의 마르크시즘 연구는 쇠락을 길을 걷게 되었다.

나아가 1990년대 이후에 발생하게 되는 전혀 새로운 분쟁양상은 이러한 흐름을 가속화시켰다. 1988년 7·8·9월 노동자 대투쟁 이래로 1990년대 초반까지 노동자-자본가 사이의 다툼은 우리 사회의 핵심적 사회분쟁이었다. 여기서 마르크시즘 법이론이 어느 정도 수준에서 그 적절성을 획득하였다. 그러나 1990년대 중반에 이르러 전혀 계급적이지 않은, 각 개인이 자기 이익을 최대화하고자 추구함으로써 나타나는 사회적 갈등이 표출되기 시작하였다. 한약분쟁, 의약분쟁, 환경문제, 다양한 지역이기적 님비현상, 외국인노동자문제, 남녀평등의 문제, 지적재산권과 관련된 분쟁, 생명공학과 관련된 인간복제의 문제 등이 이에 대한 대표적 예이다. 이러한 분쟁은 개인의 권리가 집단적으로 표출됨으로써 발생하는 것이기도 하였고, 단순한 정치적 민주화 또는 경제적 평등이라기보다는 사회적 평등과 정의의 문제이기도 하였다. 마르크시즘 법이론은 이러한 새로운 분쟁양상을 해결하기에 일정한 한계를 지닐 수밖에 없었다.

자연법론의 경우에도 마찬가지였다. 1980년대 후반의 자연법론은 주로 기본적 인권, 국가권력의 한계 및 저항권(시민불복종) 등을 주요 내용으로 하였다. 이들의 노력과 더불어 1990년대 중반에 이르러 시대적 요청이었던 반민주악법의 청산문제가 어느 정도 성과를 이루었다. 국가보안법, 집회 및 시위에 관한 법률, 사회안전법 등과 같은 반민주악법이라고 불리던 형사법들이 —미흡하고 적지 않은 문제점들을 계속 노정하고 있었더라도— 개정 또는 대체법률로 폐지되었다. 특히 주목할 만한 현상은 낙천, 낙선운동으로 대표되는 정치개혁과 시민운동이 매우 활성되기 시작하였다는 점이다. 그러나 이러한 변화는 시민민주주의 또는 참여적·성찰적 민주주의와 관련되는 것들로서, 고전자연법론적인 국가-사회 이분법에 기초한 로크의 자연법론과 법의 일반성에 입각한 칸트의 이성법론만으로는 설명되기 어려운 것들이었다. 또한 1980년대 후반에 논의되었던 자연법론만으로는 위에서 언급한 개인주의의 극단화로 발생하게 되는 권리의 충돌양상을 설명하기에 역부족이었다. 이처럼 당시의 실질적 자연법론에 대한 연구만으로는 권리충돌에 대한 적절한 논증가능성을 법실무 및 실정법학 담론에 충분히 제공하기에 어려웠다.

1990년대 중반부터 나타난 법철학적 담론의 한계는 앞에서 언급한 1980년대에 해외유학을 마치고 돌아온 신진법철학자과 국내에서 법철학적 담론에 참여하게 되었던 기존 학자들의 노력에 의해 서서히 극복되기 시작하였다. 자유주의 법담론에 대한 비판을 중심으로 이루어졌던 공동체주의 법이론, 하버마스의 담론윤리와 논증이론, 비판법학이론, 포스트모던 법이론, 루만의 체계이론 등의 수용은 이에 대한 대표적인 예이다. 기본적 인권이 군부의 권위주의에 의해 유린되었던 1990년대 이전까지 우리나라는 자유주의를 진정으로 느끼기에는 그 토대가 매우 미약하였다. 그러나 1990년대 이후 정치의 민주화와 권리존중의 실천이 어느 정도 이루어지면서 자유주의에 대한 현실적 기반이 형성되었다. 그러나 동시에 과도한 개인주의와 그에 따른 권리의 충돌 현상의 급격한 증가, 정치적 허무주의 또는 무관심 등이 급격하게 증가하는 등, 자유주의의 문제점도 발생하게 되었다. 1990년대 중반 이후로 가세한 새로운 법철학자들의 자유주의 법이론에 대한 다양한 분석들은 이러한 시대적 상황에서 매우 유효적절하였다.

더구나 이러한 분석들은 편협되지 않은 폭넓은 정의이론을 수용한 담론 속에서 이루어졌다. (자유)공동체주의적 가치관, 실질적 정의나 형식적 정의가 아닌 풀러, 하버마스 및 롤즈의 절차적 정의, 푸코, 데리다 등의 포스트모더니즘 정의관 또는 해체주의적 가치관, 여성주의 정의관 등 다양한 정의관점에 입각한 주장들로 한국 법철학의 담론들이 채워지고 있었다. 특히 심헌섭, 심재우 교수와 같이 사반세기가 넘는 기간 동안 耳順의 경지에 이른 원로 법철학자들의 모범은 한국법철학회 내의 담론을 그 어느 시기보다 다양하고 상호주관적이게 하였다.

3) 응용법철학적 연구

1990년대 중반부터 응용법철학적 연구가 활성화되었다. 이것은 현대사회의 새로운 분쟁에 대한 성찰틀로서 다양한 이론들을 수용하였던 학자들에 의해 이루어졌다. 이 점은 이전 시기 한국법철학에 비해 매우 독특한 발전이다. 이미 잘 알려져 있듯이, 법철학의 고전적인 주제들은 법의 개념이나 이념 혹은 그 효력 등 대단히 추상적인 차원의 것들이어서 법철학은 그야말로 법학의 기초분야기는 하지만 이해하기에는 너무나 추상적이고 어려운 것으로만 인식되고 있었던 실정이었다. 이러한 문제점을 해결하기 위해 법철학적인 문제점들을 개별사례들을 중심으로 풀어나가는 응용법철학적 연구가[23] 1990년대 중반 이후 법철학자들 사이에서 활발하게 이루어졌던 것이다. 이미 박은정 교수는 그의 인간학적 정의론에 입각하여 1990년부터 "생명과학 기술과 윤리"(철학과 현실)을 통해 인간배아 복제 등과 생명공학의 문제점을 법철학적으로 다루기 시작하였으며, 그 성과로 2000년 『생명공학 시대의 법과 윤리』(이화여대 출판부)를 저술하게 된다. 심재우 교수는 "순자의 법사상"(고려대 법학논집, 1993)을 시작으로 그의 사상적 침묵기 동안에 연구하였던 동양법철학 연구성과를 발표하기 시작한다. 심재우 교수의 영향으로 이재룡, 조천수, 진희권 교수 등이 동양법철학 연구에 박차를 가하였다. 김정오 교수는 미국 정보법학에 가장 큰 영향력을 행사하고 있는 로렌스 레식 교수의 『코드: 사이버공간의 법이론』을 번역하면서 정보사회에서의 법이론을 지속적으로 연구하고 있다. 이상돈 교수는 대화이론을 의료형법에 적용하는 작업을 진행하고 있다. 오병선, 김정오 및 최봉철 교수는 우리나라의 규범질서와 정서적 갈등을 비롯한 한국의 법문화를 분석하기도 한다. 나아가 1995년 5·18 군부쿠데타에 대한 검찰의 불기소처분과 관련하여 촉발된 논쟁에 박은정, 심헌섭, 오병선 교수 등이 적극적으로 가담하였고,[24] '2000년 총선시민연대'의 낙천·낙선운동과 관련된 시민의 정치적 권리와 시민불복종에 대한 논쟁에 한국법철학회가 적극적으로 참여하였다.[25]

23) 한국법철학회 편, 『응용법철학』(아카넷, 2002), 7-8면.
24) 박은정·한인섭 엮음, 『5·18. 법적 책임과 역사적 책임』(이화여대 출판부, 1995).
25) 이에 대해서는 한국법철학회 편, 『법치국가와 시민불복종』(법문사, 2001).

응용법철학적 연구는 법에 대해 관심을 가지고 있는 다양한 사람들로 하여금 법적 쟁점에 대한 법철학화를 가능하도록 할 뿐만 아니라, 법철학자 스스로 보다 넓은 담론으로 향하게 함으로써 자기 이론의 적절성 및 정책적 실현가능성을 검증하도록 한다. 과거의 법철학논문은 대부분 외국의 저명이론을 소개하는 것이었음을 결코 부정할 수 없으나, 1990년대 중반부터는 '누구'의 이론이 아닌 현재의 '무엇'에 대한 법철학적 연구가 증가하였음도 부인할 수 없다. 이러한 점에서 한국 법철학은 끊임없이 발전하고 있다.

4) Hard Case에 대한 연구

1990년대 초반까지는 민주화를 쟁취하기 위해 자연법의 최소화가 아니라 최대화가 요청되었던 순간이었다. 그러나 90년대 후반부터 변화하기 시작하는 법현실 속에서 한국 법철학 담론도 자연법론과 법실증주의의 수렴화 현상과 하트-드워킨 논쟁의 흐름 속에서 Hard case, 특히 한국에서 발생하는 판결하기 어려운 사례 등을 어떻게 다룰 것인지에 대해 본격적으로 관심을 가지게 되었다.

무엇보다 실질적 민주주의 틀로 개정된 헌법을 존중해야 했고, 그에 따른 헌법재판소의 기능이 강화되었다. 사회 내에서 민주적인 합의시스템이 가동되었고 사법부의 반성적 탈권위화가 시작되었다. 하지만 그것들은 아직까지 불만족스러웠다. 사법부의 권위주의적 행태가 지속되었고, 사회적 합의시스템은 아직도 미숙하였지만 그럼에도 불구하고 과거사 청산의 문제, 권리충돌현상의 격화, 과학기술의 발전에 따른 새로운 사회적 문제의 발생에 직면해야 했다. 이처럼 입법과 사법에 있어 만족스럽지 못한 상황에서 판결하기 어려운 사례들에 대한 이론적 해결책을 모색할 필요가 대두되었던 것이다.

당시 하트의 법체계론, 드워킨의 법원리론, 풀러의 절차적 자연법론, 맥코믹의 제도적 법실증주의론, 라드브루흐의 전·후기이론 등등 다양한 법실증주의와 자연법론이론들이 논의되었다. 일반화의 오류를 범하는 위험성을 감내한다면 한국 법철학 담론 속에는 각각에 대해 다음과 같은 흐름이 존재한다.

첫째, 법실증주의를 수용하되 소극적인 입장에서 접근하는 흐름이다. 여기에는 민주적인 개정헌법의 발전적 해석 필요성, 군사독재의 반민주적 폭거를 경험함으로써 체화된 가치상대주의에 대한 의구심, 사회적 합의시스템과 입법부에 대한 신뢰 부족 등이 개입되었다. 이로 인해 우리 법철학자들 가운데 도덕배제적 법실증주의를 인정하는 학자는 없다.

둘째, 하트의 법체계론에 대해 관심을 갖되 소극적 입장에서 수용하는 흐름이다. 이는 우리 법철학계가 Hard Case에서 법관의 재량을 인정하기에는 그 동안의 사법행태에 비추어 법원의 역량을 신뢰할 수 없기 때문에 기인하는 것으로 보인다.

셋째, 드워킨의 원리론을 받아들이지만 약한 자연법론이 아닌 강한 자연법론적 관점에서 접근하려는 경향이 있다. 이것은 아직도 과거사 청산과 같은 문제에서 강한 자연법론이 요청되고 있기 때문으로 보인다.

이러한 현실적 요청 속에서 박은정 교수는 다음과 같은 의미있는 주장을 한다.

> "궁극적으로 법관이 사례에 적용해야 할 규범을 찾는 데 도움이 되는 법개념을 가지기 위해서는 법개념 안에 법원리까지 포함되지 않으면 안 된다. 효력을 법개념에 연관지어 설명해야 하는 까닭이 예외적인 불법국가 상황이 있을 수 있기 때문이라면, 법개념 안에 법원리까지를 끌어들여야 하는 까닭은 일상적인 법치국가 상황에서도 해결하기 어려운 사안들이 있을 수 있기 때문이다. 이러한 입장에 법관은 사례에 적용할 규범을 찾는 일은 단순히 사실을 기술하는 문제가 아니라, 규범적 태도로써 법을 대해야 한다는 것을 의미한다. 즉 그는 사례

에 법을 적용함으로써 단지 현상을 해석하는 사람이 아니라 법이 실현하고자 하는 목표와 가치를 극대화하려는 명령의 이행자가 된다."[26]

다시 말하면 도덕포용적 법실증주의, 드워킨의 법원리론, 라드브루흐의 후기이론, 알렉시의 최적화이론의 통합이 요구된다는 것이다. 이러한 통합틀은 김도균 교수의 연구성과에서 찾아볼 수 있다. 김도균 교수는 하트의 승인율에 포함되는 도덕적 기준은 관행이나 사후적 승인의 산물이 아니라 개념적으로 필연적인 산물이고 이는 이미 실정법에 이미 필연적으로 내재되어 있는 것으로 파악한다. 예를 들어 우리 헌법에는 기본권과 자유민주주의의 정치적 도덕원리가 채택되어 있다. 김 교수는 이러한 승인율 모델에 따라 인정된 규범들 중 "극도로 부정의한 규율은 법이 아니다"라는 라드브루흐의 승인율이 구성될 수 있으며, 일상적-불법국가적 하드케이스에 있어서 우리는 개념필연적으로 승인된 정치적 도덕원리로 최적화를 실현해야 한다고 주장한다.[27]

아울러 오병선 교수는 제도적 자연법론을 구상하면서 이와 동일한 작업을 시도하고 있다.[28] 또한 이와 유사한 연장선에서 한국 법철학 담론에서 법이론에 대한 관심이 증대되었다.

5) 법이론에 대한 연구

이미 독일에서는 추상적 자연법에 대한 연구의 퇴조와 구체적 자연법론에 대한 관심의 증가 속에, 구체적 판결과정에서의 구체적인 정의의 실현을 목표로 하는 법이론이 1970년대부터 발

26) 박은정, "사법적 법실천과 법개념," 『법철학연구』 제3권 제1호(2000), 59면.

27) 김도균, "자연법론적 승인률 모델의 가능성," 『법철학연구』 제3권 제1호(2000); 김도균, "자연법론적 승인율의 필연성에 대하여," 『법철학연구』 제4권 제1호(2001).

28) 오병선, "제도적 자연법과 법의 해석," 『법철학연구』 제5권 제1호(2002).

전하기 시작하였다. 물론 우리나라에서도 독일의 법이론과 관련된 논문이 지속적으로 발표되었지만, 군부독재와 반민주악법의 철폐라는 시대사적 요청에 의해 그 중요성이 크게 부각되지 않았다. 그러나 점차적으로 민주화의 요구는 권력시녀적인 사법부에 대한 개혁에 대한 요구로 발전하였다. 헌법재판소의 결정과 같이 분쟁의 최종결정자가 내린 판결에 대한 중요성이 점차 강해지면서 이전의 권위적이고 전근대적인 사법부의 법해석 및 법적용 관행에 대한 비판과 개혁의 목소리가 커지기 시작하였던 것이다. 여기에서 이성적이고 합리적인 법인식과 법실천이 요구되면서, 한국에서도 법이론(법학방법론)의 활성화를 위한 토대가 형성된 것이다. 신동운, 김영환, 이상돈 교수를 중심으로 이루어졌던 "법률해석의 한계" 논쟁은 이에 대한 대표적인 예이다. 특히 절차적 정의에 입각한 논증이론과 드워킨의 법원리론에 대한 연구는 개념법학적 법실증주의에 경도되었던 법실무의 한계를 보여줄 뿐만 아니라 법인식에 있어서 새로운 방법론을 제시하였다는 점에서 중요한 의미를 갖는다.

법이론에 대한 연구를 통하여 이전 시기의 한국 법철학에 있어서 큰 문제점이었던 법철학과 법실무와의 괴리가 결코 만족스럽지는 않지만 조금씩 개선되게 되었다. 법철학자들의 성찰지점이 법실무의 구체적인 법해석과 법적용 관행에 맞춰지게 되고, 또한 법철학적 담론의 용어와 사유방식이 법실무와 실정법학의 그것으로 용해되면서 비록 법철학자들이 법실무가들을 비판하더라도 법실무가들은 그러한 비판을 이해할 수 있는 토대를 갖게 되었다. 또한 법철학자들은 법실무에 정답은 아니라고 할지라도 일련의 합리적 논증유형을 제시줌으로써 법실무가 기존에 젖어있던 일그러진 관행으로부터 벗어날 수 있는 성찰지점을 인식하도록 하였다. 즉 법학의 법철학화가 가능할 수 있는 토대를 구축한 것이다.

Ⅳ. 결 론: 2000년대 이후 한국 법철학의 과제

지금까지 1980년 이후 한국 법철학의 전개과정을 살펴보았듯이 한국 법철학은 매우 큰 발전을 이룩하였다. 특히 1990년대 이후로 발전한 다양한 사고실험, 법이론 및 응용법철학에 대한 증가는 법이념과 법현실에 대한 조화로운 성찰을 가능하게 하였으며 법철학과 법실무 및 실정법학과의 교감을 달성하게 하였다. 아래의 <표 1>에서 알 수 있듯이 다양한 전공을 가진 참여자들이 한국 법철학의 담론 속에서 끊임없는 성찰적 대화를 진행하고 있다.

〈표 1〉 『법철학연구』 제1권 제1호부터 제10권 제2호까지 논문게재자의 전공별 분류표

<table>
<tr><td rowspan="2">기초법학</td><td colspan="6">실 정 법 학</td><td rowspan="2">실무</td><td colspan="4">타 전공</td></tr>
<tr><td>헌법</td><td>민법</td><td>형법</td><td>행정법</td><td>국제법</td><td>노동법</td><td>철학</td><td>정치학</td><td>역사학</td><td>교육학</td></tr>
<tr><td rowspan="2">45%</td><td>7%</td><td>6%</td><td>18%</td><td>3%</td><td>2%</td><td>1%</td><td rowspan="2">4%</td><td>6%</td><td>5%</td><td>1%</td><td>2%</td></tr>
<tr><td colspan="6">37%</td><td colspan="4">14%</td></tr>
</table>

그럼에도 불구하고 Ⅱ에서 언급한 성찰의 준거점에 입각하여 한국 법철학이 극복해야 할 문제점을 지적하고자 한다.

첫째, 비록 법학의 법철학화를 위한 담론이 활발히 진행되고 있지만 <표 2>를 통해 알 수 있듯이 아직까지 그 담론이 역동적이고 상호교차적으로 진행되지 못하고, 자기 이해관심 속에서 제각기 이루어지고 있음을 부정할 수 없다. 예를 들어 『법철학연구』 제1권 제1호부터 제10권 제2호까지 게재된 논문의 각주 가운데 국내문헌을 인용한 각주는 13.4%에 불과하다.[29] 더욱이 국내문헌을 인용한 각주에는 자기논문, 기본서, 비논문적 기사 또는

자료의 인용이 상당히 포함되어 있기 때문에 다른 국내학자의 논문에 대한 실질인용빈도는 더욱 낮아질 수밖에 없다. 또한 국내 판례를 인용한 각주는 0.84%에 불과하다. 이것도 동일한 판례가 인용되기도 하기 때문에 실질인용빈도는 낮아질 수 있다.

〈표 2〉 『법철학연구』 제1권 제1호부터 제10권 제2호까지 게재된 논문의 각주 분석표

게재논문 총 각주 수	국내문헌을 인용한 각주 수	국내 판례를 인용한 각주 수
11,788	1,579	99
	13.4%	0.84%

이러한 사실은 한국 법철학의 담론이 비록 인적구성의 측면에서는 매우 발전했지만, 법철학자-법철학자, 법철학자-실정법학자-법실무가들 사이에 상호 역동성에 바탕을 둔 담론이 매우 미약하게 이루어지고 있음을 말해 준다. 이에 대해 다음과 같은 해석이 가능하다.

① 물론 담론참여자들 각자 자기 고유의 관심분야가 서로 상이하기 때문에 이러한 결과가 도출될 수도 있다. 그러나 아무리 그렇다고 할지라도 이러한 상황 속에서 자기 자신이 인용하고 있는 외국 학자들과의 학술교류를 활발히 하지 않고서는 자기주장의 타당성 여부를 올바로 검증하고 강화시킬 수는 없을 것이다.

② 담론참여자들 사이에 공통의 관심사도 분명 존재한다. 그러나 이러한 경우에도 외국 학자의 논문을 인용하는 것이 대부분

29) 각주에 포함된 총 문헌의 수에 대한 국내문헌 및 국내 판례의 수의 비율이 아니라 총 각주 수에 대한 국내문헌 또는 국내 판례가 1개(재인용을 포함하여)라도 포함된 각주 수에 대한 비율임을 강조한다. 물론 전자를 기준으로 분석하는 것이 더욱 객관적이라고 생각되지만, 필자의 여력으로는 후자에 만족해야만 했음이 매우 유감이다.

이다. 이것은 결국 국내 학자들의 논문이 자신의 논지를 지지할 정도로 권위적이고 독창적이지 않거나, 독창적이라고 할지라도 검증되지 않은 것이기 때문에 따로 언급하기를 주저하거나, 아니면 관심의 영역 밖에 두는 것이다. 물론 국내문헌을 인용하기도 하지만 대부분 언급과 소개의 차원으로 이루어진다.

③ 법철학의 세계화가 이루어지는 현시점에서 굳이 국내 문헌을 인용해야 할 필요가 있을지에 대한 반문이 제기될 수 있다. 그러나 이렇게 외국문헌을 인용한다고 해서 한국 법철학이 세계적 법철학으로 도약할 수 있는 것은 아니다. 영미법철학은 영미적 법현실 속에서 수없는 논의를 통하여 발전하였고, 독일법철학은 독일의 법현실 속에서 인고의 논증과 반논증을 통하여 세계적 법철학으로서 성장할 수 있었던 것이다.

④ 이러한 현상은 한국 법철학 담론이 한국의 법현실에서 특수한 쟁점을 구성하지 못하고 있음을 이야기한다. 또한 쟁점을 구성하였다고 할지라도 실천가능력을 확보하기 어렵다. 진리는 항상 담론참여자들 사이에서 대화적 참여와 논증이 활발하게 이루어질 때, 그에 비례하여 견고한 실천력을 얻는다. 그러한 힘이 있을 경우에만 보다 강력하게 법학의 법철학화를 이룰 수 있고, 보다 성찰적인 한국 법학이 가능해질 수 있는 것이다.

둘째, 앞서 언급한 상호역동적 담론생산이 이루어지지 않은 상태에서 과연 한국 법철학이 한국의 법현실에 대한 냉정한 판단과 반성에 의해 발전되었다고 할 수 있을지는 의문이다. 예를 들어, 독일의 경우 절차적 정의와 법이론은 수범자들 내에서의 법치주의에 대한 신뢰, 관련된 당사자 사이의 합의가능성 및 합의된 것에 대한 규범력 긍정에 바탕을 두고 있다. 이러한 사회적 토대에 뿌리를 두고 절차적 정의와 법이론에 대한 연구가 결실을 맺고 있는 것이다. 그러나 우리나라의 경우 이러한 토양이 충분히 이루어진 채 절차적 정의와 법이론이 활성화고 있는가는 법철학자들 자체 내에서도 반성이 이루어지고 있다.

> 법에 대한 신뢰가 중요한데, 우리나라 현실을 보면, 사실 여론조사를 하면 법에 대한 불신이 법에 대한 신뢰, 법치주의에 대한 신뢰, 그것을 통한 정의의 실현이라고 할까 또는 권리와 이익의 실현이라고 할까 하는 것에 대해서 믿는 사람보다 믿지 않는 사람이 많다고 합니다.[30)]

이러한 반성은 외국의 법철학자들이 그들의 맥락 속에서 어떠한 태도로 그들만의 법철학이론을 도출하였는가에 대한 성찰을 요구한다. 그러한 성찰을 통해 외국의 법이론을 한국적 현실에 끼워맞추기 식이 아니라, 진정한 한국적 법철학화를 이루어야 할 것이다.

> 비판법학자들은 사실 자신들 스스로가 자유롭기 위해서 비판법학을 제창하였고 줄기찬 비판작업을 해왔습니다. 그런데 저 자신은 그들이 작업해 놓은 것을 공부하면서 너무나도 나의 자유를 박탈당해왔고, 오히려 억압의 굴레로 들어가기만 했던 것 같습니다. 거의 모든 법적 문제들을 그들의 비판이론의 틀에 맞추려고 해왔고 그것에 따라서만 연구해 온 것이 아닌가, 최근 들어 지금까지의 저의 연구자세에 대해 많은 반성을 하게 됩니다. … 이제 우리들은 국회의원들이 유권자의 기대에 어긋나는 행동을 하지 못하게 하는 … 구체적 룰이 만들어져야 한다고 생각합니다. … 그들이 그 합의의 장 속에 들어가서 합의를 하게끔 하는 룰을 만들어야 하지 않을까 합니다. 절차적 정의라는 것이 바로 이런 것이라고 생각합니다. 바로 이러한 다양하고도 구체적인 권리의 생성이, 어찌 보면 드워킨이 재판에서 승소할 당사

30) 오병선, "특별좌담: 20세기의 법철학, 회고와 전망,"『법철학연구』 제3권 제1호 (2000), 18, 20면.

자의 권리를 이야기하는 것처럼, 우리 현실에 대한 부딪침 속에서 이끌어 낼 수 있는 구체적인 권리들에 대해서 philosophizing하는 태도가 아닐까 합니다. 그래서 이제부터는 법철학에서도 과감하게 이러한 권리들을 말해야 하지 않을까, 서양의 어떤 법서에도 있지 않은 개념들을 우리들 스스로가 만들어 내야 하지 않겠는가 라는 생각이 듭니다.[31]

요컨대 "한국의 법철학이 나갈 길은 한국법률문화의 시공간에서 새로운 변화를 발굴모색하고 논의를 재생산하는 법철학의 한 마당을 펼쳐내는 일"[32]이 될 수 있도록 해야 할 것이다.[33]

---

31) 김정오, 앞의 대담, 43-44면.

32) 김지수, 앞의 대담, 13면.

33) 1980년 이후, 30여 년의 한국 법철학의 흐름을 고찰하면서 제4세대 후배인 필자는 선배님들의 학문여정이 한국의 법현실 속에서 결코 순탄치 않았음을 알게 되었다. 법철학은 법적 지혜에 대한 사랑이다. 그러나 그것은 그 이전에 한국의 법현실에 대한 연민의 정과 그 속에서 하루하루를 살아가는 민초들에 대한 애틋한 사랑이 담겨져 있는 것이다. "그들에 대한 사랑이 남달랐기 때문에 어려운 현실을 딛고 보다 나은 인간적인 한국법을 고민하였던 여러 선배님들께 지면을 통해서라도 진심어린 감사의 말씀을 드리고자 합니다. 제4세대 이후의 법철학자들도 선배님들처럼 한국 법철학사를 인간에 대한 사랑으로 채우도록 노력하겠습니다."

Abstract

A Study on the Korean Law & Philosophy After 1980

Dong-Ryong Shin

This article examines the accomplishment and assignment of the Korean law & philosopy(KLP) after 1980, especially its theoris and issues. To the mid 1980's, KLP hadn't developed excellently under a military dictatorship. Since 1987's democracy movement, KLP has fostered very quickly. Korean Association of Legal Philosophy, Korean Law & Society Association and Democratic Legal Studies Association have contributed to the KLP's development. They have studied the legal positivism, the theory of natural law, law & society, the legal culture studies, the radical theoy of law, the applied legal philosophy, the postmodernism jurisprudence, Luman's system theory, and so on. Through these researches, they have wanted to realize a society of justice.

They have strived for the solution to the recent social problem, for example, the medical-pharmaceutical dispute, the various NIMBI insistences, the female equality, the foreign workers problem, the environmental issues, the intellectual property law disputes as well as the democratic issues. And for the reflection to these hard cases, they have accomodated the theoris of Hart, Dworkin, Fuller, Radbruch, Habermas, Alexy and so on. They have been disposed to intergrate the inclusive legal positivism, Dworkin's legal principle theory, Radbruch's latter theory, and Alexy's optimum theory.

Although KLP has meeted with many difficulties since 1980's,

KLP has expanded the KLP's discoursive places. They have made efforts to discuss with lawyers, professors, and specialists. And they must persevere in their endeavors to the reproduction of law and philosophical discourses in Korean legal culture.

색 인 어

한국법철학회(Korean Association of Legal Philosophy)
법과사회이론학회(Korean Law & Society Association)
민주주의법학연구회(Democratic Legal Studies Association)
법실증주의(legal positivism) 자연법론(theory of natural law)
응용법철학(applied legal philosophy) 법문화(legal culture)

제2부 | 법철학연구의 주제별 개관

[4] 특수성에 기초한 법철학의 동면

최 봉 철*

Ⅰ. 서　론

개별법학의 연구대상은 연구자가 관심을 가진 국가의 법일 것이다. 예를 들어 헌법이라면, 미국의 학자는 미국헌법을, 독일의 학자는 독일헌법을, 일본의 학자는 일본헌법을, 우리 학자는 한국헌법을 연구대상으로 삼을 것이다. 우리 헌법학자들이 외국의 학자들과 교류하고 그들의 이론을 살핀다고 하더라도 궁극적 연구대상은 한국헌법이다.

그러나 법철학에서 연구대상의 문제는 보다 복잡하다. 이 문제에 관하여는 2개의 대립되는 입장이 존재한다. 그 대립은 일반법이론과 특수법이론의 대립이다.[1] 일반법이론은 법철학의 연구대상은 시간과 공간의 제약을 받지 않는 법이라고 본다. 따라서

* 성균관대학교 법학전문대학원 교수.

1) 혹자는 general jurisprudence를 universal jurisprudence로 표기하는 것이 그 정체를 더 잘 드러내준다는 비판을 하기도 할 것이다. 그러나 법철학자들은 한결같이 전자의 표현을 사용하고 있다. 또한 독일의 일반법학과도 다른 용어이다.

법철학자가 한국인이든 미국인이든 독일인이든, 그가 어디에 거주하든, 그가 어느 시대를 살든 간에 그들에게 연구대상은 동일하다. 특수법이론은 아무리 법철학의 연구대상이라고 할지라도 시간과 공간으로부터 자유로운 문제는 아니라고 보기도 하며, 혹은 그와 같은 문제가 있다고 하더라도 그러한 문제에 대한 연구는 총론에 불과한 흥미 없는 성과만을 가져온다고 주장한다.[2)]

이 문제에 대해 법철학에는 일반법이론과 특수법이론이라는 2개의 분야가 있으며, 법철학자에 따라 전자에 관심을 가지기도 하며 후자에 관심을 가지기도 한다고 말하며, 양자는 공존가능하다고 결론지을 수도 있을 것이다. 그러나 이 문제는 그처럼 평화롭게 해결될 수 있는 문제는 아닌 것 같다. 일반법이론가는 법철학의 핵심부분을 연구한다는 프라이드를 은근히 내비치기도 하며, 특수이론은 사실상 법철학의 분류에는 속하지 않는다고 보기도 한다. 반면에 특수법이론가는 일반법이론에 대해 불가능하다거나 가능하다고 할지라도 유용하지 않다고 주장한다.

이 논문의 후반부에서 검토하겠지만, 일반법이론을 추구하는 하트의 주장을 예로 들어 잠시 보기로 하자. 그는 법철학의 연구대상인 법은 시공을 넘어 동일한 형식과 구조를 가진다고 보며, 자신의 임무는 법을 정확하게 묘사하는 것이라고 본다.[3)] 그러나 법철학자라도 일정한 관계 속에 존재하는 자이므로 법이라는 것도 관계 속에서 파악될 수 있을 뿐이며, 아무리 추상적이라고 하더라도 법이라는 것이 일정한 본질을 가지는 것인가에 대해서도 의문을 제기할 수 있을 것이다.

특수법이론의 입장을 선호하는 필자로서는 일반법철학은 신

---

2) 이에 관한 개설적인 글로는 William Twining, "General and Particular Jurisprudence — Three Chapters in a Story," Stephen Guest 편, *Postivism Today* (Aldershot: Dartmouth, 1996).

3) 하트 저/오병선 역, 『법의 개념』(아카넷, 2001), 311면.

화에 불과한 것이며, 우리에게 환각을 불러 일으킨다고 본다. 그 환각은 법철학적 일반성이라는 이름 하에 자신의 주변을 충분히 돌아보지 아니하고 당해 문제에 대한 외국 이론에 시선을 집중하는 태도이다.[4] 해방 이후 우리 법철학을 둘러볼 때, 우리의 법철학은 일반성과 특수성의 대립의 문제를 심도 있게 다루지 않았고, 특수성에 기초한 법철학은 동면상태에 있었다고 판단한다. 이는 한국의 현실에 민감한 법철학자가 없었다는 주장은 아니다. 다만 법철학방법론의 차원에서 그러한 논의가 법철학에서 가지는 지위와 문제점에 대해 충분히 검토했는가에 대한 필자의 판단인 것이다.

해방 이후 한국법철학이 일본법철학의 영향 하에 성립되었다는 것은 부인할 수 없는 사실이다. 학문은 진공상태에서 태어날 수는 없으므로 일제시대가 마감된 후 한국법철학은 일제시대의 법철학에 대한 경험을 바탕으로 전개되었다. 일제시대 일본에 가장 큰 영향을 미친 법철학은 신칸트학파의 법철학일 것이다.[5] 우문이지만, 20세기 전반의 법철학의 모국은 어딘가라고 묻는다면 당연히 독일이라고 답할 것이며, 일본이 당시 최신 이론인 신칸트학파의 법철학을 수용한 것은 당연하다고 말할 수 있을 것이다.

---

4) 이와 같은 필자의 표현은 김학태 교수의 표현에 영향 받은 바가 크다. 김학태 교수의 표현은 다음과 같다. “이제 바야흐로 21세기 다원주의 사회에서 한국법철학은, 한국사회에서 제기되는 법적 문제들을 한국의 법적 풍토에 적합한 해법을 찾기 위한 담론과 무관한 채로 외국의 이론들을 철학적 보편성의 이름으로 가볍게 다루는 오류를 범해서는 안 될 것이다.” 김학태, “독일 법철학의 수용에 관한 연구,” 법철학연구 11/2 (2008), 64면 참조.

5) 최종고, “일본과 한국에 있어서 라드브루흐법철학의 수용,” 숭전대학교 법학논총 창간호(법학연구소, 1985). 鈴木敬夫(스즈키 게이후), “일본에 있어서 신칸트학파의 전개,” 의당장경학박사 화갑기념논문집간행위원회, 『근대법사상의 전개』(신흥인쇄소, 1977), “현대 일본의 법사상에 큰 영향을 준 것은 도이치의 신칸트학파의 거장인 G. 라드브루흐와 H. 켈젠이다. 비단 일본 법사상뿐만 아니라 한국의 법사상도 마찬가지다.” 409면.

신칸트학파는 각 학문분과에 방법론적 기초를 마련하고자 하였다. 켈젠은 자신의 순수법학을 법학의 총론으로 제시하며, 이는 시간과 장소를 넘어 가능한 법의 선험적인 기초라고 하였다. 그에게 법철학이란 일반법이론을 제공하는 것이었다. 또한 라드브루흐는 법학을 보편성과 특수성을 동시에 추구하는 문화과학으로 정의하였다. 이와 같은 법철학방법론의 영향을 받은 이항녕 교수는 1955년 발간된 『법철학개론』에서 법철학연구방법론으로 보편과 특수를 함께 고려하는 풍토적 방법론을 제시하게 된다.[6)]

독일 법철학의 사적 전개를 본다면, 개략적으로 17-18세기에는 일반성을 추구하는 추상적 자연법론, 19세기에는 특수성을 추구하는 역사법학이 존재하였고, 일반성과 특수성을 동시에 추구하려는 신칸트학파의 방법론은 변증법적인 종합이라고 말할 수 있을 것이다. 만약 신칸트학파가 유행하지 않았다면 역사학파의 예를 따라 보다 특수성을 강조하는 법연구가 한국법철학에 자리잡았을지도 모른다.[7)]

---

6) 이항녕, 『법철학개론』(수도문화사, 1955).

7) 1908년에 발행된 주정균의 『법학통론』(보문관, 1908)을 보면 사비니는 언급되지만, 신칸트학파는 언급되지 않는다. [주정균의 『법학통론』은 당시로서는 4000여 부나 팔린 베스트셀러라고 할 수 있다. 대한매일신보 1908년 4월 10일자. 김효전, 『근대한국의 법제와 법학』(세종출판사, 2006), 1098면에서 간접인용.] 따라서 1908년 당시로서는 신칸트학파가 우리에게 소개되지 않았다고 말할 수 있을 것이다. 또한 필자가 가지고 있는 의문은 왜 사비니가 우리나라에서 홀대받았는가이다. 미국만 하더라도 사비니의 역사법학은 상당한 영향을 주었으며, 19세기 말에서 20세기 초반에 많은 역사법학자를 배출시켰다. 앨슐러는 당시 역사주의자의 목록에 Joseph Henry Beale, James Coolidge Carter, Christopher Gustavus Tiedeman, Thomas McIntyre Cooley, William Gardiner Hammond, James Barr Ames, John Chipman Gray, Christopher Columbus Langdell, Oliver Wendell Holmes를 포함시킨다. [앨버트 앨슐러 저/최봉철 역, 『미국법의 사이비 영웅 홈즈 평전』(청림출판, 2008), 224-5면.] 또한 법전화에 관한 논쟁도 벌어졌다. 홀대의 원인으로는 우리 법철학자들이 외국의 최신이론을 선호하였거나, 역사법학은 법철학적 이론이 아니라고 여겼거나, 법

이 논문은 필자의 주장을 본격적으로 개진하기 위한 글이 아니라 한국법철학회 창립 50주년을 기념하며 과거를 회고하고 미래를 위한 제언을 하기 위한 글이다. 따라서 필자의 주장은 추후 다른 논문에서 개진하기로 한다. 그리고 필자의 시야가 좁아 한국법철학사에 대한 이해가 깊지 못하기 때문에 반드시 포함해야 할 논의를 빠뜨렸더라도 널리 혜량해 주기 바란다. 그와 같은 논의는 추후 관련된 글에서 논할 것이다.

Ⅱ. 해방 후 한국법철학의 전개

1. 문제의 제기

해방 후 한국법철학의 전개에 대해서는 여러 학자들의 글에 잘 정리되어 있다. 따라서 이에 대해 이해가 부족한 필자가 재차 시도한다면 설익은 중복이 될 것이다. 따라서 이 장에서는 전반적인 흐름보다는 어떠한 이유로 해방 이후 신칸트학파에 대한 연구가 우리 법철학계의 연구의 중심에 서게 되었고, 그것이 가지는 의미는 무엇이며, 더 나아가 필자가 살피려는 법철학의 연구대상의 문제와 어떠한 관련성을 가지는가를 알아보려 한다.

2. 50-60년대의 외국 법철학서 번역

1950년대 중반에서 60년대 초반이란 시기는 한국의 법철학으로서는 주춧돌을 놓던 시기일 것이다. 구체적인 사정을 확인하지는 못했지만, 50년대 중·후반 번역의 활성화는 1956년 8월에

철학과 민법의 연계가 잘 이루어지지 않았기 때문이 아닌가 추측해 볼 수 있을 것이다.

설립된 한국법학원(Korean Legal Center)의 존재와 상당한 관련성이 있었을 것이다.[8] 법학원 초창기 서울대 법과대학 학장으로 법학원 부원장을 맡았던 고병국 교수나 법학원 번역부장을 맡았던 엄민영 교수가 파운드, 라드브루흐, 패터슨의 법철학서를 번역한 점을 볼 때 그와 같은 짐작이 가능하다.[9]

당시의 번역서들을 살필 때 몇 가지 주목할 만한 점이 있다. 첫째로 최신서적 위주로 번역작업이 이루어졌고, 둘째로 유럽권과 영미권의 서적들이 고르게 번역되었으며, 마지막으로 3인의 법이론가의 저서들 중 여러 권이 번역되었다. 그들은 한스 켈젠(1881-1973), 구스타브 라드브루흐(1878-1949), 로스코 파운드(1870-1964)이다.

당시 번역된 법이론가 3인의 저서와 그 번역자는 다음과 같다. 켈젠의 저작에 관해서는 황산덕 교수(1917-1989)가 『순수법학』과[10] 『법과 국가의 일반이론: 법편』을,[11] 그리고 김기수 교수가 후자의 책을 1959년에 재차 번역하였다.[12] 그리고 이동화 교수가 『볼세비즘의 정치이론의 비판』을,[13] 장경학 교수가 『마르크스주의 법이론』과[14] 『법과 평화』를,[15] 한태연 교수가 『민주주의의 본질과 가치』를,[16] 그 후에는 한태연·김남진 교수가 같은 저서를

8) 1956년 8월 한국법학원이 설립되고, 1957년 9월 19일 한국법철학회는 다른 학회들과 마찬가지로 한국법학원 산하에 설립되며 유진오 교수(1906~1987)가 초대회장을 맡는다. 한국법학원, 한국법학원 50년사(1956-2006)(한국법학원 간행 CD-ROM, 2006).

9) 국립중앙도서관 검색 참조.

10) 켈젠 저/황산덕 역, 『순수법학』(조문사, 1949).

11) 켈젠 저/황산덕 역, 『법과 국가의 일반이론: 법편』(백영사, 1956).

12) 켈젠 저/김기수 역, 『켈젠국가론』(창문사, 1959).

13) 켈젠 저/이동화 역, 『볼세비즘 정치이론의 비판』(진문사, 1955).

14) 켈젠 저/장경학 역, 『마르크스주의 법이론』(일조각, 1958).

15) 켈젠 저/장경학 역, 『법과 평화』(제일문화사, 1953)

16) 켈젠 저/한태연 역, 『민주주의의 본질과 가치』(육우사, 1958)

공역으로,[17] 서석순 교수가 『국제법원리』를[18] 번역하였다. 그리고 장경학 교수는 『켈젠의 법이론』을 저술하였다.[19]

라드브루흐의 저작에 관해서는 계철순·정희철 교수가 『법학입문』을,[20] 김성배 교수가 『법철학입문』을, 또한 같은 해에 엄민영·서돈각 교수가 동일한 저서를,[21] 서돈각·손주찬 교수가 『영미법의 정신』을[22] 번역하였다.

그리고 로스코 파운드의 저작에 관해서는 고병국 교수가 『법률사관』을,[23] 김효영·안이준 교수가 『법의 임무』를,[24] 이항녕·김여수 교수가 『법철학입문』을,[25] 서돈각 교수가 『법에 의한 정의』를,[26] 고병국·이범찬 교수가 『법의 새로운 길』을 번역하였다.[27]

파운드의 저서 이외에도 여러 영미의 법학자들의 저서가 번역되었다. 예를 들어 엄민영 교수가 에드윈 패터슨의 『법철학』을,[28] 장경학 교수가 홈즈의 『보통법』과[29] 제롬 홀의 『민주주의

---

17) 켈젠 저/한태연·김남진 역, 『민주주의의 본질과 가치』(법문사, 1961).
18) 켈젠 저/서석순 역, 『국제법원리』(일조각, 1956).
19) 장경학 저, 『켈젠의 법이론』(신양사, 1958).
20) 라드브루흐·츠바이게르트 저/계철순·정희철 역, 『법학입문』(문성당, 1957).
21) 라아드브룻흐 저/엄민영·서돈각 역, 『법철학입문』(범조사, 1958).
22) 라아드브룻흐 저/서돈각·손주찬 역, 『영미법의 정신』(박영사, 1959).
23) 파운드 저/고병국 역, 『법률사관』(일한도서출판사, 1956).
24) 파운드 저/김효영·안이준 역, 『법의 임무』(위성문화사, 1956).
25) 파운드 저/이항녕·김여수 역, 『법철학입문』(정음사, 1960).
26) 파운드 저/서돈각 역, 『법에 의한 정의』(법문사, 1960).
27) 파운드 저/고병국·이범찬 역, 『법의 새로운 길』(법문사, 1961).
28) 패터슨 저/엄민영 역, 『법철학』(을유문화사, 1963).
29) 홈즈 저/장경학 역, 『보통법』(수도문화사, 1962). 장경학 교수는 번역이유로 영미법에 대한 가장 좋은 소개서로 동료들이 추천하였기 때문이라고 한다. 그러나 과연 좋은 소개서인지에 대해서는 의문의 여지가 크다. 유명한 책임에는 틀림없지만, 미국인이라고 할지라도 이 책을 처음부터 끝까지 읽은 사람은 그리 많지 않을 것이기 때문이다.

의 법이론』을,[30] 서돈각 교수(1920-2004)가 존 C. H. 우의 『정의의 원천』과 비노그라도프의 『법에 있어서의 상식』을 번역하였다.[31] 그리고 70년대이지만, 하버드 로스쿨에 유학을 마치고 돌아온 강구진 교수(1942~1984)가 풀러의 『법의 도덕성』을 즉각 번역해 냈다.[32]

3. 켈젠과 라드브루흐에 대한 지속적 연구

(1) 파운드 연구의 중단

60년대 이후 켈젠과 라드브루흐에 대한 연구는 지속되지만, 파운드에 대한 연구는 사라진다. 우리나라에서 파운드에 대한 평가는 상당히 높았다. 1964년 서거 당시 그의 서거소식이 신문 1면에 실릴 정도였다. 1983년 김증한 교수(1920-1988)은 최종고 교수와의 인터뷰에서 파운드를 미국 최고의 법학자로 거론하였다.[33] 파운드는 먹고 자는 시간을 빼고 나머지 시간을 일에 투입

30) 제롬 홀 저/장경학 역, 『민주사회의 법이론』(을유문화사, 1960).

31) 존 C. H. 우 저/서돈각 역, 『정의의 원천』(박영사, 1958); 비노그라도프 저/서돈각 역, 『법에 있어서의 상식』(합동도서, 1954).

32) 풀러 저/강구진 역, 『법의 도덕성』(The Morality of Law, 1969)(법문사, 1971). 강구진 교수의 종합적인 연구업적에 관해서는, 최종고, "고 강구진 교수의 삶과 학문," 북한법연구 7(2004). 강구진 교수의 법에 관한 입장을 엿볼 수 있는 논문으로는, 강구진, "한국사회에 있어서의 법의 기능," 서울대 법학 15/1(1974).

33) 김증한 교수는 "김증한 교수와의 대담"에서 파운드 교수를 "금세기 미국의 최고의 법학자로 보는 데 이론이 없을 것"이라고 평하면서 그가 미국 최고의 법학자로 등극할 수 있었던 이유로 그가 "독일에 유학을 가서 공부했기 때문"이라고 한다. 김증한·최종고, "민법학계의 원로를 찾아: 김증한 교수와의 대담," 고시계 1983년 10월호(통권 제320호), (1983. 9), 54면. 파운드의 양친은 외국어를 매우 중시했고, 그 결과 어린 시절 파운드는 그리스어, 라틴어, 독일어를 습득할 수 있었고, 어린 시절 파운드는 독일계인 가정부와 독일어로 대화했다고 한다. 그러나 그가 독일에 유학했다는 기록은 없다. 김증한 교수의 착각으로 보인다.

할 정도로 매우 부지런한 인물이며, 또한 대만의 헌법기초에 주도적으로 참여하여 아시아와 인연도 있었다. 그리고 학문적인 경향으로는 형식주의 법학의 전통에 대립하여 사회학적 법학을 주창하였다.

파운드의 사회학적 법학은 도구주의 법개념을 취하여, 법을 사회적 이익을 극대화하는 도구로 보았다. 이와 같이 뚜렷한 색깔을 가진 사회학적 법학이 우리 법학의 흐름에 한 지류를 형성했었더라면 또는 우리 법학에서 법사회학적 관심이 보다 조기에 나타났었다면, 우리 사회에 대한 탐구가 보다 활성화될 수도 있었으리라고 생각한다. 비록 파운드는 번역에서는 상당한 조명을 받았지만 그의 학문에 대한 연구는 지속되지 못했다.[34] 파운드의 퇴장은 한국법학원 및 미국법학의 쇠퇴와도 관련지을 수 있을 것이다.[35]

(2) 켈젠 연구

최종고 교수가 평하듯이 켈젠의 순수법이론은 우리에게 가장 큰 영향을 준 법이론일 것이다.[36] 그의 저서에 대한 번역을 보더

독일민법학을 의거처로 삼아야 한다는 김증한 교수의 주장에 대한 반박으로는, 양창수, "민사법학의 회고와 전망," 한국법학교수회, 『한국 법학 50년－과거, 현재, 미래』 I권, 695-700면.

34) 파운드에 대한 좋은 소개 논문으로는, 양승두, "로스코 파운드의 생애와 사상," 연세대학교 법학연구 3집(1983): 363-378면.

35) "법학원의 출발이념은 좋았으나 계속적인 재정적 뒷받침의 문제가 대두되었으며, 한국법학과 미국법학의 출발에서부터의 이질감이 큰 발전을 가로막았다. 현재는 대체로 법학계에서는 거의 외면되고 법원 안에 있지만, 무엇을 하는 곳인지도 모르는 이가 많은 작은 기관으로 축소되었다. 어떻게 보면 한국 법학계와 법조계의 해방 이후 생동력의 퇴조를 상징해 주는 민망스런 물증인 듯도 하다. 이것은 다른 면으로 보면, 한국법학이 원래부터 미국보다는 유럽 대륙에서부터 틀을 받았고 직접적인 적합성이 있는데 무리한(?) 궤도수정을 하려 했던 시행착오가 아닌가 생각되기도 한다." 최종고, 『법학사』(경세원, 1986), 359면.

라도 그에 대한 연구가 꾸준히 진행되었음을 짐작할 수 있을 것이다. 1980년에는 마상조 교수가 『성서에 나타난 정의』를,[37] 박길준 교수가 『정의란 무엇인가』를[38] 번역하였다. 1990년대에 심헌섭 교수는 『켈젠법이론선집』을[39] 편역하였고, 민준기 교수가 『일반국가학』을,[40] 김효전 교수가 『헌법수호자논쟁』과[41] 『통합으로서의 헌법』을,[42] 변종필 · 최희수 교수가 『순수법학』을 번역하였다.[43] 그리고 2000년대에는 심헌섭 교수가 켈젠의 "1927년 자기서술"과 "1947년 자서전"을 묶어 2006년 오스트리아에서 발간된 『켈젠의 자기증언』을 번역하였다.[44]

(3) 라드브루흐 연구

라드브루흐에 대한 연구도 1950년대와 1960년대 번역작업에 이어 활발히 진행되었다. 최종고 교수가 평하듯이 라드브루흐도 "켈젠에 못지 않게 한국 법철학계에 영향을 주고 있는 법철학자"라고 할 수 있을 것이다.[45] 특히 권영백 선생(지도교수: 아르투르 카우프만, 학위수여연도: 1964), 김지수 교수(에릭 볼프, 1966), 정종욱 교수(한스 벨첼, 1967) 등은 독일에서 라드브루흐 연구로 박사학위를 받았다.[46] 그리고 장경학, 김철수, 김지수, 심헌섭, 최종고,

---

36) 최종고, 『한국법사상사』(서울대학교 출판부, 1989), 306면.
37) 켈젠 저/마상조 역, 『성서에 나타난 정의』(전망사, 1984).
38) 켈젠 저/박길준 역, 『정의란 무엇인가?』(전망사, 1984).
39) 켈젠 저/심헌섭 역, 『켈젠법이론선집』(법문사, 1990).
40) 켈젠 저/ 민준기 역, 『일반 국가학』(민음사, 1990).
41) 슈미트 · 켈젠 저/김효전 역, 『헌법의 수호자 논쟁』(교육과학사, 1992).
42) 켈젠 저/김효전 역, 『통합으로서의 헌법』(법문사, 1994).
43) 켈젠 저/변종필 · 최희수 역, 『순수법학』(길안사, 1999).
44) 켈젠 저/심헌섭 역, 『켈젠의 자기증언』(법문사, 2009).
45) 최종고, 위의 책(주 35), 392면.
46) 이들 세 논문의 요약에 관해서는, 김영환, "1960-70년대의 한국법철학에 관한 연구," 법철학연구 11/2(2008), 115-132면. 권영백 선생의 박사학위 논문제목은 "라드브루흐 법철학에서 '사물의 본성'이론의 발전과

박은정 교수뿐만 아니라 조천수, 김도균, 이재승 교수를 비롯한 비교적 젊은 층의 법철학자들도 라드브루흐에 대한 글을 발표하였다.

4. 켈젠과 라드브루흐의 연구배경

(1) 켈　젠

켈젠은 어려운 상황에서도 무수한 저작을 남겼고, 세계적인 영향력을 가진 인물로 우리나라에서 그에 대한 연구가 없었다면 오히려 이상하다고 말해야 할 것이다. 그러나 그가 우리 법철학계에서 큰 지분을 가지게 된 이유를 굳이 찾는다면 오다카 도모오(尾高朝雄, 1899-1956) 교수를 언급하지 않을 수 없을 것이다.[47] 최종고 교수에 따르면 오다카 교수는 경성제대 법문학부 교수로 있으면서 켈젠의 이론을 우리 땅에 소개하게 되었을 것이라고 추측한다.[48]

그는 일본의 유력 집안 출신이다. 외조부는 일본 자본주의의 아버지라고 불리는 사부사와 에이치이며, 부친은 은행가이며 한학에 조예가 깊은 사람이었다. 또한 그는 경성제대 교수를 지낸 후 일본으로 건너가 정식으로 동경대의 교수가 된다. 1956년 그는 치아치료 중 페니실린 쇼크로 서거하며, 이 사건을 계기로 약에 의한 쇼크사가 사회문제로 대두된다.

의미"이고, 김지수 교수의 논문제목은 "라드브루흐 법사상에서 '방법삼원주의'와 '사물의 본성'"이며, 정종욱 교수의 논문제목은 "라드브루흐에 있어서 법철학적 상대주의의 길"이다. 김영환, 위의 논문, 116-126면.

47) 오다카 교수의 법사상 자체에 관해서는, 이한교, "尾高朝雄의 법사상에 관한 고찰," 춘천교육대학 논문집 13(1973): 27-41면. 김유근, "해방전후-1950년대까지의 한국 법철학에 관한 연구," 법철학연구 11/2(2008), 92-7면.

48) 최종고, 위의 책(주 36), 305-306면.

그는 경성제대 재직시인 1928년 국비장학금으로 3년간 외국에서 수학할 기회를 가진다. 그는 그 기회에 독일, 오스트리아, 영국, 프랑스, 미국을 방문하며, 프라이부르크에서는 훗설로부터 현상학을, 비엔나에서는 켈젠으로부터 국법학을 수학한다. 또한 비엔나 체류시절 자본주의를 옹호한 경제학자 루드비히 폰 미제스가 주도하는 연구회에도 참여한다. 정치적 성향으로 볼 때 오다까 교수는 우파적인 성향을 가진다고 평가할 수 있을 것이다. 그는 1947년 "국민주권과 천황제"라는 논문에서 노모스 주권론을 펼치며, 패전 이후에도 사회적 도덕인 노모스는 변함없이 유지되므로 국가의 정체에는 단절이 없다고 주장하였다.[49]

황산덕 교수는『순수법학』을 번역하게 된 계기를 도모오의 영향, 지인의 영향, 일본의 법철학에 대한 극복의 필요성을 들었다.

> 내가 켈젠의 학설을 공부하기 시작한 것은 경성대학 재학시에 오다까 도모오 씨의 강의를 통해서였다. 오다까 씨는 오스트리아의 빈 대학에서 직접 켈젠으로부터의 강의를 듣고 와서는 켈젠의 순수법학과 후썰의 현상학을 결합시키려고 노력하고 있었다. 그리고 내가 이 책을 번역하게 된 동기는 평양에 와 있던 윤산온(尹山溫, McCune) 목사의 며느리요, 현재 캘리포니아 대학에 있는 Mrs. Evelyn McCune을 통하여 켈젠과 알게 된 것이다.
>
> 자주적인 법학건설은 일본의 법학 수준을 돌파함으로써 가능하다고 믿고 있으며, 그리고 일본의 법학계가 적극적으로 서양의 어떠한 나라보다도 켈젠의 영향 밑에 있었던 점을 고려하여 나는 나의 법학적 사고의 출발점을 '켈젠 극복'에 두었을 따름이다.[50]

---

49) 일본 위키피디아. 이에 대해서는 성균관대 민법 교수인 권철 교수의 도움을 받았다. 지면을 빌려 감사드린다.

50) 켈젠 저/황산덕 역, 위의 책(주 10), 서문.

김기수 교수는 "켈젠법학은 왜 한국에 도입하지 않을 수 없었는가?"라는 질문을 던지며, 그 이유로 3가지를 열거한 바 있다. 첫째로 순수법학의 과학성 및 반이데올로기적 성격, 둘째로 세계평화유지의 법기술, 셋째로 공산주의 법이론을 타도하는 민주주의 법이론이라는 점을 든다.[51] 김 교수는 켈젠의 법이론의 수용에 관한 자생적인 이유가 컸다고 주장하지만, 윤색되었다는 인상을 지우기는 힘들다.

김 교수의 주장이 맞다면, 파운드의 법이론도 적극적으로 수용되었어야 할 것이다. 파운드의 법이론도 평화민주주의를 기반으로 하며, 더군다나 새사회건설에 적합한 도구적 법개념을 채택하고 있다. 이데올로기적인 차원에서 볼 때 켈젠은 사회민주주의자였고, 공산주의에 대해서는 비판적이었지만 끝까지 사회민주주의의 정당성을 옹호하였다. 스페인의 예를 들면, 그에 대한 연구는 이데올로기적인 이유로 프랑코 총통시절 스페인에서 금지되었던 적도 있다.[52]

루벵 대학에서 박사학위를 받고 신자연법론을 취하였던 이태재 교수는 그의 저서 『법철학사와 자연법론』에서 실증주의이론인 순수법이론을 비판하며, 우리나라에서 켈젠이론이 무비판적으로 수용되었다는 점을 지적한다. 그러나 다른 한편으로 그의 주장은 자신의 이론적 기반인 신토마스주의를 치켜세우고 켈젠이론을 평가절하하고 있다고 평할 수 있을 것이다.

> 약 20년 전에 필자가 자연법개론(1962년, 법문사 간)을 펴낸 일이 있다. 그때는 우리 학계에 자연법론을 가장 싫어하는 법실증주의의

---

51) 김기수, "순수법학의 이론," 의당장경학박사 화갑기념논문집간행위원회, 위의 책(주 5), 188-189면.

52) 켈젠의 법이론은 사회민주주의자라는 이유로 프랑코 총통 시절 스페인에서 추방되었다. Albert Calsamiglia, "For Kelsen," Ratio Juris (2000), 196-215면.

일파인 켈제니즘(Kelsenism)이 범람하고 있을 때였다. 구미의 학계에서는 신자연법론(neo-Thomism)이 지배적이었고, 켈제니즘은 독일 안에서도 많은 비판을 받고 있는 하나의 시론에 불과하였는데도 제2차 세계대전이라는 두꺼운 벽에 갇혀 있던 우리나라는 일본을 통하여 그들의 동맹국인 독일에서 들여온 켈제니즘에 심취하고 있었다. 그래서 계몽의 목적에서 소잡한 대로 자연법론을 출간했던 것이다. 그때에 서문 중에서 장차 자연법의 상론을 펴내겠다고 약속했다. 그 약속을 이제야 지키게 된 것을 부끄럽게 생각한다.[53)]

1945년 일제가 물러간 후 UN의 군정이 실시되면서 서양의 법제와 법사상이 급속히 도입되었고, 1948년 주권이 회복되고 법제개혁이 추진되면서 당시에 법철학계의 세계적 주류를 이루고 있던 신자연법론이 서양법제와 함께 우리나라의 주변으로 밀려 왔다. 그러나 그 당시의 우리나라 법학자들은 거의 모두가 일본의 법학교육을 받은 자들이었으며 주로 서양법제의 도입과 법해석학에 몰두하고 있었고, 특히 법철학계에 있어서는 이미 앞에서 언급한 바와 같이 일제말 경성제국대학에서 법철학을 강의한, 켈제니즘의 지지자였던 오다카 도모오 교수의 영향으로 켈제니즘에 젖어 있었고 많은 법학도들은 번역출판된 켈젠의 『순수법학』, 『법과 국가의 일반이론』과 켈제니즘을 소개한 제서인 『켈젠의 법이론』 등을 거의 무비판적으로 탐독하고 있었다.[54)] 그러나 이때에 이미 일본의 동경대학으로 돌아가 있던 오다카 교수는 종래의 태도를 바꾸어 켈제니즘을 비판하여 말하기를 켈젠의 순수법학이 법학의 대상인 법자체로부터 모든 정치적 요소를 제거하려고 한 것은 지나친 것이라고 하고, 법과 정치의 관련성을 주장하고 있었다.[55)]

53) 이태재, 『법철학사와 자연법론』(법문사, 1984), 5면.

54) 이태재 교수가 언급한 『순수법학』은 황산덕 교수가 번역한 저서를(조문사, 1949), 『법과 국가의 일반이론』은 황산덕 교수가 번역한 저서를(백영사, 1956), 『켈젠의 법이론』은 장경학 교수가 저술한 저서를(신양사, 1959) 가리킨다. 이태재, 위의 책(주 53), 27면.

55) 이태재, 위의 책(주 53), 26-27면.

박은정 교수는 켈젠에 대한 연구는 "자연스러운 학문적인 수용"이라는 점을 인정하면서도 순수법학자로서의 켈젠보다 민주법학자로서의 켈젠의 수용이 더 절실했다고 평한다.[56] 박은정 교수의 이러한 평가는 박 교수가 생각하는 법철학의 과제에 비추어 볼 때 충분히 이해가 된다.[57] 필자는 실정법의 구조와 특징을 설명하려는 켈젠의 순수법학을 한국 법철학의 초기에 수용한 것은 다행스러운 사실이라고 생각한다. 켈젠의 법에 대한 설명은 두고두고 새겨볼 만한 가치가 있는 것이며, 그가 자연법론적인 법개념을 취하지 않은 것이 잘못이라고 말할 수는 없을 것이다.

(2) 라드브루흐

라드브루흐가 우리에게 소개된 경위에 대해서는 정확히 알기 힘들다. 1959년 엄민영 교수와 라드브루흐의 『법철학입문』을 공동으로 번역하여 출간한 서돈각 교수는 1982년 재출간한 동 서적의 서문에서 다음과 같이 말한다.

> 1940년대와 1950년대에 걸쳐서 엄민영 선생과 나는 라드브루흐 박사의 법철학이론에 심취하여 그의 저서들을 탐독하면서 제자들과 윤독회를 가지기도 하였다. 그 산물로 나온 것이 이 역서이었다. 그 당시에는 라드브루흐의 저서들이 아직도 그다지 소개되지 아니한 때이라서 이 역서가 라드브루흐의 법철학을 알리는 데 주요한 역할을 하였다고 생각한다.[58]

당시 이미 일본에서는 라드브루흐의 연구가 일제시대에도 상당히 축적되어 있었고, 도모오 교수도 라드브루흐 연구에 열성적

---

56) 박은정, 『법철학의 문제들』(박영사, 2007), 67면.
57) 박은정, 위의 책(주 56), 88-90면.
58) 최종고, 위의 논문(주 5), 152면.

이었으며, 『라드브루흐의 법철학』이라는 책을 1947년 일본의 양서보급회에서 출간한 것을 생각한다면, 라드브루흐의 수용에 일본의 영향도 상당했을 것이라는 점을 짐작할 수 있다.[59]

학자들은 라드브루흐가 우리 법철학에서 큰 지분을 가지게 된 이유를 밝히려는 시도를 해왔다. 자생적인 필요성 내지 이유를 찾고자 하는 것이다. 필자는 한국적인 것에 대해 잘 알지도 못할 뿐만 아니라 라드브루흐에 대해서도 깊이 공부한 적이 없기 때문에 필자의 의견을 말하지는 않을 것이며, 카우프만, 최종고, 박은정 교수의 평을 적어 놓기로 하겠다. 우선 카우프만 교수는 "독일 법 및 사회철학회지"(ARSP)에 어떤 이유로 라드브루흐가 극동사회에서 큰 영향력을 가지게 되었는가에 대해 다음과 같이 설명한다.

> 독일어 사용권의 법사상가 가운데서 라드브루흐만큼 극동에 큰 영향을 미친 사람은 없을 것이다. 그에 대한 설명은 한편 라드브루흐의 인격과 법철학의 상호작용과, 다른 한편 극동민족의 정신과 사고에서 찾을 수 있다. … 라드브루흐에게 중요한 기본태도와 사고모델들, 예컨대 상대주의, 관용, 양극성, 사물의 본성(혹은 조리) 등은 극동 철학자들에게서도 발견할 수 있다. 그래서 우리는 일본인, 한국인, 중국인들이 라드브루흐의 작품 속에서 자기설명을 하고 있다고 말할 수 있다.[60]

라드브루흐의 연구에 적극적이었던 최종고 교수는 라드브루흐 수용에 관해 다음과 같이 적었다.

---

59) 최종고, 위의 논문(주 5), 142-147면.

60) 최종고, 위의 논문(주 5), 156면에서 간접인용. Arthur Kaufmann in: ARSP Bd. 56 1970, 597면.

특별히 한국인이 라드브루흐에 대하여 공감과 호감을 가질 만한 이유가 있을까? 그것은 한국인 전체를 얘기할 수도 없고, '한국적인 것'이 무엇인가를 얘기할 수 있기 전에는 답하기 어려운 질문일 것이다. 그렇지만 한국의 현대사 속에서 우리는 대체로 이러한 사실만은 지적할 수 있을 것이다. 즉 한국이 법철학적 전통이 그리 강하지는 못한 상태에서 불행히도 일본인에 의하여 식민지화되었고, 그 속에서 정의와 자유, 안정과 평화에 대한 열망을 키워왔지만 그것을 체험할 만한 기회는 갖지 못했다. 해방이 되면서 자력반 타력반으로 민주주의 국가를 건설하면서 무엇이 민주주의인가 하는 이론적 모색에 관심이 크지 않을 수 없었다. 여기에 켈젠, 라드브루흐 등 신칸트주의 법철학에서 주는 설명이 상당히 매력적으로 들렸다고 할 수 있다. 우리는 남북분단과 정치적 불안정 속에서 어쩌면 내심으로는 극단적 대립보다는 조화와 관용의 정신을 갈구하여 왔던 것이라고도 하겠다.[61]

또한 박은정 교수는 다음과 같이 평한다.

라드브루흐의 상대주의 법철학도 켈젠 못지 않게 1960, 70년대 한국법철학에 영향을 미쳤다. 그의 영향은 양면성을 지니고 있었다. 우리 법학계가 민주주의에 대한 관심을 가지게 된 데에는 라드브루흐의 영향이 없지 않다. 동양인의 종합적 안목에 어필하는 그의 법철학의 상대주의의 요소, 그리고 문화적인 법개념을 가지고 법을 끊임없이 회의의 눈으로 보게 하는 요소와 함께, 무엇보다도 민주주의에 대한 그의 지향성은 실로 우리 법철학계에 시사해준 바가 많았다. … 라드브루흐가 우리에게 남겨준 것은 이론이나 도그마가 아니라 바로 '사유하는 방식'이었다. 그리고 60, 70년대는 하나의 사유양식이 아니라, 실질적 법정의를 바로잡기 위한 방향으로의 일관된 이념적 지표가 필

61) 최종고, 위의 논문(주 5), 157-158면.

요한 때였다. 불행히도 라드브루흐의 정의, 합목적성, 법적 안정성으로 나뉘어 서로 아옹다옹한다는 법이념론은 이론이성의 갈등체계를 그려보였는지는 몰라도 실천적 법추론을 위한 길잡이로는 별로 도움을 주는 바가 없었다.[62]

5. 켈젠, 라드브루흐의 수용과 특수성의 문제

켈젠은 순수법이론은 "법에 관한 일반이론이며, 법이 무엇이며, 어떻게 존재하는가를 묘사하려는 이론"이라고 한다.[63] 켈젠은 존재하는 법을 일반적으로 묘사하려는 의도를 가지고 있었을 것이며, 자신의 법에 관한 설명이 오스트리아만이 아니라 국경을 넘어 세계 각국에 대해서도 적용될 수 있다고 보았을 것이다.[64]

그러나 학자들은 의도와는 달리, 켈젠의 법이론은 당시 오스트리아의 현실에 적합한 법이론이라고 주장한다.[65] 당시 오스트리아는 다민족, 다종교, 다언어 사회로 법 이외에 사회적 통합을 위한 기초가 없는 국가였다. 이에 근본규범론은 헌법의 내용을 떠나 그에 무조건적으로 복종할 것을 요구함으로써 법에 의한 사

---

62) 박은정, 위의 책(주 56), 73-74면.

63) 켈젠 저/변종필 · 최희수 역, 위의 책(주 43), 23면.

64) 호주 Macquarie 법과대학 교수인 Iain Stewart는 순수법이론을 "법의 과학의 형이상학적 기초이론으로서 법의 본질, 법의 전형적인 구조, 모든 가능한 법의 형식을 제시하려는 법의 일반이론"으로 규정한다. Iain Stewart, "Kelsen and the Exegetical Tradition," Richard Tur & William Twining, *Essays on Kelsen* (Oxford: Clarendon, 1986), 125면.

65) E. A. Métall, *Hans Kelsen. Leben und Werk* (1962), 42면. Clemens Jabloner, "Kelsen and His Circle: The Viennese Years," European Journal of International Law 9 (1998), 373면에서 재인용; Tony Honoré, "The Basic Norm of a Society," Stanley L. Paulson & Bonnie Litschewski 편, *Normativity and Norms*, 94면; Uta Bindreiter, *Why Grundnorm? A Treatise on the Implications of Kelsen's Doctrine* (Hague: Kluwer Law Int'l); 최봉철, 『현대법철학』(법문사, 2006), 205-206면.

회통합을 이루려는 이론이라고 평할 수 있을 것이다.

라드브루흐는 서남학파의 거두인 리케르트와 라스크의 영향을 받아 자신의 법학방법론을 형성하게 되었다. 김지수 교수는 라드브루흐의 법학방법론 명제들을 다음과 같이 정리하였다.

> 첫째로, 법은 시간의 전개과정에서 법이념의 부단한 구체화의 현실지향과 법현실의 부단한 보편화의 가치지향에 의하여 구체적인 보편과 보편적인 구체의 동태적인 변천과 발전의 개념으로 형성된다.
>
> 둘째로, 법은 주체의 공간 영역에서 정치, 경제, 사회, 기타와의 교호적인 작용에 의하여 현실제약-사회내재의 개념으로 형성된다.
>
> 셋째로, 법은 중층의 체계구성에서 양극 간의 기능적인 상대성을 전제로 한 유형의 개념으로 형성된다.[66]

라드브루흐 연구로 박사학위를 받은 김지수 교수의 요약을 볼 때 법을 보편과 특수의 동태적인 발전으로 파악하고 유형적으로 이해하고자 한 라드브루흐 및 신칸트학파의 방법론은 이항녕 교수의 풍토적 자연법론으로 이어진다고 말할 수 있을 것이다.

Ⅲ. 유형론의 전개

1. 이항녕 교수의 풍토적 자연법론

이항녕 교수는 유형을 지어 법을 설명하고자 하였다. 그는 "법일반이라 하는 것은 존재하지 않는다. 실제로 존재하는 것은 개개국가나 개개민족의 법이다. 그러나 개개국가나 개개민족의

---

66) 김지수, "구스타브 라드브루흐의 법철학," 기독교사상 205(1975. 6), 84-85면.

법은 우리의 법철학의 연구대상이 아니다.… 몇 개의 법이 하나의 유형을 이루고 그 유형이 세계사의 하나의 경향에 합류해 나갈 때 우리는 그 법을 … 법철학의 대상으로 파악할 수 있을 것이다. … 법철학에서 문제되는 것은 오직 유형적인 법"이라고 한다.[67]

이 교수는 생활기반에 따라 풍토적 유형을 3가지로 분류하며, 법은 유형별로 성장해 왔다고 한다.[68] 3가지의 풍토적 유형이란 계절풍적 풍토지대(중국, 인도, 일본, 인도지나, 남양제국 등)에 위치하여 농경생활에 적합한 생활기반을 이루는 동방적 풍토유형, 대륙성적 풍토지대(몽고, 토로키스탄, 이란, 아라비아, 아프리카 북부 대륙 등)에 위치하여 유목생활에 적합한 생활기반을 이루는 중방적 풍토유형, 마지막으로 해양성적 풍토지대(그리스, 로마, 스페인, 독일, 영국 등)에 위치하여 상역(商易)생활에 적합한 생활기반을 가진 서방적 풍토유형이다.

이 교수는 인류사회와 마찬가지로 법도 진화한다고 본다.[69] 사람이 유년기, 청년기, 장년기, 노년기를 거치듯이 인류사회도 그러한 과정을 거치게 되며, 고대는 유년기에, 중세는 청소년기에, 근대는 장년기에, 현대는 노년기에 해당하며,[70] 법도 인류사회의 변화와 궤를 같이 한다고 하였다.

각 시대의 특징과 법의 역할에 대해 이 교수는 다음과 같이 주장한다. 고대사회는 본능적, 신비적, 미토스적, 신연적(神緣的) 사회로, 법은 종교생활 속에 매몰되어 있었다.[71] 중세사회는 감정적, 불합리한, 파토스적, 혈연적 사회로, 법은 종교적 제도를 통하

67) 이항녕, 법철학개론(박영사, 1974), 68-69면.
68) 이항녕, 위의 책(주 67), 66-71면.
69) 이항녕, 위의 책(주 67), 79면.
70) 이항녕, 위의 책(주 67), 76면.
71) 이항녕, 위의 책(주 67), 77면.

여 생활을 지배하였다.[72] 근대사회는 이성적, 공리적, 로고스적, 지연적 사회로, 법은 생활을 합리화하는 방편이었다.[73] 현대사회는 의지적, 신념적, 에토스적, 심연적 사회로, 법은 세계관을 형성하며 생활을 영도하고자 한다.[74]

또한 그는 세계사는 동일한 시대에 동일한 경향성을 가진다고 보며[75] 법은 그 세계사적 사명에 의하여 여러 특수적인 법이 하나의 보편적인 법으로 향하여 진화를 계속하고 있다고 본다.[76] 그리고 인간은 풍토적인 구속으로부터 시대의 변화에 따라 벗어나고 있으며, 따라서 각 풍토적 유형 간에는 특수성보다는 보편성이 농후하다고 본다.[77]

2. 풍토적 자연법론 검토

이항녕 교수는 자신의 저서에서 법철학방법론의 중요성을 강조하며, 신칸트학파의 방법론을 발전시켰다.[78] 이 교수는 총 3편으로 구성된 저서 중 제1편을 법철학방법론에 할애하고 있으며, 리케르트, 빈델반트, 라스크를 논하였다. 김철수 교수도 풍토적 자연법론을 검토하는 논문에서 신칸트학파가 방법론의 문제를 매우 중시하였다는 점을 인정하며, 근자에 와서는 방법론을 연구하는 법학자가 별로 없다는 점을 언급한다.

> 어느 학문에 있어서나 마찬가지로 법철학에 있어서도 방법론이 매우 중요한 역할을 했던 시대도 있었다. 그것은 신칸트학파철학의 영

72) 이항녕, 위의 책(주 67), 77-78면.
73) 이항녕, 위의 책(주 67), 78면.
74) 이항녕, 위의 책(주 67), 79면.
75) 이항녕, 위의 책(주 67), 79면.
76) 이항녕, 위의 책(주 67), 70면.
77) 이항녕, 위의 책(주 67), 75면.
78) 이항녕, 위의 책(주 67), 39면.

> 향이라고도 할 수 있을 것이며, 신칸트학파의 법철학자들이 법철학연구에 앞서서 근본적인 학적 방법문제를 취급하였던 것은 주지하는 바와 같다. 그러나 신칸트학파의 거대한 논리적 구조가 허물어짐에 따라 현대에 와서는 방법론을 연구하는 법학자가 드물어지고 있다.[79]

김 교수의 주장처럼 근자에는 방법론의 문제가 법철학의 주요주제로 부각되지는 않는 것 같다. 그 이유는 무엇인가? 신칸트학파의 방법론에 대한 논의가 비생산적이기 때문인가, 신칸트학파가 계승되지 않았기 때문인가, 방법론의 문제의 중요성에 대한 인식이 변화되었기 때문인가, 혹은 중요한 문제임에도 다른 이유로 학자들이 다루기를 피하기 때문인가? 이 문제에 대해 필자가 아직 답을 찾은 것은 아니다. 그러나 필자는 방법론의 문제는 법철학의 학문적 독자성의 문제와 관련하여 중요한 문제라고 생각하며, 이 문제는 깊이 다루어져야 할 문제라고 생각한다.

김 교수는 이항녕 교수의 풍토적 자연법론에 대해 실질적인 검토를 했지만, 유형적 고찰에 대해 자신의 입장을 개진하지는 않았다. 그러나 암묵적으로 유형적 고찰에 동의하는 듯한 인상을 준다.[80] 이에 반해 황산덕 교수는 "개개 민족과 개개 국가의 특수한 구체적인 법이라고 할지라도 우리가 일정한 유형을 가지고 그것을 다른 구체적인 법과 비교하고 또한 분류하는 경우에는 훌륭히 법철학의 대상으로 삼을 수 있다"고 이항녕 선생의 주장을 비판하였다.[81] 황산덕 교수의 주장이 정확히 무엇인가는 알기 어렵지만 상당히 의미 있는 주장이라고 생각되며, 우리의 법개념을 구성하는 것은 법철학의 중요한 과제라고 생각된다.

---

79) 김철수, "풍토적 자연법론고," 서울대학교 법학 6/1(1964), 52면.

80) 김철수, "전통적 법규범과 도덕규범의 동서양 비교서설," 『한국사회의 규범문화』(한국정신문화연구원, 1983).

81) 황산덕, 『법철학강의』(방문사, 1983), 165면.

3. 최종고 교수의 동아시아 보통법론

최종고 교수는 동아시아 3개국은 유교문화를 기반으로 한 사회이며, 3개국 학자들은 그들이 공유해 온 법의 모습, 즉 보통법에 대해 적극적으로 연구해야 한다고 주장한다. 한국과 일본은 중국법을 직·간접적으로 수용하였고, 법적으로도 공통점을 많이 가지고 있는 이상 이에 대해 연구가 필요하다는 주장이다.[82] 그는 연구과제로 동아시아 3개국에서의 법전화작업, 유교법문화, 향약과 촌락법, 법학의 4개 분야에 대한 연구를 제시한다.

그렇다고 하여 그가 법에 대한 유형적 고찰까지 주장하고 있는 것은 아니라고 생각된다. 그는 이러한 연구를 해야 할 필요성을 동아시아 문명의 서양의 법학계와 평등한 입장에서의 대화나 동아시아 문명의 자긍심에서 찾는다.[83] 동아시아 3개국의 전통법이 유교와 밀접한 관련 하에 전개되어 온 사실이 인정되고, 문물의 교류가 활발하였던 점을 인정한다면, 비록 차이점은 있을지라도 법의 공통점을 밝히는 작업은 최 교수의 생각대로 상당한 의의를 가질 것이다.

Ⅳ. 특수성에 기초한 법철학을 위하여

1. 서양법철학에서의 논의

켈젠과 하트와 같은 일반법철학자들은 자신의 이론이 시간과 공간을 초월한 법에 대한 설명이라고 주장하지만, 학자들은 그들

82) 최종고, "동아시아 보통법론: 한·중·일 법사의 기본과제," 서울대학교 법학 40/2(1999), 81면. 또한 "The Foundations of East Asian Jurisprudence," 서울대학교 법학 41/1(2000) 참조.

83) 최종고, 위의 논문(주 82), 81면.

의 연구가 일정한 맥락에서의 법에 대한 설명에 불과하다고 주장한다. 이미 보았듯이 켈젠의 순수법이론은 오스트리아인으로서 오스트리아가 안고 있는 과제에 대하여 응답한 것이라고 학자들은 주장한다.[84] 또한 하트는 자신의 법의 개념이 시공을 초월한 법의 형식과 구조에 대한 설명이라고 하지만, 맥코믹 교수는 하트의 법의 개념에 대해, "모든 법학자는 자기 나라의 역사나 지리적 특수성을 반영하는 경향이 있으며," 하트의 연구에는 잉글랜드 법학자의 편견이 들어 있다고 평하였다.[85] 필자도 하트가 제시한 법의 개념에 대해서는 영국의 젠틀맨을 떠올리게 된다.

아마도 현대 영어권 법철학에서 일반법철학과 특수법철학의 대립은 하트와 드워킨의 대립으로 대표된다고 할 것이다. 드워킨은 자신의 저서에서 법철학의 문화적 제약성과 일반법철학의 문제점을 제기하였고, 하트는 1994년 발간된 법의 개념의 후기에서 일반법철학과 특수법철학의 공존가능성을 주장하였다. 우선 드워킨의 주장을 보자.

> 해석적 이론이란 성격상 특정한 법문화, 일반적으로 그 이론가가 속하는 법문화를 겨냥할 것이다. … 그러나 매우 상이한 정치적 이데올로기 속에서 혹은 그러한 것을 반영하며 발전해 온 외국의 법체계에 부합하는 추상적인 관념을 기대하기는 어려울 것이다.[86]

이에 대해 하트는 기술적 법이론과 평가적 법이론의 공존가능성을 포함하여 일반법철학과 특수법철학의 공존가능성을 주장하였다.

---

84) 주 65 참조.
85) Neil MacCormick, *H. L. A. Hart* (London: Edward Arnold, 1981), 3면.
86) 드워킨 저/장영민 역, 『법의 제국』(아카넷, 2004), 157-158면.

이 책에서의 나의 목적은 법이 무엇인가에 대해 일반적이고 기술적인 이론을 제공하기 위한 것이었다. 일반적이라는 의미는 그 이론이 어느 개별적인 법체계나 법률문화에 결부된 것이 아니라는 것이며, 규칙에 의해 지배되는 측면을 가진 복잡한 사회적 및 정치적 제도로서의 법에 대한 설명을 추구하려는 것이다, 이 제도는 각기 다른 시대적·문화적 다양성에도 불구하고 … 동일한 일반적 형식과 구조를 취해 왔다. 이 해명작업의 출발점은 … 대개 교양인들에게 널리 알려진 것이라고 기술했던 현대 국내법 체계의 현저한 특징들에 관한 공통된 지식이다. 기술적이고 일반적인 두 측면을 모두 포함하는 법이론은 부분적으로 평가적이고 정당화를 수행하며, 또한 통상 이론가 자신의, 드워킨의 경우에는 영미법이라는 특정한 법률문화를 대상으로 하는 드워킨의 법이론의 관념과 본질적으로 구분된다. … 법이론에 대한 나와 드워킨의 관념이 이와 같이 현저하게 상이한 것에 대하여, 왜 두 이론 사이에 그렇게 의미 있는 충돌이 있어야 하는지 또는 있을 수 있는지는 명확하지 않다. … 드워킨은 그의 저서에서 일반적이고 기술적인 법이론은 잘못된 것이거나 기껏해야 쓸모없는 이론에 불과한 것이라고 판정하는 것처럼 보인다.[87)]

하트는 공존가능성을 주장하지만, 위의 인용에 따르면 드워킨은 일반법철학에 대해 잘못되거나 쓸모없다고 주장한다. 즉 드워킨은 불가능성과 무용성을 주장하는 것이다. 하트는 법의 개념에서 교양인의 이해를 중시하며 부분적으로 그에 근거하여 법을 설명했다. 그러나 시간과 공간을 초월한 교양인의 개념 설정이 가능할까? 조선시대의 교양인들도 하트의 법에 대한 설명을 수긍할까? 한 가지 확실한 것은 하트 자신의 언급에 나타나 있듯이 그는 통시대적으로 법의 형식과 구조를 설명하려고 한 것은 아니

---

87) 하트 저/오병선 역, 위의 책(주 3), 311-312, 313, 314면.

며, 현대 법체계를 설명하려고 했을 뿐이었다.

또한 연구자는 관계 속에 존재하며 연구자로서는 객관적이고자 연구자가 맺은 관계에 대해 성찰하지만 연구자로서는 그 관계가 주는 영향으로부터 벗어날 수는 없을 것이다. 하나의 문화와 사회 속에 존재한다고 하더라도 복수의 개인들은 법에 대해 달리 그리고 있다는 점을 우리는 인식하고 있다. 동일한 문화와 사회에서 사는 사람들의 생각조차도 다르다는 점을 인정한다면, 매우 이질적인 문화와 사회에 사는 사람들 간에 법의 형식이나 구조에 대해 유사하게 파악할 것이라고 보는 것은 경험상 무리일 것으로 생각된다.

예를 들어 켈젠은 근본규범은 실정법을 정당화해주고, 그 규범은 우리에게 헌법대로 하라는 명령을 담고 있으며, 이는 법에 대한 선험적이고 논리적인 파악의 결과라고 한다. 그러나 근본규범의 존재에 대해 회의적인 입장을 취하는 사람도 적지 않을 것이며, 그러한 자들이 법의 선험적이고 논리적인 구조를 제대로 파악하고 있지 않다고 말하기는 힘들 것이다.

또한 일반법철학자들의 법에 대한 맥락을 고려하지 않기 때문에 드워킨이 지적한 바대로 덜 유용하다. 예를 들어 법해석의 문제를 볼 때 맥락을 고려하지 않는다면 그 문제는 매우 재미없는 문제가 되고 만다. 법해석이란 무엇인가가 아니라 한국의 법원은 법을 어떻게 해석해야 하는가가 훨씬 재미있는 문제일 것이다.

2. 최근 우리의 논의

필자가 주목하는 논의는 법사회방법론에 대해 문화개념을 둘러싼 최근의 논의이다. 이들은 함병춘 교수 등이 전제한 문화개념에 대한 비판과 새로운 이해의 추구이다. 과거의 문화개념 구성에는 정체성, 안정성, 동질성, 독자성이라는 측면이 강조되었다. 그러나 새로운 이해에서는 문화의 다층성, 이질성, 다원성, 다변성을 강조한다. 이와 같은 논의를 대표하는 학자들은 문화와 사회를 구별하려고 하는 양건 교수를 비롯하여[88] 김정오,[89] 이상돈,[90] 이철우 교수[91] 등이다.

특수법철학은 맥락을 인정하는 법철학이기 때문에 맥락이 필요할 것이며, 그 맥락은 문화, 혹시 사회를 문화개념에서 독립시킨다면 사회가 중요한 부분일 수밖에 없다. 따라서 한국문화와 사회를 일의적으로 규정하려는 과거의 시도를 지양하고, 다양한 사고와 가치관의 충돌과 변화라는 차원에서 법현상을 설명한다면, 법철학자는 한국문화와 사회에 대한 보다 심층적인 이해를 제고할 수 있을 것이며, 우리 사회에 적합한 법개념을 구성해낼 수 있을 것이다.

3. 우리의 법철학을 향하여

법철학의 연구대상은 일반적·보편적인 법이라는 통상의 관념은 충분히 검토되어야 할 것이다. 이는 법철학연구방법론에 속하는 문제이다. 필자는 이에 대한 논의가 사실상 우리 법철학에서 오랫동안 실종되었다고 판단한다. 우리 법철학 연구공동체는 전체적으로 볼 때 다른 나라에 비해 동서양의 법철학에 균등하게 관심을 가지고 있다. 소속연구자 개인을 볼 때에는 예외도 있지만 동양에 관심을 가진 연구자, 서양에 관심을 가진 연구자로 나

88) 양건, "한국과 일본간의 비교법문화론을 위한 서설," 저스티스 .34/1 (2001): 88-106면.

89) 김정오, 『한국의 법문화: 인식구조변화』(나남, 2006), 25-74면.

90) 이상돈, 『기초법학』(법문사, 2008), 539-570면.

91) 이철우, "법문화의 담론적 생산: 방법론적 비판," 법철학연구 4/1(2001), 203-230면.

뉘어져 있는 것도 현실이다.

우리는 법철학을 어떻게 연구해야 할 것인가에 대해 연구공동체가 보다 큰 관심을 기울여야 할 것이다. 20세기로의 전환기 전후로 독일에서 경험하였던 철학의 위기는 신칸트학파의 발흥을 가져왔다. 현재 한국법철학은 위기에 있지 않을까? 우리의 법공동체가 법철학에 대해 가지는 기대에 충분히 대응하고 있는가? 한국법철학회 창립 50주년이 지난 이 시점에 우리는 우리의 법철학이 가야 할 길에 대해 충분히 숙고해야 할 것이다. 필자는 법철학도 특수성이나 맥락성에 대해 친근성을 가져야 한다고 생각한다.

Abstract

The Hybernation of Particular Jurisprudence in Korean Legal Philosophy

Bong Chul Choi

This paper maintains that the Korean legal philosophy should examine the feasibility and usefulness of general jurisprudence more seriously. It has still born the burden of the propositions of general jurisprudence. That is, legal philosophy studies what is law, free of spatio-temporal contexts and not tied to a particular legal cultures. I think it is a myth.

The most influential Western legal philosophy was Neo-Kantianism at the intial stage. In 1955, Hang-Ryoung Lee, a first generation legal philosopher proposed a climatical natural law theory. He asserts that the proper unit of philosophical research of law should be determined by climate. The units are three: Eastern, Middle, Western types. Following the neo-Kantian legal scholars, he maintains that legal science belongs to cultural science, and that it should study universal and particulars. Since the influence of neo-Kantianism was reduced, legal scholars have not cast doubts on its methodology and not confronted to the problems of general jurisprudence.

I propose a kind of jurisprudential relativism. Legal philosophers should have reflected the differences of legal phenomena according to the culture which he lives in. Thick descriptions of cutural particulars will be the first step for the development of the world and Korean legal philosophy.

색 인 어

이항녕(Hang-Nyeong Yi)
일반법철학(general jurisprudence)
특수법철학(particular jurisprudence)
특수법철학의 동면(hybennation of particular jurisprudence)
한국법철학(korean legal philosophy)

[5] 한국 법체계에서 자연법론의 형성과 발전

— 과거를 되돌아보며 미래를 가늠하다

김 도 균*

"노스탤지어를 품는 것이 자신의 현재상황과 사려깊고 적극적인 관계를 맺는 한 가지 길이라는 조건 하에서라면 어느 특정한 시대에 대하여 노스탤지어를 품는 것은 좋은 일이다. 그러나 현재를 이해하지 않고 공격하기 위하여 노스탤지어를 품는다면 그 노스탤지어는 근절되어야 한다." (M Foucault)**

"법이란 수세기에 걸쳐 한 정치공동체가 발전해 온 이야기를 체화한 것이므로, 법을 마치 수학책처럼 공리와 그 결론만을 담고 있는 것으로 다룰 수는 없다." (O.W. Holmes)***

Ⅰ. 머 리 말

법철학은 당대의 절박한 법적 문제를 앞에 두고 치열하게 사

---

* 서울대학교 법학전문대학원 교수.

** 미셸 푸코 (외) (이희원 옮김), 자기의 테크놀로지, 동문선, 2002, 24면 (표현을 약간 수정하였음).

*** O. W. Holmes, Jr., *The Common Law* (New York, 1991), 1면.

유하는 과정에서 형성되고 발전한다. 현실에 대한 문제의식 없는 진공상태의 법철학은 없다는 것이다. 설령 정밀한 개념들과 이론들의 형식을 띠지 않더라도 동시대의 정치인들, 시민들 또는 법실무가들의 사고방식에서, 그리고 사회구성원들의 공적이거나 사적인 발언들에서도 당대의 법철학은 은연중에 드러나게 마련이다. 이 글이 다루고자 하는 근본물음은 '근현대 한국의 법체계에서 자연법론은 어떤 문제들을 해결하기 위하여 어떤 환경에서 역사적으로 형성되어 전개되어 왔을까?'라는 것이다.[1] 시기적으로는 일제의 강점에서 해방된 이후 현재까지를 대상으로 하며, 법학자뿐만 아니라 법실무가의 사유, 그리고 필요하다면 공적인 논의의 장에서 시민들이 제시했던 주장들도 고찰대상로 삼고자 한다.

누구나 알고 있듯이 한국의 법체계에서 자연법론은 실존적 차원에서이건 정치적 차원에서이건 '고뇌와 저항의 법이론'으로서 형성되어 발전되었고 특히 독재정권이 기승을 부리던 70-80년대에 그 정점에 달하였다. 그렇다면 이른바 '민주화' 이후의 한국의 법체계에서 자연법론은 어떤 역할을 하는 것일까? 독재정권의 악법체계를 비판하고 그에 저항한다는 시대적 소명을 다하고 자연법론은 '자기시대를 잃은 것'일까?[2] 필자는 개인의 자유가 신장되고 정치적으로 '민주화'된 다원주의 사회로 바뀐 현재의 한국사회에서 자연법론은 심각한 도전에 직면해 있다고 본다. 그러나 동시에 21세기 한국사회에서도 여전히 자연법론은 진지하게 고려될 만하고, 논의될 만한 가치가 충분히 있다고 생각한다. 그렇다면

1) 김홍우 교수는 자신의 저서 『한국정치의 현상학적 이해』, 인간사랑, 2007에서 그 동안 한국의 법학계가 법의 논리적 정합성만을 추구한 나머지 '법에 관한 역사적 성찰'(8면)과 '법의 시민적 읽기'(360면)를 소홀히 했다는 비판을 하고 있다. 이러한 지적을 받아들여 필자는 한국사회에서 자연법론의 역사적 맥락('역사적 성찰과 시민적 읽기')과 역할(시민사회의 형성에 기여한 역할)에 주목하고자 한다.

2) 이러한 지적은 이상돈, 『기초법학』, 법문사, 2008, 13면 참조.

자연법의 본연의 임무[3]와 새로운 임무는 무엇일까? 이 글은 이러한 문제의식을 염두에 두고 진행될 것이지만 이 문제를 이론적으로 깊이 있게 다루지는 않았다. 이 글의 목표는 한국 사회에서의 자연법론의 역사적 맥락과 역할, 과제와 전망에 있기 때문이다.

이 글의 구성은 다음과 같다. 먼저 자연법론과 법실증주의의 기본적 주장들을 간략하게 설명하고(II), 한국의 법체계에서 자연법론이 태동하게 된 시대적 상황, 당대의 법철학적 문제의식과 수행했던 역할을 다룬다(III). 마지막으로 민주화 이후 단계에서 자연법론이 처한 상황과 도전, 그리고 자연법론이 해결하여야 할 과제에 대하여 간략하게 지적하고자 한다(IV).

Ⅱ. 예비적 고찰: 자연법론의 근본 주장과 유형

논의의 필요를 위하여 우선 간략하게 자연법론의 근본적인 주장들과 유형을 살펴보자. 법실증주의와 자연법론이 서로 대립하는 쟁점들 중 가장 핵심을 이루는 법과 도덕의 관계는 매우 다양한 논쟁점들을 포함하고 있다.[4] 가장 대표적인 논점들을 짚어본다면 다음과 같다:

① 법과 도덕 사이에는 필연적인 연관성이 있는가? 다시 말하면,

---

3) 자연법론의 본연의 임무에 대해서는 한스 벨첼(박은정 역), 「자연법과 실질적 정의」(삼영사, 2002), 333면: "'자연법', 그것은 법의 정당성의 문제, 사실상 존재하는 사회질서의 정당성의 문제인 것이다. 사람들이 자연법 하에서 무엇이든 자기가 원하는 바대로 이해했을지라도, 항상 그 속에는 법은, 단순히 존재하는 권력이 명하는 바와 동일하지 않다는 생각이 흐르고 있는 것이다."

4) 다양한 논쟁점들에 관해서는 A. Peczenik, *A Treaties of Legal Philosophy and General Jurisprudence* Vol. 4: *Scientia Juris*, Dordrecht, 2005, 81면.

어떤 법률이 특정한 도덕원리들(정의원리들)을 위반하는 경우 법효력을 상실하거나 아니면 위반하는 그만큼 법효력이 약화되는가? 아니면 특정한 도덕원리들을 위반하였다는 사실은 해당 법률의 법효력과는 아무런 상관성이 없는가?

② 한 법체계의 구성원들은 법의 내용과 상관없이 법을 준수할(법에 복종할) 도덕적 의무를 지는가? 아니면 법에 복종할 법적 의무만을 질 뿐인가? 최고의 도덕원리를 침해하는 법률에는 불복종하는 것이 도덕적으로 정당화되는가? 나아가서는 최고의 도덕원리를 침해하는 법률에는 불복종하는 것이 법적으로도 정당화되는가?

③ 법관은 법을 정의롭고 공정한 방식으로 ― 즉 법을 도덕원리들(정의원리들)에 합치하게 ― 해석할 법적 의무를 지는가? 최고의 도덕원리들(정의원리들)을 명백하게 위반하는 법률을 적용하여 시민의 권리와 자유를 침해한 법관은 도덕적 비난뿐만 아니라 법적 비난까지 받게 되는가? 아니면 유효한 법을 적용한 것이므로 법적으로나 도덕적으로 정당한 행위를 한 것인가? 아니면 법적으로는 정당하지만 도덕적으로 비난받을 행위를 한 것인가?

앞에서 제기된 물음에 대하여 어떻게 답하느냐에 따라서 법실증주의와 자연법론으로 나누어진다. 이하에서는 간략하게 법실증주의와 자연법론의 기본주장을 살펴보기로 한다.

1. 법실증주의: '법과 도덕의 분리' 명제(the Separation Thesis)

법실증주의에 따르면 법과 보편적 도덕/정의/인권은 반드시 연관성을 갖는 것은 아니다. 도덕/정의/인권은 어떤 실정법이 법이기 위하여 반드시 갖추어야 하는 필요조건이 아니므로, 도덕/정의/인권은 법에 대한 도덕적 판단기준일 수는 있어도 법의 본질적 요소는 아니라는 것이다. 법실증주의는 도덕/정의/인권을 침해하고 있는 실정법은 '악법(惡法)'이기는 하겠지만 그래도 법이라는 모토 아래에 다음과 같은 주장을 펼친다.

> ① 법개념은 도덕적 요소를 포함하지 않고도 확정할 수 있다. 즉 법이 요구하는 것과 도덕 또는 정의가 요구하는 것 사이에는 반드시 연관성이 있을 필요가 없다.
>
> ② 법은 도덕적 요청이나 도덕적 권리를 내용으로 삼을 수도 있지만, 도덕적으로 문제삼을 수 있는 내용의 명령, 금지, 허락도 법으로 표현될 수 있다.
>
> ③ 무엇이 법이고, 법이 요구하는 바가 타당하냐의 문제는 내용적 정당함과 상관없이 이미 법으로 제정되어 있다는 '사실'이나 사회구성원들 사이에 법으로서 승인되고 준수되고 있다는 '사실'에 따라 판단될 수 있다.

이러한 발상을 19세기 영국의 법실증주의자 존 오스틴(J. Austin: 1790-1859)은 다음과 같이 명쾌하게 표현한 바 있다.

> "법이 존재한다는 것과 그 법이 좋은 법인지 나쁜 법인지 판단하는 것은 별개의 문제이다. 설령 우리가 좋아하지 않더라도 현실로 존재하는 법만이 법이다."[5)]

어떤 사회규범이 그 내용의 정당성과 상관없이 실정법으로서의 형식적 기준만을 충족하기만 하면 법이라는 것이다.

2. 자연법론 : 법과 도덕/정의/인권의 필연적 연관성 강조

자연법(natural law)이란 객관적이고 보편적으로 타당한 도덕적

5) J. Austin, *The Province of Jurisprudence Determined*, London, 1832, 157면.

행위원리들로서 법으로 반드시 인정되어야 하는 규범들의 총체를 지칭하는 개념이다. 자연법론은 이러한 자연법을 우리가 인식할 수 있다고 믿고, 이 자연법적 규범들이 실정법에 우선하는 지위를 가진다고 주장하는 견해이다.

(1) 필연적 연관성 명제(결합 명제)

법실증주의가 '분리명제'를 제창한다면, 자연법론은 반대로 '필연적 연관성 명제'(the connection thesis: 또는 결합명제)를 내세운다. '필연적 연관성 명제'는 실정법규범들 외에도, 실정법의 기초를 이루며 실정법의 한계를 설정하는 기능을 담당하는 도덕원리들 및 정의원리들, 그리고 보편적 인권원리들 역시 법이라는 주장을 담고 있다. 즉, 법은 반드시 도덕과 관련하여 파악되어야 하며, 일정한 도덕원리들에 위반하는 법규들은 법으로서 자격미달이거나 '하자(瑕疵) 있는 법'(defective law)으로서 평가되어야 한다는 것이다.[6] 자연법론의 핵심주장은 다음과 같다.

> ① 법과 도덕/정의/인권은 반드시 연관성을 갖는다.
>
> ② 도덕/정의/인권은 법의 내재적 구성요소이다: 도덕/정의/인권은 법에 대한 도덕적 판단기준일 뿐만 아니라 법 그 자체를 구성하는 본질적 요소이기도 하다.
>
> ③ 도덕/정의를 중대하고도 현저하게 위반하는 법은 애초부터 법이 아니다.

이러한 견해는 "부정의한 법은 법이 아니다(lex iniusta non est lex)"라는 '불법(不法) 명제'로 표현되고 있다.[7] 이 명제의 타당성

6) 이러한 해석에 대해서는 M. Murphy, "Natural Law Jurisprudence," *Legal Theory* 9 (2003), 241-267면 참조.

7) 이 법언의 의미와 정신에 대해서는 N. Kretzmann, "*LEX INIUSTA*

여부에 대하여 논란이 있고 해석을 둘러싸고 자연법론 내부의 논쟁이 있지만 생략하기로 한다.[8)]

(2) 자연법론의 두 가지 하위 명제: '불법명제'와 '원리명제'

자연법론의 '필연적 연관성 명제'는 이른바 '불법(不法)명제'(극도로 부정의한 법은 법이 아니다)와 '법원리 명제'(법은 실정법뿐만 아니라 보편적 일반원리[도덕, 정의, 인권]로 구성되어 있다)를 하위명제로 하고 있다.[9)]

① 不法命題: "극도로 부정의(不正義)한 법은 법이 아니다."

양심적이고 진지한 (사회)민주적 법실증주의자(democratic legal positivist)였던 독일의 법철학자 라드브루흐(G. Radbruch)는 나치시대의 불법체제를 고통스럽게 경험하고 난 후 제2차 세계대전이 끝나고 나치 시대의 법체계를 청산하려는 이론적 시도로서 『실정법의 외양을 띤 불법(不法)과 실정법을 넘어서는 법』(1946)이라는 논문에서 이른바 '불법판단공식'을 제시한 바 있다. 그 내용은 다음과 같이 재구성할 수 있다.

모든 실정법은 그 내용과는 상관없이 분명히 법적 안정성이라는

NON EST LEX: Laws on Trial in Aquinas' Court of Conscience," in: J. Feinberg/H. Gross (ed.), *Philosophy of Law*, Belmont, 1995, 8면 이하 참조.

8) 이 불법명제를 해석할 때 '모든 부정의한 법률은 법이 아니다'라고 파악하는 강한 해석과 '극도로 부정의한 법률은 법이 아니거나(또는 애초부터 법효력이 부정되거나) 하자(瑕疵) 있는 법이다(또는 그 하자의 정도에 따라서 법효력 인정 정도가 달라진다)'라는 약한 해석이 가능하다. 필자는 약한 해석을 취하는데, 이에 대한 논증은 다음 기회로 미루고자 한다.

9) '불법논변'과 '원리논변'이라는 개념을 사용하여 자연법론적 법개념이 재판과정에서 법규범임을 보이는 박은정, 『자연법의 문제들』, 세창출판사, 2007, 60면 이하 참조.

가치를 실현한다. 법률은 법적 안정성을 보장하기 때문에 무법상태보다는 낫다. 그러나 법적안정성이 법이 실현해야 할 유일한 가치는 아니며 결정적인 가치도 아니다. (…) 법률의 내용을 판별하게 해주는 가치인 정의와 법적 안정성 사이의 갈등은 다음과 같이 해결할 수 있을 것이다.

① 절차에 맞게 제정되었고 강제력에 의해 보장되는 실정법은 설령 그 내용이 정의롭지 못하고 그 목적이 부당하다고 하더라도 일단 정의에 우선권을 갖는다.

② 그러나 실정법이 너무도 참을 수 없을 정도로 정의원리를 위반하기에 이르렀다면, 不正義한 법률에 의해서 보장될 법적 안정성은 정의보다 하위의 가치가 된다['참을 수 없음'—판단기준].

③ 어떠한 경우에 법률의 외관을 띠지만 법이 아닌 '법률적 불법'이며, 어떠한 경우에 그 내용이 부정당하기는 하지만 법으로서 효력은 갖는 법률('악법')인지 확연하게 판별하는 기준은 물론 없다. 다만 다음의 경계선만은 명백하게 확정할 수 있다. 어떤 법률이 정의의 핵심을 의도적으로 否定하고 있는 경우 그 법률은 단순히 악법에 그치지 않고 애초부터 법으로서의 자격을 상실한다['의도적 否定(침해)'—판단기준]. 이 기준을 세분화면 다음과 같다.

㉠ 실정법이 처음부터 정의의 본질적 요청인 "같은 것은 같게 대우하라"는 평등원리를 의도적으로 묵살한 경우, 그 실정법은 단순히 부정의한 법률이 아니라 아예 법이 아니다.

㉡ 인간을 인간 이하로 취급하고 기본적 인권을 부정하는 실정법도 법으로서의 자격을 상실한다.

㉢ 범죄의 경중을 고려하지 않은 채 단지 순간적인 위협을 목적으로 상이한 등급의 위법행위에 대하여 사형과 같은 극형을 동일하게 부과하는 형벌규정도 법으로서 성질을 갖고 있지 않다.

이와 같은 내용과 형식을 갖는 모든 법률들은 법률의 외관을 띠고는 있지만 법이 아니다. 즉 위와 같은 실정법들은 '법률의 외관을 띠고는 있으나 실은 법이 아닌 '법률의 탈을 쓴 不法'(gesetzliches Unrecht)에 불과하여 법효력을 갖지 못한다는 것이다.[10]

이와 같은 불법 명제는 이른바 '악법 상황'에 적용할 수 있지만 과연 '정상법 상황'에서도 적용할 수 있을까? 아래에서 설명하는 원리명제는 바로 이 질문을 염두에 두고 제시되었다고 생각한다.

② 法原理命題

'법원리명제'는 법에는 실정법규와 법원리가 포함된다는 주장을 담고 있다. 보편적으로 타당한 도덕원리, 정의원리, 인권원리가 실정법으로 표현되지 않더라도 법으로서 효력을 갖는다는 견해는 독일연방헌법재판소의 판결에서 명백하게 나타난다. 다음의 'Soraya' 판결에서 독일연방헌법재판소는 실정법과는 다른 유형의 법이 있음을 인정하고 다음과 같은 법개념론과 법원의 역할론을 피력한다.

"권력분립 및 법치국가의 핵심적 요소로서 '법관은 법률에 따라서 재판하여야 한다'는 전통적인 법률기속원리(法律羈束原理)는 독일 입헌민주주의 법체계에서는 '법원의 판결은 법과 법률에 구속된다.'[독일 헌법 제20조 3항]는 원칙으로 변형되었다. 이는 [독일 법체계가] '협소한 법률실증주의'적 입장을 거부하고 있음을 나타낸다. '법과 법률'이라는 표현은, 실정법(Gesetz)과 법(Recht)이 실제에서는 대체로

10) 원문을 보려면 프랑크 잘리거(윤재왕 옮김), 『라드브루흐 공식과 법치국가』(길안사, 2000), 132-146면 참조. 라드브루흐 공식에 대한 국내의 최근 논쟁으로는 이재승, "라드브루흐 공식," 『법철학연구』 제7권 제1호(2004), 99-120면, 조천수, "라드브루흐 방법3원론," 『법철학연구』 제7권 제1호(2004), 121-148면을 참조.

> 서로 중첩되기는 하지만, 법이 실정법으로 환원될 수는 없다는 일반적인 인식을 보존하고 있다. 즉 법은 실정법규들 총합 이상의 무엇을 포함하고 있다는 것이다. 국가가 제정한 실정법 이상의, (…) 의미 전체로서 입헌적 법질서 내에 그 근원을 두고 있는, 법에 있어서 '실정법을 넘어서는 무엇'(ein Mehr an Recht)이 존재할 수 있고, 이것은 국가권력에 의해서 제정된 실정법규에 대해서 교정자로서의 역할을 한다. 법에 있어서 '실정법 이상의 무엇'을 찾아내어 판결에서 구체화하는 것이 바로 법원의 과제이다. (…) 다시 말하면 법원의 과제는 입헌적 법질서에 내재해 있지만, 실정법의 문언으로 표현되지 않고 있거나 불충분하게 표현된, 가치들 및 규범들을 (가치)평가적 활동을 통하여 (…) 분명하게 드러내어서 판결에서 구체화하는 것이다. 법관은 이때 자신의 개인적인 자의적인 견해로부터 벗어나서 합리적인 논증에 자신의 판결을 근거지어야 한다. (…) 법원의 결정은 실천이성의 규준과 사회에서 타당하다고 인정된 일반적 정의관념에 따라서 법률의 흠결을 보충하여야 한다는 것이다."[11]

법률(Gesetz)과 법(Recht)은 구분된다는 명제를 실정법과 자연법의 구분으로도 이해할 수 있지만, 현대 입헌민주주의 법체계에서는 실정법과 법원리규범의 구분으로도 이해할 수 있다. 그렇게 되면 법의 지배란 "국가가 제정한 실정법 이상의 원리, 즉 (…) 입헌적 법질서의 배경가치를 이루는 원리들에 그 근원을 두고 있는 '법에 있어서 실정법에 내재하는 법원리'(ein Mehr an Recht)의 지배"를 의미하기도 할 것이다.

우리 헌법재판소도 법원리명제와 유사한 견해를 표명하고 있다. 배우자가 법률로 정한 중대한 선거범죄[12]를 범하여 징역형

11) BVerfGE 34, 269 (288).

12) '공직선거및선거부정방지법' 제265조 본문에서 "선거사무장 · 선거사무소의 회계책임자 또는 후보자의 직계존 · 비속 및 배우자가 당해 선거에

또는 300만 원 이상의 벌금형의 선고를 받은 경우 후보자의 당선을 무효로 하는 '공직선거및선거부정방지법' 제265조가 "모든 국민은 자기의 행위가 아닌 친족의 행위로 인하여 불이익한 처우를 받지 아니한다"는 헌법 제13조 제3항을 위반하는 법규범이 아닌지 여부가 문제가 되었던 사안에서 권성 재판관과 김경일 재판관은 별개의견에서 다음과 같은 주목할 만한 법원리론을 제시한다.

> "헌법에 명문의 규정으로 선언되어 있는 것은 아니지만 그것 없이는 '헌법규정의 보편적 가치'와 '헌법의 토대를 이루고 있는 도도한 의미의 흐름'을 제대로 파악하기 어려운 다수의 법적 원칙을, 우리는 투명한 이성적 통찰로 발견하여 이를 '헌법에 내재하는 헌법의 기본원리'라는 이름으로 수용하여 온 것은 어제 오늘의 일이 아니다. 물론 치밀하고 신중한 사색이 거듭되어야 할 일이지만 그 논리와 결론의 타당성이 인정되고 그로 인한 부작용의 폐단이 확인되지 않는 이상 기왕에 발견된 헌법원리의 목록에 하나를 더 추가하는 일을 반드시 자제하여야 할 이치는 없다. 그러므로 스스로의 생각에 따라 자유롭게 행동할 권리가 있고 그 대신 자기의 행위에 대하여는, 그리고 자기의 행위에 대하여만, 자기가 책임을 진다는 자기책임의 원리는 충분히 자명하고 합당한 보편적인 법적 원칙이어서 이를 (…) 헌법의 내재적 원리의 하나로 파악하는 것이 옳고 이에 반하는 제재는 그 자체로서 하나의 헌법위반을 구성한다."[13)]

서 동법 제230조(매수 및 이해유도죄) 내지 제234조(당선무효유도죄), 제257조(기부행위의 금지제한 등 위반죄) 제1항 중 기부행위를 한 죄 또는 '정치자금에관한법률' 제30조(정치자금 부정수수죄) 제1항의 정치자금부정수수죄를 범함으로써 징역형 또는 벌금형의 선고를 받은 때에는 그 후보자의 당선은 무효로 한다"고 규정하고 있다.

13) 헌재 2005.12.22. 2005헌마19, 판례집 17-2, 785, 799-800(밑줄과 강조는 첨가된 것임).

즉 "자기책임의 원리는 인간의 자유와 책임 그리고 인간의 존엄성을 진지하게 반영한 원리로서 비단 민사법이나 형사법에 국한된 원리라기보다는 근대법의 기본이념으로서 헌법의 기본원리의 하나인 법치주의에 당연히 내재하는 원리"이며 그러한 의미에서 "헌법에 내재하는 헌법상 원칙"이라는 것이다.[14] 물론 법원리명제를 취한다고 해서 반드시 자연법론인 것은 아니지만 자연법론은 반드시 법원리명제를 포함하고 있다고 해도 될 것이다.

Ⅲ. 자연법론 태동의 배경: 악법상황, 사회정의의 실현, 개인의 도덕적 완성

『독립신문』에서 간헐적으로 등장한 자연법사상[15]이 법이론이나 법실무상 본격적인 모습을 갖추게 되는 것은 해방 이후 법체계가 제대로 정비되지 않은 상태에서 법을 적용해야만 했던 법현실, 특히 6·25 한국전쟁 하의 법현실에 대한 문제의식에서 비롯된다. 이는 한국의 법체계에서 자연법론이 태동하게 되는 이론적·현실적 맥락이 무엇이었는지를 추론하게 해주며, 현재의 자연법론에도 커다란 시사점을 준다고 생각한다.

1. 악법을 적용해야만 하는 법관의 딜레마와 자연법론의 태동: 유병진(柳秉震: 1914-1966) 판사의 사례

기본적 인권이 극도로 침해되고 대규모의 법률적 불법행위가

14) 이러한 사상은 헌재 2004.6.24. 2002헌가27, 판례집 16-1, 706, 714-715에서도 나타난다.

15) 이에 대해서는 전봉덕, 『한국근대법사상사』, 박영사, 1980, 188면 이하 참조.

자행되는 '악법상황'에서 그러한 악법들을 적용해야만 하는 법관은, 그가 통상의 법관으로서의 양심을 지니고 있다면, 다음과 같은 4가지 선택지에 직면하게 된다.[16]

① 법관은 자신의 양심에 반해서 어쩔 수 없이 악법을 적용한다.

② 법관은 자신의 양심에 따라서 해당 악법을 따르지 않는다.

③ 법관은 판사의 직을 사임하고 저항운동에 참가한다.

④ 해당 악법은 자신이 법이라고 확신하는 바에 위배된다고 보고, 우회로를 통해서 (자신이 법이라고 확신하는 바의) 법과 정의(도덕)에 충실하도록 악법적용을 배제하거나 가능한 한 축소시킨다.

---

16) 악법을 적용해야 하는 상황에서 법관이 택할 선택지 문제는 본래 미국의 법철학자인 커버(Robert M. Cover) 교수가 도주노예법(Fugitive Salve Law)을 적용해야 하는 미국의 법관들의 문제를 다루었던 자신의 저서 『Justice Accused: Antislavery and the Judicial Process』(Yale Univ. Press, 1975), 6면에서 제시한 것이다. 논쟁의 소재였던 법관은 1830년에서 1860년까지 매사추세츠 주 최고 법원의 재판장이었던 쇼(Lemuel Shaw)이다. 그는 강력한 노예제폐지론자(abolitionist)였고 19세기의 가장 유능한 법관 중 하나였으나, 1851년경 매사추세츠 주가 아닌 연방 정부가 도주 노예를 취급하는 데 배타적 권한이 있다고 판결[*Thomas Sim's Case*, 7 Cush. 285 (Mass. 1851)]을 내린 이후 그는 '배반자'이며 '노예 상인'이라 비방당했다. 미국의 법철학계에서는 쇼처럼 당대 최고로 유능한 법관이 왜 그런 판결을 내리게 되었는지를 법철학적 측면에서 따져보고 다양한 관점에서 분석해보는 진지한 논쟁이 벌어졌다. 이 문제와 관련하여 당시의 다양한 판결들과 방대한 문헌들, 그리고 실정법적인 쟁점과 법철학적 논점을 상세하게 다루고 있는 Anthony Sebok, "Legal Positivism and American Salve Law: The Case of Chief Justice Shaw," D. Dyzenhaus (ed.), *Recrafting the Rule of Law: The Limits of Legal Order*, Oxford, 1999, 113-142면 참조. 이를 보다 일반적 문제(악법적용과 법관의 의무)로 접근하여 분석하는 J. Feinberg, *Problems at the Roots of Law*, Oxford, 2003, 3-35면 참조. (독자들을 위해 해당 제목을 소개하면: "Natural Law: The Dilemmas of Judges Who Interpret Immoral Laws"). 참고로 본문의 4가지 선택지는 커버(Cover) 교수의 구분을 받아들여 J. Feinberg, 위의 책, 19면 이하에서 고찰한 것을 받아들인 것이다.

필자는 한국의 자연법론이 태동하게 된 배경은 바로 악법 적용의 상황에 직면한 법률가들의 딜레마였다고 확신한다.

구체적으로 유병진 판사의 예를 들어 설명해보고자 한다.[17] 유병진 판사는 1950. 9. 28. 서울 환도 후「비상사태 하 범죄처벌에 관한 특별조치령」(1950. 6. 25. 대통령 긴급명령 제1호: 이하 '특조령')[18]을 적용하여 서울을 빠져 나가지 못했던 잔류시민들을 부역범(附逆犯)으로 처벌해야 하는 상황에 처하게 된다.[19] '특조령'이라는 악법 하에서 많은 시민들이 부역범으로 사형되는 부조리한 현실 앞에서 유병진 판사는 "진실로 법률의 노예가 될 지경"에서 벗어나려면 "판사의 직에서 떠나버려야 한다"는 양심적 갈등에 빠졌다.[20] 자신이 재판해야만 억울한 시민들을 구할 수 있

---

17) 유병진 판사의 일생과 사상에 대해서는 최종고,『한국의 법률가』(서울대학교출판부, 2007), 458-481면 참조. 또한 신동운 편저,『유병진 법률논집: 재판관의 고민』(법문사, 2008), 391-403면 참조. 또한 1994. 1. 30에 KBS에서 방영되었던 "다큐멘터리 극장 인물발굴 (2): 유병진 판사" 편도 참조. 이하 유병진 판사의 논문은 신동운 교수의 편저로 출간된『유병진 법률논집: 재판관의 고민』(법문사, 2008)을 참조하였다.

18) '특조령'에 대해서는 한인섭, "한국전쟁과 형사법," 서울대학교『법학』제41권 2호 (2000), 135-179면, 특히 139면 참조. 이 '특조령'은 "한국현대사에서 만들어진 법령 중 가장 엄중한 형벌을 규정한 법령"(한인섭, 앞의 논문, 139면)으로서 전시 하의 중대범죄 및 일반범죄에 대하여 사형, 무기 또는 10년 이상의 유기징역에 처한다는 내용을 담고 있었고, 범죄의 구성요건도 포괄적이었지만 적의 치하에서 마지못해 협력한 생활형 부역자들도 극형에 처하도록 하는 규정을 포함하고 있었다. 또한 증거재판주의와 심급제의 원칙도 무시하는 신속·졸속·약식처벌의 규정으로 인해 당시의 많은 시민들이 최소한의 인권조차도 보장받지 못한 채 처형되었다. 그리하여 이미 당시에 이 '특조령'의 악법성에 대한 비판이 강하게 제기되었고, 국회에서 개정되기에 이른다.

19) 여기서 부역자란 '적의 치하에서 혹은 자진하여 혹은 위협과 강제에 못 이겨 역도에게 협력한 자'를 말하며, 부역자 처단의 목적은 '피탈지역을 수복함과 동시에 이들 부역자에 대한 방침을 확립하여 일면 민족정기를 밝힘과 동시에 타면 민심의 불안을 진정하도록 할 것이 긴급한 과제'였다. 대한민국국방부정훈국 전사편찬회,『한국전란 1년지』(1951), A76.

지만 이는 엄연하게 존재하는 실정법을 앞에 두고 '回避의 橫路'를 찾아 재판관으로서 법규범을 창조해야 한다는 딜레마에 처하게 된다.[21] 법관의 양심과 법관의 의무(실정법에 충실해야 할 의무) 사이의 갈등으로부터 실정법의 효력과 실정법의 교정에 대한 절박하면서도 심층적인 사유가 시작된 것이다.[22]

---

20) 전쟁으로 인해 집주인이 장기간 피난한 빈집에서 고추장을 훔친 사람에 대하여 '특조령'에 따라 사형, 무기 또는 10년 이상의 중형에 처하라는 검찰의 구형에 대하여 유병진 판사는 무죄를 선고하면서 다음과 같이 토로한다: "나는 그 중형을 과하기에는 너무나 큰 법과 현실과의 간격을 느끼지 않을 수 없는 것이다. 진실로 법에 사로잡혀야 할 지경이라면, 아니 법률의 노예가 될 지경이라면 나는 판사의 직에서 떠나버려야 한다. 그리하여 이러한 고민은 또다시 재판의 목적과 법률의 준수성과의 모순 해결에로 귀착된다. 그러나 이 경우에는 전과는 달리 법의 정면으로의 무시다. 아니, 법의 무시라는 것보다도 재판으로서의 한 규범의 창조인 것이다. 그리하여 나는 대담무모하게도 이에 대하여 무죄의 판결을 하였던 것이다"(신동운 편저, 『유병진 법률논집: 재판관의 고민』, 152-3면).

21) 이 때 유병진 판사가 재판규범으로서 원용한 규범이 기대가능성 원리였다. 생존을 위해 어쩔 수 없이 소극적으로 부역한 시민들에 대한 처벌과 관련해서 근본적인 이론적 해결을 모색하다가 유병진 판사는 "강압적인 정치에 피신하지 못한 몸, 그러고 보면 역도들에 대한 최소한의 협력은 불가피한 것이다. 적어도 그러한 범위 내에서는 우리는 그들에게 그 不行爲를, 즉 그러한 행위를 하지 않을 것을 기대하지는 못할 것이요, 따라서 그 최소한도의 행위에 대하여 그 범의를 인정하여 이를 문책할 수가 없다는 것이다"는 결론에 도달한다(신동운 편저, 앞의 책, 111면). 유병진 판사는 이러한 기대가능성론을 받아들이게 되면 다음과 같은 "回避의 橫路"가 해결책으로 등장하게 된다고 보았다: "그것은 「피고인은 …을 하여서 역도에게 협력한 것이다」라 하여 피고인의 적진돌입을 示現하나 「그러나 …에 의하면 동 행위는 당시 역도들의 압력에 의한 불가피한 행위로 인정함이 타당할 것인즉 피고인에게 그 不行爲를 기대할 수 없을 것이요, 따라서 그 犯意를 인정할 수 없다」라고 하여 그 어마어마한 敵前에서 벗어나게 한다"(신동운 편저, 앞의 책, 113면).

22) 이러한 고뇌의 산물은 유병진, "정의와 법강제의 한계 — 장후영 선생 『현실주의법학에 대하여』를 읽고" 법정 제7권 5호 · 6호(1952. 6), 3-8면, 13면; 유병진, "재판관의 고민 — 부역자처벌법에 관하여," 신태양 제6권 7호(1957), 신태양사; 유병진, 『재판관의 고민』, 서울고시학회, 1957(이는

이처럼 실정법의 한계에 부딪쳐서 유병진 판사는 다음과 같이 말한다.

> "사회실정을 무시한 규범은 정의일 수 없으며 이러한 의미에서 그것은 하나의 악인 것이다. 악인 이상 우리는 그것을 물리쳐야 할 것이다. 그러나 아무리 악일지라도 그것이 권력에 날개 돋친 한 우리는 덤벙덤벙 이에 부딪쳐서는 안 될 것이다. 그 권력은 형벌이라는 무기로써 장비되었으며 이를 파괴할 수 있는 오직 하나의 전술은 입법이라는 법개정 이외에 아무 도리도 없는 것이다. 이에 우리는 정면충돌이라는 순로(順路)로부터 벗어나 회피(回避)라는 횡로(橫路)를 택하여야 한다."[23]

그리고 또한 다음과 같은 주목할 만한 견해를 피력한다.

> "그렇다. 재판도 하나의 정치인 것이다. 재판도 국가통치권의 하나인 작용인 이상 국민을 위하여야 할 것이요 동시에 국가를 이롭게 하여야 할 것이다. (…) 현실에 초연한 재판이란 있을 수 없을 것이다. 그런 까닭에 (…) 법은 우리의 재판관에게 자유재량이라는 범위를 허여하여서 사람 사람에 따르는, 아니 각 경우에 입각되는 과부족이 없는 타당한 재판을 시키려 한다. 적어도 그러한 자유재량을 할 수 있는 정도 내의 우리의 재량행위는 확실히 하나의 정치인 것이다. 그렇다면 지금 이러한 자들을 대담하게 형벌에서 벗어나게 함이 그들을 위함이요 동시에 국가를 이롭게 하는 소이이며, 이것이 곧 재판의 목적을 달성하는 길인 것이다."[24]

1952년 동 제목으로 신한문화사에서 출간된 것이다)로 나타난다.

23) 신동운 편저, 앞의 책, 112면.

24) 신동운 편저, 앞의 책, 117-118면.

그렇다면 재판관은 실정법에 충실한 입법의 시녀라는 견해에 반대하는 자유법론에 따라[25] 부역한 시민들을 대담하게 처벌하지 않아야 할 것인가? 유병진 판사는 자유법론을 다음과 같이 이해하고 있다. 자유법운동이 내세우는

"주장의 골자는 법률학에 있어서의 논리적인 개념구성방법을 철저히 배격하며 법전의 권위를 가급적 감소함과 동시에 재판관의 권한을 될 수 있는 대로 증가시켜서 시시각각 유전하는 사회적 실재에 일층 적합한 재판을 시키려 함에 있다. 법조문에 얽매이어 그것을 기초로 개념구성을 할 뿐 현실의 사회적 사실에는 일고도 하지 않았던 종래의 경향에 대한 일대 반항인 것이다. 그 목적은 요컨대 실제적이며 종래의 개념법학의 부정인 것이요 나아가서는 재판관의 법조문으로부터의 해방인 것이다. 그리하여 법조문의 고정과 재판관의 자유로운 인격과는 서로 상반되는 극단에 선다."[26]

이렇게 자유법론에 입각하여 부역자들을 처벌하지 않는 것이 국민을 위하고 국가를 위하는 것이며 재판의 목적이 아닌가? 유병진 판사는 고뇌에 찬 목소리로 부르짖는다.

"그러나, 그러나 안 될 일이다. 아무리 재판이라고 하더라도 법을 넘을 수는 없는 것이다. 그 자유재량도 법의 인정하는 범위 내에서만이 할 수 있는 일이다. 그러면 기어코 안 된다는 말인가. 과연 이것[처벌하지 않는 것 -인용자]을 단념하여야 할 것인가? 그러한 궁지에서 헤맬 때 나의 가슴은 법에 대한 분노로서 꽉 찼다. 그 분노는 나의 얼굴까지 붉게 하였으며 그 사색조차도 혼란하게 하였다. 이것이 무슨 법일까, 이러한 법을 만들려면 하루에 몇 개라도 만들 것이다.

25) 신동운 편저, 앞의 책, 240면 이하 참조.
26) 신동운 편저, 앞의 책, 240면.

> 입법가는 무엇이라도 만들면 그것이 제법 법인 줄만 아는가? 고약한 법. 아니 그들은 법이란 무엇인 줄 알고 있을까. 법은 감정으로써 만드는 것일까."[27]

법관으로서 가져야 할 실정법에 대한 충실의무와 자유법론에 따라 올바르게 재판을 해야 한다는 법철학적 양심 사이에서 당시의 '법에 대한 분노'와 재판관의 실존적·사회적 고민을 거쳐서 유병진 판사는

> "법은 정의이며 정의의 실현을 주된 사명으로 하는 사회로서의 존재인 한 국가의 법도 그것이 정의와 분리되어서는 권위가 없을 것이다. 법적 안정의 입장으로 볼 때 법의 내용 여하에도 불구하고 인민은 국가의 명령에 복종할 것이 요구될 것이다. 그러나 국가 및 그 법도 정의에 구속되는 이상 국가의 명령이 정의 즉 자연적·도덕적 원리에 위반하지 않아야 된다는 것만은 최고의 원리로서 인정되지 아니하면 안 될 것이다."[28]

는 결론에 도달한다. 동시에 유병진 판사는 민주주의 사회에서 다수결에 의한 결정이 정의라고 하는 견해에 대하여 반대하면서 정의는 다수결 위에 '옳음'이라는 가치판단이 더해져야 한다는 실질적인 정의관을 제시한다.[29]

법은 가변적이고, 자연법과 조리도 가변적이라는 견해에 서서 당대의 사회적 현실에 맞추어서 법을 파악[30]하려 했던 유병진 판사는, 입법자가 불완전하게 제정한 법률에 대하여 '악법도 법이

---

27) 신동운 편저, 앞의 책, 118면.
28) 신동운 편저, 앞의 책, 238면.
29) 신동운 편저, 앞의 책, 258면, 260면 참조.
30) 신동운 편저, 앞의 책, 231면.

다'라는 견해를 무비판적으로 받아들여 '입법의 시녀'에 머무르려는 당대의 사법부 풍조에 비판적인 입장을 취하였다. 법과 현실 간의 불일치를 조정하기 위하여 유병진 판사는 '자유법론'에 기대어 신의성실의 원칙, 사정변경의 원칙, 기대가능성론과 같은 정당한 규범을 원용하여 재판을 하여야 한다고 주장한다.[31] 특히 해방 후와 같은 '과도기적 상황에서는' 재판관은 '입법자의 시녀'에서 탈피하여 제정법과 법현실 사이의 불일치를 조정하는 '입법의 조정자'에서 심지어는 '입법의 후견으로서의 지위'에까지 나아갈 수 있어야 한다는 사명감을 피력하기도 하였다.[32]

'입법의 후견'이라는 용어로 유병진 판사가 말하고자 했던 바는 무엇이었을까? 이러한 대담한 주장의 이면에는 법과 정의의 갈등에 대한 다음과 같은 문제의식이 작동하고 있었다.

> "비상조치령['특조령'—필자]이라는 법을 존중하여야 할 것인가 혹은 본래의 부역범이라는 社會條理 다시 말하면 사회생활의 현실을 존중하여야 할 것인가.[33] 법의 준수는 현실을 무시하게 하고 현실에의

---

31) 사족을 덧붙이자면, 유병진 판사는 자유법론의 한계("재판관이 입법가의 노릇을 할 수는 없는 것"—신동운 편저, 앞의 책, 245면)도 인식하고 있었다. 재판관 개인의 주관적 가치를 실정법보다 우위에 두어서는 안 된다는 점을 명확하게 하면서, 개념구성의 방법도 엄밀하게 하고 학설도 적절하게 원용하는 방법을 써서 가능한 한 실정법을 그대로 적용했을 때 생겨나는 극도의 불합리함을 해소하고자 노력하여야 한다는 점을 강조한다. 이에 대해서는 신동운 편저, 앞의 책, 241면 이하 참조.

32) 신동운 편저, 앞의 책, 253면.

33) '본래의 부역범이라는 사회조리'라는 표현에 대해서는 약간의 설명이 필요하다. 유병진 판사는 본래의 부역범이란 역도에게 협력한 자이지만, 협력의 정도가 문제가 된다고 파악한다. 이때 평균인을 기준으로 해야 하며, 민족지사의 민족의식을 요구할 수는 없기 때문에 평균인의 민족의식에 대한 최소한도의 희망선과 생에 대한 애착심의 강도선과의 어떤 접촉점에서 그 기준을 찾아야 한다고 유병진 판사는 말하고 있다. 당시의 사회조건하에서 일반적으로 생명을 유지하기 위해서는 도저히 국민에게 부역행위를 하지 말 것을 요구하지 못할 정도 내에서는 최소한도

추종은 법을 유린케 한다. 그러면 법과 현실과의 모순, 아니 간격을 어떻게 해결하여야 할 것인가. 종래 많은 학자들은 아니 실무가들은 외쳤다. 아니 현재에도 외친다. 「법은 그 내용이 정당하든 말든 간에 국민을 이에 복종시킴으로써 사회의 안녕질서를 유지한다. 따라서 각 개인은 법내용의 당부를 일일이 심사하지 않고 법의 의사에 백지적인 복종을 하여서 법을 존중하여야 한다. 어떠한 법이라 하더라도 국가의 명령으로서 사회생활의 질서를 유지하는 역량을 가지고 있는 한 그것은 그 내용을 떠나서 적어도 존재 자체에 의하여 법의 하나의 목적인 법적 안정에 봉사하는 것이다」라고. 그러한 사람의 눈으로 볼 때에 「재판관은 자기의 법률적 감정을 희생하고 법의 명령에 복종할 따름이다. 결코 법이 정의에 알맞느냐를 문제시하여서는 안 된다」라고 관념하며, 다시 「재판관은 모름지기 법의 충실한 시녀로서의 의무를 다하지 않으면 안 된다」고 외친다. 물론 법은 충실하게 준수하여야 할 것이다. 그러나 과연 입법의 충실한 시녀까지 되어야 할 것인가? 정의 아닌 법이라 할지라도 우리는 그 법에 맹목적인 추종을 하여야 할 것인가? 우리는 국민에게 不當[不正義—필자]을 강제할 수 있을 것인가. 법을 준수하기 위한 국민일까. 국민을 위한 법이 아닐까."[34]

악법이라도 준수해야만 사회질서가 유지된다는 당대의 또는 전형적인 법실증주의자의 주장에 대하여 유병진 판사는 "그러한 걱정은 너무나 과도한 것"이라고 지적한다. 법과 현실의 갈등단계를 구분하여 유병진 판사는 법과 현실의 유리가 "초급단계"라

의 순종행위는 정당하다고 판단되어야 하며, 이것이 "본래의 부역행위에 내재하는 사회조리"라는 것이다. 이에 대해서는 유병진, "비상조치령에 있어서의 몇 가지의 과제," 법정 제6권 9호(1961.9), 9-13면 참조(신동운 편저, 앞의 책, 205-229면).

34) 신동운 편저, 앞의 책, 101면.

면 법실증주의자의 걱정이 일리가 있지만, "전체적으로 볼 때 정의 아니 진리의 옹호를 주된 목적으로 하는 법이 그 정의를 배반하고 그 從的 목적인 법적 안정에만 봉사할 수" 없다는 반론을 펼친다.[35] 그리고 "진리 아닌 법에 대하여 또는 진리를 잃은 법"에 대하여 정의의 수호자로서 자처하는 법률실무가인 한 이러한 법에 대하여까지 맹목적인 추종은 할 수 없다고 선언한다.[36] 이는 라드브루흐의 '불법공식'을 연상케 하며 자연법론의 '불법명제'(극도로 부정의한 법률은 법이 아니다)에 일치하는 사고방식이라 하지 않을 수 없다.

> "아무리 법이라 한들 진리에 어긋나는 한 결단코 항쟁하여야 한다. 그리고 그 진리를 살려야 한다. 그런데도 불구하고 종래의 우리의 태도는 어떠하였던가.「악법도 법이다」라는 눈초리를 두려워해서 고두(叩頭) 이에 추종만 하지 않았던가. (…) 「아! 시끄러워 법이 그렇게 되어 있는 것을 어찌하겠소. 결과가 부당하다는 것이야 나도 잘 알지만 나를 원망하기보다는 법을 원망하시오. 나는 모르겠소」라고 변명하면서 재판관의 책임을 면하려 할 것인가. (…) 아니다. 우리는 사회적 부정의에 대하여 의분의 눈물을 흘려야 할 것이오, 사회악에 대하여 광정(匡正)의 정열을 기울여야 할 것이다. 그 의분이나 정열의 앞에 무슨 안주지가 있을 것이며 무슨 책임전가가 있을 것인가. 거기에는 오직 결단과 용기로써 진리의 옹호에로의 과감한 돌진이 있을 따름이다. 이러한 돌진만이 도리어 법을 살리는 소이인 것이요, 국가·사회에의 최대 봉공일 것이다."[37]

물론 사회현실을 반영하고 변화에 적절하게 대응하는 법의

---

35) 신동운 편저, 앞의 책, 105면.
36) 신동운 편저, 앞의 책, 105면.
37) 신동운 편저, 앞의 책, 105-7면.

개폐절차가 마련되어 있다면 법의 존엄성이 절대적이지만, 만일 불완전하다면 "그 불완전성의 정도에 따라 이에 정비례하는 다른 부문으로부터의 보충을 받아야 할 것"이라는 전제 하에서 유병진 판사는 재판을 통한 보완이 필요하다고 주장한다.[38]

> "필경 법은 자신의 不法不當을 교정하고 혹은 입법 후 사회사정의 변천으로 인한 법의 결함을 보정하여 주는 어떠한 작용을 필요케 한다. 이것이 법에의 재판관의 협력이 요청되는 소이인 것이다. 그리하여 법의 불완전성이 심할수록 법조정의 책무가 중대화될 것이며 그 정도가 우심(尤甚)함에 이르러서는 조정의 범위로부터 후견의 단계에로 전이치 않으면 안 될 것이다. 이러한 의미에서 감정과 소홀에 빠지기 쉬운 과도기에 있어서의 재판관의 주의심은 이러한 방면에 집중되어야 할 것이다. 그러나 구체적으로 이러한 작용을 어떻게 하느냐는 곤란한 문제이다."[39]

아마도 '(입)법의 후견'이라는 표현으로 유병진 판사가 말하고자 했던 바는 불완전한 입법에 대해서 '법원리를 통한 보완' 또는 '법원리를 통한 법흠결의 치유'였을 것이다. 이러한 입장은 앞에서 든 자연법론의 '법원리명제'에 상응하는 것이라고 해석할 수 있을 것이다. 그리고 유병진 판사의 견해로부터 배울 수 있는 바는 '법률의 부정의 정도에 따라 법원리에 따른 재판관의 법보충의 정도가 커진다'는 주장이다. 이는 '불법 명제'에 상응한다고 볼 수 있을 것이다.

1958년 1월 12일 조봉암 외 17인의 진보당 당원이 구속된 사건에서 동년 7월 2일 유병진 판사는 1심 재판의 재판장으로 평소의 자신의 소신대로 조봉암에게만 어쩔 수 없이 국가보안법위

38) 신동운 편저, 앞의 책, 107면.

39) 신동운 편저, 앞의 책, 107-8면(강조와 밑줄은 첨가한 것임).

반죄를 적용하며 징역 5년을 선고하고 나머지 피고인들에게는 무죄를 선고하였다. 이 판결로 말미암아 유병진 판사는 1958년 말 법관재임용에서 탈락되었다.[40] 독재정권, 즉 악법체계 하에서 자연법에 기초한 법관의 양심을 지켰던 법관들 및 법률가들의 운명과 자연법론의 험난한 길을 미리 보여주는 것이라고 하겠다.

2. 개인의 완성과 제도적 정의의 구현: 토마스 아퀴나스의 자연법론을 계승한 자연법론

서구 자연법론에서 가장 큰 영향을 미치고 있는 것은 토마스 아퀴나스의 자연법론이다. 한국에서 토미스트 자연법론의 영향을 받은 법률가 및 법학자로서는 대표적으로 법실무가로서는 故 김홍섭 판사,[41] 법철학자로서는 故 이태재 교수(1921-2003)를 들 수 있다.

특히 1950년대 말부터 일관되게 자연법론을 전개해온 이태재 교수는 아퀴나스의 자연법론을 받아들여 이른바 신자연법론(네오토미스트 자연법론)을 제시하면서 국가와 법의 목적을 개인의 도덕적 완성과 개성의 자유로운 발현에 두고, 사회질서와 법질서의 목표를 구체화하려고 시도하였다.[42] 법실증주의가 지배하는 한국의 법체계에서 이태재 교수는 본격적으로 자연법론의 기초를 닦고 그 내용을 구체화하려고 시도하였는데 그 근본주장은 다음과 같다.

“법은 인간생활에 투영된 정의의 영상이다. 따라서 변천하는 인간

---

40) 최종고, 앞의 책, 479-480면 참조.

41) 김홍섭 판사의 자연법론에 대해서는 최종고, 『사도법관 김홍섭: 한 법률가의 사상과 신앙』(育法社, 1985) 참조.

42) 이태재, 『자연법개론 — 사회질서의 사상체계』(법문사, 1962).

생활면과 함께 그 영상도 또한 변천한다. 그러나 결코 정의는 변하지 아니한다. 자연법의 내용은 정의의 구현을 위한 질서이다. 인간이 이성의 빛으로 신이 정립한 연구법에 참여할 때에 발견되는 질서가 자연법이라고 생각한다. 그러므로 자연법은 영구불변하는 인간규범이면서도 실천이성의 발달과 함께 영원히 발전한다. (…) 자연법은 인류사회가 지속되는 한 영원히 발전할 것이다."[43)]

나아가 이태재 교수는 국가와 법의 목적은 인간 개개인의 완성에 있다고 하면서 다음과 같이 전형적인 신자연법론의 사상을 제시한다.

"인간사회의 모든 질서는 정의의 구현을 위한 수단이다. 더 상세하게 말한다면 인간의 품위(존엄성 dignites)와 정의(justitia)와 공통선(bonum commune)을 보장하고 발전시킴으로써 개개인을 완성시키기 위한 것이라고 생각한다. 이 사상은 목적이 국가에 있지 아니하고 인간 개개인의 완성, 즉 인간 자체에 있다는 점에 있어서 국가사회주의나 전체주의와 상반되는 동시에 공통선을 통한 개개인의 완성을 목적으로 한다는 점에 있어서 개인주의와도 상위한 것이다."[44)]

토미스트 자연법론은 국가와 법의 목적이 개개인의 도덕적 완성 및 개성의 자유로운 발현에 있다는 완전주의(perfectionism)를 특징으로 한다.[45)] 토마스 아퀴나스의 자연법론에 바탕을 둔 이태재 교수의 자연법론은 당시의 법현실에 직접적인 관련성을 갖고

43) 이태재, 『자연법개론』, 17면.

44) 이태재, 앞의 책, 15면(강조는 첨가된 것임).

45) 자연법론과 완전주의 밀접한 관련성은 J. Finnis, *Natural Law and Natural Rights*, Oxford, 1980; R. P. George, *Making Men Moral*, Oxford, 1997에서 잘 드러난다. 완전주의에 대해서는 T. Hurka, *Perfectionism*, Oxford, 1993 참조.

있지 않았으므로 당대에는 이론적으로나 실무상 두드러진 영향력을 행사하지는 못하였던 것처럼 보인다. 그러나 네오 토미스트의 자연법론은 70-80년대 군부독재에 저항하는 법철학적 기반으로 작용하였고, 12·12 군부쿠데타와 5·18사태에 대한 재판과정에서 권성 서울고법부장판사의 판결에 큰 영향을 미쳤다고 생각한다.

3. 70-80년대 민주화 운동 과정에서의 자연법론

70-80년대 민주화 운동 과정에서 법현실과 대면하여 학문적인 차원에서 제공되는 법철학의 역할은 미미했다. 나치 시대에 독일의 법철학이 질식당하였듯이 당시 한국의 법철학이 법현실을 향하여 발언할 공간 역시 유신헌법으로 인해 위축될 대로 위축되어 있었기 때문일 것이다. 이러한 상황 아래에서는 이론적으로 정교함과 세련됨을 갖춘 민주적인 법실증주의가 아니라, 유병진 판사의 말을 활용하자면 '권력의 시녀'가 되어버린 천박한 법실증주의가 득세하게 되는 것은 당연한 귀결일지도 모른다. 따라서 자연법론은 학계에서가 아니라 인권변호사들의 변론에서, 민주화 운동을 수행하던 지식인들이나 시민들의 발언에서, 긴급조치나 집시법 또는 국가보안법위반으로 구속기소된 학생들의 발언 및 항소이유서에서 등장하여 저항의 법담론으로서 전개되었다.

(1) 유신 헌법과 긴급조치, 법관의 딜레마 —인권변론과 자연법론

유신헌법 제102조는 "법관은 이 헌법과 법률에 의하여 그 양심에 따라 독립하여 심판한다"라고 규정하고 있었다. 필자는 법관의 양심을 보장하고 있는 듯이 보이는 유신헌법의 이 조항이야말로 법관의 양심을 옥죄는 질곡의 헌법적 원천이었다고 생각한다. 제헌헌법과 여타의 대한민국 헌법들에서는 "법관은 헌법과 법률에 의하여 그 양심에 따라 독립하여 심판한다"로 규정하고 있기 때문에 법관이 재판을 할 때 적어도 이론상으로는 헌법의 연속성을 감안하여 제헌헌법의 정신과 규범을 원용할 수 있다. 그러나 유신헌법은 '이 헌법'이라고 제한함으로써 긴급조치관련 사건에서 이 헌법 이외의 제헌헌법이나 제2공화국 및 제3공화국 헌법에서의 기본권규범들 및 법원리들을 원용할 여지를 완벽하게 봉쇄(배제)해버렸다.

이렇게 유신헌법 제102조는 적어도 이전의 헌법들에는 '포용'되어 있었던 기본적 인권의 보장이나 근본적인 정의원리나 정치도덕원리들을 재판규범으로서 원용되는 것을 완전히 차단하고 배제하는 효과를 낳았다. 이러한 배제 효과는 긴급조치관련 사건에서 악법을 적용해야만 하는 법관들에게 엄청난 양심적 갈등을 일으키게 한다. 1970년대 폭압적·초법적 규제인 긴급조치에 따라 수많은 유죄판결이 잇따랐던 현실에 대해 당시 재판에 참여했던 법관들 가운데 상반된 대답을 하고 있음을 확인할 수 있는데 이는 당시 법관들이 느꼈던 참담함과 부끄러움을 잘 보여주고 있다.[46] 우선 당시의 상황에 대하여 부끄러워하는 법관들의 반응을 보면 다음과 같다.

> ① "유신 시절 긴급조치 위반 사건을 맡았을 때 깊이 고뇌했다. 사표를 낼 것이냐 판결을 내릴 것이냐를 두고 양심의 갈등을 느꼈다. 긴급조치 위반으로 잡혀온 학생이나 시민에게 무죄를 내리고 싶었지만, 불가능하다면 집행유예를 선고하고 그마저도 불가능하다면 어쩔 수 없이 판결을 내렸다."(헌법재판관 출신 변호사)
>
> ② "나는 긴급조치 위반 사건을 포함한 형사사건이 적은 지방에

46) <한겨레> 1월 25일자 1·4면 참조. 이하는 <한겨레>가 당시 긴급조치 위반 사건을 판결한 법관 492명의 명단을 입수해 이 가운데 직·간접적으로 연락이 닿는 45명에게 당시 판결의 정당성에 대한 견해를 물어본 결과다.

근무하고 있었다. 그 때는 서울에서 근무하고 싶은 생각이 전혀 없었다. 당시를 떠올리면 솔직히 괴롭다. 그 때 일은 돌이켜 생각하고 싶지 않은 일 중 하나다."(대법관 출신 변호사)

③ "현직에서 긴급조치와 관련한 사건을 접할 때는 항상 마음이 무거웠다. 그 때는 살아 있는 법이 있었고, 어쩔 수 없는 판결을 했다. 그 때를 생각하면 마음이 아픈 것이 사실이고 그것은 우리의 공동 책임이라고 생각한다."(고등법원장 출신 변호사)

이들의 말에선 현행법을 판결의 준거로 삼을 수밖에 없었던 법관의 반성과 회한이 묻어난다. 이는 앞에서 든 악법을 적용해야 하는 법관의 딜레마 중 첫 번째 선택지를 택한 경우이다.

그러나 나머지 대부분의 전·현직 법관들은 "기억이 나지 않는다"거나 "당시엔 어쩔 수 없었다"는 반응을 보였다. 게다가 긴급조치 위반사건 판결에 참여했던 전직 법관들은 대부분 당시 판결에 대해 언급하는 것을 꺼렸고 일부는 판결 내용과 법관 실명을 공개하는 데 반발하는 모습도 보였다.[47] 우선 당시와 지금의 사회 분위기가 다르다는 '상황 논리'를 펴는 이들이 상당수였다. 1970년대 고등법원 형사부장을 지낸 모 변호사는 "긴급조치 당시는 모든 것이 통제된 상황이라 소신대로 판결하려고 해도 어려웠다"며 "긴급조치도 법령이어서 그대로 적용했지만 될 수 있으면 양형을 내리려고 노력을 많이 했다"고 말했다.

1971년 7월 '사법파동'[48]이 일어나고 이어서 홍성우, 최영도

47) <한겨레> 신문사가 492명의 법관이 이후 법원에서 어떤 직책을 거쳤는지 일일이 추적해본 결과 현직 고위 법관으로 재직 중인 이가 12명에 이르렀으나, 이들은 "특별히 할 말이 없다." "실정법에 따라 재판했다"는 등의 반응을 보이거나 아예 답변을 꺼렸다고 한다. 유신시대 이후 고위 법관을 지내다 퇴직한 이는 101명에 이르렀다.

48) 한국의 司法史에서 두 번의 사법파동이 있었는데, 바로 1971년의 제1차 '사법파동'과 1988년 제2차 '사법파동'이다. 제1차 사법파동의 배경

판사 등을 중심으로 한 젊은 법관들이 사법권 위협에 항거하면서 집단사표를 제출하게 된다. 이 사건을 계기로 사법부는 정치권력에 급속하게 예속되게 되고, 사표를 제출한 젊은 판사들이 당시 한승헌 변호사, 이돈명 변호사, 유현석 변호사, 조준희 변호사 등을 중심으로 한 인권변론활동에 참여하면서 본격적으로 인권변호의 막이 오른다.[49] 필자는 이 과정에서 신토미스트 자연법론의 영향이 컸다고 생각한다.[50] 가령 다음과 같은 예를 보자. 주지하

을 간략하게 언급하자면 1967년 전면개정된 국가배상법 제2조 1항과 관련하여 소장 판사들이 적극적으로 위헌의견을 개진하고 대법원에서도 위헌이라고 판시하자, 당시 정권은 검찰과 경찰을 동원하여 법관을 통제하고 시국사건에 대하여 무죄판결을 선고한 법관을 사찰하면서 구속영장을 청구하였다. 이에 항거하여 전국의 법관들이 정면으로 반발하고 여론도 사법부에 유리하게 전개되자 정권은 물러났다가 1년 후 유신체제가 들어서면서 위헌판결을 내린 9인의 대법원 판사들과 법관 40여 명을 법관재임명에서 탈락시키게 된다. 제1차 '사법파동'의 계기가 되었던 문제의 '국가배상법위헌판결'(대법원 1971.6.22. 선고 70다1010 판결)은 1995년 한국사법백주년을 기념하여 법관들을 상대로 한 설문조사에서 가장 자랑스러운 판결로 꼽혔다.

49) 유신체제 하에서의 민주화운동과 인권변론에 대해서는 한승헌 외, 「유신체제와 민주화운동」, 춘추사, 1984 참조; 이석태 외, "'무죄다'라고 말할 수 있는 용기－인권 변호사 황인철, 그의 삶과 뜻," 문학과지성사, 1998 참조; 한승헌, 『분단시대의 법정』, 범우사, 2006 참조.

50) 1974년 민청학련 사건으로 구속되어 옥고를 치루고 있던 김지하 씨가 1975년 2월 석방되었다가 석방 직후 <고행 1974>란 글을 일간신문에 게재하였다는 이유로 다시 동년 3월 14일 재수감된다. 사형선고가 가능한 국가보안법상의 누범조항으로 그 어떤 접견, 집필, 독서가 금지된 고립상황에서 공산주의자라는 자백을 강요받기에 이르렀고 그렇게 작성된 자필진술서는 9개 국어로 번역되어 전 세계에 유포된다. 이를 반박하기 위하여 옥중에서 양심선언을 준비한 김지하 씨는 1975년 5월 4일 완성한 후 이 <양심선언>서를 반출시켰고, 이것은 동년 8월 4일 외국에서 발표되었다. 여기서 주목해야 할 점은 김지하 씨가 <양심선언>에서 "토마스 아퀴나스 이후의 카톨릭 정치사상에서는 민중의 생존을 유린하고 공동선을 침해하는 명백한 폭군적 압제를 타도할 자연법적 권리와 의무가 민중 자신에게 명백히 주어진 것으로 인정되어 왔다. 이것은 압제에 의해 상실된 민중 자신의 인간성을 민중 스스로가 회복하는 폭발

듯이 유신체제 하에서는 고문과 조작이 일상적이었는데[51] 당시 이에 대한 비폭력적 투쟁방식 중의 하나가 '양심선언운동'이었다. 당시 양심선언의 전범을 제시한 것으로 평가받았던 지학순 주교는 1974년 7월 6일 긴급조치 제1호와 4호 위반 혐의로 연행될 때 고문과 조작으로 인한 진상왜곡의 위험을 앞두고 자신이 행하게 될 진술은 고문에 의한 것임을 미리 밝히면서 이에 덧붙여서 유신헌법은 무효이며 진리에 반대되고 기본적 인권을 유리하는 악법이며 재판의 독립성을 인정할 수 없다고 선언한다. 다음의 양심선언이 대표적인 것이다.

> 1. 소위 유신헌법이라는 것은 민주헌정을 배신적으로 파괴하고 국민의 의도와는 아무런 관계없이 폭력과 공갈과 국민투표라는 사기극에 의하여 조작된 것이기 때문에 무효이고 진리에 반대되는 것이다.
>
> 2. 소위 유신헌법이라는 것은 국민이 최소한도의 양보도 할 수 없는 기본인권과 기본적인 인간의 품위를 집권자 한 사람의 긴급명령이라는 단순한 형식만 가지고 짓밟는 것이다.
>
> 3. 소위 대통령 긴급조치 제1호, 제4호는 우리나라의 오랜 역사상 가장 참혹한 자연법 유린의 하나이다.[52]

그리고 천주교 원주교구 평신도 일동의 이름으로 동년 10월 1일에 「지학순 주교에 대한 기소사실은 어떠한가」라는 성명서를

적 전환점을 마련함으로써 민중의 급격한 보편적 각성, 즉 역사가 비약하는 기적을 일으킨 것이다"라고 쓰고 있다는 점이다. 이는 당시의 민주화 저항운동에서 법적 담론, 그것도 아퀴나스적 자연법론 이론이 큰 역할을 하였다는 점을 보여주고 있다고 생각한다. 김지하 씨의 양심선언은 한인섭 편, 『정의의 법, 양심의 법, 인권의 법』(박영사, 2004), 195-219면에 수록되어 있다.

51) 유신시대의 고문현실에 대해서는 조갑제, 『고문과 조작의 기술자들』(한길사, 1987) 참조.

52) 기쁨과희망사목연구소, 『암흑속의 횃불』 제1권(1996), 67면.

발표하였는데 그 중 다음과 같은 주목할 만한 대목이 있다.

> "독일 바이마르 공화국의 법무장관을 지낸 법철학자 구스타프 라드브루흐는 히틀러의 나치 곤욕을 겪은 다음 2차대전 종전 후 최소한도의 자연법원칙 하나를 제시하였다. 「국가권력을 위임받은 정부는 모든 시민들에게 정치적 사상의 자유를 허용할 책임이 있고 정치적 견해, 사상적 신념에 대한 관용의 의무가 있다. 다만 이러한 자유와 관용의 혜택을 받을 수 없고 또 받아서는 안 되는 시민이 있으니, 즉 자유와 관용을 베풀어야 한다는 자연법 자체를 파괴하려는 정치견해나 사상을 가진 분자들만은 자유와 관용을 받을 자격이 없다는 것이다. 공산주의자나 나치 파시스트들이 그 예이다.」 그런 점에서 서독의 기본법이 공산당 기타 독재적 견해를 불법화하고 우리나라도 국가보안법을 시행하는 것은 자연법적 근거가 있다고 볼 수 있겠다. 지 주교는 공산주의자도 아니고 독재를 옹호한 분도 아니며 오히려 라드브루흐가 제시한 자연법을 사수하려는 분이다."[53)]

자신의 이론이 법철학자의 책상이나 강의실에서만 읽혀지고 논의되는 것이 아니라 당대의 폭압적인 권력과 천박한 법실증주의의 위력에 대항하는 논변의 이론적 무기로도 사용되었다는 것을 라드브루흐가 알았다면 매우 기뻐했을 것이라고 생각한다.

---

53) 이 성명서 내용은 윤일웅, "유신정권과 정의구현사제단," 한승헌 외, 『유신체제와 민주화운동』, 98면에서 재인용하였다. 이 성명서에서 인용된 라드브루흐의 견해가 비록 정확한 것은 아니었다고 할지라도 독재정권의 불법에 저항하는 논변으로서 라드브루흐의 법철학이 원용되었다는 사실 자체가 현실 속에서 법철학이 가지는 의미를 잘 보여주는 것이라고 하겠다. 현 서울대학교 법과대학에 재직하는 최종고 교수가 당시 2년여 간의 번역작업 끝에 1975년 라드브루흐의 법철학을 번역하였던 것은 그 때의 상황을 감안할 때 매우 의미심장한 사건이라고 본다. 이에 대해서는 G. 라드브루흐 (최종고 역), 『법철학』(삼영사, 1975) 서문 참조.

긴급조치 제4호 위반으로 구속기소된 민청학련관련 학생들을 위하여 법정변론을 하다가 강신옥 변호사는 '법은 정치의 시녀, 권력의 시녀', '이 재판은 법을 악용하여 저지르는 사법살인행위', '악법은 지키지 않아도 좋으며 악법과 정당하지 못한 법에 대하여는 저항할 수도 있고 투쟁할 수도 있는 것'이라는 주장을 펼치게 되고, 이 변론 때문에 긴급조치위반, 법정모독죄 등으로 구속·기소되어 비상군법회의에서 징역 10년과 자격정지 10년을 선고받았다. 강신옥 변호사는 <변호인의 변론을 이유로 처벌할 수 없다>는 제목의 항소이유서[54]의 '법률상의 저항권 이론' 부분에서

> "법학에 있어, 어떤 법률이 그 수범자인 국민을 구속하는 것이냐 아니면 법률 중에는 정당한 것도 있고 정당치 못한 법률이 있어 정당한 법률에 대해서만 국민을 구속하는 것이지 그렇지 않은 법률에 대해서는 준수할 의무가 없고 오히려 이 부당한 법률에 대해서는 저항할 권리가 있다는 두 견해가 대립되어 있는바, 자연법이론과 실증주자들의 견해가 그것이다."[55]

라고 시작한 후, 고대 그리스의 아리스토텔레스, 키케로, 아퀴나스, 그로티우스, 로크, 근현대 미국의 사상가들, 전후 서독 각 주들의 헌법, 라드브루흐, 일본의 헌법학자 宮澤俊義, 마틴 루터 킹 목사 등의 견해를 간략하게 소개하고는 "어떻든 현재 법철학에서는 자연법학자들의 이론이 더 우세한 상황에 있다고 본인은 믿고 있습니다"라는 자연법에 대한 신앙고백을 한다.[56] 그리고 자연법

54) 강신옥 변호사의 항소이유서 <변호인의 변론을 이유로 처벌할 수 없다>는 한인섭 편, 앞의 책, 223-258면에 수록되어 있으며 자연법론적 견해는 특히 237-240, 244- 252면에서 등장한다.
55) 한인섭 편, 앞의 책, 237면.
56) 한인섭 편, 앞의 책, 240면.

이론에 입각하여 당시 긴급조치 제1호 및 제4호를 '자연법에 반하는 정당하지 못한 법'으로 보는 10가지 근거를 제시한 후,[57] 긴급조치는 자신의 "자연법에 대한 신앙심" 에 비추어보면 "바로 이런 법률은 지키지 않아도 좋은 악법이고 벌써 법이 아니라고" 주장한다.[58]

강신옥 변호사의 변론 및 항소이유서에서 등장하는 자연법론적인 발언은 단순하면서도 강력한 메시지를 담고 있었다. 이러한 견해는 당시 민주화운동에 관여했던 지식인, 학생들 및 시민들의 주장에서 흔히 접할 수 있는 시대정신을 반영한 것이라고 해도 과언이 아닐 것이다.[59]

그렇다면 자연법에 대한 당시 대법원의 태도는 어떠하였을까? 1975년 민청학련사건에서 변호인은 저항권에 기초한 변론을 제기하였는데, 당시 대법원은 상고심에서 이에 대한 견해를 다음과 같은 논변으로 물리쳤다.

> "피고인들의 행위가 소위 저항권에 의한 행위이므로 위법성이 조각된다고 하는 주장은 그 저항권 자체의 개념이 막연할 뿐만 아니라 (…) 이 점에 관한 극일부소수의 이론이 주장하는 개념을 살핀다면, 그것은 현존하는 실정법질서를 무시한 초실정법적인 자연법질서 내에서의 권리주장이며, 이러한 전제 하에서의 권리로서 실존적 법질서를 무시한 행위를 정당화하려는 것으로 해석되는바, 실존하는 헌법적 질서를 전제로 한 실정법의 범주 내에서 국가의 법적 질서의 유지를 그 사명으로 하는 사법기능을 담당하는 재판권행사에 대하여 실존하

57) 한인섭 편, 앞의 책, 249-250면.

58) 한인섭 편, 앞의 책, 255면.

59) 가령 한승헌, "긴급조치와 긴급인권," 한승헌 외, 『유신체제와 민주화운동』, 5-20면 참조; 윤일웅, "유신정권과 정의구현사제단," 위의 책, 89-120면 참조.

> 는 헌법질서를 무시하고 초법규적인 권리개념으로써 현존 실정법질서에 위배된 행위의 정당화를 주장하는 것은 그 자체만으로도 받아들일 수 없다."[60]

자연법적인 견해에 대하여 정면으로 반박한 대법원은 법실증주의에 기반을 둔 사법소극주의를 분명하게 선언하고 있다.[61] 그러나 이미 사법부 내에서 자연법론을 받아들이는 흐름과 사법적극주의를 모색하던 흐름이 있었는데 이에 대해서는 후술하기로 한다.

(2) 제5공화국의 독재체제와 자연법론 : 저항권의 자연법론

유신체제가 막을 내리고 1980년 봄 헌법개정논의가 활발하게 되면서 기본권은 자연권이라는 의식이 확대된다. 이러한 법의식은 제5공화국 헌법에서도 '포용'되어 제9조에서 "국가는 개인이 가지는 불가침의 기본적 인권을 확인하고 이를 보장할 의무를 진다"라고, 그리고 제35조 2항에서 정당한 사유가 있는 경우 국가가 기본권을 제한할 수는 있지만 "자유와 권리의 본질적인 내용을 침해할 수 없다"고 규정되었다. 기본권이 자연권적 성질을 갖는다는 견해가 헌법에서 수용되었다는 것은 유신체제하에서의 민주화운동에서 자연법론이 가졌던 역할에 대한 정당한 보상이라고 해도 좋을 것이다. 제5공화국의 악법체계에서 위력을 발휘했던 담론은 이러한 자연권에 바탕을 둔 저항권의 담론으로서 폭압적 정체와 법의 타락에 대한 투쟁의 법철학적 기반이 되었다.[62]

---

60) 대판 1975.4.8, 74도3323.

61) 동일한 견해로는 한인섭, 『권위주의 형사법을 넘어서』(동성사, 2000), 130면 참조.

62) 당시 자연권으로서의 저항권을 제창한 대표적인 학자로는 김철수, "抵抗權 小考," 서울대학교 법학 제20권 2호(1980). 저항권 이론은 1980년 봄 헌법개정논의에도 영향을 주어 저항권을 헌법에 실정화하는 논쟁이

1975년의 판결과는 달리 1980년 '김재규사건'에 대한 상고심에서 대법원은 "저항권의 존재가 권리로 인정되어야 한다는 논지가 시인된다고 하더라도 그 저항권이 실정법에 근거를 두지 못하고 오직 자연법에 근거하고 있는 한 법관은 이를 재판규범으로 원용할 수 없다"고 설시한다.63) 그러나 소수의견에서는 다음과 같은 견해를 제시하여 저항권과 자연법론에 대한 사법부 내의 변화를 감지하게 하였다.

> "우리나라에 있어서의 정치의 기본질서인 인간존엄을 중심가치로 하는 민주주의 질서에 대하여 중대한 침해가 국가기관에 의하여 행하여져서 민주적 헌법의 존재 자체가 객관적으로 보아 부정되어 가고 있다고 국민 대다수에 의하여 판단되는 경우에 그 당시의 실정법상의 수단으로는 이를 광정할 수 있는 방법이 없는 경우에는 국민으로서 이를 수수방관하거나 이를 조장할 수는 없다 할 것이므로 이러한 경우에는 인권과 민주적 헌법의 기본질서를 옹호하기 위하여 최후의 수단으로서 형식적으로 보면 합법적으로 성립된 실정법이지만 실질적으로는 국민의 인권을 유린하고 민주적 기본질서를 문란케 하는 내용의 실정법상의 의무이행이나 이에 대한 복종을 거부하는 등을 내용으로 하는 저항권은 헌법에 명문화되어 있지 않았더라도 일종의 자연법상의 권리로서 이를 인정하는 것이 타당하다고 할 것이고 이러한 저항권이 인정된다면 재판규범으로서의 기능을 배제할 근거가 없다고 할 것이다."64)

활성화되기도 하였다. 이 논쟁에 대해서는 법제처, 헌법연구반 보고서, (1980.3), 89-91면 참조.

63) 대판 1980.5.20, 80도306.

64) 임항준 대법원판사의 소수의견, 대법원전원합의체판례집(1990), 165면 (당시 소수의견은 한인섭 편, 앞의 책, 277-323면에 수록되어 있고, 임항준 당시 대법원 판사 소수의견은 303-314면, 자연법론과 저항권 부분은 312-314면에 실려 있다).

이와 같이 사법부 내에서 일어난 자연법에 대한 긍정적인 변화는 후에 5·18관련 재판과정에서 중요한 역할을 하게 된다. 그러나 일시 싹텄던 사법부 내에서의 변화는 다시 위축되고 이후 7년 동안의 유례없는 폭압에 법철학적 자연법론은 숨을 죽이게 되고 자연법론은 학계 외부에서 학생들의 학내시위, 노동자들의 비합법노동운동, 민주화운동 그리고 법정투쟁에서 등장하게 된다. 그리고 사법부와 검찰에서 지배적이었던 법실증주의의 폭력성에 절망하고 자연법론의 무기력함에 실망한 학생들은 대항적 법이론을 모색하려는 노력을 하게 된다.[65]

(3) 사법적극주의의 등장 : 법과 정의실현의 내적 관련성이 선언되다

1985년은 한국 사법부의 법철학사에서 기념해야만 할 해이다. 바로 이 해에 이회창 당시 대법관이 사법적극주의를 제창하고 대법원판결에서 비록 소수의견이기는 하지만 이를 명시적으로 표명하였기 때문이다.[66] 계엄법위반사건에 대한 판결(1985.5.28, 81도1045)에서 대법원 다수의견은 "고도의 정치성이 있는 것은 권력분립의 원리에 따르는 한편 사법권의 헌법상에 내재하는 제약에 따라 위헌판단은 이를 피하여야 한다고 할 것이다. 계엄의 선포와 해제 및 이에 부수되는 조치 등은 국가통치작용으로서 고도의 정치성이 있는 사항이므로 헌법판단의 한계를 넘어서는 것이며 사법심사의 대상이 될 수 없다"고 설시하였다. 반면 소수의견(이

65) 1989년 발족되었던 「민주주의법학연구회」가 이러한 이론적 모색을 보여주었는데, 여기에 참여하였던 법연구자들 이론적 경향은 (저항적) 자연법론, 비판법학, 마르크스주의 법학의 혼합으로 해석해도 좋을 듯하다.

66) 이회창 전 대법관은 1981-1986년 사이에 '위대한 반대자'로 불릴 정도로 국민의 인권과 사회적 약자를 옹호하는 소수의견을 제시하였다. 사족이겠지만, 이하의 부분은 정치인으로서 이회창 현 자유선진당 총재에 대한 고찰과는 아무런 상관이 없음을 밝혀둔다.

회창 대법관)은 법원의 임무는 국민의 기본권을 보장하는 데 있으므로 권력의 자의적 전횡에 대하여 법원이 헌법해석과 사법심사의 권능을 실제로 활용하여야 한다는 견해를 분명하게 제시하였다.

이로부터 2년 후 '6월항쟁' 직전 1987년 3월 28일, 1986년 대법원 판사 재임명에 탈락되고 1년 후, 이회창 전 대법관은 서울대학교 법과대학 제11회 졸업생들의 졸업 30주년기념행사의 하나로 법과대학 재학생들에게 인상 깊은 강연을 하였고 그 강연은 「사법의 적극주의—특히 기본권 보장기능과 관련하여」라는 제목으로 서울대학교 법학지에 게재되었다.[67] 이회창 전 대법관은 사법적극주의를 제창하면서 다음과 같은 주목할 만한 견해를 제시한다.

> "나는 첫째로, 법원이 법의 해석적용에 있어서 소극적인 자세를 취하게 되면 궁극적으로 법의 정의실현기능이 유명무실하게 되어 버리므로 적극적으로 정의실현의 자세로 법을 해석·적용하여야 한다는 것과, 둘째로 법원은 단순한 법문의 해석적용에 그칠 것이 아니라 나아가 법해석을 통하여 법창조적 기능까지 발휘해야 한다는 것과, 셋째로 법원의 사법심사범위는 입법권이 제정한 법률과 행정권의 통치행위까지 미쳐야 한다고 생각해왔고, 이러한 뜻으로 사법적극주의라는 용어를 써 왔으므로 오늘은 사법적극주의를 이러한 의미로 해석하여 말하고자 한다."[68]

---

67) 이회창, "사법의 적극주의—특히 기본권보장과 관련하여," 『서울대학교 법학』 제28권 2호(1987), 147-161면(이 논문은 한인섭 편, 앞의 책, 377-399면에 수록되어 있고, 필자는 이것을 참조하였다.) 이회창 전 대법관은 1988년 사법민주화를 염원하는 제2차 사법파동(전문은 한인섭 편, 앞의 책, 455-457면에 수록되어 있음) 이후 대법관으로 복귀한다.

68) 이회창, "사법의 적극주의—특히 기본권보장과 관련하여," 앞의 책, 377면.

이렇게 이해된 사법적극주의를 제창하는 법현실적 배경으로서 "과거 이른바 유신헌법 당시에 긴급조치 9호의 적용을 놓고 재판실무에 당한 법관들이 겪어야 했던 고뇌"를 들고 있고, 이러한 고뇌는 노예제도가 존재하던 미국에서 노예도주법의 적용을 놓고 당시 노예폐지론을 지지하던 법관들이 겪어야 했던 갈등과 유사하다고 하고 있다.[69] 유신체제하에서 보였던 사법부의 소극적 태도에 대한 이론적인 반성이자 치유책으로서 이회창 대법관은 법관들을 옥죄고 있던 이론적 족쇄를 다음과 같은 유명한 말로 풀어주고자 하였다.

> "법관은 법을 해석 · 적용함에 있어서 형식적이고 개념적인 자구해석에 얽매이지 말고 그 법이 담보하는 정의가 무엇인가를 헤아려서 그 정의실현의 방향으로 법의 의미를 부여하여야 하며, 정의실현을 위하여 필요한 한도 내에서 성문법규의 의미를 과감하게 확대해석하거나 축소 · 제한해석을 함으로써 실질적인 법창조적 기능을 발휘해야 한다."[70]

필자는 유병진 판사의 고뇌와 이론적 · 실천적 노력이 이회창 대법관의 자연법론(또는 최소한 反法實證主義)과 법실천으로 계승되었다고 감히 해석하고자 한다. 혹자는 '이회창 대법관의 사법적극주의가 과연 자연법론에 바탕을 둔 것이었을까?'라고 반론할지도 모른다. 전통적인 형이상학적 자연법론에 바탕을 둔 것은 아님이 분명하지만, 자신의 논문들에서 제시했던 다음과 같은 견해를 보면 이회창 전 대법관의 견해를 자연법론(또는 非法實證主義)이라고 평가하는 필자의 견해에 동의할 것이다.

69) 이회창, "사법의 적극주의－특히 기본권보장과 관련하여," 앞의 책, 378면.
70) 이회창, "사법의 적극주의－특히 기본권보장과 관련하여," 381면.

① "법의 이념은 정의이고 실정법의 해석적용은 법에 내재하는 정의실현의 요구를 충족하는 의욕적 작용이라고 할 수 있다."[71]

② "실정법에 내재하는 법의 이념인 정의는 실정법 해석의 한계 내에서 그 실현을 추구할 수 있고 정의의 실현이라 하여 실정법 한계를 넘어서까지 무한정으로 허용되는 것이 아니다."[72]

③ "사회적인 보편타당성은 반드시 다수의견과 일치되는 것이 아니다. 그러므로 다수인이 선택하는 도덕적 가치가 사회적인 보편타당성과 배치된다고 판단될 때에는 법관은 과감히 그 가치기준을 배제하고 스스로 보편타당성 있는 가치기준을 찾아내어야 한다."[73]

④ "개인의 자유권은 국가가 국법에 의하여 창설된 것이 아니라 전(前)국가적이고 초국가적인 자연권에 속하는 권리이다."[74]

물론 이회창 전 대법관의 견해가 사법부의 법철학을 대변하는 것은 아니지만 적어도 사법부 내부 상당수 법관들의 법철학에 반영되면서 계속해서 이어져 내려오고 있다고 본다.

(4) 자연법론의 실천적 기능에 주목하기: '실천을 위한 보편적 이론'을 향한 노력

학계에서 자연법론을 현실 속에서 실현하려 했던 학자를 꼽으라면 대표적으로 박은정 교수를 들지 않을 수 없다. 박은정 교수는 법존재론의 차원에서 자연법의 정당화를 시도했던 박사학위 논문 이래로 쉼없이 '실천을 위한 보편이론'의 역할을 할 수 있

71) 이회창, "조세법률주의," 徑史 이회창선생화갑기념논문집 『法과 正義』(박영사, 1995), 947면. 이 논문에서 롤즈의 정의론을 입법론이나 법해석론으로 가공해야할 필요성을 언급하고 있는 점도 주목할 만하다.

72) 이회창, "조세법률주의," 948-949면.

73) 이회창, "조세법률주의," 952-953면.

74) 이회창, "형사소송에 있어서의 적정절차," 徑史 이회창선생화갑기념논문집, 『法과 正義』, 930면.

는 자연법사상에 관심을 기울이고 연구해왔다.[75] 또한 자연법사상에 기초하여 한국의 법현실을 개선하는 데에도 적극적으로 참여하였다.[76] "실정법으로 하여금 결실을 맺도록 하고 실정법 속에서 실현되고자 하는 경향"[77]을 지니는 자연법의 실천적 기능에 주목하여 박은정 교수는 억압적 법체계에 저항하는 사상적 무기로서뿐만 아니라 법원의 법적 논의과정에서 자연법이 수행할 역할에 대해 큰 관심을 기울이고 그에 대해 여러 가지 측면에서 고찰해왔다.[78]

특히 한국의 정치적 사회적 환경변화에 직면하여 법학자들 및 법실무가들이 자연법에 대하여 큰 관심을 기울이지 않을 수 없게 되었음을 지적하면서[79] 박은정 교수는 자연법론의 과제와 미래를 다음과 같이 전망한다.

> "법에 관한 가장 오래된 철학이요 법이념의 보고(寶庫)인 자연법사상은 21세기를 들어서는 전환시점에서 실정법에 위탁된 새로운 과제를 환기시키면서 다시 부상하고 있다. 지난 20여년 이래 법철학계에서 강세를 나타내기 시작하는 목적적·정책적·규범적 논의들은, 설사 논자들이 자연법개념에 대해 직접적 혹은 간접적으로 언급하고 있

---

75) 박은정, 『자연법사상』(민음사, 1987); 동저자 편역, 『라드브루흐의 법철학』(문학과지성사, 1989) 참조.

76) 참여연대 초대 사법감시센터 소장을 역임하면서 박은정 교수는 법현실의 개선에 적극적으로 참여하고 주목할 만한 활동을 하여 참여연대의 명성을 높이는 데 큰 역할을 하였다. 또한 2000년 총선연대의 낙선운동 당시 한국법철학회 회장으로서 박은정 교수는 시민불복종문제를 법철학적으로 다루는 학술대회를 개최하고 단행본으로 편집해냄으로써 당시 국내 시민불복종 논의에 이론적 기반을 제시한다.

77) A. Verdross, *Statisches und dynamisches Naturrecht*, Freiburg, 1971, 13면 (박은정, 『자연법의 문제들』, 35면에서 재인용).

78) 박은정, 앞의 책, 제3장 ("자연법의 사법적 적용가능성"), 45-66면 참조.

79) 자연법의 역할에 대한 관심과 된 정치적·사회적 변화의 관련성에 대해서는 박은정, 앞의 책, 46-52면 참조.

> 지 않았다 할지라도, 자연법의 포괄적 이념과 그 사유전통에 닿아 있다고 생각한다. 자유민주국가의 법적 안정성 이념과 사회복지국가의 정의 이념의 통합, 세계화 시대의 법다원주의 논의, 가치상대주의 극복, 생명복제 등 첨단과학기술시대에서의 윤리와 복지의 조화, 지속가능한 발전, 미래세대를 위한 정의로운 저축 …. 이 모든 과제들은 실정법 질서를 다시 한 번 비판적으로 성찰하면서 법사고의 새로운 지평을 열 것을 요구하고 있다."[80]

불법국가적 상황에서 권력이 법을 지배와 억압의 도구로 삼는 '법률적 불법'에 대항하는 자연법론의 실천적 기능뿐만 아니라 일상적 법치국가적 상황에서 나타나는 '하드 케이스'(hard cases)에서 보다 나은 해결책을 제시할 수 있는 자연법론의 이론적·실천적 기능까지도 함께 고려하려는 박은정 교수의 자연법론은 한국 법학계의 귀중한 자산이라고 생각한다.

4. 12·12 및 5·18 쿠데타 재판과 자연법론

1995년과 1996년 12·12 및 5·18 쿠데타의 합법성과 정당성 여부가 한국사회에서 법적인 쟁점으로 떠올랐다. 당시 검찰은 쿠데타(내란)가 성공하여 국민들의 승인(국민투표 또는 대통령선거 등)을 통하여 새로운 법질서를 구축하였다면 법으로서의 효력을 가진다고 보고, 따라서 그러한 쿠데타 행위는 더 이상 내란이 아니며 사법적(司法的) 판단의 대상이 되지 않는다는 주장을 하였다.[81] 당시 검찰은 "정치적 변혁과정에서 새로운 정권과 헌법질

80) 박은정, 앞의 책, 6면.

81) 검찰의 법적 논리는 서울지방검찰청이 국방부검찰부의 명의로 발표한 <5·18관련 수사결과발표문>(1995.7.18.)에 실려 있고, 박은정/한인섭 엮음, 『5·18: 법적 책임과 역사적 책임』(이화여자대학교출판부, 1995),

서를 창출하기에 이른 일련의 행위들이 사법심사의 대상이 되는지 여부에 대해서는 아직 사법부에서 판단된 사례가 없으나, 정치적 변혁의 주도 세력이 새로운 정권 창출에 성공하여 국민적 정치적 심판을 받아 새로운 헌정질서를 수립해 나간 경우"에는 다음과 같은 세 가지 논변에 입각하여 그 법적 정당성을 인정할 수 있다고 주장하였다.

① '사실적인 것의 규범력' 논변: 독일의 헌법학자 옐리네크(와 심헌섭 교수)의 견해에 서서 보면 "새로운 정권이 출범한 현실을 인정하고 그 정권 형성의 기초가 된 사실행위에 대하여 사실의 규범력을 인정하여 사후에 법적 인증을 하여야 한다."[82)]

② '근본규범 변동' 논변: 켈젠의 견해를 따라서 보면 "정치적 변혁이 성공하여 새 질서가 실효적으로 되면 새 질서가 법률질서로 되며, 이는 근본규범의 변동으로 새로운 정부가 법 정립의 권위로 인정되는 데 따른 것으로 만약 정치적 변혁이 실패하여 새 질서가 실효적이 되지 못한 때에는 헌법정립이 되지 못하고 일련의 행위는 범법행위를 구성한다."[83)]

③ '법적 안정성' 논변: 라드브루흐의 견해를 따르면 "재래의 실정법 질서가 무너지고 새로운 법질서가 수립된 경우에는 법적 안정성의 요구에서 이러한 사태가 법의 기초가 되어 법적 효력을 인정받게 된다."[84)]

225-257면에 수록되어 있다.

82) 이 논변과 관련해서 검찰은 G. Jellinek, *Allgemeine Staatslehre*, (출판년도와 출판사 또는 출판지는 기재하지 않았음), 337면 이하, 360면 이하, 그리고 심헌섭, 『법철학 1』(법문사, 1983), 101면 이하를 인용하고 있다.

83) 이 논변과 관련하여 검찰은 H. Kelsen, *Reine Rechtslehre*, (출판년도와 출판사 또는 출판지는 기재하지 않았음), 1934, 제5장(황산덕 역, 『純粹法學』, 조문사, 1953, 110면 이하)을 인용하고 있다.

84) 이와 관련하여 검찰은 G. Radbruch, *Einführung in die Rechtswissenschaft*, (출판년도와 출판사 또는 출판지는 기재하지 않았음), 1969, 제1장(정희

이와 같은 검찰의 법철학적 논변에 대하여 당시 법철학자들의 분위기는 '당혹과 불쾌감, 불만족감, 아연함'으로 나타났고,[85] 즉각 검찰의 논변에 대한 법철학적 분석과 비판이 이어졌다. 법실증주의적 견해를 취했던(그랬기 때문에 검찰의 논변에 '왜곡되어' 원용되었던) 심헌섭 교수는 위 세 가지 논변 하나 하나에 대하여 명쾌한 논리로 분석하면서 검찰의 법철학적 왜곡과 혼동을 설득력 있게 비판하였으며 "오늘날의 관점에서 더 타당하고 좀더 바람직한 법철학적 견해[법실증주의—필자 첨가]에 입각했더라면 달리 결정을 내리지 않았을까" 하는 "불만족감"을 토로하였다.[86]

법학자들과 법률가들의 비판을 받아들여서 헌법재판소는 내란행위의 정당성은 해당 내란이 목적으로 하는 내용이 '정의실현, 불의타파, 자유민주주의적 기본질서의 수호, 국민주권회복'과 같은 가치를 담고 있느냐에 따라서 판단되어야 한다고 설시하였다.[87] 이러한 헌법재판소의 논지는 1년 후 서울고등법원의 판결(서울고법 1996.12.16, 96노1892)에서 좀더 정치하게 발전되어 제시된다.

5 · 18재판의 항소심으로서 서울고등법원(권성, 김재복, 이충상)은 쿠데타의 범죄성을 인정하면서 쿠데타 정권의 합법성과 정당성 문제를 면밀하게 다루고 있다.[88] 우선 서울고등법원은 쿠데타

철 역, 「法學原論」, 양영각, 1982, 55면; 엄민영 외 역, 「法哲學入門」, 육법사, 1982, 67면)을 인용하고 있다.

85) 가령 심헌섭, "법철학 · 혁명 · 쿠데타 — 검찰의 5 · 18불기소 처분을 계기로 —," 박은정/한인섭 엮음, 앞의 책, 41면 참조. 그리고 강진철, "5 · 18, 이 시대 법과 역사의 화두", 『법과사회』 제13호(1996), 307면 이하 참조.

86) 심헌섭, "법철학 · 혁명 · 쿠데타 — 검찰의 5 · 18불기소 처분을 계기로 —," 41면, 53면. 당시 법철학자, 헌법학자, 형법학자, 전국법학교수 등의 비판은 박은정/한인섭 엮음, 앞의 책을 참조.

87) 헌재 1995.12.15. 선고, 95헌마221 · 233 · 297(병합). 자세한 분석은 박은정/한인섭 엮음, 앞의 책(이화여자대학교출판부, 1995) 참조.

88) 5 · 18 재판에 대한 입체적인 분석은 한인섭, 『5 · 18 재판과 사회정의』(경인문화사, 2006)에서 이루어지고 있다.

주역들에 대한 사실상 불처벌 상태가 승인도 아니고 범죄성을 면책케 하는 것도 아님을 분명히 한 후 다음과 같은 주목할 만한 견해를 제시한다.

> "헌법은 가장 상위에 있는 법규범이므로 모든 법률은 헌법에 부합하는 범위 내에서 합법성을 취득한다. 그러나 합법성이 정당성을 의미하는 것은 아니므로 합법성이 있다 하여 반드시 정당성이 있는 규범이라고 말할 수는 없다. 헌법의 배후 또는 상위에는 정의와 선 그리고 평화의 원리를 내용으로 하는 보편적인 법의 원칙이 존재하고 이를 자연법이라 부른다면 이러한 자연법에 부합하는 내용의 헌법과 법률만이 정당성을 갖게 된다. 자연법은 만고불변의 것이지만 그에 대한 인식은 인간 이성의 개화 정도에 따라 차이가 있게 된다. 그리하여 어떤 국가의 헌법 내지 기본적 법질서가 자연법에 어긋나는 부당한 것이라는 인식이 그 사회에 팽배하여 마침내 그 불일치를 힘에 의하여 극복하려는 급격한 투쟁이 전개될 때 이를 혁명이라 부른다."[89]

이 항소심 판결은 우리 사법부의 역사상 처음으로 자연법론에 바탕을 둔 것이었다.[90] 전통적인 아퀴나스 자연법론에 따라서 항소심은 '선량한 정부'의 목적은 '국민의 안전과 복지'를 실현하는 데 있다고 보고, 쿠데타를 통하여 집권한 정부의 권력행사 중 이 목적에 부합한 조치들과 법률들은 합법성을 보유하지만 쿠데타 정권을 유지·강화하기 위하여 국민의 권리를 억압하고 침해하는 권력 행사 및 입법들은 모두 불법이라는 견해를 제시한다.

---

89) 서울고법 1996.12.16.선고, 96노1892(밑줄과 강조는 첨가한 것임). 필자는 이 판결에서 권성 당시 서울고등법원 부장판사의 자연법론이 큰 역할을 했을 것이라고 추정하며, 후에 헌법재판소 재판관으로서 권성 재판관은 헌법재판소의 판결에서도 자연법론적 색채를 드러낸다.

90) 비슷한 견해로 한인섭, 『5·18 재판과 사회정의』, 94면 참조.

"성공한 쿠데타는 그 자체로 새로운 법체계를 창출하는 것이어서 처벌될 수 없다"는 법리는 정당화될 수 없다고 명료하게 논증하면서, 쿠데타 이후의 일부 조치들이 선량한 정부가 취했을 성격이라고 해서 합법성을 획득하는 것이 아니며, 또한 쿠데타 정권에 대한 불처벌 상태는 국민의 승인이 아니라 현실적으로 처벌을 할 정도로 국민의 힘이 약했을 뿐임을 보여주는 것이므로 법효력의 문제라기보다는 법집행차원의 현실적인 문제라고 보고, 이러한 이유들로 인해 쿠데타 자체의 범죄성이 면제되는 것은 아니라고 분명하게 못을 박는다. 참으로 자연법론의 아름다움이 빛나는 순간이라고 하지 않을 수 없다.

5 · 18재판을 계기로 해서 법실증주의와 자연법론의 논쟁구도는 더 이상 단순하지 않고 이론적으로나 실천적으로 보다 심층적이고 복잡한 양상을 띠게 되었다.[91] 검찰의 법실증주의가 한국법체계에서 그 동안 국가권력기관이 가져왔던 '공식적 국가 법철학'[92]을 대변하는 것이 되면서, 이렇게 왜곡된 '속류 법실증주의'에 아연함과 더불어 불만족감과 불쾌감을 강하게 느끼게 된 법실증주의 법철학자들 측에서도 좀더 발전되고 설득력을 갖는 법실증주의('비판적 법실증주의')에 관심을 기울이고 이를 가공하려는

---

91) 오병선 교수는 현대사회의 조건 하에서 자연법론과 법실증주의가 나아가야 할 새로운 전망을 모색하고 있다. 오병선, "현대의 자연법론과 법실증주의의 수렴경향," 『법철학연구』 제1권(1998), 31-52면 참조.

92) 당시 헌법재판소에 제출되었던 <5 · 18관련 헌법소원에 대한 법학교수 의견서> (1995.10.21.)에 따르면, 법무부 및 검찰의 법철학은 '힘이 곧 정의'라고 하는 "실력설"임을 스스로 고백하는 것이며 "실력설이라는 것이 법의 이론이라기보다 법을 파괴하고 힘의 질서를 정당화하는 이론이라고 할 때, 그리고 검찰과 법무부의 존재이유가 정의의 구현이라고 할 때 그러한 법무부의 견해는 비애와 허무를 안겨줄 뿐"이다(박은정/한인섭 엮음, 앞의 책, 323면). 즉 "검찰이 내세우는 법실증주의는 힘은 곧 정의라고 하는 실력설에 의해서만 지지될 수 있으며, 여기서는 법이념인 정의를 힘의 영역으로 매몰시키는 법의 파괴만이 있을 뿐 어떤 규범적 정당화도 존재하지 않게 된다"는 것이다(앞의 책, 326면).

노력을 하게 된다.[93] 뿐만 아니라 자연법론 측에서도 '악법은 법이 아니며, 악법에는 복종할 의무가 없다'라는 단순한 견해만으로는 민주화 이후의 법체계에서 살아남을 수 없음을 깨닫게 되었고, 민주주의와 가치 다원주의 문제를 자연법론이 해결하여야 할 최대의 과제로 설정하게 된다.[94] 필자가 생각하건대, 5・18재판에 보여준 검찰의 법실증주의는 종래 '공식적 법실증주의'의 비극적 몰락을, 법원의 자연법론은 전통적 자연법론의 장엄한 완성을 상징하는 동시에 그 종말의 서곡을 알리는 것이었다. 민주화 이후의 한국의 법현실에서 전통적 자연법론의 한계가 점차로 드러나기 시작하였기 때문이다.[95] 이하에서는 자연법론이 부딪치게 된 현실적인 도전과 이론적 한계를 기술하고, 해결하여야할 과제에 관하여 생각해보기로 한다.

Ⅳ. 민주화 이후의 자연법론: 민주주의, 자연법론, 공공적 정당화가능성

민주화 이후 상당한 정도 정상화된 법체계에서 자연법론은 어떠한 과제를 해결하여야 하며 어떤 이론적 전망을 가지는 것일

93) 이미 심헌섭, 『법철학 Ⅰ－법, 도덕, 힘－』, 법문사, 1982, 271-291면에서 '비판적 법실증주의'의 필요성을 언급하고 있다. 이러한 노력이 보다 더 정치한 모습으로 나타나는 문헌으로는 심헌섭, 『분석과 비판의 법철학』(법문사, 2001) 참조.

94) 서양과 한국에서의 자연법 복권에 대한 상세하고 풍부한 논의로는 김홍우, 『한국정치의 현상학적 이해』, 177-357면(해당 제목은 "자연법론의 해체와 복권"이다) 참조. 민주화 이후 다원화된 사회에서 자연법의 과제와 전망에 대해서는 박은정, 『자연법의 문제들』, 28면 이하 참조.

95) 가령 '5・18 민주화운동에관한특별법에 과한 대한 합헌결정'(헌재 1996. 2.16. 96헌바13 등)에서 개진된 자연법적 논변의 부작용에 대한 분석은 대표적으로 김영환, "공소시효와 형벌불소급의 원칙," 형사판례연구 제5호(1997), 1-27면 참조.

까? 필자는 현재 한국의 법현실에서 자연법론은 두 가지 도전에 직면하고 있다고 생각한다. 하나는 자연법론에 가해지는 '반(反)민주주의 반론'이며, 다른 하나는 가치원주의의 측면에서 가해지는 '과도한 도덕주의 반론'이다. 이하에서는 이 두 가지 반론을 중심으로 한국의 자연법론이 처한 곤경과 해결하여야 할 과제에 대하여 간략하게 고찰해보기로 한다.

1. 민주주의의 문제와 자연법론: '엘리트주의적 자연법론'의 위험성

법실증주의는 악이고, 자연법론은 선인가? 필자는 자연법론의 견해를 취하지만 그렇지는 않다고 생각한다. 법은 한 사회의 사회·정치세력들 사이의 투쟁, 공동논쟁, 타협의 산물(즉 구성의 산물)이라는 점은 누구나 아는 바이다. 그렇다면 '관습헌법론'을 들어 '행정수도이전에관한법률'을 위헌선언한 우리 헌재의 판결은 사회구성원들의 공동숙고과정에서 법이 형성되고 구성된다고 보기보다는 재판관들의 인식 속에서 존재하는 자연법을 선언하였다는 점에서 변화된 법상황에서 과연 자연법론이 타당성을 갖는지 여부에 대한 시험사례라 할 것이다.

2004년 행정수도이전관련 사안에서 헌법재판소는 불문헌법론과 관습헌법론을 제시하여 헌법논쟁을 불러일으켰는데(헌법재판소 2004.10.21, 2004헌마554), 이는 민주화 이후의 자연법론이 부딪치게 될 이론적 과제가 무엇인지를 잘 보여주고 있다.

> 헌법재판소에 따르면 우리나라는 성문헌법을 가진 나라로서 기본적으로 우리 헌법전(憲法典)이 헌법의 법원(法源)이 되지만 성문헌법이라고 하여도 그 속에 모든 헌법사항을 빠짐없이 완전히 규율하는 것은 불가능하고 또한 헌법은 국가의 기본법으로서 간결성과 함축성을 추구하기 때문에 형식적 헌법전에는 기재되지 아니한 사항이나 원

리 및 가치가 있게 된다. 이러한 것들이 불문헌법(不文憲法) 내지 관습헌법이 내용을 이루며, 특히 헌법제정 당시 자명(自明)하거나 전제(前提)된 사항 및 보편적 헌법원리와 같은 것은 반드시 명문의 규정을 두지 아니하는 경우에는 불문헌법 내지 관습헌법이 될 수도 있다. 그렇다고 해서 헌법재판소는 헌법사항에 관하여 형성되는 관행 내지 관례가 전부 관습헌법이 되는 것은 아니고 강제력이 있는 헌법규범으로서 인정되려면 엄격한 요건들이 충족되어야만 하며, 이러한 요건이 충족된 관습만이 관습헌법으로서 성문의 헌법과 동일한 법적 효력을 가진다는 것이다.

국민은 최고의 헌법제정권력이기 때문에 성문헌법의 제·개정에 참여할 뿐만 아니라 헌법전에 포함되지 아니한 헌법사항을 필요에 따라 관습헌법의 형태로도 직접 형성할 수 있다는 근거로 헌법재판소는 "대한민국의 주권은 국민에게 있고, 모든 권력은 국민으로부터 나온다"고 규정한 헌법 제1조 제2항을 활용한다. 관습헌법도 성문헌법과 마찬가지로 주권자인 국민의 헌법적 결단의 의사의 표현이며 성문헌법과 동등한 효력을 가진다는 것이다.[96] 필자는 헌법재판소의 불문헌법론과 관습헌법론에서 자연법론이 밑바탕이 되고 있다고 생각한다. 앞에서 자연법론의 두 가지 근본명제로서 '불법명제'와 '법원리명제'를 든 바 있다. 관습헌법론은 이 법원리명제를 반영하고 있는 것으로 보이는데, 자연법론에 대한 고전적 비판인 반민주주의(anti-democracy) 반론이 관습헌법론에도 해당될 수 있을 것이다.

여기서 필자가 관심을 두고자 하는 바는 관습헌법론의 타당성 여부보다는 관습헌법론을 통해 분명하게 된, '민주화 이후'의

96) 이러한 발상은 결정 당시 헌법재판소 헌법연구부장이었던 김승대 판사의 "헌법관습의 법규범성에 대한 고찰," 『헌법논총』 제15집(2004), 133-175면에서 잘 드러나고 있다.

법체계에서 자연법론이 직면하게 되는 이론적 과제이다. 사법부가 국민주권을 반영하는 것으로 인식하고 선언하는 자연법(또는 불문헌법 및 관습헌법)이 민주화 이후 다원화된 사회에서 얼마나 '공공적 정당화가능성'(public justifiability)을 가지는 것일까? 한국 사회 구성원들의 의사표현과 결집과정은 '독백적-단성악적'(monologic-monophonic)이지 않고 대화적-다성악적(dialogic-polyphonic)인 성격을 갖는다.[97] 자연법론이 이러한 점을 무시하고 최고법원의 단성악(單聲樂)적 논의만으로 민주적 의사를 구성하고자 한다면 법원의 판결이 아무리 민주주의를 보장하더라도 민주적 의사결정 그 자체는 아닐 것이다. 한국의 자연법론은 이 문제를 진지하게 다루고 그에 대한 대답을 내려야만 한다고 생각한다. 종래와 같이 민주주의에 대한 단순한 견해만을 고수해서는 공공적 정당화가능성이라는 기준을 충족할 수 없다는 것이다. 자유로운 공론과정을 통하여 국민의 정치적 의사를 결집함으로써 헌법을 구성하는 것이 아니라, 소수의 재판관들이 헌법전 내에 내재하는 자명한 법원리들을 헌법으로 인식하고 선언하며 헌법사항과 관련되어 형성된 여러 정치적 관행들 중에서 특정한 부분을 관습헌법으로 인식하고 선언하는 것이 과연 민주주의 가치에 부합하는가 라는 물음에 대하여 자연법론은 진지하게 숙고해야한다는 것이다.

한국, 독일, 영미권의 경우 진보적인 법학자들이 자연법론에 비판적인 견해를 제시하면서 민주주의(또는 공화주의)에 바탕을 둔 법실증주의를 강조하고 있는 까닭은 '미리 선험적으로 결정된 규범들이 있고 소수의 사법엘리트가 그 자연법규범을 인식하여 시민들의 권리를 보호한다'는 엘리트주의적 자연법론을 거부하고, '법이란 시민들의 공공적 논의를 통해서 비로소 구성되고 형성되는 사회적 산물이라는 속성'에 주목하기 때문이다.[98] '엘리트주의

97) 바흐친(M. Bakhtin)의 용법을 활용한 이러한 표현은 김홍우, 앞의 책, 418-419면에서 차용하였다.

적 자연법론'은 미국의 정치학자 로버트 달(Robert Dahl)이 말하는 '수호자주의'(guardianship: 또는 후견주의)의 변형이라고 할 만하다. 플라톤의 저서 『국가』에서 개진되는 이상적인 통치체제는 통치를 위한 전문성과 능력, 그리고 통치에 필요한 덕성을 갖춘 수호자 계급(guardians)이 민중(또는 공익)을 위하여 통치를 하는 체제이다.[99] 의회를 중심으로 한 정치과정에 대한 실망과 불신을 이유로 내세우면서 '국민의 기본권보호의 사명감'에 불타는 사법부가 민주적 공론과정을 제치고 직접 자연법을 인식하고 선언하여 국민의 기본권을 보호하고 공익과 민주주의를 수호하겠다는 입장을 가지게 될 때 수호자주의와 유사한 '엘리트주의적 자연법론'으로 빠지게 된다고 본다.[100]

2. 가치다원주의와 자연법론: '도덕주의적 자연법론'의 위험성

또한 현재 한국의 자연법론은 엘리트주의적 자연법론의 반민주주의의 위험성과 함께 '도덕주의적 자연법론'(moralistic theory of natural law)의 위험성에도 경각심을 가져야 한다고 본다. 자연법의 내용을 특정 윤리학이나 종교의 관점에서 구체화한 후, 이와 같은 상위법의 가치를 실정법을 통해서 강제하고 실현하려는 도덕주의적 자연법론은 '법도덕주의'(legal moralism)를 수단으로 택하게 될 것이다.[101] 그러나 현재의 한국과 같이 '자연법적 확실성'에

98) 이와 같은 관점에서 자연법론과 법실증주의의 대립을 지양하는 민주적 법이론의 필요성과 가능성을 지적하는 예로는 이상돈, 『기초법학』, 11면 이하 참조.

99) 로버트 달(조기제 옮김), 『민주주의와 그 비판자들』(문학과지성사, 1999), 112면 이하 참조.

100) 유사한 지적으로 이상돈, 앞의 책, 240면 이하 참조.

101) 이러한 경향에 대한 비판의 예를 들면 미국의 경우 S. Macedo, "Against the Old Sexual Morality of the New Natural Lw," in: R. George (ed.), *Natural Law, Liberalism, and Morality*, Oxford, 1999, 27-48

대한 믿음이 해체된 가치다원주의 사회에서[102] 특정윤리를 자연법으로 보호하고 실현하려는 법도덕주의를 택하게 되면, 그와 같은 자연법론에 입각한 법적 추론이 과연 공공적 정당화가능성 기준을 충족할 수 있을 것인지의 문제가 핵심쟁점으로 떠오르게 된다. 이와 더불어 법의 중립성이라는 이론적 쟁점도 포함되어 있어서 자연법론은 이와 같은 문제들에 대하여 진지하게 성찰하지 않으면 안 된다고 본다.

Ⅴ. 맺음말 : 과제와 전망

1. 민주화 이후 법철학의 두 가지 핵심과제

5·18 재판을 둘러싼 한국사회의 공론장은 한국 사회가 민주화의 과정에서 어느 정도 성숙한 단계로 접어들었음을 분명하게 보여주었다. 즉 한국사회가 '민주화 이후의 민주주의'[103] 법체계의 특성을 보여주기 시작하였다는 것이다. 정치적인 차원에서 보았을 때 '민주화 이후의 민주주의'의 핵심과제를 ㉠ 종래의 권위주의적 정치구조와 정치문화를 민주주의 규칙의 틀 내에서 변환시키기, 그리고 ㉡ 저항적 민주화운동의 의사결정구조와 문화를 새로운 민주주의 규칙 내로 수용하여 성숙한 민주주의 정치구조를 정착시키기로 파악해보도록 하자.[104] 이를 법철학에 적용해

면 참조. 국내에서 자연법론의 '도덕적 권위주의화'에 대한 지적은 이상돈, 앞의 책, 105면 이하 참조.

102) 이상돈, 앞의 책, 113면 참조.

103) 민주화 이후의 단계로서 한국사회가 처한 상황과 전망에 대해서는 최장집, 『민주화 이후의 민주주의』, 후마니타스, 제1판, 2002 참조.

104) 정치적 차원에서 한국의 민주화가 갖는 두 가지 의미에 대해서는 최장집, 『한국 민주주의 무엇이 문제인가』(생각의 나무, 2008), 60-61면에서 개진된 생각을 필자 나름대로 재구성해본 것이다.

본다면, ㉠ 권위주의적 법실증주의를 민주주의 가치틀 내에서 민주적 법실증주의로 전환시키는 것, ㉡ 민주화운동을 위한 저항적 법이론으로서 역할을 해왔던 자연법론에 담겨 있던 과도한 도덕주의 및 낭만주의와 엘리트주의를 극복하고 민주적 자연법론으로 변모하게 만드는 것이 민주화 이후의 민주주의 법체계에서 법철학이 직면하는 도전 중의 하나일 것이다.

2. 법실증주의와 자연법론의 새로운 대립구도

지금까지 서술한 바를 종합하여 법실증주의와 자연법론의 유형을 분류하여보면 다음과 같이 될 것이다.[105)]

① 권위적 법실증주의 : 통치권자의 명령이 법이라는 견해를 취하는 법실증주의.

② 민주적 법실증주의 : 국민주권원리를 중심으로 하여 의회에서 이루어진 심의와 결정의 산물로서 법을 바라보고 입법과정에서의 공론과정을 중요시하는 법실증주의.[106)]

③ 포괄적 教理(comprehensive doctrine)로서의 자연법론[107)] : 특정한 도덕철학이나 종교, 정치철학의 관점에 서서 각 교리에서 주장하는 근본원리들을 자연법으로 보고 이러한 자연법에 비추어서 실정법을 판별하고 개개의 실정법의 효력과 권위를 판정하는 강한 '도덕주의

---

105) 자세한 내용은 김도균, "근대 법치주의의 사상적 기초: 권력제한, 권리보호, 민주주의 실현," 김도균/최병조/최종고, 『법치주의의 기초: 역사와 이념』(서울대학교 출판부, 2006), 32면 이하 참조.

106) 이에 대해서는 T. Campbell, "Legal Positivism and Deliberative Democracy," *Current Legal Problems* 51 (1998), 65-92면 참조; J. Waldron, "Kant's Legal Positivism," *Harvard Law Review* 109 (1996), 1535-1566면.

107) '포괄적 교리'로서의 자연법이란 발상 중 '포괄적 교리'(comprehensive doctrines)라는 개념은 J. Rawls (장동진 역), 『정치적 자유주의』(동명사, 1997), xxi, xxii, 14, 48, 167면 등에서 빌려왔다.

적' 자연법론(법도덕주의의 일종).

④ 민주적 자연법론 : 모든 합당한 도덕철학, 종교, 정치철학이 동의할 만한 자유주의적 가치와 민주주의적 가치, 그리고 도덕적 기본권들(basic moral rights)로 구성된 원리들을 자연법으로 보고,[108] 시민들의 공공적 논의과정에서 검토되고 의회에서 심의되고 결정된 법률의 효력과 권위를 인정하되 필요한 경우 법원이 다시 한번 자연법상의 기준에 비추어서 심사할 수 있는 성찰적 위헌법률심사제도(deliberative judicial review)를 민주주의 실현에 필요한 하나의 기제로 보는 약한 자연법론.[109]

희망컨대 이렇게 분류된 법실증주의와 자연법론의 입장 중에서 민주적 법실증주의와 민주적 자연법론 사이의 대립이 향후 한국 사회에서 전개되어갈 법철학적 대립이어야 할 것이다. 김홍우 교수의 통찰력을 빌려 표현해보자면, 법의 '단순화 도구화'를 강조하는 법실증주의나 법의 '지나친 도덕화'를 지향하는 자연법론을 극복하고, '공동의 삶'이라는 관점에서 법에 접근하는 태도를 갖춘 법철학이 절실하게 필요하다. 이러한 법철학은 법을 단순히 주권자나 법관이 '만들거나' '발견하는 것'이 아닌, 사회구성원들 공동의 삶 속에서 공동의 노력을 통해 '자라나는 것'(growing)으로 인식하는 태도를 그 핵심요소로 한다.[110] 본문에서 한국의 법체계에서 자연법론이 형성되고 전개되는 과정을 살펴보았는데 이렇게 사회구성원의 공동노력 속에서 법이 자라나고 있다는 점을 확

108) 이렇게 되면 자연법은 롤즈가 말하는 '중첩적 합의'(overlapping consensus)를 바탕으로 하며, 이렇게 구성된 자연법은 다시 다양한 포괄적 교리들의 '중첩적 합의' 내용을 이루게 될 것이다. J. Rawls(장동진 역), 앞의 책, 179면 이하 참조.

109) R. Alexy, *Recht, Vernunft*, Diskurs, Frankfurt/M., 1994, 177면 이하 참조.

110) 김홍우, 앞의 책, 384-385면 참조.

인할 수 있었다고 본다. 그렇다면 이제 더 이상 법개념론상의 추상적 차원에서 법실증주의냐 자연법론이냐는 물음에만 법철학적 관심을 기울일 것이 아니라고 본다. 공동체 및 개인에 대한 규범적 견해와 법의 목적과 기능에 대한 규범적 견해가 무엇인지, 자유, 평등, 연대의 가치에 대해서는 어떻게 파악할 것인지, 그리고 민주주의 가치를 보다 더 잘 실현하는 법치주의는 어떤 형태일 것인지, 어떻게 하면 한국 사회의 공동적 삶과 법적 실천들을 최선의 빛으로 비추어 적절하게 해석해낼 수 있는지와 같은 문제들에 대한 이론적 노력도 중요하지 않을까 전망한다.[111]

111) 이러한 점을 인식하고 법철학적 작업을 한 예로는 정태욱, 『자유주의의 법철학』(2007) 참조. 또한 법실증주의와 자연법론을 양자택일적인 대립항으로만 보는 무익한 관점의 극복에 대해서는 박은정, 『자연법의 문제들』, 28면 이하 참조. 그리고 오병선, "현대의 자연법론과 법실증주의의 수렴경향," 『법철학연구』 제1권(1998), 34-43면 참조.

Abstract

An investigation of the formation and development of Natural Law Theory in modern Korea

Dokyun Kim

The purpose of this paper is to take a closer look at the development of Natural Law Theory in modern Korea. My thesis is that the historical background of Natural Law Theory in Korea consisted in the dilemmas of judge who must interpret immoral laws. The korean judges in the authoritarian period fell into conflict of professional duties and individual conscience. In order to overcome the dilemma, the korean judges and lawyers have made an appeal to natural law. Therefore, one could say that Natural Law Theory has contributed to make korean legal system more legitimate. However, in a new condition of the korean democratization, Natural Law Theory encounters two serious challenges. The one is the difficulty of anti-democracy, the other that of legal moralism. To sum up, the following conclusion can be made: whether Natural Law Theory can develop into an adequate theory of law in Korea depends upon how it solves these difficulties.

색인어

자연법(natural law theory)
법실증주의(legal positivism)
악법(immoral laws)
법관의 딜레마(dilemmas of judges)
반민주주의(anti-democracy)
법도덕주의(legal moralism)

[6] 한국의 법실증주의에 대한 연구

김 현 철*

Ⅰ. 들어가는 말

고난한 한국의 현대사에서 법실증주의는 정치적 상황과 맞물려 많은 오해를 받아왔다. 특히 법실증주의는 악법을 정당화하는 이념으로 잘못 인식되어 왔고, 법현실을 그대로 인정하기만 할 뿐 비판할 줄은 모르는 실정성과 실증성만 강조하는 이론으로 간주되어 왔다. 사실 법실증주의가 그렇게 오해될 만한 소지가 있는 이론적 내용을 가지고 있기도 하다. 그러나 그러한 이론적 내용은 '맥락'을 가지고 있는 것이며, 맥락 없이 무조건적으로 적용될 수 있는 것은 아니다. 이와 관련하여 가장 드라마틱했던 것은 5·18 사건 당사자에 대한 검찰의 불기소처분에서 불기소의 이유로 다수의 법실증주의자들이 언급되었던 사건이었다.

> 앞에서 본 바와 같은, 정치적 변혁 과정에서 새로운 정권과 헌법질서를 창출하기에 이른 일련의 행위들이 사법 심사의 대상이 되는지

---

* 이화여자대학교 법학전문대학원 교수.

여부에 대해서는 아직 사법부에서 판단된 사례가 없으나, 정치적 변혁의 주도 세력이 새로운 정권 창출에 성공하여 국민적 정치적 심판을 받아 새로운 헌정 질서를 수립해 나간 경우에는

— 새로운 정권이 출범한 현실을 인정하고 그 정권 형성의 기초가 된 사실 행위에 대하여 사실이 규범력을 인정하여 사후에 법적 인증을 하여야 한다거나(옐리네크, 심헌섭, 森末伸行 인용),

— 정치적 변혁이 성공하여 새 질서가 실효적으로 되면 새 질서가 법률 질서로 되며, 이는 근본 규범이 변동으로 새로운 정부가 법 정립의 권위로 인정되는 데 따른 것으로, 만약 정치적 변혁이 실패하여 새질서가 실효적이 되지 못한 때에는 헌법 정립이 되지 못하고 일련의 행위는 범법 행위를 구성한다거나(켈젠 인용)

— 재래의 실정법 질서가 무너지고 새로운 법질서가 수립된 경우에는 법적 안정성의 요구에서 이러한 사태가 법의 기초가 되어 법적 효력을 인정받게 된다는 등의 이유로(라드브루흐 인용)

— 무너진 구 헌정 질서에 근거하여 새로운 정권과 헌법 질서를 창출하기 위한 행위들이 법적 효력을 다투거나 법적 책임을 물을 수 없으며, 결국 사법 심사가 불가능하다는 견해가 유력함.[1)]

이에 대해 한국의 법철학자들은 검찰의 불기소처분 이유는 법철학적인 오해와 무지에서 비롯한 것임을 지적하고 나섰다. 특히 심헌섭의 "법철학 · 혁명 · 쿠데타: 검찰의 5 · 18 불기소 처분을 계기로"라는 논문과 오병선의 "5 · 18 불기소 조치의 법리에 대한 법철학적 검토"라는 논문 등은 검찰의 불기소 처분 이유에서 인용되었던 옐리네크, 켈젠, 라드브루흐의 이론이 가지는 본연의 의미와 역사적 맥락 및 한계를 조목조목 분석하였다. 그리고

1) 서울지방검찰청 · 국방부 검찰부, 5 · 18 관련 사건 수사 결과 발표문, 1995년 7월 18일, 인용은 박은정 · 한인섭 엮음, 『5 · 18, 법적 책임과 역사적 책임』, 240-241면.

그에 대해 이런 평가를 내리고 있다.

> 한 마디로 결론지어 말한다면 이번 검찰의 결정은 법철학적으로 볼 때 성공한 쿠데타의 법리에 의거한 '성공적이지 못한 결정'으로 보지 않을 수 없다.[2)]

이러한 사태는 법실증주의 이론가들에 대한 오해가 법조인들 사이에 널리 퍼져 있으며, 그만큼 우리나라에서 법실증주의에 대한 소개와 연구가 부족했다는 것을 의미하는 것이기도 하다.[3)] 실제로 한국 법철학사에서 법실증주의에 관한 연구는 자연법 등 다른 법철학 분야에 비하면 양적으로 많지 않은 것이 사실이다. 그것도 법실증주의가 중심이 되어 연구되는 것은 켈젠이나 하트와 같은 법철학자의 이론을 소개할 때뿐이고, 나머지는 법의 효력이론이나 법과 도덕의 관계를 논하면서 부분적으로 언급될 뿐이다.

그러나 최근에는 켈젠의 순수법학[4)]이나 하트의 법의 개념[5)] 등 법실증주의 이론의 고전들이 번역되고, 제도적 법실증주의나 포용적 법실증주의의 이론들이 논문을 통해 소개되는 등 법실증주의에 대한 연구가 활발히 전개되고 있다. 하지만 아직 본격적으로 창의적인 법실증주의 이론에 대한 연구가 진행되고 있다고 말하기는 어렵다.

이하에서는 해방 이후 한국 법실증주의가 어떻게 연구되어 왔는지 살펴보고, 향후의 과제에 대하여 간단하게 언급하고자 한다.

---

2) 심헌섭, "법철학 · 혁명 · 쿠데타: 검찰의 5 · 18 불기소 처분을 계기로," 『5 · 18, 법적 책임과 역사적 책임』, 65면.

3) 심지어 라드브루흐조차도 법률적 불법 이론은 자주 소개되지만 법실증주의자로서의 면모는 다소 덜 소개되고 있다.

4) 한스 켈젠(변종필, 최희수 역), 『순수법학』(길안사, 1999).

5) 허버트 하트(오병선 역), 『법의 개념』(아카넷, 2001).

Ⅱ. 1950년대 한국의 법실증주의 연구의 시작: 켈젠 이론의 소개와 그 극복

한국에서 처음으로 법철학 강의를 담당하였던 이항녕, 황산덕 등은 한스 켈젠의 이론을 그 강의의 주된 내용으로 삼았다. 이런 의미에서 한국의 법철학은 법실증주의 이론과 함께 시작하였다고 해도 좋을 것이다. 이렇게 된 이유는 이항녕, 황산덕 등이 일제시대 경성제국대학에서 법철학을 담당하였던 오다카 도모오(尾高朝雄)로부터 수학하였기 때문이었다. 오다카 도모오는 동경제국대학 법과와 경도제국대학 철학과를 나오고, 오스트리아에서 켈젠으로부터 학위를 한 사람이었는데,[6] 당시 경성제국대학에서 배운 이항녕, 황산덕 등은 자연스럽게 켈젠의 이론에 익숙하게 되었다. 즉, 한국의 법철학사에서 켈젠의 이론이 최초로 도입되게 된 것은 아직 본격적인 법철학 연구가 되어 있지 못했던 현실에서 오다카 도모오로부터 수학한 학자들이 강의를 담당하였기 때문이라고 생각된다.

> 해방 직후의 법학 연구인력의 현저한 부족 현상, 그리고 미군정의 시작으로 인해 이질적인 실정법 체계를 익혀야 하는 급박함 등을 생각하면, 순수법학으로부터 등을 돌릴 과감한 이론적 시도가 없었던 것은 어쩔 수 없었을 것이다. (중략) 순수법학은 법 재건의 임무를 안은 법철학의 복음이 아니라 다만 강학상의 어쩔 수 없는 현실이요, 예시에 불과했다고 봐야 옳을 것이다.[7]

---

6) 황산덕, "원로교우기," 『법과 사회와 국가』(방문사, 1991), 44면.

7) 박은정, "한국법철학의 반성과 과제," 『법과 사회』 제10권 제1호(1994), 199면.

그러나 이들은 곧 켈젠이 이론적 한계를 가지고 있다는 인식을 가지게 되었다. 실제 오다카 도모오도 현상학을 이용하여 켈젠의 순수법학을 극복하려 하였고 패전 후에는 아리스토텔레스의 형상과 소재의 이론으로 켈젠을 극복하려 하였던 사람이다.[8] 따라서 추측하건대 황산덕 등이 켈젠 이론의 한계를 인식하게 된 것도 어느 정도는 이미 오다카 도모오에게 수학할 때부터 비롯된 것이 아닌가 생각된다.

> 고려대학에서 처음으로 법철학을 강의하였을 때에 나는 우선 급한 대로 켈젠의 학설을 그대로 따랐었다. 그러나 한두 번의 강의를 하고 난 다음에는 켈젠의 학설에 한계가 있음을 인정하게 되었다. 이리하여 나는 나의 법철학 연구의 목표를 켈젠의 법실증주의 극복하는 데에 두기로 하였다.[9]

이러한 황산덕의 켈젠 비판은 특히 켈젠의 근본규범 이론이 가지고 있는 한계를 지적하는 데서 시작한다. 심헌섭은 황산덕을 회고하면서 황산덕의 입장을 다음과 같이 정리하고 있다.

> 그래서 황산덕 박사는 이러한 오류를 범하지 않은 켈젠의 순수법학에서 완전한 법실증주의를 본다. 그런데 이러한 순수법학을 가능케 한 켈젠의 근본규범의 이론은 자세히 검토해 보면 그것은 놀랍게도 비법의 세계에서 발생하는 힘의 투쟁에서 가장 강대한 것으로 판명된 힘이면 그 어떤 것에든 최고의 법창설권위를 부여하는 무절조성을 보이고 있으며, 또 켈젠도 '근본규범은 어떤 의미에서는 법에로의 힘의 전환을 의미한다'고 말하고 있다. 따라서 황산덕 박사는 근본규범의

---

8) 심헌섭, "석우 황산덕 박사에 있어서의 자연법론과 법실증주의," 서울대학교『법학』제35권 3・4권, 72면.

9) 황산덕, 위의 글, 83면.

배후에도 힘이 있음을 지적했다. 그런데 이렇게 법실증주의가 힘으로써 법의 효력을 설명하는 것은 의인화의 원시적 사고에 사로잡히거나 힘에서 힘이 나온다는 동어반복의 논리적 오류밖에 되지 않으며 법에 관한 아무런 본질적 설명이 되지 못한다고 비판했다.[10]

Ⅲ. 1960년대 법실증주의에 대한 고민: 전원배의 경우

우리나라에서 법실증주의라는 제목을 가지고 저술된 최초의 논문은 1952년에 나온 황산덕의 "법실증주의"[11]이지만, 법실증주의라는 화두를 가지고 본격적인 고민을 시작한 사람은 전원배라고 평가할 수 있다. 전원배가 1959년에 발표한 "자연법론의 법실증주의적 비판"[12]에서 켈젠의 자연법 비판 논거에 기대어 자연법을 비판하고 있다. 전원배가 자연법을 비판하는 이유는 자연법이 실정법 체계를 그대로 옹호하며 보수적인 기능을 한다고 생각했기 때문이며, 이것이 또한 켈젠 자연법 비판의 핵심 논리이기도 하다.

그러나 그러한 자연법 비판이 전원배에게 전면적인 법실증주의의 수용으로 나아가게 한 것은 아니다. 최종고는 한국의 1960년대의 법치현실은 전원배에게 자연법론에 대한 반동이 직선적으로 법실증주의의 신봉에로 기울어지도록 만들지는 못했다고 평가한다.[13] 전원배가 1969년 발표한 "법실증주의와 도덕"에서도 이런 생각을 볼 수 있다.

---

10) 심헌섭, 위의 글, 74면.

11) 황산덕, "법실증주의,"『법정』 7.10(1952).

12) 전원배, "자연법론의 법실증주의적 비판,"『신흥대학논문집 2』(1959).

13) 최종고,『한국의 법학자』(서울대 출판부, 2007), 511면.

> 전통적인 명면에 가해진 또 하나의 암면, 그러나 법실증주의란 과연 암면까지도 그 성격에서 찾아볼 수 있는 것일까? (중략) 과연 법실증주의는 악법을 인정하고 악법의 날뜀에도 중립이어야 하는가? 이것이 비판되어야 할 문제이며, 더 나아가서는 스스로를 방어할 원리가 소멸되어져야 할 것이다.[14]

이런 고민의 연장선상에서 전원배는 법실증주의의 실천적 모습을 발견하게 된다. 즉, 전원배는 법실증주의 이론 그 자체가 문제가 아니라 건전한 법의식이 문제이며 건전한 법의식과 결합한 법실증주의는 오히려 자연법적 기능을 할 수 있음을 역설하고 있는 것이다. 이러한 전원배의 법실증주의에 대한 인식은 한국의 법실증주의 연구에 있어 하나의 전환점이 된다고 평가할 수 있다.

> 나치스 법률-악법-은, 그의 법리가 이와 같이 형식적 효력과 실질적 효력과의 분리에 있는 것이다. 실질적 효력은 그러나 나치스의 압박에도 굴복하지 않은 대부분의 민중의 정의·공평감정, 습속, 절도있는 사고에 그 기준이 있었던 것이다. 이것은 독일민중의 의식, 이른바 법이식이다. 그러므로 법의식은 준법(실효성) 기준의 주체인 것이다. 법의식이 정통적 기능에만 습관화될 때 법률의 형식적 효력은 실질적 효력(준법)을 등한시하는 것이며, 이에 따라 불법·비법적인 악법의 기능이 자행되는 것이다. 법의식의 자주적·비판적 기능이 살아있을 때 법률의 의미(형식적 효력)은 준법, 즉 실효성을 얻기 위해서는 라드브루흐가 말한 정의를 실현하려는 의미 실현의 기능이, 하트가 말하는 실리주의적 기준에 따르는 기능이, 그리고 풀러가 말하는 법의 도덕을 어기지 않는 기능이 기약되어야 하는 것이며, 이러한 기능적 제약성을 지닌 법률은 필경 학법의 적격성에서 실격되는 것이

14) 전원배, “법실증주의와 도덕,” 『법학의 제문제(고병국 환력기념)』(1969), 533면.

다. 추락된 법의식과 악법은 동일개념에 불과하고, 자주적인 법의식과 악법은 논리의 모순이다. 건전한 법의식에 있어서의 법실증주의는 오히려 자연법적 기능을 하는 것이며, 무기력한 법의식에 있어서의 법실증주의는 악법탄생의 온상이 되는 것이다.[15]

Ⅳ. 1970년대와 1980년대 법실증주의 연구의 심화: 심헌섭을 중심으로

1963년에 김려수가 발표한 "법실증주의"라는 논문이 있었지만, 1950년대 후반에서 1960년대에 이르는 법실증주의 연구는 주로 전원배에 의해 행해졌다. 그러나 1970년대에 이르면서 여러 학자들이 법실증주의에 관한 논문을 발표하기 시작하였다. 대표적인 학자로 심헌섭, 김인제, 김기범, 김기수, 박광서, 임웅, 이동춘, 정해창, 좌종흔, 유병화 등을 들 수 있다.

김인제는 1970년에 발표한 "법실증주의에 있어서의 법의 인식에 관한 고찰",[16] 1986년에 "법의 인식에 있어서의 실증주의적 태도에 대한 비판적 소고",[17] 1994년에 "법실증주의에 대한 방법론적 고찰"[18] 등의 연구성과를 내었다. 김기범은 1976년 "Hans Kelsen 연구"[19]를 발표하였으며, 김기수는 1977년 "순수법학의 이론(H, Kelsen),"[20] 1985년 "Hans Kelsen—순수법학과 반이데올로기

15) 전원배, "악법의 법리," 『서울대학교 법학』 11권 1호(1969), 31면.
16) 김인제, "법실증주의에 있어서의 법의 인식에 관한 고찰," 『충남대 논문집』(1970).
17) 김인제, "법의 인식에 있어서의 실증주의적 태도에 대한 비판적 소고," 『정우택 교수회갑기념논총』(1986).
18) 김인제, "법실증주의에 대한 방법론적 고찰," 『논문집(대전대)』 20(1994).
19) 김기범, "Hans Kelsen 연구," 『연세논총』 13(1976).
20) 김기수, "순수법학의 이론(H, Kelsen)," 『의당 장경학박사 화갑기념논문집』(1977).

성"[21]을 발표하였다. 박광서는 1975년 "법실증주의",[22] "법실증주의의 특징과 그 영향"[23] 등의 논문과 1977년 "실증주의법학의 선구(J. Austin)"[24]라는 논문을 발표하였다. 임웅은 1980년 "한스 켈젠의 순수법학에 관한 연구"[25]라는 논문을 발표하였으며, 이동춘은 1982년 "켈젠 순수법학 형성의 법사상사적 배경",[26] 1984년 "켈젠 순수법학의 방법론과 그 비판 소고"[27]라는 논문을 발표하였다. 정해창은 1984년 "왜 법을 준수해야 되는가: 실증주의 법철학의 단면에서"[28]라는 논문을, 좌종흔은 1984년 "법실증주의의 본성"[29]이라는 논문을, 유병화는 1982년 "법실증주의의 뿌리"[30]라는 논문을 발표하였다.

또 이 시기에 법실증주의에 관련된 석사학위논문도 나왔는데, 1978년 한종복의 "HANS KELSEN의 GRUNDDNORM론"[31]과 1982년 정순희의 "분석적 법이론에서의 법과 법체계론에 관한 연구"[32] 등이 대표적이다.

---

21) 김기수, "Hans Kelsen — 순수법학과 반이데올로기성,"『현대사상가선집』(단국대출판부, 1985).

22) 박광서, "법실증주의,"『법정』48(1975).

23) 박광서, "법실증주의의 특징과 그 영향,"『법정』53(1975).

24) 박광서, "실증주의법학의 선구(J. Austin),"『의당 장경학박사 화갑기념논문집』(1977).

25) 임웅, "한스 켈젠의 순수법학에 관한 연구,"『사회과학논총(전남대)』7(1980).

26) 이동춘, "켈젠 순수법학 형성의 법사상사적 배경,"『법학연구(부산대)』25-1(1982).

27) 이동춘, "켈젠 순수법학의 방법론과 그 비판 소고,"『법학연구(부산대)』27-1(1984).

28) 정해창, "왜 법을 준수해야 되는가: 실증주의 법철학의 단면에서,"『정신문화연구』21(1984).

29) 좌종흔, "법실증주의의 본성,"『강릉대 논문집』8(1984).

30) 유병화, "법실증주의의 뿌리,"『법률행정론집(고려대)』20(1982).

31) 한종복, "HANS KELSEN의 GRUNDDNORM론," 연세대 법학석사(1978).

그 중에서 심헌섭은 1970년대에서 현재에 이르기까지 한스 켈젠 연구를 포함한 일련의 법실증주의적 태도에 입각한 다수의 논문을 발표하여, 한국 법실증주의 연구에 엄밀성을 도입한 학자로 평가된다. 심헌섭은 1977년에 발표한 "비판적 법실증주의"에서 법실증주의에 대한 분석을 통해 그 공과를 설명하였으며, 이후 일련의 업적들을 통해 주요한 법실증주의 법철학자의 이론들을 국내에 소개하기도 하였다. 1978년 "H. L. A. Hart의 분석적 법이론"을 통해 하트의 법이론을 소개하였고, 1990년에는 한스 켈젠의 주요한 저작들을 번역하여 켈젠법이론선집을 편찬하였고, 1999년 "근본규범 이론 소고"를 통해 켈젠의 이론을 분석하기도 하였다. 그리고 1994년 "O. Weinberger의 제도적 법실증주의", 1998년 "권위에 관하여—배제적 법실증주의에서 포용적 법실증주의로—" 등의 논문을 통해 제도적 법실증주의와 포용적 법실증주의 이론 등을 소개하기도 하였다.

1950년대 황산덕이 켈젠의 이론을 소개하고 비판하는 가운데 한국 법철학의 독자성을 모색하였고, 1960년대 전원배가 한국의 현실 속에서 법실증주의 이론의 실천성을 고민하였다면, 심헌섭은 학문적인 측면에서 한국의 법실증주의에 대한 연구가 서구의 트렌드와 발맞출 수 있도록 그 가교를 놓았다고 할 수 있다.

특히 심헌섭은 기존의 켈젠에 대한 연구가 그 극복에 맞춰져 있는 데 대하여 켈젠의 이론을 엄밀하게 탐색하여 그 본연의 의의를 밝혀, 한국의 켈젠 연구가 본격적으로 진행될 수 있는 토대를 구축하였다. 이러한 토대 위에서 1990년대 이후 오세혁 등의 일련의 켈젠에 대한 후속 연구가 진행될 수 있었다. 또한 하트, 바인베르거, 라즈 등의 현대 법실증주의 학자들의 이론을 꼼꼼하게 분석하여 소개하고 비판함으로써 한국 법실증주의 연구의 학

---

32) 정순희, "분석적 법이론에서의 법과 법체계론에 관한 연구," 서울대 법학석사(1982).

문적인 성과에서도 일정한 성취를 확보하였다.

심헌섭은 1977년 "비판적 법실증주의"에서 법실증주의의 기초를 방법론적으로 실증주의에 두고 그 연장선상에서 법실증주의를 설명하고 있다. 그런데 심헌섭이 파악하는 실증주의는 그 자체 '상대적 실증주의' 또는 '비판적 실증주의'이며, 그 연장선상에 있는 법실증주의도 '비판적 법실증주의'로 파악한다.

> 이리하여 사회철학이나 법철학의 중대 부분을 크게 단념한 것이다. 그러나 경험적 인식도 궁극적으로 가설적인 데 불과하다. 자연법칙도 그것에 대한 반증이 나올 때까지 타당할 뿐이다. 가치인식이 그러함은 물론이다. 양자 사이에 본질적 차이는 없는 것이다. 결론적으로 말해 오늘날 실증주의는 스스로에의 '절대복종'을 요구하라 수 없다. 그 자체가 상대화되어 버린 것이다. 이러한 의미에서 실증주의는 '상대적 실증주의' 또는 '비판적 실증주의'이지 않을 수 없게 되었다.[33]

심헌섭은 이러한 실증주의적 방법론이 19세기 후반 막강한 정신적 조류가 되면서, 법을 실증적 소여에 구축하려는 법실증주의(Rechtpositivismus)가 대두하였다고 파악한다. 그러나 법실증주의도 실증주의 자체가 그렇듯이 하나의 양상으로 이해하기는 어렵고, 법이 환원될 수 있는 사실을 무엇으로 이해하는가에 따라 구분할 수 있다는 것이다.

> 그것을 국민의 승인이나 법적 표상과 확신, 나아가 목적 추구나 이해 등과 같은 내적인 심리적 사실에 착안함으로써 이른바 '심리학적 법실증주의' 내지 '공리적·목적론적 법실증주의'가 등장했다. (중략) 법이란 사실적으로 행해지는 행위의 규율로서, 이것은 사회적인 힘의

33) 심헌섭, "비판적 법실증주의," 『분석과 비판의 법철학』, 159면.

> 산물로서 하나의 사회적 사실이었다. 여기에서 이른바 '사회학적 법실증주의'가 발전된 것이다. (중략) 그러면 법에 대한 과학적 고찰은 어떻게 가능한 것인가? 즉 법의 규범성이 긍정되는 동시에 그 실증적 소여성도 보존하는 길은 어디에 있는가? 이러한 양 요구를 모두 충족시키면서 법에 관한 '과학적 이론'으로 등장한 것이 일반법학과 순수법학이며, 이들은 결국 법률실증주의로 발전한 것이다.[34]

결국 심헌섭은 법실증주의를 하나의 단일한 입장으로 보지 않고 심리학적 법실증주의, 사회학적 법실증주의, 법률실증주의의 3가지의 형태로 다원적으로 파악할 수 있다고 본다. 그러나 3가지 중에서 오늘날 법실증주의라면 대개 법률실증주의를 의미한다고 파악한다. 그리고 법률실증주의를 분석적 법률실증주의와 같은 입장으로 파악하고 있다. 심헌섭은 하트의 법이론을 소개하면서 분석적 법률실증주의의 기본 입장을 다음과 같이 설명한다.

> 분석적 법률실증주의의 특색은 법현상을 사회학적이나 심리학적인 관점에서 탐구하는 것보다, 법제정행위를 통해 주어진 실정법을 하나의 실증적 사실로 받아들이고, 이를 우선 '개념적이고 언어로 이루어진 의미체계'로서 다룬다. 그리고 이러한 실정법과 기본적인 법개념의 분석을 통해 법질서의 일반적 윤곽을 해명하는 것이 분석적 법률실증주의의 과제인 것이다.[35]

심헌섭은 나아가 이런 입장에서 법실증주의, 즉 법률실증주의의 기본적인 입장을 좀더 세분화해서 분석하고 있다. 그것은 법연구 방법의 측면, 법개념의 측면, 법획득 방법의 측면, 법과

---

34) 심헌섭, 위의 글, 159-160면.

35) 심헌섭, "H.L.A. Hart의 분석적 법이론," 『분석과 비판의 법철학』, 563면.

도덕의 측면, 법의무론의 측면, 법효력의 측면이 그것이다. 이렇게 세분화해서 법실증주의의 기본적인 입장을 정리해 낸 것은 다소간 하트의 영향하에 있기는 하지만 중요한 발전이라고 할 수 있다.

> 첫째로 법실증주의는 법(학)연구에 있어서 어디까지나 과학적 태도를 취하고 있다. 법실증주의는 '법연구의 방법'에 관한 이론이다. (중략) 둘째로 법실증주의는 법개념론에서 '법명령성'을 주장했다. 법을 주권자의 명령으로 정의한 것은 법실증주의의 표본이었다. (중략) 셋째로 법실증주의는 '법획득의 방법'에 관해서도 그 견해가 독특하다. 법실증주의에 의하면 법적 결정은 기존하는 법규정에서부터 획일적으로 정확하게 결정되는 것이며, 법원은 해당법규와 관계사실과의 결합에서 논리적 연역을 통해 결정을 이끌어 낸다는 것이다. 넷째로 법실증주의는 '법과 도덕'에 관한 이론이다. 법실증주의는 대개 법률에 특별한 규정이 없는 한 법률이 부도덕 또는 부정당하다고 해서 효력이 없거나 법이 아니라는 결론을 낼 수 없다는 견해로 간주된다. (중략) 다섯째로 법실증주의는 '법의무론'에 있어서 준엄한 입장이다. 법실증주의자들은 비록 법이 부도덕 또는 부정당하다 해도 법에 복종할 무조건적(절대적)인 의무가 있다고 본다. (중략) 여섯째로 법실증주의는 '법효력'을 합법성 또는 실효성으로만 보려고도 했다.[36)]

심헌섭은 법실증주의를 단순히 분석적으로 소개하는 것에 그치지 않고, 그 업적과 한계에 대해서도 논하고 있다.

> 우선 법실증주의의 업적은 무엇보다 법의 '현존의 측면'을 인식하도록 한 점에 있다. 즉 법이란 '실정(증)화'(Positivierung)를 통해서만

36) 심헌섭, 앞의 글, 164-165면.

> 현존한다는 인식이다. (중략) 그러면 법실증주의의 한계는 무엇인가? (중략) 즉 법실증주의는 법이 사실적으로 행해지고 형식적으로 형성된 행위규율 속에서만 존재하고, 그것으로 다하는 것으로 착각하고 있다. 거기에는 법이 현존 외에 다른 본질, 즉 일정한 가치성, 다시 말해서 '정당성'을 지향한다는 점이 간과되고 있다.[37]

특히 심헌섭은 법실증주의의 한계에 대해 법이 정당성을 지향한다는 점이 중요함을 지적하고 있다. 그러나 이런 한계 때문에 법실증주의가 배척되어야 한다는 주장으로 나아가지는 않는다. 오히려 법실증주의의 올바른 본령이 파악되기를 바라는 것이다. 전원배가 한국의 현실에서 법실증주의가 올바른 실천성을 담보하기 위해 건전한 법의식이 필요하다고 했듯이, 심헌섭도 한국의 현실을 염두에 둔 듯 법실증주의가 실정법에 대한 무조건적인 복종이 아니라 비판적·상대적 관점을 취해야 함을 역설하고 있다.

> 다만 우리가 묻고자 하는 것은 법률에의 '백지양도', 즉 절대복종이 옹호될 수 있겠는가이다. 이에 대해서 우리는 다음과 같이 간단히 말할 수 있다. 즉 모든 인식은 끝내는 가설적인 것이다. 우리의 경험적인 사실인식도 궁극적으로는 증명되지 않은 근본전제에 의거하고 있는 것이다. 마찬가지로 가치인식도 그러하다. 따라서 어떠한 것에로의 백지양도란 있을 수 없다. 우리가 가치상대주의를 말하지만 그것도 하나의 상대적 가치상대주의인 것이다. 또 이러한 가치상대주의에 의거하고 있는 법실증주의도 '상대적 법실증주의'이지 않을 수 없다. 바꾸어 말하면 '비판적 법실증주의'인 것이다. '비판과 자기비판은 인간의 구성적 요소이다.' 따라서 비판적 실증주의야말로 인간적 태도에도 부합하는 것이다.[38]

---

37) 심헌섭, 위의 글, 166-167면.

38) 심헌섭, 위의 글, 172면.

결국 심헌섭은 법실증주의를 무조건적인 법에의 복종을 요구하는 형태로 한정짓는 것이 잘못된 것임을 학문적인 입장에서 논증하고, 진정한 의미의 법실증주의는 상대적, 비판적 법실증주의여야 함을 얘기하고 있는 것이다. 이러한 관점은 1990년대 이후 영미에서 진행된 배제적 법실증주의와 포용적 법실증주의의 논쟁을 소개하는 논문에서도 똑같이 드러난다.

> 법을 이렇게 권위의 특징들로 파악하고자 하는 이들은 하나의 완벽한 법본질론, 즉 이른바 '배제적 법실증주의'(Exclusive Legal Positivism)를 제창한다. (중략) 다시 말해서 권위는 몰가치적으로 규정지워진 것이다. 그래서 법은 도덕판단을 전적으로 배제하지 않는 한 권위로 수락될 수 없다. (중략) 따라서 법은 그것이 아무런 도덕적 논의를 함축하지 않은 채 결정되어야 한다. (중략) 어쨌든 이런 주장은 법의 존재여부가 도덕적 요소를 배제한 채 확정될 수 있다는 주장이라는 의미에서 '배제적 법실증주의', 나아가 법과 도덕의 '필연적 분리설'이 적극적으로 내세워졌다는 의미에서 '적극적 실증주의'(Positive Positivism)로 이름 붙여지고 있다.[39)]

> 이렇게 본다면 법을 배제적 또는 적극적 실증주의의 각도에서 파악하는 것은 상당한 것이 아님을 알 수 있다. 권위와 법은 도덕과의 관계에 있어서 배제냐 아니냐의 택일적 문제만은 아닌 것이다. 오히려 실질적인 도덕적 원리나 가치도 최고의 '승인율'(헌법 또는 헌장)의 취지에 따라 법의 존재와 내용을 결정하는 가능적 근거로 인정될 수 있고, 따라서 또한 공동체의 법의 일부일 수 있다는 이른바 '포용적 법실증주의'(Inclusive Legal Positivism) 내지 '도덕합체주의'(Incorporationism), 나아가 법과 도덕의 필연적 분리를 적극적으로 주장할 것이 아니라

---

39) 심헌섭, "권위에 관하여," 『분석과 비판의 법철학』, 122-123면.

오히려 법과 도덕은 '필연적으로 견련되어 있지 않다'고 말해야 한다는, 다시 말해서 법과 도덕의 필연적 견련을 부정하는 이른바 '소극적 실증주의'(Negative Positivism), 결론적으로는 이 둘을 포괄적으로 표현한 이른바 '연성 실증주의'(Soft Positivism)의 견지에서 법을 바라보는 것이 더 상당하다고 하겠다.[40]

필자는 심헌섭의 견해는 서구에서 진행된 왈러초의 포용적 법실증주의나 콜먼의 도덕합체주의 등 연성 실증주의자들의 견해와 동일한 취지를 가지고 있다고 생각한다. 그리고 그들의 논의보다 앞서 70년대 중반에 이런 인식에 도달하였다는 것은 한국 법실증주의의 주요한 업적 중의 하나라고 평가한다.

Ⅴ. 1990년대 이후 법실증주의 연구: 연구범위의 확대

한국 법철학계의 법실증주의 연구가 주로 켈젠 등 독일법철학에서 시작한 이후 전원배, 심헌섭 등에 의해 영미 법실증주의 연구가 소개되기는 하였지만 본격적으로 이에 대한 연구가 진행된 것은 1990년대 이후라고 할 수 있다. 또 법실증주의 연구를 위한 초석이 되는 법실증주의 고전들이 번역되기 시작한 것도 이 시기의 특징이라고 할 수 있다.

법실증주의 이론의 고전인 한스 켈젠의 저작은 1953년 황산덕에 의해 법과 국가의 일반이론과 순수법학이 번역된 적이 있었으나, 본격적인 번역은 이 시기에 이루어졌다고 할 수 있다. 우선 심헌섭은 1990년 켈젠법이론선집[41]을 통해 한스 켈젠의 주요 논문을 꼼꼼하게 번역하고 정리하였으며, 변종필과 최희수는 1999

---

40) 심헌섭, 위의 글, 124-125면.

41) 한스 켈젠(심헌섭 역), 『켈젠법이론선집』(법문사, 1990).

년 한스 켈젠의 주저인 순수법학[42] 제2판을 번역하는 성과를 내었다. 그리고 켈젠과 함께 현대 법실증주의를 대표하는 하트의 주저인 법의 개념[43]도 2001년 오병선에 의해 번역되었다. 또한 하트의 법, 자유, 도덕[44]도 1996년 이영란에 의해 번역되었다. 이로서 켈젠과 하트라는 현대 법실증주의 대가의 주저가 한국어로 번역된 것이다.

법실증주의 연구에 있어서도 그 전 시대보다 좀더 세분화된 주제를 다루는 논문들이 등장하였다. 우선 켈젠에 관한 연구로 오세혁은 "규범주의적 규범이론 연구"[45]를 통해 켈젠의 후기이론을 검토하였으며, 그 이후 1998년 "한스 켈젠의 위헌법률이론",[46] 2001년 "켈젠 법이론의 시기구분—연속성 테제를 중심으로",[47] 2005년 "켈젠 법이론의 발전과정"[48] 등 일련의 논문과 켈젠 이론에 영향 받은 박사학위 논문 "규범충돌 및 그 해소방법에 관한 연구"[49]를 발표하였다. 1999년에 나온 심헌섭의 "근본규범 이론 소고"도 이 시기의 업적이다. 하트 연구에 있어서는 오병선의 "하트의 법철학 방법과 법의 개념"[50]이 1996년 발표되었고, 김현철의 학위논문 "하트의 법이론에 관한 연구"[51]가 1994년 발표되

42) 한스 켈젠(변종필, 최희수 역), 『순수법학』(길안사, 1999).
43) 허버트 하트(오병선 역), 『법의 개념』(아카넷, 2001).
44) 하트(이영란 역), 『법, 자유, 도덕』(나남출판, 1996).
45) 오세혁, "규범주의적 규범이론 연구—H. Kelsen의 후기이론을 중심으로," 서울대 석사(1990).
46) 오세혁, "한스 켈젠의 위헌법률이론," 『법철학연구』 제1권(1998).
47) 오세혁, "켈젠 법이론의 시기구분—연속성 테제를 중심으로," 『법철학연구』 4권 1호(2001).
48) 오세혁, "켈젠 법이론의 발전과정," 『중앙법학』 제7집 제4호(2005).
49) 오세혁, "규범충돌 및 그 해소방법에 관한 연구," 서울대학교 박사학위논문(2000).
50) 오병선, "하트의 법철학 방법과 법의 개념," 『현대법철학의 흐름』(법문사, 1996).
51) 김현철, "하트의 법이론에 관한 연구," 서울대학교 석사학위논문(1994).

었으며, 하트의 권리론을 다룬 김연미의 "하트의 권리론"[52]이 2003년 발표되었다. 그리고 2007년에는 김현철의 "하트 법이론의 철학적 의의에 대한 비판적 고찰"[53]과 박준석의 "하트와 라즈의 법철학"[54]이 발표되었다. 하트의 제자로서 현대 법실증주의의 한 이론을 형성하고 있는 라즈에 대한 소개도 2007년 박준석의 "조셉 라즈의 권위론에 대한 비판적 고찰"[55]과 "권위의 두 개념"[56] 등을 통해 있었고, 이정훈은 2007년 "법실증주의 승인율과 관행에 관한 연구"[57]를 발표하였다.

그리고 이 시기 그 이전 시기에서는 다루지 않았던 새로운 이론들을 다루는 논문들이 발표되었는데, 특히 포용적 법실증주의의 관점과 제도적 법실증주의의 관점을 소개한 논문들이 중요한 의미를 지닌다. 이와 관련된 논문으로 심헌섭의 "O. Weinberger의 제도적 법실증주의"가 1994년, "권위에 관하여—배제적 법실증주의에서 포용적 법실증주의로—"가 1998년 발표되었으며, 오병선, 장영민 등의 이 주제를 다룬 논문이 발표되었다.

오병선은 1998년 발표한 "현대의 자연법론과 법실증주의의 수렴경향"이라는 논문을 통해 풀러, 드워킨의 현대자연법론 뿐만 아니라 하트, 맥코믹 등의 현대법실증주의 이론을 자연법론과 법실증주의의 수렴이라는 관점에서 파악하였다. 특히 하트의 최소한의 자연법의 내용뿐만 아니라, 맥코믹의 탈실증주의적 제도법이론을 소개하고 있는데 이런 법실증주의의 관점에서 자연법적

52) 김연미, "하트의 권리론," 『법철학연구』 제6권 1호(2003).

53) 김현철, "하트 법이론의 철학적 의의에 대한 비판적 고찰," 『법학논집』 11권 2호(2007).

54) 박준석, "하트와 라즈의 법철학," 『법학논집』 11권 2호(2007).

55) 박준석, "조셉 라즈의 권위론에 대한 비판적 고찰," 『법철학연구』 제10권 1호(2007).

56) 박준석, "권위의 두 개념," 『법철학연구』 제10권 2호(2007).

57) 이정훈, "법실증주의 승인율과 관행에 관한 연구," 『법철학연구』 제10권 2호(2007).

관점을 통합적으로 통찰하는 것은 이른바 연성 법실증주의의 기본 입장과 통하는 것이라고 하겠다.[58]

장영민은 2001년 발표한 "법실증주의의 현대적 전개—도덕포용적 법실증주의에 관한 약간의 고찰—"에서 라즈의 도덕배제적 실증주의와 왈러초 등의 도덕포용적 법실증주의를 대비하고 각각의 입장에서 상대방 논지를 검토한 다음, 이에 대한 나름의 결론을 내리고 있다.

> 포용적 법실증주의는 도덕원리들이 헌법을 비롯한 실정법에 등장하고 있고, 재판과정에서 원리라는 형태의 규범이 작용하는 현실에서 이러한 도덕원리 자체가 법으로 인식되고 효력부여되고 있는 현실을 직시한 이론이라고 할 수 있다. (중략) 그러나 이론적인 차원에서 검토해 보면, 몇 가지의 중요한 문제가 제기된다. 도덕원리를 법에 합체한다고 하는 벅찬 과제는 승인율의 굴레를 벗어나야 하는 것이 아닌가 하는 생각이 드는 것이다.[59]

Ⅵ. 결론을 대신하여

이상으로 한국의 법철학사에서 법실증주의 연구의 일면을 간단하게 살펴보았다. 지금까지 살펴본 것과 앞으로 나아가야 할 과제를 다음과 같이 정리할 수 있겠다.

첫째 한국의 법실증주의 연구는 아직 왕성한 연구를 진행하

58) 오병선, "현대의 자연법론과 법실증주의의 수렴경향," 『법철학연구』 제1권(1998).

59) 장영민, "법실증주의의 현대적 전개," 『법철학연구』 제4권 제1호(2001), 145-146면.

는 단계에 이르지 못했다는 것이다. 그러나 최근에 와서 새로운 법실증주의 사조에 대한 연구뿐만 아니라 법실증주의 그 자체를 연구하는 것은 아니지만 분석적 관점의 여러 연구가 행해지고 있어 앞으로의 전망은 밝다고 생각된다.

둘째 한국의 법실증주의 연구는 한국의 시대적 현실적 맥락을 떠나서 이해할 수는 없다. 전원배의 법실증주의적 실천의 모색이나 심헌섭의 비판적 법실증주의론, 나아가 최근의 오병선, 장영민 등의 포용적 법실증주의에 대한 검토에서 보듯이 한국의 법실증주의는 법실증주의의 순수한 이론 그 자체보다는 시대적 현실적 맥락을 염두에 둔 이론으로 자리매김하였다. 물론 그런 중에 등장한 전원배나 심헌섭의 논의는 한국의 독자적인 법실증주의를 모색한 것으로 그 독자적 의의를 찾을 수 있을 것이다.

셋째 한국의 법실증주의 연구를 위해서는 그 연구의 토대가 되는 많은 번역 작업이 필요하다. 현재 켈젠과 하트의 주저가 번역되어 있지만 더 많은 번역이 필요할 것으로 본다. 특히 제도적 법실증주의, 포용적 법실증주의 등과 라즈의 배제적 법실증주의 등 최신의 저서들뿐만 아니라, 벤담이나 오스틴 등 고전적인 저술 등도 번역을 통해 소개되어야 한국의 법실증주의 연구의 저변이 넓어질 것으로 생각된다.

Abstract

A Study on Legal Positivism in Korea

Kim, Hyeon Cheol

Researches on legal positivism in Korea had begun by the introduction of the theory of Hans Kelsen in the 1950s. But legal positivism was not the main stream of the research of Korean legal philosophy and had been misunderstood as upholding the bad law in Korean society. Meanwhile, W. B. John and H. S. Shim had made researches on their own ideas about legal positivism and had gotten excellent results in Korea. After the 1990s, the classical texts in legal positivism including Hart's and Kelsen's were translated and variety of new theories about legal positivism were introduced to Korean legal academy.

색 인 어

법실증주의(legal positivism)
비판적 법실증주의(critical legal positivism)
한스 켈젠(Hans Kelsen)
허버트 하트(H. L. A. Hart)
포용적 법실증주의(inclusive legal positivism)

[7] 우리나라 법학방법론의 전개

오 세 혁*

Ⅰ. 서 론

우리나라에서도 로스쿨, 아니 법학전문대학원이 개원하였다. 그럼에도 불구하고 누군가의 외침처럼 과연 우리나라에서도 미국 로스쿨제도의 진정한 승리가 도래할지는 아직까지도 미지수이다. 하지만, 법학전문대학원의 도입으로 인하여 실천적인 법학의 속성에서 유래하는 법학의 정체성(identity)에 대한 오랜 화두(話頭), 즉 법학이 학문인가, 기술인가에 대한 논쟁에 있어서의 균형추가 일거에 후자로 기울게 되었다는 점은 부인하기 어렵다. 그로 인하여 이러한 법학의 학문성에 대한 회의로부터 비롯되는 법학의 위기 속에서 자칫하면 법철학이 고사하지나 않을까 하는 불안감을 떨치기 어렵게 되었다. 법학과 법철학의 위기 때마다 주목을 받아온 법학방법론이 지금 또 다시 법철학계의 각별한 관심을 받고 있는 것도 이러한 맥락에서 이해될 수 있을 것이다.

법학방법론은 흔히 법의 해석과 적용에 관한 이론으로 알려

* 중앙대학교 법학전문대학원 교수.

져 있다. 하지만, 정확하게 말하자면 법학방법론이란 법인식, 즉 법에 대한 내용적인 언명에로 이르는 사고절차와 그 분석에 관한 진술의 총체이다.[1)] 다시 말해 법학방법론은 좁게는 법의 해석 및 적용이라는 문제에 초점을 맞추는 법인식론에 그치지만, 넓게는 법의 연구방법에 관한 이론으로 이해될 수 있다.[2)] 오늘날에는 전통적인 법해석론 중심의 법학방법론이 드러낸 한계를 극복하기 위하여 법해석학, 법의미론, 토픽적 법학, 법논증이론과 같은 현대적인 법학방법론이 시도되고 있다.[3)] 더 나아가 법경제학, 페미니즘 법학, 포스트모더니즘 법학과 같이 법의 해석 및 적용뿐 아니라 법 그 자체에 대한 새로운 이해의 지평을 여는 새로운 방법론도 등장하고 있다.[4)] 법학방법론에 대한 이해가 어떻든 간에, 이미 오래전부터 법학방법론은 법철학의 기본문제 내지 주요 분야의 하나로 다루어져 왔고 오늘날에는 법철학으로부터 독립된 독자적인 기초법학 분야로 성장하기에 이르렀다.[5)]

그럼에도 불구하고, 우리나라의 경우 새로운 법학방법론은 물론이고 전통적인 법학방법론조차 오랫동안 주목받지 못하고 있었다. 1945년 해방 이후 법학방법론은 소수의 학자들에 의하여, 그것도 주변적인 연구과제로 다루어져왔다. 그 후 1960년대 말부

---

1) 심헌섭, 『분석과 비판의 법철학』, 법문사, 2001, 207면. 법(학)방법론을 '법을 획득하려는 사고의 형식과 규칙'이라고 정의하는 것도 이와 대동소이한 것으로 보인다. 앞의 책, 264면.

2) 이 점에서 법학방법론은 메타법학(juristische Metadisziplin)이다. E. Kramer, *Juristische Methodenlehre*, Bern: Stämpfli, 1998, 28면.

3) 이 입장에서는 법학방법론 대신에 법적 정당화이론(Juritische Begründungslehre)이라는 용어를 선호하는 듯하다. 예컨대, H.-J. Koch/H. Rüßmann, *Juristische Begründungslehre*, München a.M.: C.H. Beck, 1982; R. Alexy *et al.*, *Elemente einer juristischen Begründungslehre*, Baden-Baden: Nomos, 2003.

4) 법학방법론의 현대적 상황에 대해서는 오세혁, 『법철학사』(세창출판사, 2004), 377-400면 참조.

5) H.-M. Pawlowski, *Einführung in die Juristische Methodenlehre*, 2. Aufl., Heidelberg: C. F. Müller, 2000, 1면.

터 법학방법론에 대한 관심이 일기 시작하여 1970년대, 1980년대를 거치면서 점차 구체화되었다. 그러다가 1990년대에 접어들어 다양한 판례평석을 통하여 전통적인 해석방법론이 새삼 주목을 받게 되고, 또 새로운 법학방법론이 깊이 있게 논의되면서 법학방법론은 비약적으로 성장하였다. 가히 '법학방법론의 르네상스'라고 평가해도 손색이 없을 정도이다. 바야흐로 2000년대에는 우리나라에서도 법학방법론이 법철학의 주요 분야의 하나로 자리잡기에 이르렀다. 때마침 법철학회 창립 50주년을 맞이하여 한국의 법철학을 회고하고 전망하는 자리에서 이 글은 우리나라 법학방법론의 전개과정을 되돌아보려는 데에 그 의의가 있다.

이 글의 논의 순서는, 법학방법론의 전개과정을 살펴보기에 앞서 법학방법론의 개념과 영역에 대하여 논의하고, 이를 기초로 연구의 범위와 대상을 확정하고, 연구의 방법, 그리고 연구에 참조한 기초자료에 대하여 살펴본 다음에, 시대 순으로 법학방법론의 전개과정을 살펴본다.

Ⅱ. 법학방법론에 대한 예비적 논의 — 연구의 범위와 방법과 관련하여

법학방법론은 그 개념에 대한 이해에 따라서 연구의 범위와 방법에 있어서 큰 차이를 보인다. 따라서 법학방법론의 전개과정을 살펴보기 위해서는 법학방법론의 개념부터 명확히 해둘 필요가 있다.

그에 앞서 지적해 둘 것은, 법계(legal family)에 따라서 법학방법론이 많은 차이를 보인다는 점이다. 대륙법계의 법학방법론(Juristische Methodenlehre)과 영미법계의 법방법(Legal Method)이라는 상이한 용어에서 비롯되는 미묘한 차이를 애써 무시한다고 하더라도 양자는 연구범위에 있어서 큰 차이를 보인다. 우선 대륙법계의 법학방법론이 법규정의 해석과 적용에 초점이 맞춰져 있는데 비하여, 영미법계는 법텍스트(legal text)의 해석과 적용에 있어서 법규정에 못지않게 판례의 해석과 적용에 초점을 맞추고 있다. 이는 판례법국가의 특성을 감안하면 당연한 것으로 보이는데, 바로 그 이유로 판례의 해석과 적용을 위해 선행되어야 할 판례검색의 필요성이 강조되고, 또 법정보조사(legal research)가 영미법에서는 주요 분야로 다루어진다. 그와 더불어 법문서작성(legal writing)이 법학방법론의 일부로 다루어지고 있다는 점에서도 뚜렷한 차이를 보인다. 나아가 영미법계의 법학방법론은 대개 법규정의 해석과 적용에 있어서의 주체와 절차에 관한 논의로서의 사법제도론 및 사법절차론을 다루고 있으며, 법령의 입법절차 및 기술에 대해서 다루기도 한다.[6] 그에 따라 영미법계의 법학방법론 교과서는 법에 대한 기본적 접근방법(approach)과 법적 추론(legal reasoning)을 공통적으로 다룬다는 점을 제외하면, 연구범위에 있어서 대단히 다양한 스펙트럼을 보인다. 그럼에도 불구하고 이 글이 우리나라의 법학방법론을 살펴보는 것이고, 우리나라는 대륙법계의 성문법중심의 국가이기에 여기에서는 대륙법계의 법학방법론을 중심으로 살펴본다.

1. 법학방법론의 개념과 주요영역

연구의 범위를 확정하기 위해서는 연구의 대상이 되는 법학방법론의 개념을 먼저 명확히 해둘 필요가 있다. 법학방법론이 법학의 능률적 학습을 위한 방법에 관한 이론으로서의 법학공부방법론과 구별되어야 한다는 데에는 이론(異論)이 없다.[7] 나아가

6) 예컨대 C. Stychin/L. Mulcahy, *Legal Method*, 2nd ed., London: Sweet& Maxwell, 2003

법학방법론이 법학교육방법론 내지 법학교수법과 관련이 없지 않지만, 일응 구별되어야 한다는 점에 대해서도 의견이 크게 다르지 않은 듯하다. 그럼에도 불구하고 법학방법론은 학자에 따라서 다양한 의미로 사용된다.

사비니(C. F. von Savigny) 이래 전통적으로 법학방법론은 법의 해석과 적용에 관한 이론 또는 법의 획득에 관한 이론으로 이해되어 왔다. 그에 따라 전통적으로 법학방법론의 기본체계는 법의 해석과 적용을 중심에 두고 그를 위한 전제로서 법규정의 의미 및 구조에 대한 분석과 법의 흠결로 인한 흠결의 확정 및 보충 등으로 구성되어 있었다. 오늘날 법학방법론을 대표하는 학자들은 각자가 강조하는 부분이 다소 다르긴 하지만, 대체로 이와 같이 법학방법론의 영역을 파악해왔다. 가령 엥기슈(K. Engisch)는 가장 전형적으로 법규의 의미와 구조, 법규정으로부터 구체적 법판단의 획득—즉 법적용의 구조—, 추상적 법판단의 획득으로서의 법규정의 해석과 이해, 법조법(Juristenrecht)의 문제로서 흠결보충과 하자 있는 법의 보정(補正)을 법학방법론의 주요 내용으로 다룬다.[8] 라렌츠(K. Larenz) 역시 법학방법론에 대한 역사적 고찰 부분을 제외하면 법학의 일반적 특성과 법학의 개념형성 및 체계형성을 다루는 법학방법론 일반론에 기초하여 법규정론, 사태의 구성과 법적 평가, 법률의 해석, 법관의 법형성 방법을 차례로 다룬다는 점에서 크게 다르지 않다.[9] 이와 유사하게 크릴레(M. Kriele)는

7) 법학방법론을 법학공부방법론으로 이해하는 예로서는 김유미 외 5인, 『법학방법론 연구』(울산대 출판부, 2004) 참조.

8) K. Engisch, *Einführung in das juristische Denken*, Stuttgart: W. Kohlhammer, 1956/1977^7.

9) K. Larenz, *Methodenlehre der Rechtswissenschaft*, Berlin: Springer, 1960/1991^6. 최근 카나리스에 의해 개정된 학습판 역시 이 틀을 그대로 유지하고 있다. K. Larenz-C.-W. Canaris, *Methodenlehre der Rechtswissenschaft*, Berlin: Springer, 1995^3.

'법획득'이라는 이름으로 현대적 해석방법론의 관점에서 법의 해석과 적용의 문제를 중점적으로 논의하고 있다.[10] 뮐러(F. Müller) 역시 현대적 해석방법론의 관점에서 '규범의 구체화'라는 이름으로 주로 법의 해석과 적용의 문제를 다루고 있다.[11] 파블로브스키(H.-M. Pawlowski)의 경우 법학방법론의 기초로서 규범이론에 바탕하여 법령론, 법해석론, 판례론으로 나누어 서술한다는 점에서 기본적인 틀은 상이하지만, 그 내용에서는 좁게 이해된 법학방법론의 내용을 다루고 있다.[12]

이에 비하여 치펠리우스(R. Zippelius)의 경우에는 법학방법론을 다소 넓게 이해하여 관련 영역에 대한 논의를 추가하고 있다. 즉, 법규정의 구조와 연관성에 대한 분석에 앞서 법의 개념과 기능을 간략하게 다루고 있으며 법의 해석, 보충, 보정의 문제를 검토한 다음에 법적용의 문제를 논의하며, 여기에 개관의 차원에 불과하지만 법의 논리적 분석 및 전자적 자료처리(EDV)까지 포함시킴으로써 전통적인 의미의 법학방법론에 법논리학(Rechtslogik) 및 법정보학(Rechtsinformatik)을 추가하고 있다.[13] 이는 사실상 법학방법론에 법이론(Rechtstheorie)을 포함시킨 것이다.[14] 코흐(H.-J.

---

10) M. Kriele, *Theorie der Rechtsgewinnung*, Berlin: D.&H., 1967/1976^{2}.

11) F. Müller, *Juristische Methodik*, Berlin: D.&H., 1971/1995^{6}.

12) H.-M. Pawlowski, *Methodenlehre für Juristen*, Heidelberg: C. F. Müller, 1980/1999^{3}.

13) R. Zippelius, *Juristische Methodenlehre*, München a. M.: C. H. Beck, 1971/2005^{9}. 쉬말츠 역시 법학방법론을 넓게 이해하여 법정보학에 관한 논의를 법학방법론에 포함시키고 있다. D. Schmalz, *Methodenlehre für das juristische Studium*, Baden-Baden: Nomos, 1986/1998^{4}. 이와 유사한 맥락에서 법학방법론을 법논리학(Rechtslogik), 해석학(Hermeneutik), 어의론(Semantik)을 포괄하는 것으로 이해하는 견해로는 배종대, "법이론(Rechtstheorie)이란 무엇인가?" 『법학논집』(고려대) 제25권(1987), 1-71면, 특히 9면.

14) 법이론에 대해서는 K. Adomeit, *Rechtstheorie für Studenten*, 2. Aufl., Heidelberg: R. V. Decker, 1981; 배종대, 앞의 논문, 12-16면 참조.

Koch)와 뤼스만(H. Rüßmann)처럼 '법적 정당화이론'이라는 이름으로 법적 결정의 정당화의 연역적 구조, 법률해석과 법형성, 사실확정, 법률구속을 넘어선 고려 등의 문제를 논리적으로 분석하는 것도 이처럼 법학방법론을 넓게 이해하는 범주에 포함시킬 수 있을 것이다.15)

반면에, 비들린스키(F. Bydlinski)의 경우에는 법학의 기초적인 논의에 바탕하여 법개념의 방법론적 의미, 법획득의 방법이라는 두 부분으로 나누어 전통적인 법학방법론을 다루고, 입법기술을 중심으로 한 입법학적 논의를 부록의 형태로 추가하고 있다.16) 크라머(E. Kramer)의 경우도 법학방법론을 입법학을 포함하는 법제정의 방법과 법적용(해석)의 방법으로 나누지만 주로 법률해석의 방법을 중심으로 한 법적용(해석)의 방법을 다루고 있다.17)

그런데, 피켄처(W. Fikentscher)와 같이 법학방법론을 법에 대한 비교법적 관점의 연구방법론으로 이해함으로써 사실상 법학방법론을 법학의 기본적인 접근방법 내지 주요이론과 동일시하는 태도를 취할 수도 있을 것이다.18) 법학방법론이 궁극적으로 법학, 특히 기초법학의 여러 분야와 직·간접적으로 관련을 맺고 있다

15) Koch/Rüßmann, 위의 책. 다만, 코흐와 뤼스만은 법적 정당화이론이 첫째로 전통적으로 등한시되던 사실확정(Sachverhaltsermittlung), 평가(Bewertungen), 결정여지(Entscheidungsspielräumen)라는 문제들에 대해서도 연구주제를 확대한다는 점, 둘째로 학제적으로(interdisziplinär) 접근한다는 점에서 전래적인 법학방법론과 차별화된다고 주장한다. 앞의 책, 2-3면.

16) F. Bydlinski, *Juristische Methodenlehre und Rechtsbegriff*, Wien: Springer, 1982/1991[2].

17) E. Kramer, *Juristische Methodenlehre*, Bern: Stämpfli, 1998/2005[2]. 특이하게도 크라머는 법적용(법해석)의 방법과 별개로, 입법학을 포함한 법제정의 방법을 법획득의 방법으로 이해한다. 앞의 책, 38면.

18) W. Fikentscher, *Methoden des Rechts in vergleichender Darstellung*, 5. Bde., Tübingen: J. C. B. Mohr, 1975-1977. 광의로 이해된 법학방법론의 개론서로서는 H.-P. Schwintowski, *Juristische Methodenlehre*, Frankfurt a. M.: Recht und Wirtschaft, 2005.

는 점을 감안하면 이와 같이 최광의로 이해된 법학방법론도 성립될 수 있을 법하다.

사실, 법학방법론은 법학과 법철학의 제휴이다. 그리고 법학방법론의 발전은 근대후기 법철학의 발전과 밀접히 관련되어 있다. 19세기 법학방법론의 발전과정은 바로 19세기 법이론의 전개과정이기도 하다. 이 점에서 법학방법론의 의미를 이해하기 위해서는 19세기 법이론에 대한 이해가 선행되어야 한다. 그에 따라 대부분의 법학방법론 교과서는 상세하게든, 간략하게든 간에 19세기 사비니의 역사법학 이래 현대의 평가법학에 이르기까지 전개되었던 법이론의 주요이론들을 다루고 있다.[19] 물론 법학방법론을 법에 대한 기본적인 시각 내지 관점으로 이해한다면 이는 곧 자연법론과 법실증주의를 비롯한 법철학의 핵심적인 이론까지도 포함한다. 특히 켈젠의 순수법학이나 하트의 분석법학은 법학방법론에 대한 단순한 시사를 넘어 비범한 통찰을 제공하고 있다. 하지만, 이처럼 법학방법론을 최광의로 이해한다면 이는 곧 법철학과 외연이 같아진다. 이 경우 법학방법론을 법철학과 분리하여 따로 논의하는 것이 무의미하다. 그렇다면 결국 법학방법론이 법에 대한 기본적 관점 내지 접근방법에 대한 논의를 포함한다는 점을 인정하더라도, 개념법학, 목적법학, 자유법학, 이익법학, 평가법학, 그리고 토픽적 법학, 법적 논의이론과 같이 법학방법론과 밀접히 관련되어 있고 그 발전에 기여한 이론들에 대해서만 논의를 한정할 필요가 있다.

이렇게 볼 때 법학방법론은 다음과 같은 연구영역으로 나뉘어질 수 있으며, 이는 다시 다음과 같은 세부적인 연구주제로 이루어진다.

---

19) 법학방법론의 발전과정에 대한 상세한 설명의 예로서는 Larenz, 위의 책, 11-185면.

① 법학방법론 일반론: 법학의 본질 및 유형, 법학방법론의 개념과 역사

② 법규정의 의미와 구조: 법규정, 법과 법체계(질서), 법의 연원, 법과 언어

③ 법의 적용: 연역적 모델과 해석학적 모델, 사실확정

④ 법의 해석: 법발견과 법형성, 해석의 기준과 목표, 법의 해석논거

⑤ 법의 흠결: 흠결의 확정, 흠결의 보충방법

⑥ 법의 충돌: 충돌의 확정, 충돌의 해소방법

⑦ 법논리학: 형식적·논리적 접근방법과 변증론적·수사적 접근방법

⑧ 입법학: 입법의 본질 및 원리, 입법기술

2. 연구의 범위, 방법, 그리고 자료

(1) 연구의 범위와 대상

이 논문은 위에서 살펴본 연구영역과 연구주제에 따라 우리나라 법학방법론의 발전과정을 서술하지만, 연구영역이나 연구주제별로 세분하지는 않는다. 법학방법론의 발전과정에 따라서는, 특히 초기단계에서는 관련 문헌이나 연구가 많지 않으므로 이를 연구영역별로 서술하는 것이 불필요하기 때문이다. 또 적지 않은 연구가 법해석학이나 법적 논의이론과 같이 복수의 연구영역과 관련된 주제를 다루고 있어서 이를 어느 특정 연구영역에서만 한정하여 설명하기도 적절치 않다.

그리고 특정 실정법학이 아니라 법학방법론 일반을 다루는 연구만을 연구대상으로 삼는다. 그에 따라 헌법학 방법론이나 민법학 방법론과 같은 개별법 분야의 고유한 방법론에 대한 논의나 구체적인 법규정의 해석 및 적용과 관련된 개별법학에서의 논의

들은 원칙적으로 논의대상에서 제외하였다.

(2) 연구의 방법

법학방법론과 같은 법학의 한 분야의 전개과정을 정리하는 데에는 그 연구성과를 발표시기에 따라 순서대로 살피거나 시대별로 구분하여 살펴보는 연대기적인 접근방법 이외에도 주요한 연구주제 내지 연구영역별로 살펴보는 연구주제 중심의 접근방법과 또 학자 또는 학파별로 살펴보는 연구자 중심의 접근방법이 가능하다.

연대기적인 접근방법은 각 시기의 전개과정을 일목요연하게 보여준다는 장점에도 불구하고, 관련된 자료를 평면적으로 나열하는 데 그칠 수 있다는 점에서 그 자체로는 우리가 법학방법론의 발전과정을 성찰하는 목적, 즉 과거를 되돌아보고 미래를 전망하는 데에 실질적인 도움을 주지는 못한다.

반면, 연구주제 내지 연구영역별로 살펴보는 방법은 선택과 집중을 통하여 우리나라에서 법학방법론의 주요 연구경향을 확인하기가 용이하고 그 발전과정을 정리하고 그에 따른 성과와 문제점을 쉽게 드러낼 수 있으며 이를 통하여 미래를 위한 시사점을 얻을 수 있다는 장점이 있다.

마찬가지로 학자 또는 학파(학맥) 내지 학교별로 살펴보는 방법은 학자의 관심방향, 변화 및 발전을 살펴보는 데 대단히 유용하며, 법학방법론의 성과가 어떻게 계승되고 발전되는지를 쉽게 확인할 수 있다는 장점을 갖는다.

그럼에도 불구하고, 이 글은 기본적으로 연대기적인 고찰방법을 따른다. 주제선정 및 분류에 있어서, 또 학자 또는 학파의 선정 및 분류에 있어서 주관이 개입할 여지가 없지 않기 때문이다. 다만, 1990년대와 2000년대에 있어서는 연구대상이 광범위한 관계로 정리의 편의를 위하여 연구동향과 연구주제를 따로 나누어 서술하였다. 이러한 기초자료를 토대로 우리나라 법학방법론의 성과와 문제점을 평가하고 미래를 전망하는 것은 독자들의 몫이다.

(3) 연구의 자료

법학방법론에 대한 연구동향과 연구성과를 정리하기 위하여 우리나라에서 간행된 모든 자료들을 조사하는 것은 사실상 불가능할 뿐 아니라 이를 모두 소개할 수도 없기 때문에 연구에 활용하는 기초자료에 대한 제한도 불가피하였다.

연구동향을 살피는 데 있어서는 한국법철학회의 춘·추계학술대회, 월례독회에서 다루어진 발표주제들을 중심으로 살펴보되, 각 대학 또는 연구소 주최의 학술회의나 공동연구는 특별히 중요한 의미를 지니는 경우에 예외적으로 언급할 것이다. 그리고 법학방법론의 주제를 다룬 법학학위논문들을 검토한다.

연구성과의 분석에 있어서는 한국법철학회의 기관지 『법철학연구』와 법 및 사회철학 한국학회의 『법철학과 사회철학』을 중심으로 살펴보겠지만, 『법철학연구』는 1998년부터 발간되었고, 『법철학과 사회철학』역시 1991년부터 4년간 발간되었을 뿐이므로 그 외의 기간에 있어서는 부득이 각 법과대학 또는 법학연구소에서 간행된 법학학술지나 기념논문집에 게재된 문헌에 의존할 수밖에 없었다.

또, 법학이나 사회과학에 관한 전문학술지가 아닌 고시잡지 또는 시사잡지에 게재된 논문은 법학방법론의 연구주제를 본격적으로 논의한 경우에만 선별하여 다루었고, 『법률신문』을 제외하고는 일간지, 각 대학의 대학신문 또는 학보에 게재된 글 역시 원칙적으로 검토대상에서 제외하였다.

Ⅲ. 법학방법론의 발전과정

1. 1945년 이후 1950년대의 법학방법론 : 不毛地

1945년 이후 1950년대까지 법학계를 포함한 사회 전체가 혼란스러웠던 시절에, 실정법을 연구하기에도 급급했던 상황에서 기초법학에 대한 관심을 기대하기 어려웠겠지만, 그 중에서도 법학방법론은 특히 소홀하게 다루어졌다. 문헌상으로는 1956년 이봉희의 "법률해석의 목적 —한국에서 현행되는 법과 현행되지 않는 법의 분간을 촉구하며—", 1957년 백남휴의 "법해석학의 과학성" 정도가 확인된다.[20]

다만 비록 법철학 전공자는 아니지만 최식 교수가 1958년 "법의 해석에 관한 일고찰"[21]을 발표하는 등 법해석방법을 중심으로 법학방법론에 대하여 꾸준히 관심을 기울였는데, 뒤에서 살펴보는 바와 같이 그 연구의 성과는 1960년대에 여러 편의 논문으로 나타나게 된다.

그리고 조규갑에 의하여 "Interpretation of Statutes in Common Law Country and Civil Law Country — in United States and Korea"[22]가 일찌감치 비교법적 관점에서 법해석론을, 그것도 다루었다는 점이 이채롭다.

학위논문에서 법학방법론을 주제로 한 논문은 없었고 단지 1949년 오덕영의 『법률철학의 본질』(서울대, 법학석사학위논문),

---

20) 이봉희, "법률해석의 목적 — 한국에서 현행되는 법과 현행되지 않는 법의 분간을 촉구하며 —," 『고시와 전형』 제3권 5호(1956); 백남휴, "법해석학의 과학성," 『법정』 제12권 1-2호(1957).

21) "법의 해석에 관한 일고찰," 『저스티스』 제2권 3호(1958).

22) 조규갑, "Interpretation of Statutes in Common Law Country and Civil Law Country — in United States and Korea," 『법률학보』(동아대) 제2호(1959).

1959년 최인원의 『법률학의 분석으로서 법철학의 가치 및 법학체계적 지위에 대한 고찰』(조선대, 법학석사학위논문)이 간접적으로 관련이 있었을 뿐이다.

2. 1960년대의 법학방법론 : 開拓

1950년대 말부터 태동하던 우리나라의 법학방법론은 1960년대에 접어들면서 법해석과 관련된 논문들이 간헐적이나마 발표되었다. 그 누구보다도 최식 교수가 1962년 "법의 해석", 1965년 "법해석학의 금후의 과제", 1967년 "법해석의 성질" 등 법의 해석에 관한 논문들을 꾸준히 발표함으로써 법학방법론의 개척에 앞장섰다.[23)]

그 외에, 1960년 임종원의 "법률해석가의 입장 — 단편록 —", 안만금의 "법률의 해석과 법학의 진리", 1961년 이영우의 "개념법학과 자유법론", 1962년 장후영의 "법률과 실현성", 1963년 임건묵의 "법률해석에 있어서의 법적 안정성과 구체적 타당성", 1964년 이준구 교수의 "법의 논리", 1965년 한창영 교수의 "법의 일반원칙론", 1967년 이희봉 교수의 "법률과 자연과학", 1969년 이정식 교수의 "입법·행정과정에 있어서의 법률해석", 황동준의 "영국재판관과 제정법 해석 — 특히 자연법 정의의 원칙에 관하여 —" 등이 꾸준히 이어졌으나,[24)] 대부분 법학방법론에 대한 전문적인 연

---

23) "법의 해석," 『법조』 제11권 6호(1962); "법해석학의 금후의 과제," 『법조춘추』 제13호(1965); "법해석의 성질," 『법조춘추』 제45호(1967).

24) 임종원의 "법률해석가의 입장 — 단편록 —," 『법학논고』(청주대) 제4권 3호(1960); 안만금, "법률의 해석과 법학의 진리," 『법대논총』(단국대) 제3호(1960); 이영우, "개념법학과 자유법론," 『성균법학』, 제6권(1961); 장후영, "법률과 실현성," 『법조』 제11권 3호(19962); 임건묵, "법률해석에 있어서의 법적 안정성과 구체적 타당성," 『청론』(청주대 대학원), 1963; 이준구, "법의 논리," 『동아』 제4호(1964); 한창영, "법의 일반원칙론," 『제대법학』(제주대) 제1호(1965); 이희봉, "법률과 자연과학," 『한국사회과학

구도, 통찰력 있는 연구도 아니었다.

다만, 법학방법론의 다른 연구영역과는 달리 법논리학은 때 이르게 1960년대 말부터 논의가 본격화되었다. 심헌섭 교수는 독일유학 당시 연구했던 법논리학을 국내에 도입하였는데, 그 최초의 시도인 1967년의 '법 · 명령 · 논리'는 법명령설에 대한 언어 및 논리분석을 통하여 과연 법규범이 반드시 당위(명령)문으로 해석되어야 하는지를 검토한 것이었다.[25] 그 밖에 슈라이버(R. Schreiber)의 『법의 논리(Logik des Rechts)』, 클룩(U. Klug)의 『법논리학(Juristische Logik)』 등 독일의 대표적인 법논리학 문헌에 대한 서평을 통하여 고전논리적용론 중심의 법논리학을 소개하는 데에 노력하였다.[26] 그리고 실무가인 강안희 변호사에 의하여 언어논리적 방법으로 재판을 분석한 "법률학상 재판의 논리에 있어서의 언어분석방법"이 일찌감치 발표된 것도 이채롭다.[27]

학위논문에 있어서 법학방법론 분야의 논문은 없었지만, 법철학을 주제로 한 최초의 박사학위논문인 1960년 황산덕 교수의 『최신자연과학의 발달이 법철학에 미치는 영향』(서울대)이 법학방법론과 밀접히 관련되어 있다는 점은 주목할 만하다.

그리고 1969년 김세신에 의하여 바르톨로마이치크(H. Bartholomeyczik)의 『법률해석의 기술(Die Kunst der Gesetzesauslegung, 1951)』이 번역되는 등 법학방법론과 관련된 외국문헌들도 번역되기 시작하였다.[28]

논집』 제7호(1967); 이정식, "입법 · 행정과정에 있어서의 법률해석," 『사법행정』 제10권 3호(1969); 황동준, "영국재판관과 제정법 해석—특히 자연법 정의의 원칙에 관하여—," 『법조시보』 제100호(1969).

25) 『철학연구』 제2집(1967).

26) Rupert Schreiber, *Logik des Rechts*(서평), 『법학』(서울대) 제8권 2호(1966), 186-196면; Ulich Klug, *Juristische Logik*(서평), 『법학』(서울대) 제10권 1호(1968), 141-144면.

27) "법률학상 재판의 논리에 있어서의 언어분석방법," 『동아논총』 제5집(1969).

3. 1970년대의 법학방법론 : 跳躍

1970년대에 법학방법론의 주요 연구주제들에 대한 본격적인 연구성과들이 심심치 않게 등장하면서 우리나라에서도 법학방법론은 발전의 계기를 마련하였다. 이 시기에 심헌섭 교수는 "법률적 삼단논법 —논리적 · 철학적 소고—", "법의 흠결 — H. Kelsen 교수의 서거에 부쳐 —", "법으로부터 자유로운 영역" 등을 통하여 법학방법론의 전통적인 주제들을 심도 있게 다루었다.[29)]

반면, 김지수 교수는 1971년의 "사회과학에 있어서의 가치판단과 객관성의 문제" 이후 "법제의 비교와 계수에 관한 방법론적 고찰", "법비교의 방법과 유형론의 관계", "막스 베버의 몰가치이론" 등에서 사회과학 방법론과 비교법적 방법론을 중심으로 법학방법에 대한 기초이론을 지속적으로 탐구하였다.[30)]

또 전원배 교수도 1972년 "실정법의 구조분석", "Legal Realism에 대한 법학도의 반응" 등을 통하여 법학방법론과 관련된 연구를 계속하였고,[31)] 그 밖에 1974년 김성남의 "법학의 과학성", 홍신희 교수의 "법률의 해석", 1976년 이호정 교수의 "법의 사회

---

28) H. Bartholomeyczik(김세신 역), "법률해석의 기술," 『법제월보』 제11권 7호-10호(1969).

29) "법률적 삼단논법 — 논리적 · 철학적 소고 —," 『법학』(서울대) 제14권 2호(1973); "법의 흠결 — H. Kelsen 교수의 서거에 부쳐 —," 『Fides』 제18권 1호(1973); "법으로부터 자유로운 영역," 『법학』(서울대) 제19권 2호(1979).

30) "사회과학에 있어서의 가치판단과 객관성의 문제," 『외대논총』 제6집(1971); "법제의 비교와 계수에 관한 방법론적 고찰," 『외국법제의 계수에 관한 연구』, 고대 법률행정문제연구소 편, 1972; "법비교의 방법과 유형론의 관계," 『법철학과 형법』(석우황산덕박사 화갑기념논문집), 1979; "막스 베버의 몰가치이론," 『법사상과 민사법』, 현승종박사 화갑기념논문집(1979).

31) "실정법의 구조분석," 『저스티스』 제10권 1호(1972); "Legal Realism에 대한 법학도의 반응," 『법학』(서울대) 제12권 4호(1972).

과학적 연구를 위한 하나의 제언", 1977년 김형배 교수의 "법률의 해석과 흠결의 보충—민사법을 중심으로", 이상훈의 "법학의 방법", 고상용 교수의 "법해석학의 연구동향" 등이 발표되었다.[32] 법과 언어와 관련해서는 1976년 김관호의 "법률과 문자"가 발표되었다.[33]

한편, 1977년 민사법학자와 실무가로 구성된 민사판례연구회가 출범하였는데, 1978년 심포지엄에서 '판례'를 전체주제로 김윤행 대법원판사의 "판례의 형성과정", 서민 교수의 "판례의 의의", 윤일영 판사의 "판례의 기능", 서정우 판사의 "판례연구의 목적", 양승규 교수의 "판례연구와 법학교육", 박우동 판사의 "대법원 · 대법원판결"이 발표됨으로써 판례에 대한 심도 있는 고찰이 다각도로 시도되었다.[34]

1970년대에는 법논리학에 대한 논의가 더욱 심화되었다. 역시 심헌섭 교수는 자신의 학위논문을 발전시킨 "존재/당위 이원론의 논리와 현대논리학"[35]에서 존재 · 당위의 이원론에 대하여 현대기호논리학이 제기한 몇 가지 의문을 논리적으로 분석하고 검토하였다.

학위논문에 있어서는 1976년 심헌섭 교수의 『존재와 당위의 관계에 관한 연구』(서울대, 법학박사학위논문), 1979년 장영민 교수의 『법에 있어서의 해석학적 방법에 관한 연구』(서울대, 법학석사학위논문)가 법학방법론의 문제를 정면으로 다룬 것이었다.

---

32) 김성남, "법의 과학성," 『법률』 제4권 10호(1974); 홍신희 "법률의 해석," 『청대춘추』 제19호(1974); 이호정, "법의 사회과학적 연구를 위한 하나의 제언," 『사회과학논문집』 제1호(1976); 김형배, "법률의 해석과 흠결의 보충—민사법을 중심으로," 『법률행정논집』(고려대) 제15집(1977); 이상훈, "법학의 방법," 『Fides』(서울대) 제21권 1호(1977); 고상용, "법해석학의 연구방향," 『논문집』(성균관대) 제25호(1979).

33) "법률과 문자," 『법률신문』 제1155호(1976.5.10).

34) 민사판례연구회 편, 『민사판례연구 [I]』(박영사, 1979).

35) 『법학』(서울대) 제20권 1호(1979).

번역에 있어서는 법학방법론에 대한 교과서는 물론 입문서도 없던 시절에 독일의 법학방법론을 대표하는 치펠리우스의 『법학방법론 입문(Einführung in die Juritische Methodenlehre, 19742)』이 김형배 교수에 의하여 번역되고, 예링(R. von Jhering)의 "법의 목적"이 일부 번역되는 등 적지 않은 성과가 있었다.[36)]

4. 1980년대의 법학방법론 : 專門化 및 分化

1980년대는 법학방법론 그 자체에 대한 관심이 확대되면서 법학방법론이 전문화되고 분화되기 시작하였다. 그 대표적인 사례로 1983년 서울대 교수들에 의하여 공동연구 프로젝트로 법학방법론에 대한 종합적인 고찰이 시도되었다는 점은 특기할 만하다. '공동연구: 법학방법론연구'라는 주제하에 심헌섭 교수의 "법철학적 법학방법론 — 법철학과 합리적 법학방법 —", 최대권 교수의 "법사회학적 법학방법론 — 법발견에 있어서의 법사회학적 접근 —", 최종고 교수의 "법사학적 법학방법론 — 법사학의 과제와 방법", 이상면 교수의 "비교법학적 방법론"이 다양한 기초법학적 기반에서 법학방법론을 심도 있게 논의하였다.[37)]

법학방법론 일반론에 있어서는 심헌섭 교수의 "법학의 학문성", 김지수 교수의 "법해석학의 존재론적 전환", 강진철 교수의 "법은 중립적인가" 등이 발표되었다.[38)] 허일태 교수에 의해서는 카우프만(A. Kaufmann)의 "법철학, 법이론 그리고 법도그마틱"이

---

36) R. Zippelius(김형배 역), 『법학방법론』(삼영사, 1976); 장인석 역, "법의 목적," 『법조』 제21권 1호(1972).

37) 『법학』(서울대) 제24권 1호(1983).

38) 심헌섭, "법학의 학문성," 『법학』(서울대) 제23권 3호(1982); 김지수, "법해석학의 존재론적 전환," 『민법과 법학의 중요문제』(장경학박사 고희기념논문집), 1987; 강진철, "법은 중립적인가," 『연세법학』 제9호(1988).

번역되었다.[39] 법학방법론의 역사와 관련해서는 김명재 교수의 "법해석론에 관한 소고", 박용철의 "루돌프 폰 예링의 목적법이론의 고찰"이 있었고, 최종고 교수의 『법학사』에서도 부분적으로 다루어졌다.[40]

법규정의 의미와 구조에 대한 연구에 있어서는 심헌섭 교수가 법의 상위개념인 규범에 대한 일련의 논문을 발표하였다. "규범・규범과학・논리 — 문제점의 소묘"[41]가 그 시작을 알리는 것이라면, "규범이론의 기본문제"[42]는 중간결산을, 그리고 1990년대의 "규범의 일반이론에 관한 연구 — 서론적 고찰 —"[43]은 그 수정보완을 의미하는 것이었다. 그 밖에 심헌섭 교수의 "일반조항 소고", 박우동 판사의 "대법원전원합의체 재판에 있어서의 의견의 표시"가 발표되었다.[44]

1980년대에는 법과 언어에 대한 관심이 한층 높아졌다. 최종고 교수의 "법언어와 그 문제점", 한상범 교수의 "법률문화와 언어", 이종하 교수의 "법과 말" 등이 법과 언어의 문제를 다루었고, 1981년에는 『법에 대한 언어과학의 조명』(서울대, 법학석사학위논문)이 이를 간접적으로 다루었다.[45] 그 밖에 심헌섭 교수에 의

39) Arthur Kaufmann(허일태 역), "법철학, 법이론 그리고 법도그마틱," 『동아법학』 제9호(1989).

40) 김명재, "법해석론에 관한 소고," 『사회과학논총』(전남대) 제11호(1983); 박용철, "루돌프 폰 예링의 목적법 이론의 고찰," 『교육연구지』(경북대) 제25호(1983); 최종고, 『법학사』, 경세원, 1986.

41) 『논리연구』, 현안 김준섭박사 고희기념논문집(문학과 지성사, 1985).

42) 『법철학과 형법의 제문제(석우 황산덕박사 추모기념논문집)』(방문사, 1989).

43) 『법학』(서울대) 제37권 3・4호(1996).

44) 심헌섭, 『법학』(서울대) 제30권 1・2호(1989); 박우동, "대법원전원합의체 재판에 있어서의 의견의 표시," 『민사법과 환경법의 제문제』(송간 안이준박사 화갑기념논문집), 1986.

45) 최종고, "법언어와 그 문제점(상)," 『법률신문』 제1416호(1981.10.12); 한상범, "법률문화와 언어," 『사법행정』 제254호(1982.2); 이종하, "법과

하여 카우프만의 "법과 언어"가 번역되었다.[46)]

법의 해석과 적용에 관해서는 그 동안 꾸준히 법학방법론에 관심을 기울여온 김형배 교수의 "판례의 법형성적 기능"을 비롯하여 신요섭 교수의 "법의 해석에 관한 소고", 김주수 교수의 "판례와 법해석학", 최병조 교수의 "로마 사법케이스 해석방법론 소고" 및 "로마시대의 법률이해와 법률해석", 한봉희 교수의 "Case Method와 Problem Method", 최대권 교수의 "제정법의 해석" 등 다양한 전공의 학자들에 의하여 다수의 논문들이 발표되었다.[47)]

이와 관련된 학위논문으로는 1983년 김대휘 판사의 『법관의 법률에 의한 구속과 법발견』,[48)] 1988년 김기만의 『법해석학의 논리적 구성』(한국외대, 법학석사학위논문)이 있었는데, 특히 김대휘 판사는 실무가로서 위 논문에서 이른바 금액판결과 관련하여 반문언적 해석(contra legem)에 대한 정당화를 시도하였다.

1980년대에는 법논리학에서 법의 정당화, 법획득방법의 기본구조라는 문제에 대한 논의가 확대되면서 기존의 형식논리적 고찰뿐 아니라 페를만, 알렉시 등에 의하여 발전된 변증론적, 수사학적 경향까지 논의되었다. 변증론적, 수사학적 경향은 1960년대

말," 『이상철박사 화갑기념논문집』(1984).

46) Arthur Kaufmann(심헌섭 역), "법과 언어," 『법학』(서울대) 제25권 2·3호(1984).

47) 김형배, "판례의 법형성적 기능," 『현대민법론』, 고시원, 1982; 신요섭, "법의 해석에 관한 소고," 『논문집』(부산외대) 제2호(1984); 김주수, "판례와 법해석학," 『판례월보』 제178호(1985.7); 최병조, "로마 사법케이스 해석방법론 소고—학설유집 개별사례해석의 형식과 지침—," 『민법학논총』(후암 곽윤직교수 화갑기념논문집), 1985; 최병조, "로마시대의 법률해석과 법률해석—서론적 고찰—," 『법학』(서울대) 제27권 1호(1986); 한봉희, "Case Method와 Problem Method," 『전북법학』 제10호(1985); 최대권, "제정법의 해석," 『법학』(서울대) 제30권 1·2호(1989).

48) 이 논문은 일부 수정보완되어 다시 발표되었다. 김대휘, "법관의 법발견의 3단계—특히 법률수정의 문제—," 『사법연구자료』 제13집(1986).

이후 서구에서 판결과정에 대한 분석을 통하여 고전적인 법적 삼단논법으로는 법이 획득되고 정당화될 수 없다는 점에 착안하여 법의 획득 및 정당화에 대한 대안으로서 등장한 것인데, 10년 정도의 시차를 두고 국내에서도 논의되기 시작하였다.

심헌섭 교수는 "법획득방법의 기본구조에서 본 법학과 법실무"[49] 및 "법철학적 법학방법론 — 법철학과 합리적 법학방법 — "에서 법적 추론의 전제가 되는 일반적 법적 판단을 정당화하는 근거는 토픽적 방법론, 법적 논의이론을 비롯한 변증론적, 수사적 방법에서 구할 수밖에 없다는 점을 거듭 강조하였다. 그 연장선상에서 심헌섭 교수는 페를만(Ch. Perelman)의 주요 논문을 엮어 『법과 정의의 철학』으로 출간하고, 알렉시(R. Alexy)의 『법적 논증이론(Theorie der juristischen Argumentation)』에 대하여 서평함으로써 변증론적, 수사적 경향의 법논리학을 개척하는 데에도 앞장섰다.[50] 이를 이어 장영민 교수도 "법, 이성, 논의 —법학에서의 논의이론의 전개— " 등을 통하여 법적 논증이론을 논의하였다.[51]

그리고 1980년대부터 입법에 대한 법학적 접근으로서의 입법학에 대한 관심이 높아지면서 이강혁 교수의 "입법학의 과제" 등이 처음 발표되었고,[52] 김승환 교수의 『입법학에 관한 연구』(고려대, 법학박사학위논문)가 나옴으로써 본격적인 입법학에 대한 연구가 개시되었다.

---

49) 『법학』(서울대) 제23권 1호(1982), 35-45면.

50) 심헌섭 외 2, 『법과 정의의 철학』(종로서적, 1986), 특히 제7장, 8장, 9장; Rober Alexy, *Theorie der juristischen Argumentation*(서평), 『법학』(서울대) 제24권 2·3호(1983).

51) "법, 이성, 논의 — 법학에서의 논의이론의 전개 —," 『법률학의 제문제』, 유기전박사 고희기념논문집(1988).

52) "입법학의 과제," 『현대공법학의 제문제』, 우당 윤세창박사 화갑기념논문집(1983).

5. 1990년대의 법학방법론 : 中興

1990년대는 우리나라 법학방법론의 르네상스였다. 이 시기에 법학방법론은 양적으로도, 질적으로도 비약적으로 발전하였다. 이는 한국법철학회 정기학술대회와 월례독회에서 발표되었던 발표주제를 비롯한 법철학계의 동향에서 쉽게 알 수 있다.

(1) 연구동향

1991년 춘계학술대회는 현대의 법학방법론을 조망하는 '법과 실천이성(최종고)', '법학에서의 논의이론(장영민)'이라는 주제가 다루어졌고, 추계학술대회에서는 독일의 중진 법철학자 노이만(U. Neumann)에 의하여 '법적 결정의 정당화에 있어서 권위논거와 사물논거(Autoritätsargumente und Sachargumente in der juristischen Entscheidungsbegründung)'가 발표되었다. 1992년에도 춘계학술대회에서 '미국의 비판법학운동(김정오)'이, 추계학술대회에서 '법경제학의 동향과 쟁점(정상조)', '법정보학의 법학방법론(유인모)'이 발표되었다.

법학방법론에 대한 관심은 법철학회의 월례발표회를 통해서 꾸준히 이어졌다. 1997년 4월 '헌법의 해석과 구체화(은승표)', 같은 해 9월 '판례의 법원성—행정법학의 방법론과 관련하여(박정훈)' 등이 발표되었고 1998년 8월부터 1년 6개월간은 '19세기 이후의 법이론'이라는 주제 하에서 법학방법론의 발전과정을 심층적으로 검토하는 기회를 가졌다.

1998년에는 법철학회의 기관지 『법철학연구』가 창간되면서 법학방법론에 관한 논문들이 지속적으로 발표될 수 있는 공간이 마련되었다. 물론 이전에도 법철학 및 사회철학(IVR) 한국학회에서 출판하는 『법철학과 사회철학』이 있었으나 그 성격상 법학방법론이 상대적으로 등한시되었기에 『법철학연구』의 창간은 법학방법론의 발전에 중요한 의미를 갖는다.

1998년 한국법철학회 법철학총서의 제1권으로 기획되어 발간된 『현대법철학의 흐름』(법문사)에서도 법의 논증적 구조와 해석학적 이해를 다룬 제2편에서 "법해석학 — 영미에서의 논의를 중심으로(강진철)", "법적 논증이론의 전개과정과 그 실천적 의의(김영환)", "법인식론의 실천적 과제와 대화이론(이상돈)" 등 법학방법론의 주요 연구주제를 다룬 논문들이 수록되었다.

1990년대는 '법학방법론의 르네상스'답게 학위논문에 있어서도 1990년 장영민 교수의 『법발견 방법론에 관한 연구』(서울대, 법학박사학위논문)를 필두로 1990년 이재승 교수의 『법적 논의이론에 관한 일고찰 — R. Alexy의 담화이론을 중심으로』(서울대, 법학석사학위논문), 1993년 강진철 교수의 『법해석학에 관한 고찰 — 특히 철학적 해석학의 법학적 수용과 관련하여』(연세대, 법학박사학위논문), 1994년 김대휘 판사의 『법원론에 관한 연구』(서울대, 법학박사학위논문), 김연미 교수의 『아르투어 카우프만의 존재론적 법해석학 연구』(이화여대, 법학석사학위논문), 1997년 김유근 박사의 『Robert Alexy의 법적 논증이론에 대한 연구』(한양대, 법학석사학위논문), 1999년 송성국의 『Chaim Perelman의 정의론에 관한 연구』 등이 지속적으로 이어졌다. 1991년 이상돈 교수의 『Wortlautgrenze, Intersubjektivität und Kontexteinbettung』(Frankfurt대학, 법학박사학위논문)도 빼놓을 수 없겠다.

번역에 있어서는 독일을 대표하는 법학방법론 저서 중 하나인 크릴레의 『법발견론(Theorie der Rechtsgewinnung, 19762)』이 그의 제자인 홍성방 교수에 의하여 번역되었다.[53] 그리고 법학방법론과 관련된 독일문헌의 번역작업을 지속적으로 추진해온 허일태 교수에 의하여 슈로트(U. Schroth)의 "해석학의 문제점"이 번역되

53) M. Kriele(홍성방 역), 『법발견론』(한림대 출판부, 1995).

었다.[54] 그 밖에도 장영민 교수에 의하여 드워킨(R. Dworkin)의 "판결하기 어려운 사안", 박정훈 교수에 의하여 알렉시(R. Alexy)의 "법체계와 실천이성", 펜스키(U. Penski)의 "법원칙들과 법규율"이 번역되었다.[55]

(2) 연구영역별 정리

법학방법론 관련 자료를 연구주제별로 정리하면 1990년대 우리의 법학방법론이 연구영역별로, 또 연구주제별로 고르게 연구성과를 내면서 그 토대를 확고히 하였다는 사실이 한층 분명히 확인된다.

법학방법론의 일반론에 있어서는 1990년대 초중반 이상돈 교수의 연구성과가 두드러졌다. 그는 "법관의 말행위와 올바른 법 — 고도산업사회에서의 법률의 적용과 대화이론적 재구성—", "법인식의 사회적 지평과 근대성", "법체계의 정합성과 법적 논증의 정합성 원칙", "법률적 삼단논법의 인식론적 오류" 등을 숨 돌릴 새 없이 쏟아냈다.[56]

그 밖에 차강진 박사의 "법현상의 인식방법론에 관한 일고

54) U. Schroth(허일태 역), "해석학의 문제점," 『법대논총』(동아대) 제28호(1994).

55) R. Dworkin(장영민 역), "판결하기 어려운 사안," 『법철학과 사회철학』 제3집(1993); R. Alexy(박정훈 역)의 "법체계와 실천이성," 『법철학과 사회철학』 제3집(1993); U. Penski(박정훈 역)의 "법원칙들과 법규율," 『법철학과 사회철학』 제3집(1993).

56) 이상돈, "법관의 말행위와 올바른 법 — 고도산업사회에서의 법률의 적용과 대화이론적 재구성 —," 『저스티스』 제25권 2호(1992); "법인식의 사회적 지평과 근대성," 『현대비평과 이론』 제8호(1994); "법률해석 — 말놀이에의 구성적 참여 —" 『저스티스』 제27권 2호(1994); "법체계의 정합성과 법적 논증의 정합성 원칙," 『법철학과 사회철학』 제4호(1994); "법률적 삼단논법의 인식론적 오류," 『안암법학』 제3호(1995). 이 논문들과 다른 관련 논문들을 모아 이상돈 교수는 『법이론』(박영사, 1996/1997)을 출판하였다.

찰", 장태주 교수의 "법학방법론연구서설 — 법학방법론의 탐색적 접근", 박은정 교수의 "여성주의와 정의론", 남기윤 교수의 "법학방법론으로서의 유형이론에 관한 고찰", 김병묵 교수의 "법학방법론의 새로운 장을 열면서", 김영환 교수의 "법도그마틱의 개념과 그 실천적 기능", 김진기 박사의 "법철학과 법해석의 문제" 등이 이어졌다.[57)]

그리고 1990년 서돈각 박사의 고희기념논문집에 맥코믹(N. MacCormick)이 "법에서의 보편화와 귀납(Universalization and Induction in Law)", 로트로이트너(H. Rottleuthner)가 "법사고에 있어서 생물학적 비유(Biologische Metaphern im Rechtsdenken)" 등 법학방법론과 관련된 논문을 기고했다는 점도 특기할 만하다.[58)]

이 무렵 형법이나 민법에 비하여 상대적으로 법학방법론을 등한시해온 헌법에서도 헌법합치적 해석을 비롯한 해석방법론을 중심으로 법학방법론에 관한 문헌이 쏟아져 나오기 시작하였는데, 계희열 교수(편역)의 『헌법의 해석』과 최대권/한상희/김문현 교수의 『헌법해석에 관한 연구』가 대표적이다.[59)]

---

57) 차강진, "법현상의 인식방법론에 관한 일고찰," 『대학원법학논집』(부산대) 제1호(1991); 장태주, "법학방법론연구서설 — 법학방법론의 탐색적 접근," 『석우차용석박사 화갑기념논문집』(1994); 박은정, "여성주의와 정의론," 『법철학과 사회철학』 제4호(1994); 남기윤, "법학방법론으로의 유형이론에 관한 고찰," 『채권법에 있어서의 자유와 책임』, 김형배 교수 화갑기념논문집(1994); "법학방법론의 새로운 장을 열면서," 『경희법학』 제29권 2호(1994); 김영환, "법도그마틱의 개념과 그 실천적 기능," 『법학논총』(한양대) 제13호(1996); 김진기, "법철학과 법해석의 문제," 『백양인문논집』(부산여대) 제3집(1998).

58) N. MacCormick, "Universalization and Induction in Law," 『동서의 법철학과 사회철학』, 무애 서돈각박사 고희기념논문집(1990); H. Rottleuthner, "Biologische Metaphern im Rechtsdenken," 『동서의 법철학과 사회철학』 (무애 서돈각박사 고희기념논문집), 1990.

59) 계희열(편역), 『헌법의 해석』(고려대출판부, 1993); 최대권/한상희/김문현, 『헌법해석에 관한 연구』(헌법재판소, 1994).

그리고 1990년 박상기 교수의 "법학방법론의 사적 고찰"[60]이 과거 단편적으로 소개되던 데 그치던 법학방법론의 역사를 개괄적이나마 처음으로 정리하였다는 점에서 각별한 의미를 갖는다. 그 밖에도 법학방법론의 역사에 관해서는 강희원의 "역사법학과 사비니" 등이 발표되었다.[61]

법규정의 구조와 유형에 있어서는 앞서 살펴보았던 심헌섭 교수의 "규범의 일반이론에 관한 연구" 이외에도 강희원 교수의 "이른바 일반조항(Generalklauseln)에 대한 기초법학적 이해", "법에 대한 체계논리적 파악 — 기능주의적 법학방법론을 위하여 —"가 방법론적으로 주목할 만하다.[62] 법원론에서는 김대휘 판사의 "알프 로스의 법원론", 박정훈 교수의 "판례의 법원론"이 발표되었다.[63] 그리고 심헌섭 교수는 켈젠 후기이론을 대표하는 "법과 논리(Recht und Logik)"를 번역하였고, 허일태 교수는 라렌츠의 『법학방법론』 중 법규론을 번역하였다.[64]

법과 언어에 관해서는 구모영 박사의 "법과 언어", 김병규 교수의 "법적 언어"가 발표되었고 드물게 법상징학과 관련하여 최종고 교수의 "'법'字考"가 발표되었다.[65]

---

60) 박상기, "법학방법론의 사적 고찰," 『동서의 법철학과 사회철학』, 무애 서돈각박사 고희기념논문집(1990), 223-245면.

61) 강희원, "역사법학과 사비니," 『경희법학』 제33권 1호(1998).

62) 강희원, "이른바 일반조항(Generalklauseln)에 대한 기초법학적 이해," 『고봉법학』 제1호(1994); "법에 대한 체계논리적 파악," 『경희법학』 제29권 2호(1994).

63) 김대휘, "알프 로스의 법원론," 『법철학과 사회철학』 제3집(1993); 박정훈, "판례의 법원성," 『법실천의 제문제』(동천 김인섭박사 화갑기념논문집), 1996.

64) 심헌섭 편역, 『켈젠법이론선집』, 법문사, 1990; K. Larenz-W. Canaris(허일태 역), "법규론," 『동아법학』 제24권 2호(1998).

65) 구모영, "법과 언어," 『박원영교수 추모논문집』, 1997; 김병규, "법적 언어," 『법철학연구』 제2권(1999); 최종고, "'법'자고 — 법상징학과 관련하여 —," 『법학』(서울대) 제38권 2호(1994).

1990년대의 법학방법론은 무엇보다도 법의 해석과 적용의 영역에 있어서 획기적인 발전이 있었다. 여기에는 이른바 실화판결로 일컬어지는 대법원 1994. 12. 20. 선고 94모32 전원합의체결정(공 1995상, 396)을 둘러싼 법해석논쟁이 그 중심에 서 있다. 과실로 타인 소유의 일반물건을 소훼한 경우에 형법 제170조 제2항이 적용되는지 여부가 쟁점이 되었던 위 사건에서 1990년대 중·후반에 걸쳐 문리해석 내지 문언중심적 해석을 중시하는 입장과 논리 — 체계적 해석 내지 맥락중심적 해석을 중시하는 입장 사이에서 보기 드물게 열띤 논쟁이 벌어졌다. 신동운 교수의 "형벌법규의 흠결과 해석에 의한 보정의 한계", 김영환 교수의 "형법해석의 한계 — 허용된 해석과 금지된 유추와의 상관관계", 이상돈 교수의 "형법해석의 한계 — 김영환 교수와 신동운 교수의 법학방법론에 대한 비평", 다시 김영환 교수의 "형법상 해석과 유추의 한계 — 이상돈 교수의 반론에 대하여", 김대휘 판사의 "형법해석의 한계와 법방법론", 최봉철 교수의 "문언중심적 법해석론 비판" 등이 그것인데, 이는 우리나라에서 처음으로 법해석방법론에 대한 단행본의 출간으로 이어졌다.[66] 그 밖에도 차강진 박사의 "법규범의 불확정성과 법해석", 최봉철 교수의 "대법원의 법해석론" 등 법의 해석 및 적용에 있어서는 참으로 풍성한 수확이 있었다.[67]

법해석방법론에서는 이 연구주제를 오랫동안 천착해온 강진철 교수의 "법해석학과 포스트모더니즘" 및 "해석학의 관점에서

66) 신동운 외, 『법률해석의 한계』(법문사, 2000). 그 후에도, 이른바 자수판결로 알려진 대법원 1997.3.20. 선고 96도1167 전원합의체 판결을 둘러싸고 법학방법론적인 관점의 평석이 이어졌다. 김영환의 "법의 흠결과 목적론적 축소해석," 『판례월보』 제334호(1998); 장영민의 "유추금지와 목적론적 축소," 『형사판례연구』 제7집(1999).

67) 차강진, "법규범의 불확정성과 법해석," 『법학연구』(부산대) 제37권 1호(1996); 최봉철, "대법원의 법해석론," 『법학연구』(연세대) 제8집(1998).

본 법학방법론" 이외에도[68] 박영우 교수의 "법률의 해석과 그 평가", 이영희 교수의 "법해석방법론에 관한 소고", 박인양의 "법논리적 추론에 있어서의 타당성에 관한 연구", 허일태 교수의 "법관의 법왜곡에 대한 대책", 김병규 교수의 "법해석학과 철학적 해석학", 정선주 교수의 "법관에 의한 법의 형성발전과 그 한계" 등이 발표되었다.[69]

법논리학에 있어서도 주로 변증론적·수사적 경향을 중심으로 법논리학이 널리 확산되었다. 장영민 교수의 "법발견의 방법 — 문제사안에서의 법발견모델을 중심으로", 김영환 교수의 "법적 논증이론의 전개과정과 그 실천적 의의", 오세혁 교수의 "법과 논리" 등이 이어졌다.[70] 그리고 윤재왕의 "법적 논증이론과 절차적 정의", 김지수 교수의 "Dworkin의 정해론과 이치논리의 전환", "법의 부정과 법긍정의 이치논리" 등은 이를 법철학의 전통적인 주제에 응용하였다.[71]

끝으로 입법학에서도 풍성한 수확이 있었다. 1990년대 후반 박영도 박사는 "입법학서설(I)/(II)", "새로운 학문유형으로서의 입

---

68) 강진철, "법해석학과 포스트모더니즘," 『법과 사회』 제8호(1993); 강진철, "해석학적 관점에서 본 법학방법론," 『강원법학』 제5호(1993).

69) 박영우, "법률의 해석과 그 평가," 『법학연구』(충남대), 제1권 1호(1990); 이영희, "법해석방법론에 관한 소고," 『현대민사법학의 현대적 전개』(배경숙교수 화갑기념논문집), 1991; 박인양, "법논리적 추론에 있어서의 타당성에 관한 연구," 『인문논총』(아주대) 제5호(1994); 허일태, "법관의 법왜곡에 대한 대책," 『동아법학』 제21호(1996); 김병규, "법해석학과 철학적 해석학," 『동아법학』 제24호(1998); 정선주, "법관에 의한 법의 형성발전과 그 한계," 『민사소송』 제2호(1999).

70) 장영민, "법발견의 방법 — 문제사안에서의 법발견모델을 중심으로 —," 『현대의 형사법학』(박정근박사 화갑기념논문집), 1990; 김영환, "법적 논증이론의 전개과정과 그 실천적 의의," 『법학논총』(한양대) 제12호(1995); 오세혁, "법과 논리," 『한림법학 Forum』 제5권(1996).

71) 윤재왕, "법적 논증이론과 절차적 정의," 『법과 사회』 제5호(1992); 김지수, "Dworkin의 정해론과 이치논리의 전환," 『인권과 정의』 제217호(1994.9); "법의 부정과 법긍정의 이치논리," 『외법논총』 제3호(1996).

법학의 필요성과 성립가능성" 등을 발표하고 『입법기초이론과 입법기술』, 『입법기술의 이론과 실제』를 집필함으로써 우리나라의 입법학을 체계화하는 데 크게 기여하였다.[72] 그밖에도 이상영 교수의 "입법학 정립을 위한 변증론" 등이 있었다.[73]

6. 2000년대의 법학방법론: 擴散

세기가 바뀌면서 법학방법론에 대한 관심은 한동안 시들해지는 듯했으나, 법학전문대학원(로스쿨)의 도입논의와 관련하여 법학방법론에 대한 관심이 고조되기 시작하였다. 이는 법학 내지 법철학의 교육방법론에 대한 관심과 결합되면서 단순히 법철학계뿐 아니라 법학계 전체의 뜨거운 관심으로 이어졌다.

(1) 연구동향

2000년 추계학술대회는 '법철학교육에 관한 반성과 대안 모색'이라는 전체주제 아래에서 '법철학 교육의 의의와 현실(김지수)'이라는 기조강연에 이어 '한국 법철학교육의 현황과 전망(허일태)', '수입법학, 외제법철학, 죽은 법학교육, 그러나 … (강희원)', '법철학교육과 사법시험(김정오)' 등의 개별주제가 다루어졌다. 법철학교육과 법조윤리라는 전체주제로 개최되었던 2001년 춘계학술대회 역시 법학방법론에 대한 관심의 연장선상에서도 이해될 수 있을 것이다.

---

72) "입법학서설(I)/(II)," 『외법논집』 제3권/제4권(1996/97); "새로운 학문유형으로서의 입법학의 필요성과 성립가능성," 『한국헌법학의 현황과 과제』(금랑 김철수박사 정년기념논문집), 1998; 『입법기초이론과 입법기술』(입법이론연구 1), 한국법제연구원, 1991; 『입법기술의 이론과 실제』, 입법이론연구 5(한국법제연구원, 1997).

73) 이상영, "입법학 정립을 위한 변증론," 『법학연구』(충북대) 제7권 1호(1995).

2002년 추계학술대회에서는 법학방법론의 핵심주제인 '법해석론'이라는 전체주제 아래에서 다양한 개별 법영역의 논의가 다루어졌다. 기조강연인 '법의 해석과 흠결의 보충에 관한 체계적 의의(김영환)' 이외에 '헌법 이전의 법규범에 어떻게 접근할 것인가(이재승)', '행정법학, 어떻게 법을 해석할 것인가(김유환)', '법률의 문언을 넘은 해석과 법률의 문언에 반하는 해석의 정당성(박철)'이 발표되었다. 특히 학계와 실무계의 상호교류가 이루어진 점은 주목할 만하다.

2005년 추계학술대회에서는 법학방법론의 이론적 기초와 관련된 '법학의 학문성'이라는 전체주제 아래에서 동명(同名)의 기조강연(심헌섭)이 발표되었고, 법학의 학문성과 인접학문, 비판과 성찰의 학문으로서의 법학이라는 두 가지 하위주제로 나누어 전자에서는 '사회과학으로서의 법학(이철우)', '인문학으로서의 법학(서을오)', 후자에서는 '법철학의 학문성(서윤호)', '비판으로서의 법학(김정오)'이 다루어졌다.

2006년 무렵 법학전문대학원의 도입이 가시화되자, 2006년 춘계학술대회에서 법학의 방법과 법학교육을 전제주제로 다루었다. '법학방법론과 법학교육'이라는 제목의 기조강연(김영환)에 이어 '법률가 양성교육체제 정립기의 법학방법론(양천수)', '법학방법론, 로스쿨, 케이스메소드(김재원)', '법학방법론의 역사적 발전과 법학교육의 미래(김학태)'가 발표되었다.

그리고 2006년 추계학술대회는 학계와 실무의 연계를 강조하는 법학방법론의 한 분야로서 '한국 최고재판소의 법철학'이라는 전체주제로 동명의 기조강연(오병선)에 이어 '한국최고재판소의 법해석방법론(이상돈)', '철학적 관행이론과 한국 최고재판소의 "관습법"이론(양선숙)', '여성주의 관점에서 본 한국 최고재판소의 법이론(오정진)'이 발표되었다. 그 밖에 2007년 춘계학술대회에서 '법적 불확정성과 법의 지배(안성조)'가 법철학의 최신동향의 하나로 발표되었다.

이러한 추세는 한국법철학회의 월례독회에도 반영되어 2000년 9월부터 1여년간 헌법을 비롯한 개별 실정법과 법철학의 상관관계를 검토함으로써 법철학의 실정법학에 대한 방법론적 기여를 되돌아보는 계기를 마련하였다. 그밖에도 2002년 11월 '문언의 의미를 넘어선 법해석의 정당성문제(박철)', 2003년 3월 '민법해석에 있어서의 유형론(최봉경)', 2003년 4월 '방법다원주의와 합리성(심헌섭)', 2004년 8월 '헌법재판소의 법적 추론에 관한 고찰(김정오)', 2004년 10월 '우리나라 최고법원의 해석방법론(오세혁)', '헌법재판소의 이익형량 담론에 관한 고찰 — 비례성 원칙을 중심으로(이준일)', '법문언에 반하는 해석의 정당성(윤진수)' 등 법학방법론의 주요주제를 다룬 발표가 꾸준히 이어졌다.

그리고 한국법철학회 법철학총서의 제2권으로 기획된 『응용법철학』에서도 "개념법학적인 사유형태와 일반조항으로의 도피(김영환)", "성담론과 법담론의 접점에 나타난 법논증구조(김정오)", "마당적 이해 — 이론, 현실, 정책(이상돈)" 등 법학방법론과 관련된 논문들이 여러 편 수록되었다.

학위논문에 있어서는 2000년 오세혁 교수의 『규범충돌 및 그 해소에 관한 연구』(서울대, 법학박사학위논문)가 드물게 규범충돌이라는 주제를 다루었고, 2001년 이필재의 『법정보학적 법학방법론』(충북대, 법학석사학위논문)은 법정보학을, 2005년 고상영의 『의무논리에 관한 연구』(서울대, 법학석사학위논문)는 법논리학을 주제로 한 것이었다.

번역에 있어서는 독일을 대표하는 법학방법론 저서인 라렌츠/카나리스의 『법학방법론(Methodenlehre der Rechtswissenschaft, 19953)』과 라렌츠의 『법학방법론(Methodenlehre der Rechtswissenschaft, 19916)』 중 제1부 제5장 '오늘날의 방법론적 논의(Die Methodendiskussion in der Gegenwart)'가 허일태 교수에 의하여 번역되고, 알렉시의 『법적

논증이론(Theorie der juristischen Argumentation, 1978)』이 변종필 교수 등에 의하여 번역되었고, 또 엥기슈의 『법적 사고 입문(Einführung in das juristische Denken, 19979)』과 슈말츠(D. Schmalz)의 "법학연구를 위한 방법론"이 실무가에 의하여 번역되는 등 풍성한 수확이 있었다.[74)]

(2) 연구주제

2000년대의 법학방법론은 법의 해석과 적용이라는 핵심적인 연구영역에 있어서는 1990년대에 못 미치지만 다른 연구영역별에 있어서는 비교적 고른 성과를 내고 있다는 사실을 확인할 수 있다.

법학방법론의 일반론과 관련하여 남기윤 교수의 일련의 논문들은 법학방법론의 이론적 체계화에 크게 기여하였다. 그는 2000년 "법학에서의 담론과 방법론상 문제점"을 시작으로 2005년부터는 한국 사법학의 신과제 설정을 위한 비교 법학방법론 연구시리즈로 "프랑스 사법학에서 법학방법론의 전개", "일본 민법학의 법사고와 법해석 방법론", "독일 사법학 방법론의 현상과 신경향들", "미국의 법사고와 제정법 해석방법론", "현대 미국에서의 제정법 해석 방법논쟁과 방법론의 새로운 전개" 등 다수의 논문을 잇따라 발표하였다.[75)]

---

74) K. Larenz/C.-W. Canaris(허일태 역), 『법학방법론』, 세종출판사, 2000; K. Larenz(허일태 역), 『법학방법론 입문』, 세종출판사, 2001; R. Alexy (변종필/최희수/박달현 공역), 『법적 논증이론: 법적 근거제시이론으로서의 합리적 논증대화이론』, 고대출판부, 2007; K. Engisch(이헌섭 역), 『법적 사고의 입문』, 법률정보센타, 2001; D. Schmalz(이영환 역), "법학연구를 위한 방법론," 『민형사실무연구』(서울북부지방법원 승격기념논문집), 2004.

75) "법학에서의 담론과 방법론상 문제점," 『저스티스』 제33권 1호(2000); "프랑스 사법학에서 법학방법론의 전개," 『저스티스』 통권 제88호(2005); "일본 민법학의 법사고와 법해석 방법론," 『광운비교법학』 제6호(2005);

그리고 법학방법론의 기초이론을 다룬 문헌들로 양창수 교수의 "법발견의 다양한 양상 또는 실정법학자의 법학방법론", 오병선 교수의 "제도적 자연법과 법의 해석", 최봉철 교수의 "법철학방법론", 조성혜 교수의 "법경제학의 기초" 및 "합리적 선택이론과 행동법경제학", 양현아 교수의 "실증주의 법학과 여성주의 법학", 서윤호 교수의 "규범근거지움을 둘러싼 문제" 등이 있었으며,[76] 맥코믹(N. MacCormick)/서머스(R. Summers)의 "해석과 정당화(Interpretation and Justification)"가 박정훈 교수에 의해 번역되었다.[77]

법학방법론의 역사와 관련해서는 김영환 교수의 "법의 계수와 결과현상들: 개념법학적인 사유형태와 일반조항에로의 도피", 윤철홍 교수의 "칸토로비츠의 '법학을 위한 투쟁'에 관한 소고" 및 "예링의 법사상", 양천수 교수의 "개념법학 : 형성, 철학적·정치적 기초, 영향" 등이 있었다.[78]

"독일 사법학 방법론의 현상과 신경향들," 『저스티스』 통권 제95호(2006); "미국의 법사고와 제정법 해석방법론," 『저스티스』 통권 제99호(2007); "현대 미국에서의 제정법 해석 방법논쟁과 방법론의 새로운 전개," 『저스티스』 통권 제100호(2007).

76) 양창수, "법해석의 다양한 양상 또는 실정법학자의 법학방법론: 크라머의 『법학방법론』을 읽고," 『법학』(서울대) 제41권 3호(2000); 오병선, "제도적 자연법과 법의 해석," 『법철학연구』 제5권 1호(2002); 최봉철, "법철학방법론," 『법학연구』(연세대) 제12집 2호(2002); 조성혜, "법경제학의 기초," 『법철학연구』 제7권 2호(2004); 조성혜, "합리적 선택이론과 행동법경제학," 『법철학연구』 제10권 1호(2007); 양현아, "실증주의 방법론과 여성주의 법학," 『법학』(서울대) 제46권 2호(2005); 서윤호, "규범근거지움을 둘러싼 문제," 『법철학연구』 제8권 1호(2005).

77) N. MacCormick/Summers(박정훈 역), "해석과 정당화(상)/(하)," 『법철학연구』 제5권 2호/제6권 1호(2002/2003).

78) 김영환, "법의 계수의 결과현상들: 개념법학적인 사유형태와 일반조항에로의 도피," 『법철학연구』 제4권 1호(2001); 윤철홍, "칸토로비츠의 '법학을 위한 투쟁'에 관한 소고," 『법철학연구』 제8권 2호(2005); 윤철홍, "예링의 법사상," 『법철학연구』 제10권 1호(2007); 양천수, "개념법

법규정의 구조와 관련하여 법에 있어서의 유형에 대한 관심이 높아짐에 따라 박종수 교수의 "유형개념의 이해", 최봉경 교수의 "개념과 유형"이 잇따라 발표되었다.79) 법원론에서는 오세혁 교수의 "관습법의 현대적 의미"가 관습법을, 이광범 판사의 "대법원판례의 의미"가 대법원 판례를 실무적인 관점에서 다루었고, 오세혁 교수의 "판례평석 방법론에 대한 시론적 고찰"은 판례평석방법의 체계화를 시도하였다.80) 그 밖에 법체계론에서는 오세혁 교수의 "법체계의 통일성"이 발표되었다.81)

법과 언어와 관련해서는 권경희의 "비트겐슈타인의 규칙—따르기 고찰과 법이론"이 있었고, 권터(K. Günther)의 "법과 언어"가 박종수 교수에 의하여 번역되었다.82)

법의 해석과 적용에 있어서는 최봉철 교수의 "한국적 사법해석론—법개념을 중심으로", 박철 판사의 "법률의 문언을 넘은 해석과 법률의 문언에 반하는 해석의 정당성", 오세혁 교수의 "한국에서의 법령해석" 및 "사법부의 해석방법론에 대한 비판", 김학태 교수의 "법률해석의 한계", 이용욱 변호사의 "공소시효제도에 대한 헌법재판소의 결정에 관한 연구"가 있었다.83) 그리고

학: 형성, 철학적 · 정치적 기초, 영향," 『법철학연구』 제10권 1호(2007).

79) 박종수, "유형개념의 이해," 『법철학연구』 제5권 1호(2002); 최봉경, "개념과 유형," 『법철학연구』 제6권 1호(2003).

80) 오세혁, "관습법의 현대적 의미," 『법철학연구』 제9권 2호(2006); 이광범, "「대법원판례」의 의미," 『민사재판의 제문제』 제11권(2002); 오세혁, "판례평석 방법론에 관한 시론적 고찰—민사법 분야를 중심으로—," 『비교사법』 제13권 4호(2006).

81) 오세혁, "법체계의 통일성," 『인권과 정의』 통권 291호(2000.11).

82) 권경휘, "비트겐슈타인의 규칙—따르기 고찰과 법이론," 『법철학연구』 제10권 1호(2007); K. Günther(박종수 역), "법과 언어," 『법철학연구』 제4권 2호(2001).

83) 최봉철, "한국적 사법해석론—법개념을 중심으로," 『법학연구』(연세대) 제9집 1호(2000); 박철, "법률의 문언을 넘은 해석과 법률의 문언에 반하는 해석의 정당성," 『민사재판의 제문제』 제11권(2002); 오세혁, "한국

사실인정에 관해서는 이상돈 교수의 "사실인정의 이론과 실제: 공판절차에서 마당적 이해의 실현"이 있었다.[84]

법의 흠결 및 보충에 있어서는 최봉경 교수의 "법률의 흠", 법의 충돌 및 해소에 있어서는 오세혁 교수의 "신법우선의 원리" 등의 성과가 있었다.[85]

법논리학에 있어서도 홍기원 박사의 "근대 변증론 연구"처럼 변증론적·수사적 경향을 비롯한 법논리학 그 자체에 대한 논의가 없지 않았다.[86] 하지만, 그보다는 법철학의 주요개념을 분석하거나 판례를 평석하는 데에 이를 응용하는 경향이 두드러졌다. 가령 이준일 교수의 "법학에서 최적화" 및 "법학에서의 대화이론", 신동룡 교수의 "대화주의와 저작권법" 및 "대화윤리와 저작권법", 양화식 교수의 "법과 도덕에 관한 하버마스의 담론이론"이 전자의 예라면, 김정오 교수의 "헌법판례에 나타난 법적 논증의 구조적·비판적 분석", 정태욱 교수의 "김명호 교수 사건의 고법판결과 법치주의"는 후자의 예가 되겠다.[87]

에서의 법령해석—우리나라 법원의 해석방법론에 대한 비판적 분석," 『법철학연구』제6권 2호(2003); 오세혁, "사법부의 해석방법론에 대한 비판," 『법과 사회』 제27호(2004); 김학태, "법률해석의 한계—판례에서 나타난 법해석방법론에 대한 비판적 고찰—," 『외법논집』 제22집(2006); 이용욱, "공소시효제도에 대한 헌법재판소의 결정에 관한 연구—법학방법론의 측면에서—," 『법철학연구』 제10권 1호(2007).

84) 이상돈, "사실인정의 이론과 실제: 공판절차에서 마당적 이해의 실현," 『사실인정 방법론의 정립』 재판자료집 제110집(2006).

85) 최봉경, "법률의 흠," 『연세법학연구』 제10집 1권(2003); 오세혁, "신법우선의 원리," 『법학연구』(홍익대) 제3집(2001).

86) 홍기원, "근대변증론 연구(1)," 『법철학연구』 제10권 2호(2007).

87) 이준일, "법학에서 최적화," 『법철학연구』 제3권 1호(2000); 이준일, "법학에서의 대화이론," 『법철학연구』 제3권 2호(2000); 신동룡, "대화주의와 저작권법," 『법철학연구』 제8권 2호(2005); 신동룡, "대화윤리와 저작권법," 『법철학연구』 제9권 1호(2006); 양화식, "법과 도덕에 관한 하버마스의 담론이론," 『법철학연구』 제10권 1호(2007); 김정오, "헌법판례에 나타난 법적 논증의 구조적·비판적 분석—간통죄의 위헌여부에 관

그리고, 김성룡 교수가 슈나이더(E. Schneider)의 『법논리학(Logik für Juristen)』 등을 기초로 법논리학을 중점적으로 다룬 단행본으로 『법적 논증의 기초』를 처음 발간한 점도 특기할 만하다.[88]

입법학에서는 2000년 한국입법학회에 의하여 『입법학연구』가 창간됨으로써 입법학 발전의 획기적인 계기를 마련하였다. 창간호에 최대권 교수의 "입법학의 의의와 목표", 한상희 교수의 "입법학 : 우리의 과제와 방향" 등이, 제2집에는 임지봉 교수의 "의회입법과정에서의 민주주의의 실패" 등이 게재되었다. 그리고 2007년 한국입법학연구소 창립을 기념하는 세미나에서 최윤철의 "입법문화와 입법학의 현황과 발전과제" 등 입법학에 관한 발표가 이루어졌는데, 이는 『입법산업과 입법부 현황과 전망, 그리고 입법학』으로 발간되었다.[89] 그 밖에 박영도 박사의 "의원입법의 타당성, 효율성에 대한 검토와 개선방안", 박영도 박사/변무웅 교수의 "입법학과 입법정책", 최윤철의 "독일에 있어서의 입법자의 법률개선의무에 관한 논의", 이순태 박사의 "일본의 내각제출법률안의 작성과정과 절차통제"가 발표되는 등 입법학에서 괄목할 만한 성장이 이루어졌다.[90] 김학태 교수의 "법의 상징기능에 관한 연구"이나 권영애 교수의 "상사입법과 실험적 입법방법론"은 입

한 헌법판례(89헌마82)를 중심으로—," 『법철학연구』 제4권 2호(2001); 정태욱, "김명호 교수 사건의 고법판결(서울고등법원 2007.1.12.선고 2005나84701 판결)과 법치주의," 『법철학연구』 제10권 1호(2007).

88) 『법적 논증의 기초』, 경북대 출판부, 2006.

89) 한국입법학연구소 편, 『입법산업과 입법부 현황과 전망, 그리고 입법학』(한국입법학연구소, 2007).

90) 박영도, "의원입법의 타당성, 효율성에 대한 검토와 개선방안," 『공법연구』 제34권 3호(2006); 박영도/변무웅, "입법학과 입법정책," 『법과 정책연구』 제5권 1호(2005); 최윤철, "독일에 있어서의 입법자의 법률개선의무에 관한 논의," 『공법연구』 제31권 3호(2003); 이순태, "일본의 내각제출법률안의 작성과정과 절차통제," 『공법학연구』 제7권 2호(2006).

법학의 기초이론에 바탕한 응용입법학의 시도로서 주목할 만하다.[91)]

Ⅳ. 결　　어

이상에서 1945년 이후 현재까지 우리나라 법학방법론의 발전 과정을 주마간산(走馬看山)격으로 더듬어 보았다. 지나친 단순화의 위험을 감수한다면 1945년 이후 지금까지의 우리나라 법학방법론은 법학방법론의 불모지로부터 개척기, 도약기, 전문화 및 분화기, 중흥기를 거쳐 오늘날 법철학의 주요 영역으로 확고히 자리잡았으며 이제 실정법학으로 널리 확산되는 시점에 있다.

하지만 법철학과 크게 다르지 않게, 법학방법론에 대한 이해는 개별 실정법을 전공으로 하는 법학자들에게 여전히 부족하다. 이 점은 법실무가들에게는 더 말할 것도 없다. 법학방법론은 방법의 이론(Lehre vom Methodenrecht)이다. 따라서 방법의 오류는 법의 오류이다. 너무나도 당연하기에 곧잘 잊어버리곤 하지만, 법의 해석과 적용에 있어서 오류가 있는 판결은 하자 있는 판결로서 상급심에서 취소된다.[92)] 따라서 법학자뿐 아니라 법실무가들도 법학방법론에 대한 충분한 기초지식을 습득하고 법적용 및 해석을 통하여 끊임없이 훈련할 필요가 있다. 그러나 대부분의 법실무가들은 법학방법론에 대하여 무지할뿐더러 무관심하다. 그런데 법실무가의 이러한 무지와 무관심에 대해서는 법철학계의 책임도

91) 김학태, “법의 상징기능에 관한 연구－상징입법의 개념과 기능에 대한 비판적 고찰－,” 『법철학연구』 제3권 2호(2000); 권영애, “상사입법과 실험적 입법방법론,” 『외법논집』 제23집(2006).

92) 이 부분은 실증주의적 법학방법론을 제기한 포겔의 흥미로운 주장을 우리의 사법(司法)이론과 체계에 맞게 약간 변형시켜본 것이다. Vogel, 위의 책, 4-5면.

적지 않다. 지금껏 법철학계가 법학방법론을 평이하고 간명하게 소개하고 설명하는 데에 소홀했기 때문이다.

이제 법학의 실천관련성을 전면에 내세우는 법학전문대학원 시대가 열렸다. 어쩌면 법철학이 지금껏 공급자 중심의 법철학으로 고담준론(高談峻論)에 안주해왔다면, 이제 수요자 중심의 법철학으로 변화해야 한다. 그리고 그 일환으로 법학방법론에 더 많은 관심과 노력을 기울여야 한다. 그렇지 않고서는 '법철학의 고사(枯死)'는 그리 오래 남지 않은 일인지도 모른다.

Abstract

The Development of Legal Methods in Korea

Se-Hyuk Oh

Legal Methods provide legal practitioners, legal scholars and law students with a integrated tools for interpretation and application of law. Nowadays legal methods deal not only with the traditional foundations of legal reasoning but also with logico-philosophical theories of law, including legal hermeneutics, legal semantics, topical jurisprudence. Modern legal methods, besides, include legal economics, CLS, feminist and post-modernistic legal theories etc. Nevertheless, the legal method remained just one of main spheres of legal philosophy till now. But it is about to set up as a new branch of general jurisprudence.

Modern legal methods as well as traditional legal methods were unnoticed by legal scholars and legal practitioners for a long time in Korea. Only a few legal scholars had interests in legal methods, but regarded it as a trivial matter of jurisprudence. After so long a time some academic scholars devoted their attention to traditional legal method around methods of commentary on precedents in 1990s. In addition, the legal method has made rapid progress by discussing modern legal methods. It was the Renaissance of legal methods in Korea. Henceforth, the legal method has established its significance in legal philosophy during 2000s.

At some risk of over-simplification, the brief history of legal methods in Korea is as follows: from a wasteland of legal methods to a main field of legal philosophy through reclaimed period, take-off period, specialization period, and period of Renaissance. Legal scholars majored in dogmatics of main field of law want understanding of legal methods. Needless to say, legal practitioner are the same. All possible efforts to make legal methods available for legal scholars and legal practitioners should be exerted in the Era of Law School that places great emphasis on practice-oriented jurisprudence.

색인어

법학방법론(legal method) 법철학(philosophy of law),
해석과 적용(interpretation and application)
법적 추론(legal reasoning) 법학전문대학원(law school)

제3부 | 동·서양 법철학의 수용

[8] 戰後 한국 동양법철학의 溫故와 創新
_ 이재룡

[9] 독일 법철학의 수용에 관한 연구
_ 김학태

[10] 영미 법철학의 수용에 관하여
_ 박준석

[8] 戰後 한국 동양법철학의 溫故와 創新

이 재 룡*

Ⅰ. 이 끔 말

법적 정당성의 근거를 제시해야 하는 법철학은 시대적 배경과 불가분의 관계를 맺고 있다. 법적인 가치평가는 철두철미하게 실정법에 근거하는 법률에의 구속원칙에 입각해 있다고 하더라도 사회일반에 공유된 의식의 공감대를 결코 저버릴 수는 없기 때문이다. 이는 법규범이 지니는 인간 일반의 보편적 가치의 추구와 함께 적용과 실천의 현실에서는 역사적 제약 하에 놓일 수밖에 없는 법제도의 문화적 속성을 염두에 두어야 하는 한계 때문이다.

법이 지니는 보편성은 실은 인간에 내재한 보편적인 행위원칙 또는 이성적 의사결정의 일반성을 말함이고 법의 문화적 속성은 각기 상이한 환경에 적응하려는 인간 집단의 공통적인 행위양식의 표출이다. 그러므로 법규범이 지니는 문화적 속성으로서의 특수성은 인간의 생리적 반응양식이 변하지 아니하는 한 유사한 환경에서 유사한 방식으로 전개되므로 결국은 이 또한 특수한 영

* 충북대학교 법학전문대학원 교수.

역의 보편성으로 이해될 수 있다.

그렇다면 왜 지금 문화적 특성으로서의 전통 법사상과 법제도를 연구해야 하나? 문화란 자연 상태에서 벗어나 일정한 목적 또는 생활 이상을 실현하고자 사회 구성원에 의하여 습득·공유·전달되는 행동 양식이나 생활양식의 과정 및 그 과정에서 이룩하여 낸 물질적 정신적 소득을 통틀어 이르는 말로서, 의식주를 비롯하여 언어·풍습·종교·학문·예술·제도 따위를 모두 포함하는 개념이다. 그러므로 문화는 상징적 사고라는 인간 고유의 능력에서 유래한다고 할 수 있을 것이다.

문화는 일단 확립되면 자체의 생명을 가지게 된다. 문화는 한 세대에서 다음 세대로 전달되며, 생활의 안정과 지속성을 보장하는 고도로 진전된 수단으로 발전하게 된다. 문화는 생활의 안정과 지속이라는 목적에 대한 수단이라고 할 수 있다. 사회문화적 진화는 생물학적인 진화와 마찬가지로 구조의 분화와 기능의 특수화를 수반한다.

베네덱트(R. Benedict)는 제도·관습·신앙 그 밖의 여러 가지의 문화요소는 기본적 질서와 항상 일관된 양식을 가지는 것이므로 국민 민족의 본질을 이해하기 위해서는 이 기본적 질서를 통하여 문화양식을 밝혀야 한다고 주장했다. 각 국민 또는 민족의 기본적인 것이란 그 집단 전체가 공통으로 가지는 세계관이라고도 말할 수 있는 것인 데 베네딕트는 이를 에토스(ethos)라고 했다.[1)]

서양과 상이한 역사적 문화적 발전을 거듭해 온 동양 제국(중국과 한국)의 문화는 서양에 비해 비교적 일관된 법 에토스를 유지해온 특징이 있다. 이는 역사상 사회 구성원들의 의식구조를 뒤바꿀 만한 획기적인 정신사적 전기가 없었다는 사실에서도 쉽사리 추론할 수 있는 사실이다. 서양처럼 종교를 국교화하여 전

1) 『세계철학대사전』(교육출판공사, 1980), 333면.

국민에게 주지했다거나 아니면 종교 간의 대립으로 장기간에 걸친 종교전쟁을 치렀다거나 혹은 심지어 정치체제의 극심한 반등을 가져온 정치적 대격변의 혁명이 없었다는 사실에서도 서양의 그것과 분명하게 비교된다. 즉 중국과 한국의 역사에서 왕조의 부침은 수도 없이 반복되었음에도 오랜 세월 지속된 정치체제는 물론이고 국민들의 기본적인 규범의식조차 수천 년간 비교적 일관된 모습을 견지해 왔다고 볼 수 있다.

이 점은 수세기에 걸쳐 사상의 획기적인 변화를 거듭해 온 서양과 분명 상이한 모습이다. 왜 동양은 이처럼 지배적인 법 에토스가 지속성을 지닐 수 있었는가? 그 까닭은 무엇이며 그런 원인요소가 지금도 상존한다면 그러한 양상은 지금도 계속되는 것인가? 더 나아가 지금의 우리는 왜 서양의 법제도 속에서 생활한 지 근 1세기가 되는 이 시점에도 전통적 사유패턴을 버리지 못하는 것일까? 즉 우리는 언젠가는 완벽한 서구적 법 생활을 할 수 있게 될 것이고 학자들은 그 점을 요구할 수 있는 것일까?

이하에서는 한국에 법철학이라는 분과가 소개되고 본격적인 활동을 하기 시작한 해방 후 지금에 이르는 지난 50여 년을 돌아보며 동양법철학의 분야에서 이 점을 살펴보기로 한다.[2)] 가능한 한 많은 논문들을 조사 수집해야 했으나 필자의 게으른 타성 탓에 학술지에 발표된 논문을 중심으로 살펴보겠다. 법철학이나 법사상사 분야 이외에 법사학이나 동양철학 또는 역사학 분야 등 관련 학자들에 의해 발표된 많은 글들은 고찰 대상에서 제외했음

---

2) 본 논고에서는 학술지에 발표된 동양 법철학 관련 논문을 중심으로 시대별로 구성하여 살펴본다. 학위논문과 단행본에 관한 조사가 누락되었음을 밝힌다. 관련 논문 중 발표자의 논문 대략 30여 편의 논문과 몇 권의 저서 또한 본 분석대상에서 제외한다. 본인의 논문을 자체 평가하는 우를 범할 수 없기 때문이다. 제현들의 양해를 구하는 바이다. 관심 있는 독자들께서는 법철학 · 법사상 또는 법제사에 관한 필자의 의견을 쉽사리 접할 수 있으리라고 본다.

을 밝힌다.

Ⅱ. 전후 한국 법철학계의 전통 법철학에 대한 이해와 태도

해방과 함께 일제 식민지 통치가 남기고 간 것은 오천 년의 역사를 단절시키게 된 원인에 대한 분석과 그를 통해 얻게 된 과거의 우리 것에 대한 극심한 부정이었다. 일제의 종말과 함께 국내 법학계를 이끌었던 일인 학자들이 떠난 빈 자리는 그들에게 교육받은 후속세대의 몫이었다. 대부분 경성제국대학교 법학부나 보성전문학교 법과 출신인 이들은 당시의 사정으로 박사학위 수여 여부와 관계없이 급한 대로 국내 법학계를 담당해야 할 처지에 놓여 있었다. 그들의 전공분야 또한 전문 학위과정을 거쳐 이루어진 것이 아니라 대부분 학부 과정에서의 학구적인 취향에 의존하고 있었다. 동양 법철학의 분야에서 이 시기에 활동했던 분들은 서양 일변도의 학문적 문화적 취향에 경도되었던 당시의 분위기상 많은 수의 학자 군을 기대하기는 어려운 실정이었다. 이 중 괄목할 만한 학문적 활동을 한 몇몇 학자를 대상으로 당시의 동양법철학의 경향을 살펴보자.

해방 후 70년대에 이르기까지 우리나라 법학계의 동양법학 전공자들의 연구는 일천한 수준에 머물고 있었다. 여기에는 여러 가지 이유가 있겠지만 서양학 일변도의 학문적 분위기와 동양철학적 기본소양의 결핍, 그리고 부분적으로는 한문해독능력의 부족 등을 원인으로 꼽을 수 있을 것이다. 이처럼 빈곤한 연구환경은 80년대에 이르러서도 그다지 해소되지 못하고 있었다. 그러므로 이 당시의 동양법철학 연구 성과는 위와 같은 부진의 원인을 얼마나 극복할 수 있었는가에 따라 연구수준의 현격한 차이를 드러내고 있다. 이 중 40년대 후반에 발표된 전봉덕 박사(이하 모두

존칭 생략함)의 법사학적 입장에서의 단편적인 연구를 살펴보자.

일제 때 젊은 나이에 고등문관시험 사법 행정 양과에 모두 합격하여 고등경찰관으로 활동하던 전봉덕은 철저한 친일파 행적에도 불구하고 뛰어난 두뇌로 변신에 변신을 거듭한 끝에 해방정국에서 헌병사령관 등의 핵심요직을 거쳐 변호사로 활동하고 있었다. 그가 뒤늦은 나이에 법사학계에 투신하여 왕성한 연구력을 과시한 것 또한 학문의 길이 자신에게 족쇄로 작용하고 있는 친일행각을 은폐하기 위한 고도의 전략에서 비롯된 것은 아닌가 하는 의구심을 충분히 생각하게 하는 장면이기도 하다. 어쨌든 그는 불혹의 나이에 학문에 전념하여 “暗行御史制度硏究”(1968년 서울대 박사 논문)로 박사학위를 받게 되는 데, 이는 그가 법조실무에 종사하면서 틈틈이 법사학적 연구를 계속 하여 이루어낸 결과였다. 평생 한 분야만 연구해 온 전문 연구자가 아님에도 그의 연구는 매우 상세하고 깊이가 있으며 분명한 자기관점을 지니고 있다. 그의 법철학적 편린을 살펴 볼 수 있는 동양학 관련 논문으로는 『法政』지에 연재했던 “韓國法의 構造와 性格”을 들 수 있다.[3] 그는 여기서 한국법의 특색을 오늘날 보아도 손색이 없을 정도로 체계적이고 분명한 학문적 근거로 설명하고 있다. 그는 이 논문에서 사물의 본성 또는 조리로서의 經緯(涇渭)·恤刑主義·禮主法從觀 및 자연법과 사회규범간의 天人相與觀 등을 한국법의 특징으로 정리하여 보여주고 있다. 특히 한국법의 특색으로 법 개념 또는 법 관념이 발달하지 못한 점과 함께 법리적인 이론 전개의 부재도 같은 선상에서 지적되고 있다. 특히 형사법에서의 ‘類推’나 ‘推定’과 함께 ‘擬制’가 자주 인용되는 점 또한 그에게는 신기한 모습으로 비춰진 듯하다. 이와 같은 체계적이고 섬세한 연구는 그의 천재성에 힘입고 있기도 하겠지만 그의 학문과 사상

---

3) 전봉덕, “한국법의 구조와 성격,” 『법정』(1948년 4,5,7,호 1949년 3월호).

을 형성케 한 일제시대의 식민지 사관을 결코 벗어날 수 없었다는 점 또한 보여주고 있다. 한국인들의 기질을 "八字와 身數의 운명에 맡기는 소극적 고답주의적 성격"으로 규정하면서 이를 半島의 지정학적 환경으로 해석하고 있다. 그는 종종 동양법과 한국법을 혼동하여 사용하고 있지만 그럼에도 동양법의 세계법적 성질을 강조할 수 있는 것은 "법규의 유무를 막론하고 보편타당한 인륜의 大道에 합치한 행위와 규정만이 승인된다"는 점에서 찾고 있다. 그 자신이 한국철학자가 아님에도 비교적 본질을 크게 왜곡시키지 아니하는 연구태도를 견지하고 있어 40년대의 척박한 연구환경에 비추어 볼 때 매우 충실한 논저라고 할 것이다.

이어 60년대에 발표된 동양 법철학논문 세 편을 살펴보자.

Ⅲ. 연구방향의 시대적 추이

(1) 대가들의 동양학, 동서양 비교론

전봉덕 박사 이후로 한국의 법철학계는 전통 漢學을 할 수 있는 인적 자원 자체가 고갈되어 가고 있었다. 법철학을 전문으로 연구하는 학자 자체가 부족한 현실에서 서구적 사조가 최고의 학문적 대 유행처럼 자리매김하던 당시에 한학에 조예가 깊은 법철학자를 만나기란 어려운 일일 수밖에 없었다. 당시의 동양 법철학의 분야에서 발표된 논문은 극히 적은 수효임에도 당시의 연구풍토에 비추어 볼 때 특기할 만한 사실을 확인할 수 있게 된다. 고문 원전을 해독하는 것이 점점 더 어려워지던 당시에 서양 법철학에 경도되었던 몇몇 학자들의 손에 의한 동양학 연구가 나오고 있다는 사실이다. 이들의 특징은 원문에 대한 이해를 영역본이나 일역본을 통해 습득하면서 그에 대한 법철학적 분석에 서양 법철학적 방법론이나 관점, 또는 체계를 빌려 비교분석하는 연구태도를 견지하고 있다는 점이다.

보성전문학교 및 서울대학교에서 법철학을 강의하던 황산덕 교수는 뛰어난 분석력과 해득력을 바탕으로 이미 단행본 『法哲學講義』를 저술한 바 있는데, 그러한 연구역량을 동원해 "東洋古代의 法思想"이라는 단편 논문을 발표하고 있다.[4] 그는 주로 저명한 중국학 학자인 Needham의 『Science and Civilization in China』라는 방대한 영어원전을 저본으로 삼아 중국의 법사상을 서양의 체계를 척도로 비교 설명하고 있다. 당연히 서구적 의미의 법학원리에 비추어 법학적 기본원리가 취사선택되며 때로는 찬양되고 때로는 폄하되면서 특유의 논리적 정합성을 자랑하며 전개되고 있다. 황산덕 교수는 엄밀한 논증적 태도에도 불구하고 동양법철학 분야에 관한 한 몇 가지 허점을 남기고 있다. 이를테면 "法家의 법은 입법자의 순수한 의지 이외의 아무것도 아니다"라고 단정하면서 극좌의 道家와 대비되는 극우의 학문경향으로 단정 짓고 있다.[5] 또한 원문의 번역 자체가 잘못됨으로써 이를 토대로 전개된 논리 또한 잘못된 경우도 눈에 띈다.[6]

대체로 서양학을 하는 분들의 동양학에 대한 견해는 정치한 방법론으로 접근가능하며 분석가능하리라는 편견에서 시도되는 것 같다. 주지하듯이 동양학의 거개는 그렇게 분석적이지 못하며 체계적 정합성도 부족한 편이다. 관찰과 경험, 귀납과 수렴 등의 방식으로 과학과 이론의 영역을 넘나들며 구축되고 집적된 역사

4) 황산덕, "東洋古代의 法思想," 『法學』 7권 1호(서울대학교, 1966).

5) 『商君書』 「算地」 "故聖人之爲國也, 觀俗立法則治, 察國事本則宜. 不觀時俗, 不察國本, 則其法立而民亂."

6) 황산덕, 앞의 글, 73면 "用善則民親其親. 任姦則民親其制. 合而復者善也. 別而規者姦也. 章善則過匿. 任姦則罪誅. 過匿則民勝法. 罪誅則法勝民. 民勝法, 國亂. 法勝民, 兵彊." 황 박사가 인용문의 뒷 구절만 보았더라도 그와 같이 이해하지는 않았을 것이다. 즉 "국가의 관리는 그 위인이 간악하고 무자비해야 한다고 법가들은 생각했다"는 황박사의 이해는 매우 지나친 것이다.

적 경험의 산물이 동양학의 본래 모습이다. 즉 자연에 대한 목적론적 가치적 태도에서 人事의 타당한 원리를 추론해내는, 시종일관 논리학에서 말하는 '자연주의적 오류'의 태도로 논의를 시작해서 '자연주의적 오류'의 태도로 결론짓는 학문경향을 수천 년간 지속시켜 왔다. 서구에 비해 볼 때 시공간의 구조에 대한 인식태도는 모든 점에서 대비될 정도이다. 즉 자연에 대한 동화적 가치적 태도에서 天人關係는 시종일관 사회구성 원리의 대응적 지침이 되며 이를 통해 부자관계·친구관계·국가관·역사관·조상에 대한 종교관 등에서 분명한 동양적 인식태도로 자리 잡아 수천 년간을 변함없이 지속되어 온 것이다. 황산덕 교수는 논문 전 편을 통해 동양 규범관의 자연법적 요소를 확인하려는 열정을 투사하고 있다. 즉 서양법학 방법론의 태도에서 항목을 분류하고 체계 세운 후 여기에 맞는 동양적 요소를 찾아 배치시키려는 태도를 보이고 있다. 그 때문에 동양의 사물에 대한 인식태도 일체를 "규범적인 것"으로 이해하고 있으며 결국에는 "초월적 인격자에 의해 만물의 존재법칙이 설정되었다고 보는 것은 고대의 사상가에 있어서 거의 일치"되는 현상이라고까지 정리하고 있다. 그는 심지어 성리학의 理를 "자연 속에서 찾아볼 수 있는 型"으로 단정 짓고 있다.

수천 년간 수많은 천재들에 의해 논의되고 정리되어 온 동양철학의 본질과 모습을 서양 철학적 개념을 동원해 순식간에 재단하고 분석하고 펼쳐놓은 후 과감히 평가하는 무모함이 특히 대가들에 의해 전개되었을 때 그 학문적 파급은 실로 크다고 할 수 있다. 이후의 초학자들의 연구는 이를 토대로 이루어질 수 밖에 없다는 점에서 슬픈 일일 수 있기 때문이다. 마치 서양철학전공자에 의해 조선조의 성리학을 理氣一元論과 理氣二元論이라는 기막힌 도식으로 설명한 것이 수십 년을 지속해 왔듯이 말이다.

권녕백 박사는 전후에 일찍이 독일에 유학한 정통 서양법철학자이다. 동아일보 논설위원을 역임하기도 한 권 박사는 "荀子의 性惡說과 自然法思想"이라는 한편의 동양학 관련 논문을 발표하고 있으나 일찍 타계한 탓에 더 이상의 관련논문을 집필하지 않은 듯하다. 권 박사의 이 논문은 11면 분량의 간결한 소논문이다. 맹자의 성선설과 함께 전국시대 초기의 대표적 사상가로 추앙받아 齊 稷下學團의 祭酒를 지냈던 순자는 당대에는 물론이고 漢 唐대까지 맹자를 능가하는 대학자로 인정받았던 사상가였다. 그는 매우 정밀하고 비교적 논리적인 문장을 구사했으며 귀납적이고 경험적인 논증을 즐겨 했다. 순자가 性惡的 인간상을 토대로 규범적 예법제도를 중시한 이면에는 전국시대의 극심한 사회상이 배경이 되고 있다. 순자는 성악편을 따로 설정했을 정도로 인성문제에 골몰했으며 이를 토대로 禮를 통한 사회질서 구축의 필요성을 강조했다. 순자 전편에 흐르는 사상은 대체로 이와 같은 점을 정당화하기 위한 일련의 근거설정의 의미가 있다.

전후의 동양 제국의 순자에 대한 이해는 성악적 인간상에서 禮의 존립근거를 바라보는 입장이 주류를 이루고 있었다. 물론 孟·荀 당시의 性·情과 맹자에 의해 확인된 心이 人性의 중요한 요소로 자리잡아가던 당시에 순자의 성악은 실은 情惡的 측면에 대한 강조라는 사실이 대만의 위대한 철학자 方東美에 의해 확인되면서 사정은 다소 변하기는 했지만 순자의 성악적 인간상은 법철학자들에 의해 종종 인용되는 중요한 소재였다. 규범의 존재이유를 설명할 수 있는 이보다 더 좋은 근거는 없기 때문이었다. 이러한 태도가 일반학계의 주류를 형성해 지속성을 지닌 것은 이론의 편리성 때문이기도 했던 것이다.

그러나 1965년에 발표된 권 박사의 논문은 순자의 天人之分的 二元論과 人性의 性惡說적 측면에서 禮를 강조한 입장을 이해함에 주의를 요한다는 언명으로 시작하고 있어 눈길을 끈다.[7] 그는 순자의 "길거리의 사람들도 仁義法正을 알 수 있는 본질을 갖고 있으며, 모두 仁義法正을 행할 수 있는 本具를 갖고 있다"[8]는 구절을 인용하면서 순자의 성악설은 도덕적 원리를 강조하기 위한 하나의 가설임을 주장하고 있다. 맹자의 성선설과 비교하면서 결국 孟·荀 "양자가 모두 인간과 자연, 즉 인성과 물성을 일치시키려는 이른바 존재론적 사상에서 서로 일치하고 있음을 주목하자"고 주장한다.[9] 그는 인간의 본성은 誠한 지속적인 수양의 태도를 통해 사물의 본성과 합치됨으로써 결국 天人之分의 二元主義에서 궁극적으로는 一元主義로, 즉 존재와 당위·사실과 가치·인간과 자연을 각각 분리하고 있을지라도 실질상으로는 이 이원론은 일원론으로 이끌리고 있다고 주장한다.[10] 그는 짧은 논문의 마지막을 "故曰：天地合而萬物生, 陰陽接而變化起, 性僞合而天下治."라는 순자의 원문을 인용하여 끝맺고 있다. 독일에서 '사물의 본성론'으로 박사학위논문을 쓴 정통 서양법철학자의 글로는 매우 이례적인 이해의 태도라고 할 수 있다. 권 박사의 글 전편에서 서양적 사고에 비추어 동양적 사유의 본질을 어떻게 이해 가능하도록 접근할 수 있는가를 매우 조심스럽게 조금씩 접근해 가는 점이 이채로워 보였다. 근 40여 년 전의 척박했던 당시에 동양법철학 관련 글로서는 매우 획기적인 오늘날 보아도 부분적인 점을 제외하고는 대체로 손색 없는 글이라고 할 만하다.

그 밖에 60년대에 발표된 박덕배 교수의 "栗谷의 法思想에 關한 管見"은 제목에서 보듯 매우 겸손하고 조심스런 태도로 쓰여진 글이다.[11] 이 글은 율곡의 사상을 법철학적 테마에 따라 발

---

7) 權寧百, "荀子의 性惡說과 自然法思想," 『아세아연구』 8권 2호(1965).

8) 『荀子』 「性惡」 "然而塗之人也, 皆有可以知仁義法正之質, 皆有可以能仁義法正之具, 然則其可以爲禹明矣。"

9) 권녕백, 앞의 글, 5면.

10) 권녕백, 앞의 글, 10면.

11) 박덕배, "栗谷의 法思想에 關한 管見," 『法學論叢』 5집(단국대학교 법률학연구부, 1956).

췌하여 살펴본 후 이를 현대 철학 또는 법철학적 관점과 조응시켜 보는 전개방식을 취하고 있다. 필자는 원전을 충분히 탐독한 듯하며 성리학에 대해 필요한 만큼의 이해가 이루어진 듯하다. 특기할 만한 것은 율곡의 철학을 主知主義로 규정한 후 성리학 일반의 기본 지식인 統體一太極과 一而二二而一의 理氣關係를 율곡 특유의 理通氣局說에 입각해 논하면서 이를 훗설의 現象學에 연계시키고 있다는 점이다. 필자는 율곡이 祖宗成憲을 부인하고 新法 제정을 주장했다고 강조하며 理通氣局說에서 理의 측면을 自然法에 氣의 측면을 實定法에 연결시키고 있다.

그러나 성리학자들의 諸 性理學說은 서양철학에 대비해 볼 때 성리학자들 상호간에 그렇게 큰 차이가 나는 것은 아니다. 다시 말해서 성리학자 갑모는 서양철학 A에 대비되고 을모의 학설은 B에 대비될 수 있다는 식의 비교는 매우 어려운 논증을 필요로 한다. 즉 퇴계든 율곡이든 현대의 법철학적 논의에 비교해 볼 때 차이를 찾기 어려운 공통적인 착안점을 지니고 있다. 그러므로 박 교수의 이와 같은 논증은 굳이 율곡이 아니라 하더라도 성리학자 누구의 글을 소재로 하든 이와 비슷한 내용의 글이 쓰여질 수 있다는 사실이다. 그러므로 본 논문은 율곡을 들어 조선의 법철학이 서양에 비해 손색이 없다는 점을 강조하는 오리엔탈리즘의 표현이다. 이런 경향에 대해 서양법학이 풍미하던 당시에 그나마 우리의 것을 내세우고자 하는 혼이 반영된 것이라는 평가를 할 수 있다.

전후 60년대에 이르기까지 이처럼 전통사상에 대한 일방적인 폄훼의 사회적 조류에서 극소수 동양 법철학 연구자들은 동 서간 학문적 相違를 고려하면서 위험의 경계를 배회할 수밖에 없는 단절된 전통의 유복자들이었다. 이분들의 학문이 전통의 풍부하고 심오한 철학을 서양적 테마로 재단하고 짜 맞추어 세상에 내놓은 학문일지라도 그나마 동양학의 연속을 기대할 수 있는 가교로서

훌륭한 역할을 했다고 치하할 수 있을 것이다.

(2) 주체적 자각과 발전을 위하여

70년대에 접어들면서 서서히 동양법철학에 관한 글들이 다양한 형태로 나오기 시작한다. 50-60년대의 동양학이 스스로 우리 것을 찾아 위상을 정립하려는 외로운 자기 확인의 작업이었다면 이 시대는 우리 사상의 중요성을 서서히 인식하기 시작한 시기이다. 이 당시 경제개발계획의 지속적인 성과가 조금씩 삶에 대한 안정과 자신감을 심어주게 되었고 향상된 삶의 질 덕택에 우리 정신문화의 원류를 통해 주체적 자아를 확인하려는 사회문화적 분위기도 작용했을 것이다. 이제 적지 않은 동양학 관련 논문들이 등장하기 시작한다. 그러나 이 시기에 접어들면서 나타나는 하나의 현상은 한문 원전을 직접 탐독할 수 있는 세대가 서서히 줄어들면서 그들과 한문과 동양철학적 기본소양이 미흡한 신진 학자들의 글들 간에 분명한 상위점이 드러나고 있다는 점이다. 여기에 서양법철학을 한 분들에 의해 서양의 눈으로 동양의 법문화를 취사선택해 단순 비교한 글들도 쓰여지게 되면서 자못 다양한 형태의 글들이 나오기 시작한다는 점 또한 새로운 모습이다.

1972년에 발표된 중국문학 전공자인 최완식 교수의 "韓非思想淵源攷"는 한문과 동양철학적 소양에 충실한 전통세대의 원숙한 글로서 원전을 충실히 탐독한 것은 물론이고 동양철학 전반에 걸친 충분한 사전 지식과 중국의 관련 문헌까지 다양한 근거로 활용하면서 한비의 법사상을 형성케 한 사상적 원류를 총체적으로 그리고 있다. 여기서 필자는 法·術·勢가 어떻게 한비에 의해 종합되어 동일한 체계 속에서 상호 유기적 관련을 지니고 있는가를 道家·儒家 등과 관련지어 논증하고 있다. 특히 한비자의 내용 중 術에 관한 수많은 언급에도 불구하고 이를 한비 사상의 전체로 보아서는 안 된다는 참신한 의견도 제시하고 있으며 한비자에 거의 언급되지 않고 있는 荀子 사상과의 상호관련성도 일일이 논증하고 있다. 물론 섯불리 한비자의 법사상을 법실증주의나 죄형법정주의 또는 현대의 자연법론과 단순 비교하는 우도 범하지 않는다.[12)]

그 밖에 이와 같은 경향의 글로는 이희봉 교수의 "丁茶山實學의 法律思想"을 들 수 있는데 이 글은 한문과 동양사상에 능통한 법학교수의 글이라는 점에서 특기할 만하다고 하겠다. 신교육과 전통적 한문교육을 동시에 받은 마지막 세대에 의해 쓰여진 이 글은 읽기에 난해한 한문투의 글이지만 방대한 다산의 원전을 오랜 시간 꼼꼼히 읽고 법사상을 추려 정리하고 평가한 논문이다. 이 논문은 與猶堂全書는 물론이고 王朝實錄과 각종 문집류, 유학의 각종 경전들이 망라된 논증으로 진행되고 있다. 필자는 이 글에서 사실관계에 입각한 현실관련적 법제도의 구축을 시도한 다산의 규범관을 높이 사고 있다.[13)]

몇 안 되는 한문세대인 법학자들의 글로서 송두용 교수의 글을 들 수 있을 것이다. 형법 법제사에 관한 글을 많이 발표한 필자의 글은 원문을 본문에 그대로 인용하여 논지를 전개시키는 방식을 취하고 있다. 법사상에 관한 필자의 글로 "中國法思想의 研究 — 唐律의 思想이 高麗律에 미친 影響」을 들 수 있는데 본 글은 법제사를 하는 법학자의 글임을 분명히 알 수 있는 특징들을 지니고 있다. 즉 논문에 근거가 되는 철학적 논의는 대체로 동양철학계에서 극히 일반적으로 거론하는 영역을 넘지 않고 있으며 이를 요약 정리하여 소개하는 모습을 띠고 있다.[14)] 이 점은 상술

12) 최완식, "韓非思想淵源攷,"『서울대 논문집』 인문사회과학 4집(1972), 187면 이하.

13) 이희봉, "丁茶山實學의 法律思想,"『법사상과 민사법』, 현승종박사회갑기념(1979), 85면 이하.

14) 송두용, "中國法思想의 研究—當律의 思想이 高麗律에 미친 影響,"『건국대 학술지』 24집(1980), 133면 이하.

한 대부분의 학자들에게서 공통으로 확인할 수 있는 특징이기도 하지만 중요한 것은 원문을 유감 없이 해독하고 원전에 입각한 사유를 함으로써 동양학의 본질을 왜곡시키지 않는 다는 점이다.

동아대학교의 법철학 교수를 역임한 김병규 교수의 "東洋法과 自然法-事物의 本性과의 關係에서"란 1984년에 발표된 논문은 무려 89면에 이르는 매우 분량이 많은 논문이다. 김 교수는 비슷한 내용의 글 "東洋道德의 深層構造"를 1985년도에 『동아법학』 창간호에 발표하고 있다. 영어·독어·불어에 능통한 필자의 능력이 유감없이 발휘된 이 논문은 性理學의 太極, 理一分殊說, 心統性情說 등의 理氣關係와 所以然之理와 所當然之故의 관계에서 이를 당시 논의되고 있던 '사물의 본성론'과 연계시켜 相違를 고찰하고 있다. 필자는 뛰어난 어학능력을 십분 발휘하여 한문원전을 저본으로 삼아 영어·독어·불어·일어는 물론 중국문헌 등을 방대하게 인용해 가며 길고 긴 논증을 하고 있다. 필자의 서술방식도 특기할 만한데 동서양 사상의 비교가 정밀한 전제와 논증을 필요로 하기 때문인지 아예 항목을 동서양별로 따로 나누어 교대로 서술해 가는 방식을 취하고 있다. 대개의 동서양 비교논문이 마구잡이로 비교해가며 서술하기 십상인데 이 점에서 노 대가는 학문적 엄밀성과 함께 접근의 어려움을 느낀 것 같아 보인다. 필자의 성리학 이해는 니담의 글을 통해 이해한 것이기는 하지만 크게 어긋난다고 할 정도는 아니라는 평을 내리고 싶다.[15]

학술원 원로 학자인 최태영 박사는 "上古 韓國法哲學의 歷史的 背景 — 韓國 法哲學의 發達과 그 傾向"은 상고 한국 역사 중 반만년 전부터 시작하여 이천년 전까지를 시대로 설정하여 이 시기의 법사상을 논하고 있는 글로서 한국의 고유사상과 규범관을 실정법과 자연법 그리고 법이념의 관계에서 살피고 있다. 이 글

15) 김병규, "東洋法과 自然法 — 事物의 本性과의 關係에서," 『石堂論叢』 9집(1984), 301면 이하.

은 논점을 갖고 심층분석하여 하나의 결론에 이르려는 의도로 쓰여진 글이라기보다는 필자의 한국사상에 대한 평소의 신념을 정리하여 세상에 알리고자 한 집필의도가 강하게 부각되고 있는 논문이다. 최 박사는 뒤이어 "韓國古代 法思想의 歷史的 背景"이라는 연이은 글을 방대한 분량으로 발표하고 있다. 이 두 편의 글은 법철학적 연구논문이라기보다는 역사학계의 사상사학적 분과의 글 또는 법제사적 입장에서 씌여진 법사상사에 관한 글로 보아야 할 것이다.[16)]

이 당시에 발표된 몇 안 되는 글 중 단연 돋보이는 글로는 박병호 교수의 글 "傳統法的 法·法意識과 現代法의 課題"를 살펴보아야 한다.[17)] 오랜 세월 민사법 분야의 법제사를 정통으로 연구해 온 원로 학자가 그간의 연구결과를 토대로 전통 한국 법사상의 실체를 파악해 이를 체계화하고 정리하여 발표한 글이다. 필자는 여기서 전통 법사상을 다음과 같이 요약 정리하고 있다. 조선조의 법은 古法을 고수하며 良法美意, 民信民志가 반영되어야 하고 경솔한 改廢를 조심하고 국왕도 법의 원칙을 어기면 안 된다는 항목으로 설정해 이를 충분한 문헌적 근거와 사례 등을 통해 논증하고 있다. 박 교수의 이 글은 법철학 전문 연구자의 글이 아님에도 이 분야의 글을 대하는 대부분의 학자들이 우선 읽어야 하는 글로 여겨져 왔을 정도로 비중을 차지하는 글로 자리 잡아 왔다. 필자는 이 글 말미에서 500여 년이 넘게 지속되어 우리의 고유한 법제도·법사상으로 자리 잡아 온 우리의 법에 대한 인식이 고작 50여 년이 채 안 되는 일제에 의해 철저히 말살

16) 최태영, "上古 韓國法哲學의 歷史的 背景—韓國 法哲學의 發達과 그 傾向," 『대한민국 학술원논문집』 18집(1979), "韓國古代 法思想의 歷史的 背景," 『대한민국 학술원논문집』 22집(1983).

17) 박병호, "傳統法的 法·法意識과 現代法의 課題," 『歷史的 脈絡에서 본 現代韓國文化의 方向』(한국정신문화연구원, 1979).

되어 우리 전통 법제를 낯설게 만든 원인을 분명히 찾아 이를 극복하는 것을 법학의 과제로 삼아야 한다는 주문으로 끝맺고 있다.

80년대 후반부터 동양법철학 분야의 연구자들이 늘어나면서 관련 글들도 점점 많이 발표되게 되었다. 이 시기 이후로 발표되는 글들의 특징은 한문을 해독할 수 있는 한학자들이 줄어들면서 동양법철학 분야의 글들이 특이한 양상으로 발표되고 있다는 점이다. 발표되는 대부분의 글들은 원문을 번역본에 의존해 이해한 후 이를 토대로 논문이 구성되고 있다는 점이다. 이점은 수많은 글들의 동일한 사상가에 관한 논의가 이루어지는 부분은 예외 없이 동일한 원문이 인용되고 있다는 것을 보면 알 수 있다. 누군가에 의해 최초로 이루어진 인용부분은 긴 생명력을 갖고 계속해서 같은 부분이 인용되게 되며 이 때 잘못 이해된 점이 있을 경우 이 또한 긴 생명력을 갖고 줄기차게 오해된 채로 인용된다는 점을 확인할 수 있게 된다. 물론 국내에 번역이 전혀 없는 경우 논문의 성격상 꼭 거론해야 하는 경우에도 부득이 논점에서 제외되기도 한다. 즉 전반적으로 그나마 한학자들이 생존하던 당시에 비해 발표 논문은 많아졌는지 모르겠지만 깊이와 수준에서 결코 훨씬 나아졌다고 할 수는 없는 시기라고 하겠다. 이 시기는 동양법철학을 전문으로 연구하기 위한 학자들이 배출되기 시작하는 90년대 중 후반까지 이어진다고 볼 수 있겠다.

이 시기의 특징으로 들 수 있는 현상 중에 丁 茶山의 法思想 연구 붐을 들 수 있다. 이는 당시의 실학 연구에 편승한 연구경향으로 볼 수 있는데 다수의 실학자 중 오직 茶山 丁若鏞만이 연구대상이 되고 있다는 점 또한 특기할 만한 현상이라고 하겠다. 실학연구의 분위기는 70년대에 들어 유신체제하의 한국적 민주주의에 대한 정치학계의 논의, 자리를 잡아가던 당시의 경제개발 성과와 그로 인해 국민들의 마음속에 형성되고 있던 자긍심 등의 분위기에 힘입어 식민지 사관의 잔재를 청산한다는 대의명

분 속에서 큰 흐름을 형성하고 있었다. 당시의 실학 연구는 흡사 조선 후기의 학문이 성리학에서 실학으로 전변된 것처럼 느껴질 정도로 분명한 학문적 변화의 흐름으로 받아들여졌다. 적어도 고등학교 국사에서는 그처럼 가르쳤다. 물론 이는 조선조 후기의 학문사를 온전히 반영한 것이 아니었다. 성리학은 일제 강점기까지 줄기차게 연구되었고 학풍과 학단의 조직 또는 사회적 위상 등도 그리 큰 변화가 없었다. 요즈음 들어 실학에 대한 과도한 자리매김을 다시 보아야 한다는 주장이 제기되기도 한다. 동양법철학계에서 당시의 이와 같은 분위기를 타고 다산에 대한 연구가 나오기 시작한 것이다. 앞서 살펴본 이희봉 교수의 다산 관련 논문은 정통 한학을 한 마지막 세대의 글일 것이다. 1983년에 발표된 정옥태 교수의 글은 다산의 법사상을 헌법・행정법・사회경제법・형사법・민사법・종교법 등의 분야에 일일이 원전의 관련 글들을 배속시켜 분류한 글로서 연구논문이 아니라 항목에 따른 재편집의 성격을 지니는 글이라고 할 수 있음에 비해,[18] 박병호 교수의 다산의 법사상은 조선후기 실학자들의 사회사상이 어떻게 변하고 있는지를 염두에 두면서 다산 법사상의 특징적 면모를 나누어 논하고 있는 개략적인 글이다.[19] 그러나 정옥태 교수는 1991년에 발표한 "실학의 법사상"이라는 논문에서 당시의 사회경제적 배경 하에 실학자들이 종전과 다른 규범관을 지니게 된 점을 설명하면서 茶山, 磻溪, 燕巖, 楚亭 등의 여러 실학자들의 글을 탐독한 후 중후하고 깊이 있는 연구논문을 발표하고 있다. 필자는 여기서 理氣論과 心性論 등 성리학 전반의 논점을 소개하고 이를 자연법사상과 연계시키면서 형사제도의 특성을 설명하는 방식을 취하고 있다. 후에 최종고 교수는 여러 법철학자들의 실학사상에 대한 연구를 비교 정리하는 글을 발표했다.[20]

---

18) 정옥태, "丁茶山의 法思想,"『茶山學報』 5집(1983).
19) 박병호, "茶山의 法思想,"『丁茶山硏究의 現況』(민음사, 1985).

이때부터는 법제사적 측면과 결부된 법사상을 연구하는 것도 하나의 패턴으로 자리잡게 된다. 그 대표적인 것이 經國大典에 관한 연구인데 이에 관해서는 법제사 분야는 물론 정치사학계, 국사학계 등의 여러 분야에서 매우 풍부한 연구가 쏟아져 나오고 있다. 김충묵 교수는 "經國大典의 法思想史的 考察"이라는 글에서 經國大典의 편제를 설명한 후 경국대전의 법사상적 특징을 요약 정리하고 있다. 가족 중심적 孝悌思想의 강조, 祖宗成憲尊重主義와 법치주의, 중앙집권적 신분계급제도, 사법분야의 자유주의, 적장자에 대한 우선주의, 大明律依用原則, 因律比附 및 不應爲律의 특징 등을 들고 있다. 경국대전에 관한 매우 방대한 연구를 계속한 학자로는 법제사가인 김재문 교수를 들 수 있을 것이다. 김 교수는 경국대전에 대한 매우 상세한 연구와 함께 한국전통법의 정신과 법체계를 연구해 이를『사법행정』등 관련 학술지에 수년에 걸쳐 계속 연재하고 있다. 물론 법제사가의 연구특성상 완결된 법철학적 논의를 기대하기 어려운 점이 있지만 관련부분을 찾아내어 이를 분류 요약 정리하여 발표하고 있어 연구자료로 활용가치가 높다고 할 수 있다.[21]

(3) 정비와 심화

80년대 후반 들어서면 儒教·道家·法家·墨家 등에 대한 분야별 연구가 진행되기 시작한다. 대부분은 유교에 대한 연구가 주를 이루고 있지만 간혹 도가와 법가, 드물지만 묵가에 대한 연구논문도 발표되고 있다. 심희기 교수는 "유교법의 철학적 기초"라는 제목의 논문을 발표하고 있는데 여기서 필자는 유교를 신유학적이며 유기체적인 철학적 사유구조로 이해하고 있으며 이와

20) 최종고, "韓國法思想史에서의 實學理解,"『한국사상사학』4·5호(1993).

21) 박재문, "한국전통법의 정신과 법체계,"『사법행정』47(2000), "조선왕조 민주주의의 법사상과 법개념,"『재산법연구』17권 1호(2001).

같은 동양철학의 유기체적 자연관적 사고는 서양법제에서도 낯선 것이 아니었다는 사실을 판례를 들어 비교하고 있다. 이는 거꾸로 동양적 법적 사유구조의 정당성을 서양의 사례를 통해 입증하려는 방식을 취하고 있어 눈길을 끈다.[22] 심 교수는 1992년에도 "現行法制에서 傳統法制의 收容과 그 課題"를 발표하는데 이 논문에서 필자가 시종일관 오리엔탈리즘의 허구성을 조목조목 비판하여 전통법제에 대한 폄하와 편견을 시정하려 애쓰고 있다. 필자는 여기서 유럽인들에 의한 동양적 전제군주론의 허구를 상세하게 비판하고 있으며 이를 토대로 유교법과 서양 근대법을 구조적으로 대비해 논하면서 다양한 사례를 분석하고 이를 서양적 기준으로 평가하는 것의 잘못을 지적하고 있다. 최리권 교수 또한 "儒教의 自然法論 研究 — 東西 自然法論의 比較論的 立場에서 —"를 발표하고 있는데 논점을 상세히 분석한 후 비판 종합하여 결론에 이르는 연구논문이라기보다는 개략적이고 요약적인 비교소개의 의미를 지닌 글이다.[23]

90년대에 들어서면 동양법철학 제 분야에 대한 연구가 진행될 만큼 연구역량이 축적되고 있는데 이 시기에 특기할 만한 것으로는 심재우 교수의 연구를 꼽을 수 있다. 독일에 장기간 유학하고 인간의 존엄과 법존재론·형법상 사회적 행위론을 국내에 처음 소개한 정통 서양 법철학자 심재우 교수에 의한 동양법철학 분야의 일련의 논문은 얼핏 보아 동양 법철학 전문연구자를 방불케 할 정도의 분량과 깊이를 지니고 있다는 평가를 받는다. 1990년에 "孟子의 易姓革命論"을 필두로 "荀子의 法思想", "韓非子의

---

22) 심희기, "유교법의 철학적 기초," 『사회과학연구』 7집 1권, 영남대학교 사회과학연구소, 1987, 「現行法制에서 傳統法制의 收容과 그 課題」, 『법제연구』 3호(한국법제연구원, 1992).

23) 최리권, "儒教의 自然法論 研究 — 東西 自然法論의 比較論的 立場에서 —," 『삼육대학교논문집』 22집(1990).

法思想”, “東洋의 自然法思想”에 이르기까지 차례로 일련의 논문을 순차적으로 발표했다. 글을 읽은 사람들은 누구나 이구동성으로 느끼는 바이지만 실제로 심재우 교수는 필요한 관련문헌을 송두리째 완전히 다 읽고 난 후 글을 쓰는 집필원칙을 반드시 지키는 것으로 정평이 나 있다. 이러한 집필원칙은 특유의 성격상 오랜 세월 동안 형성된 학문태도이기도 하다. “孟子의 易姓革命論”은 심 교수 자신이 저항권론 전문 연구자라는 사실에 비추어 맹자의 사상 역시 매우 연구할 만한 부분이 있으리라는 기대에서 비롯된 것이다. 매우 상세한 원문인용과 치밀한 논리전개를 통한 “孟子의 易姓革命論”은 맹자사상을 저항권론에 입각해 이해할 수 있는 분명한 시각과 체계를 제공해 주고 있다.[24] 심재우 교수는 순자의 법사상을 통해 저항권을 인정할 수 있는 철학적 근거로서 民本主義를 들고 순자의 天人分二的 禮治觀을 통해 性惡的 인간이해와 칸트적 의미의 법개념을 비교 고찰하고 있다. 또한 “韓非子의 法思想”에서는 한비자의 道가 法과의 관계에서 지니는 근원적 원리의 의미를 차단해 이를 군주 일인에 의한 통치권의 확립을 도모하는 이론이며, 군주 중심의 권력국가론 · 인치주의 · 군주 중심의 권력실증주의라고 결론짓고 있다. 한비자의 사상은 전국시대라는 특수한 상황 하에서만 의미가 있는 극히 제한된 환경에만 적용 가능한 이론임에도 이를 보편적 이론으로 받아들이는 것은 매우 잘못된 것이라는 휴머니즘이 짙게 배어나오는 논문이다. 그간 발표되었던 논문을 토대로 전체적 맥락에서 동양사상 전반을 종합한 글이 “東洋의 自然法思想”이다. 전문 72면에 이르는

24) 심재우, “孟子의 易姓革命論,” 『東西의 法哲學과 社會哲學』 无碍 徐燉珏 博士 古稀記念(법문사, 1990), “荀子의 法思想,” 『法學論集』 29집(고려대학교 법학연구소, 1993), “韓非子의 法思想,” 『法學論集』 32집(고려대학교 법학연구소, 1996), “東洋의 自然法思想,” 『法學論集』 33집(고려대학교 법학연구소, 1997).

매우 방대한 글로서 儒家·道家·墨家의 법사상을 자연법사상이라는 관점에서 이해하고 정리하여 체계화한 글이다. 유가에 대한 이해에서는 민본주의를 토대로 계몽적 교육관에 터 잡은 규범관과 직분적 자연법론을 거론하고 있으며 도가의 무위이치 사상을 고찰한 후 도가사상이 자연의 본성과 인간의 본성 간에 넘을 수 없는 영역을 일체시한 문제점이 있음에도 결국은 인간의 본성에서 이상적인 사회상을 그리고 있다는 점을 지적하고 있다. 묵자의 자연법관은 兼相愛兼相利를 추구하는 평등관에 입각해 묵자의 사회사상을 사회계약론의 입장에서 이해하되 天志槪念에서 확인되는 종교적 자연법을 세속적 자연법의 원리로 대체할 수 없음을 지적하고 있다. 심 교수는 학문적으로 치밀한 논증과 엄격한 근거와 분명한 이해를 바탕으로 글을 쓰기 때문에 함부로 서양 사상을 척도로 단순 비교 평가하는 글들과는 다른 차원의 글이라는 평가를 받을 수 있을 것이다. 이 때문에 최근의 심 교수의 글을 접한 학생들은 심재우 교수를 동양법철학자로 생각하고 있기도 하다.

이에 앞서 대만에 유학했던 한기종 교수는 1992년에 "墨子法思想의 再認識을 위한 試論的 硏究"를 발표했다. 묵자의 법은 그 근원을 天에 두고 天子에 의해 제정 공포되어야 하되 천자 또한 그 법의 제한을 받는다는 점을 밝혔다고 본다. 묵자는 이러한 법제도를 통해 力行·公利·平和가 추구되는 사회를 건설할 수 있다고 믿는다. 이 밖에 법제사적 측면의 글로 정기웅 교수의 "三國時代 佛敎가 法律文化에 끼친 影響"은 시대사적 관점에서 불교의 자비정신이 형벌제도 또는 형사재판에 끼친 영향에 유의하며 기술하고 있다.[25]

---

25) 정기웅, "三國時代 佛敎가 法律文化에 끼친 影響," 『法史學硏究』 19 (1998).

(4) 분석과 응용, 동양을 넘어서

2000년대 들어 동양법철학 연구자들이 서서히 증가하면서, 그리고 역사학과 법제사학은 물론이고 동양철학과 사회학·정치학 등의 인접학문 분과와의 연계 등을 통해 동양법철학연구는 양과 질에서 성장을 했다고 볼 수 있다. 물론 고대 사상가의 법사상을 편집하여 항목을 나열하여 분류 소개하는 글들도 여전히 선보이고 있지만 이제는 보다 구체적인 법철학의 분야나 논점을 다루려는 연구자들이 눈에 띄게 등장하고 있다는 점이 특징이라고 볼 수 있다.

진희권 교수의 "現行 刑法의 儒敎的 규정에 대한 고찰"은 그와 같은 구체화 작업의 일환으로 여겨진다.[26] 유교적 문화유산으로 치부되어 왔던 간통죄를 탈범죄화의 관점에서 살펴보고 형벌이 가중되는 존속범죄에 대한 학계의 논의를 소개하면서 이를 서구의 법제를 잣대로 단순 비교하는 논리의 잘못을 지적하고 있다. 필자는 전체적인 논의를 가족이 지니는 전통성과 문화적 의미, 사회학적 중요성 등을 유교를 토대로 설명하면서 가족에 대한 서구적 사유구조의 침투를 당연시하는 점에 주의를 환기시키고 있다. 진희권 교수는 같은 해 "朝鮮의 國家理念에 대한 小考"에서 조선왕조의 통치철학을 禮治에 입각한 유교적 도덕왕국의 건설을 이념으로 한 왕조로서 조선왕조만큼 君·臣·民 공존의 君臣共治를 실현한 유교적 통치철학에 전념한 왕조가 없었음을 밝히고 있다. 진 교수는 2005년에 "朝鮮에서의 女性의 法的 지위에 대한 小考—주요 法典을 중심으로"를 발표해 동양법철학의 연구가 구체적 주제를 대상으로 현실성 있게 논의되어야 함을 분명히 보여주고 있다. 진 교수는 이 밖에도 "荀子의 禮治와 韓非

26) 진희권, "現行 刑法의 儒敎的 규정에 대한 고찰," 『儒敎文化硏究』 5집 (2003).

子의 法治"에서 그 동안 누구에 의해서도 연구되지 않았던 유가 嫡傳의 荀子와 法家 집대성자 韓非의 師承關係를 분석해 이론적 토대의 相違에 대해 논하고 있다. 이어 이를 심화시킨 "韓非子 法治의 再解釋"을 발표하고 있다.[27]

조천수 교수는 "道家의 無爲와 法家의 無爲而術"에서 老子의 無爲를 '하나'로서의 상위차원에 있는 포괄개념으로 이해하며 法家의 無爲而術을 상하 수직 복종관계에 있는 저차원의 개념으로 이해한다.[28] 따라서 法家의 無爲之術은 道家의 無爲개념과는 무관한, 다시 말해서 도가의 무위개념을 잘못 이해하여 도용한 것으로 폄하하고 있다. 조천수 교수의 이어진 논문은 "商鞅의 變法改革과 法治思想"인데 여기서 조 교수는 商鞅이 강조한 法은 君主의 恣意에 의해 제정된 惡法으로서 그 법을 통한 법적 평등도 무의미한 것이며 철저한 형식적 법치주의를 표방하고 있으며 非人道的 專制主義的 성격의 법치임을 분명히 하고 있다.

헌법학계의 주목을 받았던 논문으로 함재학 교수에 의해 발표된 "경국대전이 조선의 헌법인가?"라는 단도직입적인 물음에 답하는 글을 들 수 있다. 필자는 여기서 문화인류학적 연구방법을 통해 현대의 관점에서 헌법의 외연을 구성한 후 이를 경국대전에 조응시키는 방법을 택하고 있다. 이와 같은 방식으로 헌법을 국가최고 통치권자에 대한 권력통제가 기능할 수 있었는가를 척도로 하여 조선시대에 기능했던 법전의 여러 형식들을 일일이 검토한 후 이를 통해 경국대전이 헌법이었다고 말할 수 있는가를 살펴보고 있다. 이런 관점에서 필자는 경국대전은 행정법전이고

---

27) 진희권, "朝鮮의 國家理念에 대한 小考," 『법철학연구』 6권 2호(2003), 「朝鮮에서의 女性의 法的 지위에 대한 小考 — 주요 法典을 중심으로," 『법철학연구』 6권 2호(2003), "荀子의 禮治와 韓非子의 法治," 『법철학연구』 7권 2호(2004), "韓非子 法治의 再解釋," 『법철학연구』 9권 2호(2006).

28) 조천수, "道家의 無爲와 法家의 無爲而術," 『법철학연구』 6권 2호, (2003).

명률은 형사법전이며 국조오례의는 헌법전이었다고 밝히고 있다.[29] 함 교수는 이어 "유교전통 안에서의 입헌주의 담론"을 발표하는데 이 논문의 특징은 종래 국사학계나 한국철학계에서 수 없이 논의해 왔던 17세기 예송 문제를 입헌주의적 담론으로 바라보는 시각을 제공 했다고 긍정적으로 평가하고 있다는 점일 것이다. 대부분의 학자들은 당시의 예송 문제를 붕당정치의 정치적 역학관계에서 이해했지 이를 헌법적 국가통치권의 정당성 문제로 견제와 균형의 접합점을 찾아가는 규범적 측면에서 바라보지는 않았다. 필자는 여기서 先王之道와 祖宗成憲의 대원칙이 왜 원칙으로 강조되어 왔으며 이 양자 간 또는 이것과 時王之制 간의 필연적인 긴장관계를 해소할 수 있는 기제가 무엇이었는가를 논하고 있다. 주자학적 性理學은 바로 이와 같은 역할을 담당했던 긴장완화의 해석도구였으며 주자학의 연구성과가 심화된 17세기에 이르러 통치권의 정당성을 가늠하는 근거설정으로 치밀하게 구성되며 치열한 투쟁의 양상으로 연결되었다고 보고 있다. 필자는 예송논쟁을 통한 헌법적 담론이 역사에 남긴 교훈은 유교적 담론의 틀을 형성한 순기능적 측면이라는 평가를 내리고 있다.

이 밖에도 2000년도 접어들면서 동양법철학적 논의는 구체적 테마를 선정해 이를 현실과 관련지어 살펴보는 보다 발전된 고민의 산물로 다수 발표되고 있으나 모든 논문을 살펴보지는 못했다. 지금껏 살펴본 전후 50년에 걸친 동양법철학적 논의의 경향을 다시 한 번 정리해 보자.

(5) 소 결

전후에 서양법학의 제 경향이 물밀듯이 범람하던 시대에 동양법철학적 논의는 매우 제한된 연구자들에 의해 제한된 영역에

29) 함재학, "경국대전이 조선의 헌법인가?," 『법철학연구』 7권 2호(2004).

서 전개되고 있다. 한문을 해독할 수 있는 몇 안 되는 학자들에 의해 이루어진 연구는 원전에 충실한 면모를 보이며 수준 높은 연구역량을 보이지만 이러한 연구역량이 후세대에 지속적으로 연결되지 못하는 사회분위기를 맞게 된다. 이 시기에는 서양법철학을 전공한 학자들에 의한 동양철학 연구도 동시에 발표되는데 이 양자의 연구경향은 매우 상이한 양상을 띠고 전개된다. 다시 말해서 전통적 사유구조에 익숙한 마지막 한학자들의 연구가 서서히 사라지면서 서양법학적 기준으로 비교한 동양법철학의 소개가 이루어지고 이어서 동양학을 전공하는 후속세대에 의해 이루어지는 연구논저들은 동양적 관점에서 항목을 나열해 소개하는 수준으로 진행되다가 80년대 후반으로 들어서면서 전문 연구자들에 의해 본격적인 연구가 이루어지고 있다. 이 당시의 연구경향은 동양 법철학의 연구목록을 현실의 다양한 제반 사회문제와 결부지어 구체적 테마를 설정해 연구되는 수준에는 이르지 못하고 원전의 실체를 충실히 규명하려는 노력으로 전개된다. 이는 워낙에 열악한 연구풍토와 연구수준에서 볼 때 반드시 거쳐 가야 하는 학문적 기초를 확립해야 하는 과정의 산물로 이해된다. 2000년대에 들어서면서 비로소 실질적인 문제목록에 상응하는 연구가 이루어지고 있는데 앞으로의 동양 법철학적 연구는 보다 더 근본적인 문제에 천착해 현실의 다양한 문제를 테마로 삼아 한국의 규범 문화적 전통과 결부지어 분석해 내는 실질적 결과를 산출하는 방향으로 나아가야 할 것이다. 반성적 입장에서 동양법철학분야에서 해야 할 연구대상을 항을 바꾸어 간단히 예를 들어 보자.

Ⅳ. 법현실에서의 응용과 배척

민법의 가족법관련 조항의 개정은 오랜 세월동안 수많은 토론과 연구를 거쳐 이루어졌는데 이에 관한 한 가장 활발히 의견을 개진해야 할 처지에 놓인 동양법철학계는 이렇다 할 연구를 내놓지 못하고 있다. 우리의 가족제도가 오랜 역사를 거치면서 형성된 유교적 가족제도라는 점은 누구나가 인정하는 바인데도 정작 동양법철학계는 그에 관해 관심을 기울이지 못했다. 그러나 민법의 규정에도 불구하고 현실의 국민들은 제도가 주는 일정한 관성에 의해 가족제도에 관한 한 일관되고 지속적인 사고를 지니고 있는데 이 점에서 유교적 법제도의 근본을 탐구하는 동양 법철학자들은 분명 이에 관해 누구보다도 더 많은 의견을 개진할 수 있어야 했다. 이 점에 관한 한 법제사가들도 호주제 철폐에 관한 들끓는 여론에 적극적으로 의견을 개진하려 노력한 흔적을 찾기 어려운 실정이다. 동양법철학이 사회의 실질적인 문제에 관심을 기울일 수 있는 여지가 있을 수 있는지 다음의 사건을 일견해 보자.

〈실례 1〉 아들과 공모하여 남편을 살해한 아내에 대해 대법원의 존속살해죄 인정문제

원심이 피고인 정소례와 동 이상우를 본건 존속살인범행의 공동정범으로 인정한 것은 적법한 조치라 할 것이고 따라서 이와 반대의 견해를 피력하는 논지는 채용할 수 없다. (중략) 원심은 그 법률 적용에 있어서 피고인 정소례의 소위는 신분관계로 인하여 성립될 범죄에 가공한 행위로서 신분관계가 없는 자이므로 형법 제352조(종범) 본문 제250조 제2항(존속 살해)에 해당하는바 이는 신분관계로 인하여 형의 경중이 있는 경우이므로(중략).[30]

대법원은 존속살해규정을 신분관계에 의해 형이 가중되는 경

30) 대판 형사19610802 4294형상284.

우로 보고 있으며 피고인 아내는 존비속의 신분관계에 있지 아니하나 존속살해의 종범이라는 이유로 정범에 준해 처벌할 수 있다는 논리를 전개하고 있다. 우리나라의 수많은 법률규정에서 아내와 남편의 관계는 개인 대 개인의 관계로 이해되기도 하며 경우에 따라서는 공동책임을 부과하는 동동체로 이해되기도 하는 등 일관성을 결여하고 있다. 이에 대한 실정법적 근거를 확인하는 작업은 전문적인 실정법학에서 할 일이지만 대법원의 본 판례가 형법규정에도 불구하고 부부관계를 혈연적 관계로 擬制해 이해하는 이면에는 형법 도그마틱적인 이론적 근거보다는 오히려 60년대 당시의 일반인들의 전통적인 규범관 또는 가족관이 작용하고 있다는 혐의를 부인할 수 없게 된다. 당시 법학계 일반에서 문제가 되었던 본 판례에 대해 동양 법철학계에서도 본 사안을 검토할 수 있는 여지는 충분히 있었다고 본다.

〈실례 2〉 성전환자들의 호적 정정에 관한 동양법철학적 이해

동양의 인간이해는 물론 국가에 관한 이해도 자연질서와의 관계 속에서 사유된다. 이는 유가 경전에 수없이 등장하는 天人之際・天道・人道 등의 용어사용을 보아도 잘 이해할 수 있을 것이다. 道家와 儒家는 물론이고 法家조차 사회를 자연의 세계와 구별지어 인간사회에만 타당한 특유의 논리를 구축하지 않는다. 道나 理로 이름 할 때 그것은 자연의 존재질서인 理의 개체적 내면화 개념인 性으로 이해한다. 中庸은 冒頭에서 이를 "天命之謂性, 率性之謂道, 修道之謂敎"라고 선언적으로 제시하고 있다. 法家의 術도 실은 道家的 道를 사회구성원리의 구성적 측면에서 이해한 개념이다. 국가라는 사회조직이나 국가권력 또한 天人之際에서 天道를 대행해 사회를 올바로 이끄는 관리자의 역할로 이해되고 있다. 그러므로 법제도를 통해 국가권력이 인간의 삶에 간여할 수 있는 여지는 자연의 본질적 속성을 저해하지 않는 경계

에서 멈추게 된다. 즉 동양철학에서는 남자를 여자로 바꿔버리거나 부모 자식 간의 情義를 절연시키는 법제도를 정당화할 길은 존재하지 않는다는 점이 분명해진다. 그것은 사회제도의 산물이 아니라 우주의 본래적인 존재원리 자체가 그렇게 되어 있기 때문이다. 그에 대한 사회적 편견이 있다손 치더라도 이는 사회 자체가 해결해야 할 문제이지 법제도로 처리해 강요할 수 있는 영역이 아니다. 아무리 국가권력이라 하더라도 도저히 발을 들여놓을 수 없는 존재 자체의 본질적인 영역이 존재함을 동양법철학은 제시할 수 있어야 한다. 그러므로 성전환한 자의 性에 대해 사회적 제반 삶의 구조 속에서 차별을 받지 않을 각종 제도를 고려하는 것은 필요하겠지만 그 본래의 모습을 확인할 수 있는 최후의 마지막 확인처는 반드시 남겨놓아야 한다. 적어도 동양철학은 이 점을 철학적으로 근거지울 수 있는 토대를 지니고 있을 수 있기 때문이다.

매우 간단한 두 사례의 경우를 통해 살펴보았지만 이 밖에도 많은 현실적인 사안 혹은 국가정책에 관해 동양 법철학적 입장에서의 논의는 얼마든지 가능하다.

Ⅴ. 溫故와 創新

동양철학은 인간 이성의 내원을 자연과의 관계 속에서 확인한다는 점에서 그것은 주관성보다는 객관성을 특성으로 하고 있다. 즉 하늘이 명한 것이 性이요[31] 天地의 이치가 구체적 形氣내에 안착한 것이 性이라서 만물은 모두 각자의 性을 지니고 있

31) 『中庸』 一章, "天命之謂性, 率性之謂道, 脩道之謂敎."

지만 인간만이 천지의 이치를 모두 품부받아 가장 영묘한 性을 타고난 차이를 지닐 뿐이다. 理가 도덕적 가치를 지니고 있고 그 정수를 인간이 품부받아 人性을 이루고 있기 때문에 인간의 이성은 보편성을 지닐 수 있는 것이다.

인간의 본래적 성정에 바탕을 둔 禮와 그것의 최소한의 성문화인 實定法은 해석과 적용 원리에서 별로 차이를 지니지 않는다. 즉 실정법 ― 예규범 ― 보편적 도덕 원칙 ― 천지의 근본원리에 이르기까지 동일한 원리가 흐르고 있다. 그러므로 조선의 전통 법제에서 판례는 실정법에 의한 것, 예규범에 의한 것, 전통적 관습에 의한 것, 보편적 도덕 원칙에 의한 것 등 무수한 현상이 뒤섞여 다양한 모습으로 나타나고 있다.

결국 자연법과 실정법의 관계라는 법철학 최대의 문제는 자연에 대한 새로운 이해, 그것을 바탕으로 한 인간에 대한 새로운 자리 매김과 그러한 인간들로 구성된 사회와 개인 간의 관계를 다시금 점검해 봄으로써 새로운 방향을 정립할 수 있을 것이다.

도덕과 법에 대해서도 새로운 연구가 이루어질 수 있을 것이다. 유가화된 실정법 체계는 도덕 규범의 법규범화이다.[32] 즉 실정법은 도덕 규범의 실효성을 담보하기 위한 수단으로 여겨질 정도로 도덕 규범은 중요한 원칙이 되고 있다. 동양철학은 서구와는 달리 도덕 규범을 주관적일 수 있는 격률로 보지 않았다는 점 또한 특징적인 모습이다. 국가가 도덕 국가인 한에서만 정당화되기 때문에 국가에 의해 집행되는 실정법 질서에서도 실정법의 객관성과 명확성을 통해 국가권력을 제한하기보다는 오히려 직접적으로 국가권력, 즉 통치자의 도덕성을 요구함으로써 실정법에 의한 제도적인 권력 제한 이전에 통치자 스스로에 의한 도덕적 책임 더 나아가 역사에 대한 책임을 통해 권력의 남용을 방지하려

32) 『荀子』, 「勸學」 "禮者, 法之大分, 類之綱紀也. 故學至乎禮而止矣. 夫是之謂道德之極."

했다는 점이다.

동양 법철학 연구를 통해 국가철학의 새로운 자리매김도 시도해 볼 수 있다는 점 또한 중요한 연구의 목록이 되고 있다. 이밖에 사물의 본성과의 관계에서 所以然之理와 所當然之理를 통합적으로 사고했던 性理學的 연구는 많은 점에서 현대 법철학적 문제들을 새로운 시각에서 접근해 볼 수 있는 착안점을 제공해 준다. 이제 동양 법철학은 고전에 대한 올바른 이해의 차원을 넘어서 동서 간의 통일적 세계상을 구축하는 데로 이바지할 수 있는 역량을 발휘해야하는 단계로 나아가고 있다는 긍정적 평가를 내리고 싶다.

Abstract

The full knowledge and the creation of Korean east legal philosophy after the end of the World War II.

Lee Jaeryong

The only few researchers had studied on the themes of the east legal philosophy in the early years of the end of the World War Ⅱ. These days were the period which the tendencies of methodology of Western law was overflown. Only few scholars can decipher the Chinese letter and composition at these times. These had studied on legal philosophical themes with sincerity of the Korean original classical text. But such these research abilities of them can not be succeed to the younger scholars continuously.

The researcher of the western legal philosophy had begun to study on the oriental philosophy of law with his methodology in ages of 1970. The introduction of the oriental legal philosophy is appeared with correspondence to the western legal philosophical themes by these scholars. Their research is at a level with enumerating the legal philosophical items. The research of the last generation of oriental scholar slowly disappears from the academic circle at these days.

Substantial research on the themes of oriental legal philosophy has been begun by expert researchers of the oriental classical text in late 80. These researches of these days is unfolded with the effort to examine the substance of the original text closely fully. we can understood all researches process as stated above to the course to set a oriental legal philosophical study foundation up.

Now we can at last research on the practical themes of the whole legal fields in oriental philosophy of law into 2000. I want to make affirmative assessment about the research result of East legal philosophy now. Nevertheless we must reach to the level of right understanding about the classical text, devote ourself to the establish an unique outlook on the world over the west and orient.

색 인 어

동양법철학(the oriental philosophy of law)
천인관계(the relation of the human and the nature)
예(Li) 성리학(the Neo-confucianism)
실학(practical science)

[9] 독일 법철학의 수용에 관한 연구

김 학 태*

Ⅰ. 들어가는 말

해방 이후 한국사회에서 법학의 학문적 발전은 짧은 기간에 비해서 상대적으로 높은 성과를 이룩했지만, 법철학의 경우는 법학의 타 학문 영역에 비해서 열악한 환경 속에서 고전을 면치 못하였다. 한 마디로 수요가 없는 장에서 공급을 창출한다는 것이 바로 법철학의 학문적 연구의 상황이었으며, 고시 위주의 편중된 법학에서 결코 많지 않은 법철학 종사자들의 외롭고 고독한 노력만이 법철학의 학문적 명맥을 유지하였다. 그럼에도 불구하고 한국 법철학은 법의 개념, 법의 효력, 법이념 등의 고전적인 주제들을 논의했던 전통적인 법철학으로부터, 법의 내용적인 정당성을 문제 삼는 법윤리를 비롯하여 법의 이론적 파악 및 법의 적용과정에 초점을 맞추는 법이론이나 혹은 법학방법론, 더 나아가 법의 사회적 기능과 이데올로기적 기반까지 탐구하는 법사회학에 이르기까지 관심의 지평을 넓혀 왔다.

---

* 한국외국어대학교 법학전문대학원 교수.

2008년은 한국의 법철학이 해방 이후 1957년 한국법철학회를 결성하여 학문적 연구를 시작된 이래로 꼭 50주년의 역사를 가지게 되는 해이다. 초기에는 법철학이 대학에서 법학 연구의 기초로서 소수의 학자들에 의해서 주도되었지만, 이제 50년의 역사가 흐르는 동안 법학의 기초 분야로 자리 잡게 되었으며, 사법시험 위주의 법학교육 및 연구 중심의 경향에서도 꾸준히 학문적 연구와 현실의 난제를 해결하는 중심을 잃지 않고 발전해 왔다. 한국법철학 50주년을 맞이하여 '한국법철학의 역사와 전망'이라는 대 주제에 관한 공동연구에서, 한국법철학의 뿌리로 자리매김한 20세기 중반 이후 독일 법철학의 동향과 한국 법철학이 이를 수용하는 과정을 일견 살펴보는 데 큰 의의가 있다고 여겨지며, 이러한 연구를 바탕으로 한국법철학이 새로운 발전을 하는데 일조할 수 있기를 기대한다.

Ⅱ. 전후 독일 법철학의 동향

1. 자연법의 부활

지난 20세기 독일 법철학의 경향을 살펴보면 20세기 중반까지는 법실증주의 사상이 지배하였고, 세계 2차 대전이 끝난 20세기 중반 이후에는 자연법사상이 다시 부활하였다고 할 수 있다. 특히 19세기 중반 이후부터 독일법철학은 베르그봄(Bergbohm)의 철저한 법실증주의 사상에 이어서 켈젠(Kelsen)의 순수법학과 같은 규범주의적 법실증주의 체계 등이 맹위를 떨쳤지만, 2차 세계 대전 후 나치의 불법을 처절히 경험한 이후 법실증주의는 막을 내리고 자연법의 르네상스가 전개된다.[1] 20세기 초반의 대표적인

1) 심재우, "21세기 한국법철학의 과제와 전망," 안암법학(2001), 1면.

법철학자 라드브루흐(Radbruch)는 나치의 지배를 경험한 이후에 모든 실정법이 무조건적인 구속력을 갖는다는 자신의 주장[2]을 수정하여[3] 법실증주의는 국가사회주의라는 경험을 통해 잘못된 이론이라고 주장하기에 이르렀다.[4]

그러나 라드브루흐의 이러한 주장은 국가사회주의 지배체제가 확립되게 된 역사적, 사회적, 경제적, 발전사적 요소들을 고려하여 종합적으로 평가한 것이 아니라, 단지 하나의 법이론 모델인 법실증주의에게 나치의 불법에 따른 모든 문제점과 책임을 전가시키는 것이었으며, 국가사회주의 법이데올로기가 구조적으로 정의의 문제에 무관심한 법실증주의 때문이라는 단순화에 기인한 것으로 평가할 수 있다. 그의 극단적인 평가 방식은 1950년대 독일 법철학의 논의 신조였으며, 이에 대하여 그 누구도 반론을 제기하지 못할 정도로 지배적으로 받아들여졌다.[5]

이러한 배경에서 등장한 새로운 자연법 논의는 자연법에 있어서 개념의 추상성과 다의성으로 말미암아 나타났던 과거의 경험을 교훈삼아 불변의 자연법과 초시간적인 가치왕국 대신에, 윤리적 인격으로서의 개인이 구속되는 이미 주어져 있는 질서라는 모델을 중시하여, 규범과 가치의 존재론적 토대를 그러한 규범과 가치 자체의 내용에 대한 논의보다 훨씬 더 중시하는 경향을 보였다. 따라서 규범적 존재질서 또는 규범적으로 의미 있는 존재질서라는 개념이 탐구의 대상이었으며, 이를 위해 한편으로는 목

2) Radbruch, 『Rechtsphilosophie』, 3. Aufl., 1932, S.182.

3) Radbruch, "Gesetzliches Unrecht und übergesetzliches Recht," in: Gustav Radbruch-Gesamtausgabe, S.83-93.

4) Kaufmann, "Naturrecht und Geschichtlichkeit," 1957: in: ders., 『Rechtsphilosophie im Wandel』, 2. Aufl., 1984, S.1ff.

5) Radbruch, "Gesetzliches Unrecht und übergesetzliches Recht," in: 『Gustav Radbruch-Gesamtausgabe』, S.88; Neumann, "Rechtsphilosophie in Deutschland seit 1945," in: D. Simon(Hrsg.), 『Rechtswissenschaft in der Bonner Republick』, 1994, S.145ff.

적에 지향된 창조질서라는 기독교 교리가 원용되었다. 이러한 자연법 논의는 1945년 이후 정치적 가톨릭주의가 강화되고 독일연방재판소의 판결이 기독교 신앙에 의해 세계관적으로 규정되는 시대배경에 편승하였고, 토마스주의적 자연법론이 이들 논의의 핵심이었던 것으로 평가된다.[6] 그리고 다른 한편으로는 인간의 가치관과는 무관한 이상적인 가치의 왕국이 있다는 실질적 가치철학의 사상이 원용되었는데, 이는 종교적 신앙에 구속되지 않고 자연법적 규율들을 초월적으로 근거지우고 동시에 실정법의 구속력을 정당화하기 위해 주장되었다.[7]

그러나 자연법사상의 공통적인 내용을 불변적으로 여겨지는 지도적 법원칙을 포괄하는 1차적인 자연법과 이러한 법원칙을 역사적 상황에 적용시킨 2차적인 법규칙들로 구별해서, 불변의 자연법 이론을 고수하고자 하였던 카톨릭 자연법론에 의하여 이루어졌던 시도는, 한편으로는 기본적인 원칙들의 내용을 공허하게 만들 뿐 아니라, 다른 한편으로 가변적인 법원칙들이 초시간적으로 파악되는 위험이 있기 때문이라는 반성을 토대로, 근본적인 의미의 토대를 인간의 실천이성에 두고 객관적인 상황에 합리적으로 적용되는 상호 조화되는 자연법 이론을 강조하게 되었다. 따라서 불변의 자연법과 초시간적인 가치왕국 대신에 '가변적 자연법'[8] 이론이 등장하였는데, 이러한 자연법 이론의 전개와 발전에 기여한 대표적인 법철학자로는 신스콜라학파의 자연법을 주장한 롬멘(Rommen)[9]이나 칸트의 이성적 자연법을 주장한 에빙하

6) Vgl. Wieacker, 『Privatrechtsgeschichte der Neuzeit』, 2. Aufl., 1967, S.601.

7) Vgl. Kaufmann, "Gedanken zur Überwindung des rechtsphilosophischen Relativismus," ARSP 46(196), S.553ff.; ders., 『Rechtsphilosophie im Wandel』, 2. Aufl., 1984, S.51ff.; Fechner, 『Rechtsphilosophie, Soziologie und Metaphisik des Rechts』, 1956, S.156ff.; Henkel, 『Einführung in die Rechtsphilosophie』, 2. Aufl., 1977, S.21ff.

8) David, "Wandelbares Naturrecht?" in: Orientierung 20(1956), S.171ff.

우스(Ebinghaus), 그리고 실존철학의 존재론에 입각한 마이호퍼(Maihofer)의 제도적 자연법론,[10] 역사적 자연법론을 주장한 신토마스주의의 카우프만(Kaufmann)[11] 등이 주목을 끌었다.[12]

이와 같이 1945년 이후 독일에서 전개된 자연법 논의는, 국가사회주의에 의해서 행하여진 자의적 지배를 청산하는 문제와 새롭게 성립되는 국가를 안정된 기반 위에 올려놓는 문제에 대한 당시의 상황을 반영하는 법철학적 대안으로서 나타났으며, 따라서 종교적인, 특히 토마스주의적 자연법이라는 하나의 자연법에 일방적으로 구속된 이론이라고 할 수 있다. 당시 독일연방법원의 판결은 설령 실질적 가치철학의 개념을 원용한 경우에도 실제로는 기독교적 자연법이 그 배경을 이루고 있었다고 할 수 있다. 이러한 점은 당시 독일연방법원이 내린 두 개의 판결에서 뚜렷하게 나타났다. 첫째로 별거 중인 부인이 자살을 기도했음에도 의사를 부르는 등의 적극적 구조행위를 하지 않은 남편에 대해서, 타인의 구조의무를 규정하는 독일 구형법 제330조c(구조불이행죄, 현행 323조c)에 위반된다는 판결(BGHSt6, 147)[13]과 둘째로 딸이 약혼자와 동침하는 것을 허락한 과부의 행위가 음행매개죄에 해당한다는 판결(BGHSt6, 46)[14]이 대표적인 예이다. 이러한 판결을 통해서 초실정적 법원칙의 핵심영역이 갖는 구속력의 근거를 기독교적 자연법이 아니라, 문명국가의 법질서에서 보편적으로 타당하다는 사실에서 찾고자 했던 신중한 판결들은 격렬하게 비판되었다.[15]

---

9) Rommen, 『Die ewige Wiederkehr des Naturrechts』, 2.Aufl., 1947, S.251.

10) Mihofer(Hrsg.), 『Naturrecht oder Rechtspositivismus』, 1962, S.480ff.

11) Kaufmann, "Naturrecht und Geschichtlichkeit," 1957: in: ders., 『Rechtsphilosophie im Wandel』, 2. Aufl., 1984, S.1ff.

12) 심재우, "21세기 한국법철학의 과제와 전망," 안암법학(2001), 2면.

13) BGHSt6, 147.

14) BGHSt6, 46.

15) Neumann, "Rechtsphilosophie in Deutschland seit 1945," in: D. Simon (Hrsg.), 『Rechtswissenschaft in der Bonner Republick』, 1994, S.154ff.

2. 법의 실존철학

법철학의 가장 본질적인 문제인 법의 본질에 관한 문제를 법의 존재론적 구조를 통하여 해결하려고 시도했던 법존재론은, 전통적인 자연법론과 법실증주의 간의 극단적인 대립을 지양하고 새로운 법의 모습을 찾으려는 방법론으로서 끊임없이 계속되어 왔었다. 19세 중반부터 20세기 초반까지는 이른바 법실증주의의 시대였으며 이 시기에 자연법론은 이미 오래되고 낡은 사상으로 치부되었고, 더욱이 그 당시의 법철학에서의 지배적인 신칸트주의의 법철학도 이러한 법실증주의 이론에 가세하였었다. 드러나 20세기 초에 '법률을 통한 불법을 자행'했던 나치는 결국 법실증주의의 극단적인 모습으로서, 법철학을 법률 하에 굴복시켰으며 자의적이고 독단적인 법률에 의한 지배를 가능하게 만들었던 선례를 남기게 되었다.[16] 그러나 세계 2차 대전이 끝난 직후 이러한 극단적인 법실증주의에 반성하고 입법자의 자의가 아닌 실정법의 객관적인 척도를 찾기 위한 노력이 대두하게 되었고, 대다수의 법학자는 다시 자연법의 부활[17]에 기대게 되었지만 전통적인 자연법론이 아닌 객관적이고 실질적으로 정당한 법으로의 지향을 실정법의 존재구조 그 자체에서 내재화하려는 경향으로, 구체적이며 역사적으로 정당한 자연법으로의 법의 현실관련성을 강조하였다.

법철학자 마이호퍼(Maihofer)는 하이데거의 철학을 토대로 삼

---

16) 김지수, "법해석학의 존재론적 전환," 『민법학과 법학의 중요문제 — 장경학 박사 고희기념논문집』(1987), 576면 이하 참조.

17) 이러한 논의는 '초법률적인 법'(übergesetzliches Recht)의 의미를 강조한 라드브루흐와 '자연법의 영겁회귀'(Die ewige Wiederkehr des Naturrechts)를 주장한 롬멘 등에 의하여 제기되었다. 이에 관하여는, Radbruch, 『Rechtsphilosophie』, 5. Aufl., S.347; Rommen, 『Die ewige Wiederkehr des Naturrechts』, 2. Aufl., 1947, S.47.

아 법에 관한 실존론적 존재론을 전개하였다.[18] 인간의 삶은 '자기존재'(Selbstsein)일 뿐 아니라 이 자기존재와 마찬가지로 근원적인 '-로서의 존재'(Alssein)라는 실존범주에 의하여 규정된다고 하여 '세계 내의 현존재'는 '-로서의 존재' 가운데서의 자기존재라는 사고와 더불어 실존철학은 사회적 질서의 세계, 따라서 법의 세계에로 들어갈 수 있게 된다고 하였다. 이러한 사고에서 핵심적인 것은, 인간의 개인적 발현은 존재필연적으로 세계에 의해 미리 규정된 특정한 사회형태 속에서 이루어지며, 인간은 이 사회적 형태 가운데 여러 가지 질서의 영역에 들어가게 되고, 따라서 당연히 법질서의 영역으로도 발을 들여놓게 된다는 확인이었다.[19] 이렇게 하여 자기존재의 실존적 자연권과 함께 '-로서의 존재'의 제도적 자연법이 사물의 본성에 따른 법으로 등장하게 되었다.[20]

이와 같은 입장에서 카우프만(Kaufmann)은 자연법론과 법실증주의 사이의 대립을 극복하기 위하여 그의 법존재론을 전개시켰다. 그의 법존재론은 근본적으로 토마스주의로부터 발전된 존재론에 근거하면서 20세기 초에 새롭게 나타난 실존주의철학에 의하여 주장된 현존재의 의미를 받아들여, 법을 그 본질로서의 자연법성과 실존으로서의 실정성, 혹은 본질에 있어서의 영원성과 실존에 있어서 역사성과의 관계에 기반을 둔 실재로 파악하였고, 법의 존재론적 구조를 이들 양자 간의 긴장통일의 관계로 파악하였다.

이러한 관계 속에서 새로운 자연법은 법의 역사적 제약성과 법의 현실관련성을 인식함으로써 추상적인 자연법이 아니라 구체

---

18) Maihofer, 『Recht und Sein』, 1954, Vorwort.

19) Maihofer, 『Recht und Sein』, 1954, S.83.

20) Neumann, "Rechtsphilosophie in Deutschland seit 1945," in: D. Simon (Hrsg.), 『Rechtswissenschaft in der Bonner Republick』, 1994, S.157ff.

적인 자연법을 주장하였으며, 영원타당한 절대적인 자연법이 아니라 구체적인 상황에서 효력을 가지는 상대적인 자연법을 주장하였고, 시간에 구애받지 않는 초역사적이며 보편적인 자연법이 아니라 시간과 장소에 의하여 제약되어 생성되고 변화하는 역사적 자연법을 강조하였다.[21)]

카우프만에 의하면 종래의 자연법론과 법실증주의는 모두 법질서 속에서 정의의 기준을 찾고 궁극적으로 무엇이 구체적인 사례에서 정당하고 또 무엇이 그렇지 않은가에 관해 하나의 종국적인 해답을 찾고자 하였지만, 각자는 법의 일면만, 즉 자연법론은 법의 본질을 그리고 법실증주의는 법의 실정성만을 인식하고 강조함으로써 법의 존재론적 구조를 벗어나고 있다고 주장하면서, 법본질과 법실존, 자연법성과 실정성이라는 이중성이 모두 법 실존의 존재론적 구조를 형성한다고 하여 이 두 가지 면의 조화를 강조하였다.[22)]

카우프만은 법을 하나의 실체로 파악하고 그와 같은 실체의 존재론적 구조로부터 법의 의미를 찾고자 하였다. 따라서 그에 의하면, 법이란 무엇인가 하는 질문은 법이라는 실체가 어떤 존재론적 구조를 갖는가 하는 것으로 해답을 얻을 수 있다고 믿었기 때문에 법이라는 존재자의 존재론적 구조로서 본질과 실존, 잠재성과 현실성, 법본질과 현존이라는 이원적 구조로 파악해야 한다고 주장하였다.[23)] 그리고 또한 그가 말하는 법의 실정성의 의미는 법실증주의에서 말하는 것처럼 단순히 법의 제정형식만을 의미하는 것이 아니라, 법의 본질을 구체화하고 현실화시키는 역

21) Kaufmann, "Naturrecht und Geschichtlichkeit," in: ders., 『Rechtsphilosophie im Wandel』, 1972, S.1ff.

22) Kaufmann, 『Einführung in die Rechtsphilosophie und Rechtstheorie der Gegenwart』, 1977, S.105.

23) Kaufmann, 『Die ontologische Struktur des Rechts』, 1965, S.480ff.

할을 가져야 한다고 하였다. 따라서 그에 의하면 초실정적인 법은 법이 아니고 모든 법은 반드시 실정적일 것이 요구된다고 하여 실정성을 법실재의 불가결한 요소로 평가하였다.

한편 이와 더불어 법본질성에 대해서는 법이라는 것이 법으로서 존재할 수 있는 최소한의 요소로서 '구체적인 법내용의 형식 존재론적 정당성'(formalontologische Richtigkeit des konkreten Rechtsinhalts)으로 파악하였다.[24] 이는 라드브루흐가 지적한 것처럼[25] 내용적으로 정당한 것이 실정법의 과제인 동시에 실정성이 정당성의 개념에 요구되는 구조로서 역할을 가져야 한다는 것이다.[26]

3. 라드브루흐공식

1946년 라드브루흐(Radbruch)는 자신의 논문인 '법률적 불법과 초법률적 법'에서 "정의가 전혀 추구되지 않거나 정의의 핵심인 평등원칙이 실정 법률에서 의도적으로 부정된 경우에는, 그 법률은 단지 부당한 법이 아니라 아예 법으로서 성질을 가지지 못한다. 왜냐하면 실정법을 포함하여 법이라 하면, 그 의미 자체에서 정의에 봉사하는 질서와 규정으로 정의될 수밖에 없기 때문이다"라고 주장하여, 이른바 라드브루흐 공식을 제시하였다.[27]

이러한 법철학적 문제는 나치전범 재판에서 제기되었던 본질적인 문제로서, 정의의 원칙에 반하지만 실정법에 따른 행위에

---

24) Kaufmann, "Naturrecht und Geschichtlichkeit," in: ders., 『Rechtsphilosophie im Wandel』, 1972, S.28ff.

25) Radbruch, 『Rechtsphilosophie』, 5. Aufl., S.169.

26) Kaufmann, 『Das Schuldprinzip』, 2. Aufl., 1976, S.43.

27) Radbruch, "Gesetzliches Unrecht und übergesetzliches Recht," in: Süddeutsche Juristische Zeitung, 1946, S.105-108; Radbruch, 『Rechtsphilosophie』, 8. Aufl., 1973, S.339ff.

대한 자연법의 문제는 헌법규범 스스로가 본질적인 법 원칙을 위반하거나 혹은 입법과 사법에서 헌법규범이 유린되는 경우에 제기될 수 있다. 이런 경우 본질적인 법 원칙을 침해하면 규범의 효력에 어떤 효과를 가져올 수 있는가 하는 문제가 제기되며, 이와 더불어 법실증주의적인 효력요소와 법도덕주의적인(자연법적인) 효력요소들을 하나의 서열 질서로 가져오게 할 과제가 설정된다. 이를 보다 더 일반적으로 표현하면, 법률이 합법적으로 이를 만들 수 있는 권한 있는 기관에 의하여 제정되면 항상 효력을 부여받는가 혹은 그러한 법률들이 내용적으로 정당하지 못한 것으로 평가되면 항상 효력이 부정되는가 하는 것의 문제이다. 라드브루흐는 이러한 상호모순과 갈등의 경우에 조화로운 해결의 방법으로 중용의 방법을 제안한 것이다. 즉 정의를 위하여 실정 법률을 반대하는 것이 지탱할 수 없는 정도에 이르러서야 비로소 이러한 법률은 효력을 갖지 못하게 된다는 것이다.

세계 2차 대전 후에 나치전범 문제를 해결함에 있어서 제시된 라드브루흐의 공식은 독일 연방최고법원의 판결에 지속적으로 영향을 미쳤을 뿐 아니라, 50년대와 60년대에 걸쳐 자연법의 부활, 자연법의 르네상스를 여는 계기를 마련하였지만, 한편으로는 하트(H. L. A. Hart)[28]와 훼르스터(Nobert Hörster)[29] 등으로부터 많은 비판을 받게 되었다. 하트에 의하면, 라드브루흐가 법이론적 정의를 통하여 입법자와 시민의 도덕을 향상시킬 수 있다고 생각한 것은 분명하지만, 그러한 그의 주장은 단순한 차원에 머무는 것이라고 비판하였다. 라드브루흐의 주장은, 전적으로 일정한 규범을 효력 있는 규범으로 승인하기만 하면 그 규범에 복종해야만 한다는 도덕적 오해에서 비롯되었다는 것으로서, 이는 법이론적

28) Hart, 『Recht und Moral』, 1971, S.42.

29) Hörster, "Zum begrifflichen Verhältnis von Recht und Moral," in; 『Neue Hefte für Philosophie』 17(1979), S.82.

개념에 익숙하지 못한 시민들이나 입법자에게는 적용될 수 있지만, 전문적으로 법을 적용하는 법원에 경우에는 사정이 다르다고 주장하였다.[30] 법원은 라드브루흐가 주장하는 것처럼 도덕철학적인 규준들을 근거로 해서 판결하는 것이 아니라, 오직 법적인 근거들을 이유로 해서 판결할 수 있을 뿐이라는 것이다. 도덕원리에 따른 판결에의 근거설정은 그 도덕원리가 실정법에 참고되어 현실적인 실정법으로 체화되었을 경우에만 가능하다는 것이다.[31]

그리고 무엇보다도 라드브루흐의 공식에 대한 비판적인 관점에서 형법상의 기본원칙인 죄형법정주의에 반하는 결과를 가져올 수 있다. 특히 그 중에서도 '법률 없으면 범죄 없고, 법률 없으면 형벌 없다'(nulla poena sine lege)의 소급효금지의 원칙에 반한다. 이러한 소급효금지의 원칙에 의하면 어떤 행위의 형법적 평가는 법률에 의하여 사전에 행위자가 인식할 수 있음을 전제로 한다. 원래 이러한 형법적 평가의 인식가능성 준칙은 범죄에의 유혹이 있을 때 법률상의 처벌위협에 의하여 범행이 억제되는 심리강제설에 의하여 근거지워졌었다. 그러나 심리강제설보다도 책임원칙에 의하면, 행의자의 의식적인 결단 또는 비난가능한 결단에 대하여 행위자에게 형사책임을 묻기 위해서는 그러한 행위 이전에 이미 책임비난의 근거점이 있어야 한다. 행위자는 자신의 행위가 불법이라는 것, 즉 어떤 금지에 위반된다는 것을 알았거나 알 수 있었을 경우에 이에 대한 법적인 비난이 가능하다는 것이다. 따라서 자신의 행위가 정당하지 못하고 사회윤리적 가치평가에 비추어 유해하기 때문에 규범의 본질적 의미에 반한다는 것을 인식한 이상, 반드시 성문법률 상에 금지규정이 있었다는 것을 알 수 있었는가는 전혀 문제가 되지 않는다.

30) Hart, 『Recht und Moral』, 1971, S.42ff.

31) 이에 관해서는 졸고, "법을 통한 과거청산," 『외법논집』 제18집(2005), 27면 이하 참조.

행위에 대한 불법의 인식은 종교적인 혹은 고차원의 윤리적인 인식이 아니라, 인간의 공동생활에서 가장 기본원칙들에 대한 것으로서, 일반적인 형사사건에서보다 더 쉽고 간단하게 인식될 수 있을 정도의 명확한 것을 의미한다. 따라서 행위를 정당화시켜주는 규범은 그 당시 모든 문화민족들의 도덕의식에 있어 받아들여지는 인간공동 생활의 가장 기본적인 원칙을 의미한다고 할 수 있다.[32)]

4. 법학방법론과 법해석학의 발전

피벡(T. Vieweg)의 법학에서의 토픽론[33)]을 시발로 에써(J. Esser),[34)] 엥기슈(K. Engisch)[35)] 등에 의하여 등장한 방법론은 법이론적인 테제나 방법론적 요청을 단순히 서술하고 있는 것이 아니라, 법질서의 내재적 구성원칙을 재구성하는 성과를 거두었다. 법의 분석적·구성적 분과로서의 법이론이 아니라, 경험적 소재(예를 들어 구체적 판결)를 재구성하는 분과이다. 단순히 법률조항이나 선결례가 아니라 법질서를 구성하는 법원칙을 고려하는 법원이론(Rechtsquellenlehre), 그리고 제정법체계와 판례법 체계 사이의 차이를 상대적으로 해석하는 중요한 성과를 거두었다. 따라서 판결은 단지 부분적으로만 규정할 뿐이라는 인식으로부터 판결의 구조를 자세히 분석하고 정당한 판결의 기준을 형성하려는 시도 등이 이루어졌다.[36)]

---

32) 졸고, “법을 통한 과거청산,” 『외법논집』 제18집(2005), 37면 이하 참조.

33) Vieweg, 『Topik und Jurisprudenz』, 1954.

34) Esser, 『Grundsatz und Norm in der richterlichen Fortbildung des Privatrechts』, 1956.

35) Engisch, 『Logische Studien zur Gesetzesanwendung』, 3. Aufl., 1963.

36) Neumann, “Rechtsphilosophie in Deutschland seit 1945,” in: D. Simon

한편 엥기슈(K. Engisch),[37] 카우프만(Kaufmann),[38] 뮐러(F. Müller)[39] 등에 의하여 전개된 법해석학은 법률텍스트가 다의적이라는 현상을 '이해'(Verstehen)에 관한 일반이론을 통해 생산적으로 파악하였다. 그리하여 관점을 법률과 그에 대한 기술적 해석규칙에 제한시켰던 전통적 방법론은 한편으로는 생활사실을, 다른 한편으로는 해석자의 주관성을 함께 고려하는 법해석학에 의하여 붕괴되고, 유형화된 생활사실과 구체화된 법규칙이 쌍방적으로 구성되는 동적인 과정을 상세히 분석하는 방법론을 전개시켰으며, 텍스트이해에 대한 이론을 뛰어 넘어 상황이해까지도 포함하는 성과를 거두었다.[40]

그리고 70년대를 전후해서 독일의 법철학계는 자연법적 논의가 사라져가고 법학방법론의 문제가 논의에 중심에 서게 되자, 법학적 논의의 관심 방향은 가치론적 문제제기에서 분석적 문제제기로 옮겨가는 경향을 드러내고 법이론(Rechtstheorie)의 연구에 기우는 경향이 현저하였는데, 법이론의 발전은 실정법의 해석과 관련된 다양한 문제에 관심을 가지고 많은 연구성과를 거두었다. 이들의 연구는 주로 '법이론'(Rechtstheorie)[41]이라는 정기간행물을 통하여 나타났는데, 전통적인 법철학의 규범적 문제제기와는 상당한 거리를 두고 있었으며, 학문적 관심도 형식논리적 혹은 사회과학적 분석을 끌어들여, 법학의 개별 도그마틱 분과나 모든 도그마틱 분과에 공통되는 메타도그마틱 분과에서 이루어지는 논

(Hrsg.), 『Rechtswissenschaft in der Bonner Republick』, 1994, S.165ff.

37) Engisch, 『Logische Studien zur Gesetzesanwendung』, 3. Aufl., 1963, S.15.

38) Kaufmann, 『Rechtsphilosophie im Wandel』, 2. Aufl., 1984, S.102ff.

39) Müller, 『Strukturierende Rechtslehre』, 1984, S.251.

40) Neumann, "Rechtsphilosophie in Deutschland seit 1945," in: D. Simon (Hrsg.), 『Rechtswissenschaft in der Bonner Republick』, 1994, S.162ff.

41) Rechtstheorie. Zeitschrift für Logik, methodenlehre, Kybernetik und Soziologie des Rechts; Rechtstheorie. Aufsätze zu einem kritischen Rechtsverständnis, 1971.

의를 더욱 합리화하는 데 기여하였다. 이러한 법이론의 전개는 엥기슈[42]와 울리히 클룩(U. Klug)[43]으로 대표되는 '법논리학'과 될레(Dölle)[44]와 뤼스만(Rüßmann)[45]의 '언어철학' 그리고 아이케 폰 사비니(Eike von Savigny)[46]가 주장한 '법의 과학이론' 등으로 전개되어 형식적이고 분석적인 방법론을 발전시켰다.[47]

이러한 법이론의 발전은 80년대에 전성기를 구가하며 거의 모든 법철학자들이 관심을 가지고 연구에 참여하였다 그 대표자로서는 하버마스(Habermas)[48]나 알렉시(Alexy)[49]에 의한 '합리적인 실천적 담론'과 하세머(Hassemer), 노이만(Neumann)[50] 등에 의하여 주장된 '합리적인 논증이론'(Argumentationstheorie)이며, 이들의 공통된 관심사는 자연법의 도덕성의 요구와 정당성의 척도를 실정법에 수렴하여 구체화 시키는 점에 있었다. 법이론에 의한 이러한 발전된 모습은 후에 '절차적 정의이론'으로도 연결되었다.[51]

5. 1990년대 이후 독일 법철학

90년대 이후 독일 법철학의 동향은 지배적인 법철학적 방법론 대신에 다양한 방법론이 전개되었다. 그 중에서도 가장 두드

---

42) Engisch, 『Logische Studien zur Gesetzesanwendung』, 3. Aufl., 1963.

43) Klug, 『Juristische logik』, 4. Aufl., 1982.

44) Dölle, 『Vom Stil der Rechtssprache』, 1949.

45) Koch/Rüßmann, 『Juristische Begründungslehre』, 1982.

46) Eike von Savigny, 『Die Überprüfbarkeit der Strafrechtssätze』, 1967.

47) Neumann, "Rechtsphilosophie in Deutschland seit 1945," in: D. Simon (Hrsg.), 『Rechtswissenschaft in der Bonner Republick』, 1994, S.164ff.

48) Habermas, "Wahrheitstheorien," in: 『Wirklichkeit und Reflexion』, FS-Schultz, 1973, S.211ff.

49) Alexy, 『Theorie der juristischen Argumentation』, 2. Aufl., 1991.

50) Neumann, 『Juristische Argumentationslehre』, 1986.

51) Neumann, "Rechtsphilosophie in Deutschland seit 1945," in: D. Simon (Hrsg.), 『Rechtswissenschaft in der Bonner Republick』, 1994, S.179ff.

러진 현상은 '위험사회'의 등장과 더불어 나타난 법의 의미와 역할에 대한 논의로 사회현상의 변화에 따른 대응방식의 변화에 대한 연구이다.

사회학적인 방법론의 융성으로 전개된 이러한 입장의 중심에는, 법과 사회현상과의 관계는 사회현상의 구조에 따라 필연적으로 요구되는 법의 의미와 역할 및 기능과 연결된다고 한다. 그러나 현대사회에서는 이러한 상호작용의 메카니즘에 의하여 법적 원리와 제도가 구조적으로 형성되지 않고, 새로운 현상에 대한 일시적이고 또한 효율적 규제라는 기능적 관계로만 작용하여 법 자체의 본질적 모습을 훼손시키게 되고, 새로운 사회적 현상에 대하여 근원적인 대책도 마련하지 못하게 되는 부정적인 결과만을 심각하게 초래한다고 비판한다. 즉 사회적 제 현상을 수용하여 작용하는 법의 본질적 기능을 잃게 되고, 다양한 사회적 현상에 따른 요청에만 집착하는 규제적 기능으로서만 역할을 떠맡게 되는 악순환을 초래하게 된다고 한다. 울리히 벡(U. Beck)[52]을 비롯하여, 토이브너(Teubner),[53] 루만(N. Luhmann)[54] 등이 이러한 연구에 가세했으며, 하버마스(Habermas)나 하세머(Hassemer),[55] 알렉시(Alexy) 등이 이들과의 논쟁을 벌여 법적 정당성의 의미를 각인시키는 역할을 담당하였다. '법의 정당성과 합법성'에 대한 관심이 바로 이러한 문제를 둘러싸고 전개된 것이며, 이 논쟁은 지금도 해결되지 않고 있는 법의 영원한 과제라 할 수 있다.

---

52) Beck, 『Risikogesellschaft, Auf dem Weg in eine andere Moderne』. 1986.

53) Teubner, "Verrechtlichung — Begriffe, Merkmale, Grenzen, Auswege," in: Kübler (Hrsg.), 『Verrechtlichung von Wirtschaft, Arbeit und sozialer Solidarität』, 1984.

54) Luhmann, 『Soziologie des Risikos』, 1991.

55) Hassemer, "Symbolisches Strafrecht und Rechtsgüterschutz," in; NStZ 1989, S.553ff.; ders., "Kennzeichen und Krisen des modernen Strafrechts," in; ZRP 1992, S.378ff.; ders., 『Produktverantwortung im modernen Strafrecht』, 1994.

그 밖에 영미법계의 포스트모더니즘, 법현실주의, 공동체법이론 등이 부분적으로 전개되었으며, 과학기술의 발달에 따른 새로운 현상에 대한 관심으로 생명공학과 유전공학 발달에 대한 규범적 통제의 필요성에서 나타나는 법적·윤리적 문제, 그리고 환경오염, 지구온난화 문제, 성문제 등이 주된 법철학적 관심사로 등장하였었다.

6. 21세기 독일 법철학의 전망

21세기 독일 법철학이 어떤 방향으로 전개될 것인가를 생각해 보면, 우선 인간의 존엄을 법의 핵심가치로 하는 계몽적 자연법의 프로그램은 21세기에도 계속되어야 할 과제라고 예상된다. 인간이 국가에 의해서 존엄한 존재로 다루어지도록 하는 것이 바로 법의 역할이며, 이러한 법의 의미와 내용을 결정해 주는 것이 바로 법철학의 과제라 할 수 있기 때문이다. 그리고 21세기에 새롭게 법철학의 대상으로 다가온 것은 환경법학의 문제이다. 기술문명의 발달로 인한 자연파괴와 환경오염은 우리의 삶을 위협하는 심각한 문제로 대두되고 있다. 환경오염과 지구온난화에 따른 문제들은 법적 관심사이며, 법철학은 환경윤리에 근거한 환경법철학의 규범적 구성원리를 이론적으로 확립하고, 이에 따라 환경법이 실천적 규범력을 가져야 할 것으로 예상된다. 또한 유전공학과 같은 생명과학기술의 발달에 대한 규범적 통제도 필요하므로, 뇌사와 장기이식, 안락사, 인간복제 등을 어떻게 다루어야 할 것인가에 관한 생명과학의 허용한계도 법철학에 의하여 윤리적으로 그 규범적 근거가 마련되어야 할 것이다. 이러한 차원에서 앞으로의 법철학은 이러한 환경윤리나 생명윤리뿐만 아니라 직분윤리 일반에 걸쳐 정치윤리, 경제윤리, 교육윤리, 종교윤리, 언론윤리, 의료윤리, 법윤리 등을 구체적 자연법의 정명사상에 따라 확

립함으로써 질서의 실질적 가치인 사회적 도덕성을 회복시켜는 방향으로 전개될 것이다.[56)]

Ⅲ. 한국의 독일 법철학 수용

1. 법철학연구의 태동기(해방 후–50년대)

해방 이후 한국 법철학의 태동기에는 처음으로 대학에서 법철학을 강의하기 위한 법철학 교과서 편찬을 통한 법철학 연구가 이루어졌다. 이항녕 교수의 『법철학개론』(1955), 정희철 교수의 『법철학개론』(1958), 황산덕 교수의 『법철학서설』(1955)과 『법철학신고』(1956), 라드브루흐 저, 엄민영·서돈각 교수가 번역한 『법철학입문』(1959), 현승종 교수의 『법사상사』, 켈젠저, 장경학 교수가 번역한 『순수법학』(1955), 장경학 교수의 『켈젠의 법이론』(1958), 켈젠 저, 장경학 교수가 번역한 『마르크스주의 법이론』(1958) 등의 출판이 이루어져서, 처음으로 대학 강단에서 독일 법철학의 일반이론을 체계적으로 강의하는 기반을 마련하였다. 그러나 이러한 출판을 통해서 독일 법철학의 체계적인 연구가 이루어졌다고 보기는 어렵고, 연구를 위한 발판을 마련했다고 보는 것이 옳을 것이다. 그리고 한편으로는 단편적으로 독일 법철학자의 대표적인 사상과 이론을 소개하는 시도가 이루어진 것으로 평가된다. 이 시기에 이루어진 독일 법철학의 소개는, 이항녕 교수의 "헤겔의 법철학"(사상계, 1958), 황산덕 교수의 "코잉 교수의 정의론"(법정, 1955), "법실증주의"(법정, 1955), "실존주의와 정의의 문제"(사상계, 1957), "현대법철학의 근본문제"(사상계, 1958), 최태영 교수

56) 특별좌담, "20세기의 법철학 회고와 전망," 『법철학연구』 제3권 제1호 (2000), 24면 이하.

의 "스토아학파의 자연국가 및 자연법론"(청주대 법학논고, 1956), 이준구 교수의 "라드브루흐 교수의 생애와 업적"(동아대 법률학보, 1959) 등을 들 수 있다.

또한 이 시기에는 특히 독일 법철학자 한스 켈젠(Kelsen)에 대한 연구가 많이 이루어졌다. 황산덕 교수가 『순수법학』(1955)을 번역하였고, "순수법학의 이데올로기적 성격"(법조협회잡지, 1949), "켈젠 교수의 학설변경과 그 의의"(법학연구, 1954), "한스 켈젠의 사상체계"(대학신문, 1954), "순수법학과 비교법학"(대학신문, 1956), "순수법학서설"(법률계, 1958) 등을 발표하였으며, 그 밖에 장경학 교수의 『켈젠의 법이론』(1958), "한스 켈젠"(사상계, 1954) 등이 발표되었다. 이처럼 켈젠에 대한 연구가 활성화 된 현상에 대해서 학문적으로 특별한 의미를 부여하기는 어렵지만, 학문적 태동기였던 당시의 상황에서는 매우 고무적인 것으로 평가할 수 있다.[57]

2. 라드브루흐 사상의 영향

독일의 법철학자 중에서 라드브루흐 이상 한국에 더 자세히 소개된 학자는 없을 정도로 라드브루흐에 관한 연구는 한국에서

57) 이에 대해서 박은정 교수는 "당시 켈젠에 대한 일부의 왕성한 소개에도 불구하고 그것은 일부 강단법철학을 중심으로 하는 한때의 분위기에 불과했고 예컨대 켈젠학파가 조성된 것도 아니었다. … 법을 통해 한국강점에 성공한 일본의 식민지 법이데올로기 청산을 위해서는 해방 직후의 법철학이 켈젠의 순수법학이 아니라 반 켈젠적 법사고가 요구되어야 했을 것이다"라고 비판하였다. 따라서 당시의 상황에서 체계적인 법철학 연구의 일환으로 켈젠의 법이론에 대한 연구가 활성화되었다고 평가할 수 없고, 법철학 연구의 불모지였던 우리의 현실에 비추어 볼 때 이러한 현상에 대해 특별한 의미를 부여하기 어려울 것으로 평가된다. 박은정, "한국 법철학의 반성과 과제," 『법과 사회』 제10호(1994), 200-202면 참조.

왕성하게 이루어졌다. 물론 라드브루흐는 독일에서 19세기 후반부터 20세기 초반을 대표하는 법철학자로 독일 내에서도 많은 문헌 연구가 이루어졌지만 한국에서 오히려 더욱 많은 연구가 뒤따르게 된 이유는, 한국법철학 연구가 초기에 시작되면서 학문적으로 일본을 경유해서 독일의 법철학 이론을 수용하면서 일본에서도 왕성한 연구가 이루어진 라드브루흐의 법철학 이론이 자연스럽게 소개되고 계승되었을 것으로 판단된다.[58]

또한 1960년대까지 법철학연구가 대학에서 소수의 학자들에 의해서 이루어지는 특수한 상황에서 초기의 한국법철학자들이 유독 라드브루흐에 많은 관심을 가지고 연구하였는데, 특히 독일에서 1964년에 권영백 박사, 1966년에 김지수 교수, 1967년에 정종욱 교수가 라드브루흐에 관한 박사학위 논문을 발표할 정도로 라드브루흐의 법철학에 대한 높은 관심을 보였으며, 이러한 관심과 전통이 한국에서 라드브루흐 법철학 연구가 활성화되는 데 기여한 것으로 평가되고, 이러한 전통이 다음 세대의 법철학연구자에게 자연스럽게 이어 주는 가교의 역할이 되었다고 할 수 있다. 이런 이유로 라드브루흐의 법철학에 관한 연구는 해방 이후부터 현재에 이르기까지 독일 법철학 연구에서 가장 중요한 부분을 차지하게 되었다.[59]

---

58) 일본에서의 라드브루흐 법철학 이론의 연구에 관해서는, 최종고, 『G. 라드브루흐 연구』(1995), 140면 이하 참조.

59) 독일에서 2차 세계대전 이후 나치전범 재판과 관련하여 라드브루흐의 법철학 이론이 문제를 해결하는 데 큰 기여를 하였고, 1990년 동서독이 통일된 이후에도 국경수비대 사건 등 법을 통한 과거청산이라는 어려운 난제를 해결하는 데 라드브루흐의 법철학이 중요한 열쇠로 작용한 것과 마찬가지로, 한국에서도 해방 이후 법을 통한 과거청산의 문제와 30년 이상 지배해 온 군사독재를 청산하는 법적 난제를 해결하는 데 라드브루흐 법철학 이론이 많은 기여를 하였다. 이에 관해서는 박은정·한인섭 공저, 『5·18, 법적 책임과 역사적 책임』(1995); 졸고, "법을 통한 과거청산," 『외법논집』 제18집(2005), 37면 이하 참조.

먼저 한국에서의 라드브루흐의 저작에 대한 번역서로는 정희철 교수가 번역한 『법학입문』(1957), 엄민영·서돈각 교수가 번역한 『법철학입문』(1958), 서돈각·손주찬 교수가 번역한 『영미법의 정신』(1959), 최종고 교수가 번역한 『법철학』(1975), 『법과 예술』(1981), 『법학의 정신』(1981), 『마음의 길』(1983), 손지열·황우려 판사가 번역한 『법에 있어서의 인간』(1981) 등이 있으며, 라드브루흐에 관한 연구서로는 박은정 교수의 『라드브루흐의 법철학』(1989), 최종고 교수의 『G. 라드브루흐 연구』(1995) 등이 있다. 그리고 라드브루흐의 법철학을 주제로 한 박사학위논문으로는, 권영백 교수의 『라드브루흐의 법철학에 있어서 사물의 본성론의 전개와 의미』(독일 자르브뤼켄대학교 박사학위논문, 1964), 김지수 교수의 『라드브루흐 사상에 있어서 방법삼원주의와 사물의 본성』(독일 프라이부르크대학교 박사학위논문, 1966), 정종욱 교수의 『구스타프 라드브루흐에 있어서 법철학적 상대주의의 길』(독일 본대학교 박사학위논문, 1967), 이재승 교수의 『라드브루흐의 법실증주의와 법률적 불법이론에 관한 연구』(서울대학교 박사학위논문, 1997) 등이 있다.

라드브루흐 법철학에 관한 연구논문은 이준구 교수의 "라드브루흐 교수의 생애와 업적"(동아대 법률학보, 1959)을 필두로 김철수 교수의 "상대주의 법철학"(사상계, 1962), 심재우 교수의 "상대주의 법철학의 의의와 그 한계"(고려대 법률행정논집, 1964), 박문복 교수의 "형법에 있어서 라드브루흐의 학문적 배경"(동국대 논문집, 1966), 심헌섭 교수의 "라드브루흐, 확신범, 금고"(법조, 1970), 최종고 교수의 "라드브루흐의 자연법적 정의"(창조, 1972), "라드브루흐에 있어서 사회법과 사회주의"(김치선박사화갑기념논문집, 1983), "라드브루흐의 법철학"(한국논단, 1993), "라드브루흐와 현대법사상"(서울대 법학, 1995), 김지수 교수의 "구스타프 라드브루흐의 법철학"(기독교사상, 1975), 박은정 교수의 "라드브루흐의 생애와 사상"(주간조선, 1981), 박정훈 교수가 번역한 "라드브루흐 공식: 그에 대한 찬성과 반대"(법철학과 사회철학, 1992), 김지수 교수의 "법3원론의 현대적 이해—Gustav Radbruch의 법철학을 중심으로(외법논집, 1995), 윤재왕이 번역한 『라드브루흐 공식과 법치주의』(2000), 이재승 교수의 "라드브루흐공식"(법철학연구, 2004), 조천수 교수의 "라드브루흐의 방법3원론, 법이념과 공식"(법철학연구, 2005) 등이 발표되었다.

라드브루흐의 법철학이론이 한국법철학에 끼친 영향은 특히 해방 후 민주주의를 정착시키는 데 기여했다고 할 수 있다. 그의 상대주의 법철학과 문화법철학은 불행했던 과거를 청산하고, 우리 사회의 검은 그림자인 흑백논리와 경제제일주의, 인간성 경시와 향락주의, 남북통일을 향한 이데올로기 등을 극복하고, 민주화에 대한 열망의 상황에서 중용과 관용의 법철학으로 민주주의와 법치주의의 시행착오를 극복하고 발전시키는 데 많은 기여를 한 것으로 평가된다.

3. 자연법이론의 연구

해방 이후 50년대를 전후로 한국의 법적 상황은 새롭게 이루어진 이상적인 실정법과 사회적인 현실 간의 괴리가 매우 큰 것으로 예상할 수 있다. 같은 시기에 독일에서는 나치의 불법국가를 극복하기 위해서 자연법의 부활이 활발하게 이루어졌지만, 한국의 당시 상황에서는 이성적인 자연법을 추구할 여유가 없이, 미군정하에서 일본법이 당분간 지속되었고 제헌의회에 의해서 실정법이 만들어지는 상황에서도 전쟁의 소용돌이와 혼란한 사회상황에서 자연법의 이념에 따른 법적 정당성을 논하는 것은 시기상조인 것으로 평가된다. 이런 상황에서 최태영 교수의 "스토아학파의 자연국가 및 자연법론"(청주대 법학논고, 1956), 박광서 교수의 "신자연법의 성격"(중앙대 법정논총, 1956), 손주찬 교수의 "자연법이론"(법조협회잡지, 1956), 최식 교수의 "자연법사상"(학술지, 1957), 이항녕 교수의 "자연법의 현대적 의의"(법정, 1955), "역사적 자연법의 제창"(사상계, 1962) 등의 글이 발표되었다.

60년대와 70년대에는 법철학의 학문적 기초가 이루어지는 시대로 법철학 논의의 중심에 있는 자연법에 관한 관심과 연구가 증가한 것으로 평가된다. 특히 당시의 혼란스런 사회적 현실을 반성하고, 한편으로는 군사독재에 대항하여 정의론, 자연권적 인권, 민주주의, 국가권력의 한계 및 정당성에 관한 논의, 저항권 등의 주제에 대한 관심이 커져갔다.[60] 우선 60년대에는 앞에서 언급한 것처럼 라드브루흐에 관한 연구가 활성화되면서 많은 법철학자들의 연구가 뒤를 이었고,[61] 그 밖에 이준구 교수의 "자연법과 사물의 본성"(경북대 논문집, 1969), 김려수 교수의 "신자연법 재생론"(성대 사회과학, 1964), 김종원 교수가 번역한 "자연법의 회귀"(이화여대 법정학보, 1960) 등이 발표되었으며, 70년대에는 심재우 교수의 『저항권과 인간의 존엄』(독일 빌레펠트대학교 박사학위논문, 1973), "인간의 존엄과 법질서"(고대 법률행정논집, 1974), 최종고 교수의 "라드브루흐와 자연법적 정의"(창조, 1973), 황혁주 교수의 "현대 법철학에 있어서 사물의 본성론"(법조, 1974), 심헌섭 교수의 "자연법론의 재생"(대학신문, 1975) 등이 발표되었다.

80년대의 자연법 논의는 새로운 신진학자들에 의해서 주도되었다. 우선 박은정 교수는 독일 프라이부르크대학교에서 『법존재론』(Rechtsontologie)으로 법학박사학위를 받고 귀국하여, "정의론의 인간학적 기초"(이화여대 사회과학논집, 1983), "자연법의 현위치"(이화여대 사회과학논집, 1984), "한스 켈젠의 자연법 비판의 한계"

60) 신동룡, "1980년대 이후 한국 법철학의 발전과 향후 과제," 『연세법학』(2006), 130면.

61) 본문 라드브루흐 사상 참조.

(이화여대 사회과학논집, 1985) 등을 연이어 발표하고, 1987년에는 『자연법사상, 실천을 위한 비판이론』을 출판하였다. 그리고 자연법을 주제로 김영환 교수의 "법과 법률의 관계: Kaufmann, Welzel, Maihofer의 소론을 중심으로"(고려대 석사학위논문, 1980), 김정오 교수의 "신자연법론에 과한 연구"(연세대 석사학위논문, 1982), 정태욱 교수의 "Aristoteles의 정의론에 관한 고찰"(서울대 석사학위논문, 1989) 등이 발표되었다. 그 밖에 심재우 교수의 "인간존엄의 법리와 국가윤리"(고려대 법학논집, 1986), 윤명선 교수의 "시민불복종의 법리"(경희법학, 1987) 등이 발표되었다.

90년대 이후에 자연법 이론에 대한 연구는 거의 모든 법철학자의 관심 대상이었으며, 민주화와 더불어 더욱 활발하게 이루어졌다. 특히 90년대 이후 법철학회를 통한 연구가 활성화되었으며, 90년대 중반부터는 '법철학회월례독회'가 결성되어 매달 법철학적 테마를 주제로 연구하는 모임이 더욱 활성화되었고, 마침내 1998년 학회지 『법철학연구』가 창간되면서 법철학 연구에 박차를 가하게 되었다. 이 시기에 대표적인 연구는 우선 심재우 교수가 번역한 『법치국가와 인간의 존엄』(1994), 『저항권』(1991), 박은정 교수가 번역한 『자연법과 실질적 정의』(2001), 박은정 · 한인섭 교수 등의 『5 · 18 법적 책임과 역사적 책임』(1995) 등을 들 수 있고, 그 밖에 김영환 교수의 "전후 독일에서의 정법론의 전개과정"(한림대 FORUM, 1994)이 발표되었다.

독일 법철학의 자연법이론의 수용은 초기에는 주로 독일에서 전개된 나치불법을 극복하기 위한 자연법이론을 전체적으로 받아들이는 차원에서 이루어졌지만, 점차적으로 혼란스런 사회적 현실을 반성하고, 한편으로는 군사독재에 대항하여 정의론, 자연권적 인권, 민주주의, 국가권력의 한계 및 정당성에 관한 논의, 저항권 등의 주제에 대한 관심으로 바뀌면서 개별적인 주제를 대상으로 연구가 이루어졌다. 특히 90년대 이후에는 군사독재를 청산하고 민주화를 실현해가면서 나타나는 문제점들을 대상으로 광범위하게 확대되었다. 이러한 차원에서 법철학회 회원들이 힘을 모아 공동으로 작업한 『현대법철학의 흐름』(1996), 『법치국가와 시민불복종』(2001) 등은 커다란 성과라 할 수 있다.

4. 법학방법론, 법해석학의 발전

나치의 불법국가를 경험한 독일에서는 50년대까지 새로운 자연법에 대한 연구가 활성화되었지만, 60-70년대에 들어서면서 구체적 판결과정에서의 구체적인 정의의 실현을 목표로 하는 법이론이 발전하였다. 한국에서는 70년대까지 이러한 독일의 법이론에 관한 연구가 체계적으로 수용된 것으로 보이지는 않지만, 단편적으로 법실증주의에 관한 연구와 병행하여 등장하였다. 우선 심헌섭 교수가 『존재와 당위에 관한 연구』(서울대 박사학위논문, 1976)를 비롯하여, "법률적 삼단논법"(서울대 법학, 1973), "비판적 법실증주의"(현대사회과학방법론, 1977), "존재당위이원론의 논리와 현대논리학"(서울대 법학, 1979) 등을 발표하였고, 이러한 법철학적 토대를 기초로 하여 1982년에 법철학교과서인 『법철학 I』을 출판하였다.[62]

80년대에 들어서면서 당시 시대적 상황에 따라 이성적이고 합리적인 법인식과 법실천의 요구가 커지고, 또한 법철학 연구의 기반이 다져지면서 본격적으로 독일의 법해석학과 법학방법론 연구의 수용이 가속화되었다. 심헌섭 교수의 "법철학적 법학방법론—법철학과 합리적 법학방법"(서울대 법학, 1983), 배재식 교수의 "법학방법론서설"(서울대 법학, 1983), 김지수 교수의 "법해석학의 존

62) 1970년대 심헌섭 교수의 학문적 입장을 법실증주의적 관점에서 평가한 입장에 대해서는 신동룡, "1980년대 이후 한국 법철학의 발전과 향후 과제," 『연세법학』(2006), 132면 이하 참조.

재론적 전환"(장경학교수고희기념논문집, 1987), 배종대 교수의 "법이론이란 무엇인가?"(고려대 법학논집, 1987), 장영민 교수의 "법학에서의 논의이론의 전개"(인하대 법정대학보, 1988) 등이 발표되었고, 또한 1986년에는 김형배 교수가 치펠리우스(Zippelius)의 『법학방법론』을 번역하였으며, 1990년에는 장영민 교수가 『법발견 방법론에 관한 연구』로 서울대에서 박사학위논문을 발표하였다.

90년대부터는 독일로 유학을 갔던 신진학자들이 귀국하여 80년대 독일에서 전성기를 누렸던 법이론 논의를 한국에 소개하면서 연구의 활성화가 이루어졌다. 먼저 이러한 논의의 흐름을 소개한 윤재왕의 "법적 논증이론과 절차적 정의"(법과사회, 1992)를 비롯하여, 하버마스(Habermas)와 알렉시(Alexy)의 대화이론을 소개한 이상돈 교수의 "형법상 유추금지의 대화이론적 재구성"(형사법연구, 1992), "법률적 삼단논법과 인식론적 오류"(안암법학, 1995), "법률해석의 해석학적 구조와 논증의무"(고려대 법학논집, 1995), 강진철 교수의 『법해석학에 관한 고찰—특히 철학적 해석학의 법학적 수용과 관련하여』(연세대 박사학위논문, 1993), 김영환 교수의 "법적 논증이론의 전개 과정과 그 실천적 의의"(한양대 법학논총, 1995), "형법에서의 개념법학적 사유형태와 일반조항으로의 도피"(박양빈 교수화갑기념논문집, 1996), "법도그마틱의 개념과 그 실천적 기능"(한양대 법학논총, 1997), 강희원 교수의 "법에 대한 체계이론적 파악"(경희법학, 1995), 변종필 교수의 "하버마스의 진리이론"(안암법학, 1995), 김지수 교수의 "법의 부정과 법긍정의 이가치론"(외법논집, 1996) 등이 발표되었다.

그리고 특히 1994년 과실로 타인소유의 일반물건을 소훼한 경우에 형법 제170조 제2항이 적용될 수 있는가가 문제되었던 대법원 판결[63]을 둘러싸고 나타난 논쟁은 법학방법론 연구에 큰 기

63) 대법원 1994.12.20.자 94모32 결정.

여를 한 것으로 평가된다. 당시 이 논쟁에는 다수의 법철학자들이 참여해서 많은 연구논문들을 발표했는데, 신동운 교수의, "형벌법규의 흠결과 해석에 의한 보정의 한계"(판례월보, 1995), 오영근 교수의 "형벌법규의 해석"(형사판례연구, 1996), 김영환 교수의 "형법해석의 한계"(형사판례연구, 1996), "형법상 해석과 유추의 한계"(저스티스, 1997), 이상돈 교수의 "법률해석의 한계"(법이론, 1997) 등이 발표되었고, 추후에 이러한 법철학적 논쟁을 정리하여 『형법해석의 한계』(1999)라는 단행본으로 출간되었다.

그 밖에도 장영민 교수의 "유추해석과 목적론적 축소해석"(형사판례연구, 1999), 최봉철 교수의 "문언중심적 법해석론 비판"(법철학연구, 1999), 오세혁 교수의 "한국에서의 법령해석"(법철학연구, 2003), 김학태의 "법학방법론의 역사적 발전과 법학교육의 미래"(법철학연구, 2006) 등의 논문이 발표되었으며, 2006년에는 김영환 교수가 『법철학의 근본문제』라는 저서를 통해서 그 동안 논의를 정리하였고, 2007년에는 알렉시(Alexy)의 『법적논증이론』을 변종필 교수가 번역하여 이 문제에 대한 법철학적 논의를 계속 이어졌다.

법이론에 관한 연구는 전통적인 법철학의 규범적 문제제기와는 상당한 거리를 두고 있었으며, 학문적 관심도 형식논리적 혹은 사회과학적 분석을 끌어들여, 법학의 개별 도그마틱 분과나 모든 도그마틱 분과에 공통되는 메타도그마틱 분과에서 이루어지는 논의를 더욱 합리화하는 데 기여하였다. 그리고 법해석과 법학방법론에 관한 연구의 발전은 법철학이 주로 추상적인 이념적 테제에만 매달린다는 인식에서 벗어나 법실무의 구체적인 사항에 관심을 가지면서, 법철학적 담론의 장을 실정법을 넘어서 구체적인 법실무에까지 지평을 넓히는 토대를 마련하였고, 법학자들뿐만 아니라 실무가들에게도 법철학적인 논증에 적극적으로 참여하는 등의 새로운 장을 열게 되었다. 이러한 연구의 성과로 사법에서 과거에 관행적으로 이루어지던 법관의 잘못된 논증 방식에서 벗어나 담론과 성찰을 통한 올바른 재판을 가능하게 해 주는 기반이 다져진 것으로 평가할 수 있다.

Ⅳ. 평　　가

독일에서의 법철학은 20세기까지 법실증주의 사상이 지배했고, 2차 세계 대전 이후에는 나치의 불법국가를 극복하기 위한 시도로서 자연법이 다시 활발하게 논의되었으며, 켈젠의 순수법학, 라드브루흐의 정통적인 법철학이 뒤를 이었다. 특히 나치의 법률적 불법을 경험한 이후 소위 '라드브루흐공식'(Radbruchsche Formel)이 전범재판에 법철학적 준거를 제공하면서 라드브루흐에 관한 사상은 독일에서뿐만 아니라 한국에서도 활발하게 논의되는 주제가 되었다. 특히 60년대 후반에 독일에서 유학한 한국 법철학자들이 독일에서 라드브루흐를 주제로 연이어서 박사학위논문을 발표하면서, 라드브루흐의 법철학은 독일이 아닌 다른 나라 중에서 아마도 한국에서 가장 많이 연구되어진 것으로 평가될 정도다. 그리고 70년대 이후에 독일에서 법철학의 주제로 활발하게 전개된 법이론에 관한 논의는, 한국에서는 80년대를 전후로 하여 당시 법철학 학문 2세대라 할 수 있는 중진 법철학자들에 의해서 소개되어 논의를 계속 이어갔으며, 법철학의 범위를 법실무에까지 넓히는 계기를 만들었고 현재에도 계속해서 활발한 논의를 이어가고 있다.

그리고 본문에서는 구체적으로 다루지 않았지만, 그 밖에도 현대사회를 소위 위험사회라 규정하고, 근대시민사회의 전통적 귀속원리로는 새로운 위험사회의 문제점을 해결할 수 없는 한계에 있다고 하여, 새로운 귀속구조의 변화를 강조하는 위험사회의 법철학, 유전공학과 생명공학 기술의 발달에 따라 인간생명의 존엄을 지키기 위한 규범적 통제의 법철학적 논증을 강조하는 생명윤리의 법철학, 지구 환경파괴를 막기 위해서 환경윤리에 근거하여 환경법학의 규범적 구성원리를 이론적으로 정립시키기 위한 환경법철학 등의 주제도 독일 법철학에서 활발하게 논의된 이후 한국법철학에도 많은 영향을 준 것으로 평가된다.

한국 법철학 50년을 생각해보면 독일 법철학이 한국 법철학의 발전에 많은 영향을 끼친 것을 부정할 수 없을 것이다. 해방이후 한국법철학의 태동기에는 체계적이지 못하고 단편적으로 수입되어 소개되는 정도에 머물렀지만, 70년대 이후 한국법철학이 학문적으로 정착되고 법철학 연구가 본격적으로 자리를 잡으면서 주로 독일의 법철학적 이론을 받아들이고 연구하면서 한국 법철학의 지평을 넓혀나갔으며, 80년대 중반 이후에는 영미법철학, 그리고 동양의 법철학 이론과 더불어 균형 있게 법철학 연구의 발전에 기여한 것으로 평가된다.

이제 바야흐로 21세기 다원주의 사회에서 한국법철학은, 한국사회에서 제기되는 법적 문제들을 한국의 법적 풍토에 적합한 해법을 찾기 위한 담론과 무관한 채로 외국의 이론들을 철학적 보편성의 이름으로 가볍게 다루는 오류를 범해서는 안 될 것이다. 법철학 연구는 우리 문화에 맞게 법의 의미와 근거를 둘러싼 논의 영역으로 확대시켜야 할 것이며, 이제는 한국 법철학 50주년을 맞아서 이 시대에 법철학을 연구하는 학자들의 몫이 되어야 할 것이다.

Abstract

Die Studie über die Rezeption der deutschen Rechtsphilosophie

Kim, Hak Tai

Nach der zweiten Weltkrieg sah sich Radbruch selbst in Deutschland genötigt, seine These der unbedingten Verpflichtungskraft allen positiven Rechts zu modifizieren und wurde zum Kronzeugen jener, die den Rechtspositivismus als durch die Erfahrungen des Nationalsozialismus quasi experimentell widerlegt erachteten. Aber die beschworene Renaissance des Naturrechts nach 1945 war weder eine Renaissance des Naturrechts noch eine Renaissance des Naturrechts. Sie war keine Renaissance, weil sie der ideengeschichtlichen Vermittlung entbehrt. Die Naturrechtsdiskussion war die Antwort auf ein doppelgesichtiges Problem, nämlich das der rechtlichen Bewältigung von staatlichen Willkürakten in der Zeit des Nationalsozialismus und zugleich der Stabilisierung der Rechtsordnung der neu entstehenden bzw. entstandenen Staatlichkeit. Sie war keine Renaissance des Naturrechts, weil einsichtig dem konfessionellen, insbesondere dem thomistischen Naturrecht verpflichtet.

In der ontologischen Analyse der menschlichen Existenz bei Heidegger, Jaspers und Sartre erscheint die Sphäre des Rechtlichen als Bereich des Uneigentlichen. In bewußter Wendung gegen diese Marginalisierung des Rechts unternahm Maihofer den Versuch, auf der Grundlage der Philosophie Heideggers eine existentiale Ontologie des Rechts zu entwickeln. Menschliches Dasein sei nicht nur Selbstsein; es werde vielmehr gleich ursprünglich durch das Existential des Alsseins bestimmt.

In einem deutlichen Gegensatz zu der dominierenden naturrechtlichen Konzeption des Rechtsbegriffs stand der nüchterne Positivismus des überwiegenden Teil der juristischen Methodenlehre. Die Mitte der fünfziger Jahre einsetzende kritik dieser Methodenlehre stützte sich nicht auf naturrechtliche Modelle, sondern auf eine rechtsgeschichtlich fundierte Struktursnalyse juristischen Argumentierens einerseits, auf eine umfassende, rechtsvergleichendes Material in weitem Umfang mit einbeziehende Rekonstruktion der Regelbildung im Zivilrecht andererseits. Daraus resultiert der Versuch, die genaue Struktur der durch das Gesetz nur partiell determinierten Entscheidung zu erfassen und Kriterien richtigen Entscheidung zu formulieren.

Von der Rezeption der deutschen Rechtsphilosophie in Korea ist die Diskussion um die Radbruchsche Formel am berühmtesten. In Korea gab es viele Bücher, Dissertationen, Aufsätze über die Radbruchsche Formel. Übrigens scheint diese Diskussion um die Vergangenheitsbewältigung in Deutschland noch aktuell und bedeutsam für noch geteiltes Korea.

색 인 어

자연법르네상스(Renaissance des Naturrechts)
토마스주의 자연법(thomistisches Naturrecht)
법존재론(Rechtsontologie)
법학방법론(juristische Methodenlehre)
법이론(Rechtstheorie)
법적 논증이론(juristische Argumentationstheorie)

[10] 영미 법철학의 수용에 관하여

박 준 석*

Ⅰ. 들어가며

이 글은 한국법철학회 창립 50주년을 맞아 지난 한 세기 동안 우리 법철학의 전개 과정을 되돌아보고 이른바 영미 법철학이 우리 법철학에 미친 영향이 어떠했는지를 정리해 보고자 하는 의도에서 비롯되었다. 20세기 중반 이후 세계 법철학 연구의 판도를 이끌고 있는 것이 바로 영미 법철학이라고 하는 점에 대하여 이의를 제기할 사람은 아마 없을 것이다. 사정이 이러한 만큼 연구 인력이 부족하고 그 역사도 비교적 짧았음에도 불구하고 우리 법철학이 세계적인 논의 흐름에 뒤처지지 않을 수 있었던 데는 영미 법철학의 문제의식과 접근방식을 이해하고자 하는 부단한 노력이 있었기 때문이라고 생각할 수도 있을 것이다.

그러나 막상 영미 법철학의 영향에 관하여 살펴보려 하는 순간 이내 도대체 '영미 법철학'이라는 것이 무엇이며 그 범위를 어떻게 잡아야 할 것인가 하는 문제에 봉착하게 된다. 근래 최봉

* 전북대학교 법학전문대학원 교수.

철은 영미 법철학이라는 전통적인 표현 대신에 영어권 법철학이라는 표현을 사용하고 있다.[1)] 분명 '영미(Anglo-American)'라는 단어는 더 이상 우리가 지칭하고자 하는 대상의 확대된 외연에 걸맞지 않기 때문이다. 하지만 지난 날 영국과 미국이라는 환경에서 태동한 법철학적 사유의 전통이 우리 법철학에 미친 영향을 주로 검토하고자 하는 이 글의 목적에 비추어 보면, 그러한 사유 전통의 현재화된 외연을 반영하는 일은 그다지 중요한 것이 아닐 뿐 아니라, 가급적 검토의 대상을 명확하게 한정할 필요가 있다는 점에서 이 글에서는 오히려 영미에서 형성된 법철학적 사유의 전통이라는 의미에서 '영미' 법철학이라는 표현을 그대로 유지하기로 했다.

그렇다고 하더라도 문제가 없는 것은 아니다. 영미 법철학의 영향을 논함에 있어서도 영국 법철학과 미국 법철학을 나누어 생각할 것인지, 만일 그렇게 한다면 그 기준은 무엇이 되어야 할 것인지 등의 문제가 여전히 남아 있기 때문이다. 이에 관해서는 안경환과 김종철이 고심 끝에 내린 잠정적 결론을 참고할 필요가 있다고 본다. 그들이 내린 결론은 이론적 보편성에도 불구하고 "국가별 법체계마다 상이한 법의 이미지 내지는 법에 대한 일반적인 태도(general attitude)가 존재한다는 사실을 부정할 수는 없[으며]"[2)] 따라서 영국 법철학과 미국 법철학도 그러한 태도와의 관련성을 기준으로 구별하는 것이 가능할 수 있다는 것이다. 이러한 입장을 따를 때 가령 R. Dworkin의 경우는 그를 단순히 미국 법철학의 "대표주자"로 인식하기보다는[3)] 영국 법철학과 미국 법철학의 접경지대에서 독보적인 영역을 개척한 인물로 보는 것이

---

1) 최봉철, 『현대법철학 — 영어권 법철학을 중심으로』(법문사, 2007), iii 참조.

2) 안경환 · 김종철, "영국법과 미국법의 비교 연구(Ⅴ) — 법이론(legal theories) (1)," 서울대학교 법학 제40권 1호(1999), 216면.

3) 안경환 · 김종철, 위의 글, 213면.

더 타당할 것이다.[4]

그렇다면 영국의 법철학 전통과 미국의 법철학 전통 그리고 그 두 흐름이 만나 이루는 보다 보편적인 논의의 장과의 관계에서 각각 우리 법철학의 지난 역사를 돌이켜 보는 것도 나름 그 의미를 지닐 수 있을 것이다. 따라서 이하에서는 우리 학계의 영국 법철학 연구사(제3장) 및 미국 법철학 연구사(제4장)를 정리해 보고, 나아가 영미의 법철학자들이 논쟁적으로 조우하고 있는 지점에 대한 우리 학계의 관심(제5장)에 대하여 살펴보도록 한다. 다만, 영미 법철학의 초기적 수용(제2장)에 관해서는 당시 우리 사회 및 학계의 전반적인 분위기에 관한 설명과 아울러 몇몇 학자들의 선구적 족적을 더듬어 보는 방식으로 접근하는 편이 더 적절한 것일 수 있다는 판단에서 위와 같은 틀에 구애받지 않을 예정이다.

이 글을 통해 우리 학계에서 그간 비교적 활발히 다루어졌거나 해당 분야의 전문적인 연구자를 배출한 지점을 확인하고, 그러한 연구 성과가 우리 사회가 직면한 현실 문제의 이해와 해결에 어떤 식으로 기여해 왔는지를 되돌아보는 것은 이제 한 세기를 넘긴 우리 법철학 연구가 앞으로 나아가야 할 방향에 대한 숙고로 이어져야 한다고 생각한다. 따라서 이 글의 결론 부분에서는 향후 바람직한 연구의 방향에 대하여 약간의 제언을 시도하게 될 것이다.

Ⅱ. 영미 법철학의 초기 수용

우리나라가 대륙법 계통의 근대적 법체계를 계수한 이래 근

4) 실제로 미국 법이론의 흐름을 정리하고 있는 안경환·김종철, "영국법과 미국법의 비교 연구(Ⅴ)—법이론(legal theories) (2)," 서울대학교 법학 제40권 2호(1999), 152면 이하에서는 Dworkin의 이론에 관하여는 딱히 언급하지 않고 있다. 물론 그렇다고 하여 그를 (혹여 옥스퍼드의 교수직을 매개로 해서라도) 영국 법이론의 진영에 포함시키고 있는 것도 아니다.

대적 법학의 연구에 있어서도 자연 독일을 중심으로 한 대륙 법학의 영향이 지배적이었음은 주지의 사실이다. 이러한 상황은 법철학의 연구에 있어서도 마찬가지였는데,[5] 더욱이 20세기 초반까지의 영미 법철학의 위상은 독일 법철학의 그것에 미치지 못하였다는 점[6]을 고려하면 그러한 경향은 너무도 당연한 것이었다고 말할 수 있다.

이러한 상황은 해방과 더불어 같은 해 9월 7일의 태평양미국육군총사령부 포고 제1호에 의하여 이른바 미군정(美軍政)이 개시되면서 일대 전기를 맞이하게 된다. 대체로 이 시기에 이르러 영미 법학이라는 것이 처음 소개될 수 있는 여건이 조성되게 된 것이다.[7] 1946년 11월에 한미법학협회(Korean-American Legal Academy)가 조직되어 건국초기법제에 영미법적 요소를 도입하는 데 교량의 역할을 담당하였으며,[8] 1947년 5월에는 생경한 미국의 사법제도를 견학하기 위해 실무가들을 중심으로 구성된 시찰단을 파견하기도 하였다. 김수용은 이 두 가지 사건이 "영미법적 요소가 우리나라에 계수"되는 경위를 이해하는 데 매우 중요한 단서를 제공하고 있다고 본다.[9]

위와 같은 변화가 입법에 있어 "미국식 법제도와 법사상이

---

5) "한국 법철학은 일본통치기에 오다카(尾高朝雄) 교수의 영향으로 켈젠(Hans Kelsen)에 대한 관심이 컸던 상태에서 출발하여, 50년대에는 켈젠의 저서들이 번역·소개되었고, 60년대 이후에는 라드브루흐(G. Radbruch)의 영향이 컸다." 최종고, "한국에서의 서양법의 수용과 변용," 서울대학교 법학 제33권 2호(1992), 137면.

6) 최봉철, 앞의 책, iii.

7) 최종고, 『한국법학사』(박영사, 1990), 470면 참조.

8) 1982년 9월 13일자 법률신문에 실린 황성수의 회고("黎明期")에 따른 평가이다.

9) 김수용, "체포·구속적부심사제도에 관한 헌법사적 연구 — 해방이후 1948년 헌법의 제정 때까지의 입법배경과 법적 논의를 중심으로," (서울대학교 석사학위논문, 2004), 5면, 19-46면 참조.

상당히 영향을 끼[치는]"[10] 계기가 되기는 했지만, 법학에 있어서는 1950-60년대를 거치면서 서서히 그 영향의 결과가 나타나기 시작했다. 무엇보다 법학계라는 것('영미법학계'는 고사하고)을 형성할 만한 연구 인력이 확보되기까지는 좀더 시간이 필요했기 때문이다. 이와 관련하여 최종고는 1956년의 한국법학원(Korean Legal Center) 설립 및 이듬해 한국법철학회를 비롯한 다수의 법학 분야 학회들의 조직을 1950년대 한국 법학의 주요 사건으로 꼽고 있다.[11] 영미 법학과의 관계만 놓고 본다면 1950년대는 그 이후 시기보다 더 여건이 좋았다고 할 수도 있을 것 같다. 최종고의 지적에 따르면 1950년대를 특징짓는 미국 법학과의 "친근함"[12]이 1960년대의 두드러진 독일 유학의 추세[13]에 밀려 희박해졌다고 말할 수 있다.

1960년대까지의 초기 영미 법철학 수용사를 논함에 있어 반드시 언급해야 할 학자들로는 유기천, 장경학, 전원배, 함병춘 등을 꼽을 수 있을 것 같다. 유기천[14]은 1958년 예일대학에서 "Korean Culture and Criminal Responsibility"라는 논문으로 박사학위를 취득하였다. 그의 형법학 이론에 투영된 법철학적 입장은 한 마디로 '개념에서 상징으로의 전환'이라고 할 수 있다. 그에 따르면 인식의 학문은 개념의 분석을 통해 가능할지라도 가치평

---

10) 최종고, 앞의 책, 471면.

11) 최종고, 위의 책, 471-2면 참조.

12) 최종고, 위의 책, 472면. 1950년대는 일본에 있어서도 이른바 "미국법 붐"이 일었던 시기였다. 이에 대해서는 오이시 마코토(大石 眞), 최우용 역, "일본에 있어서 외국법의 계수와 법률용어," 한국법제연구원 · 중앙대학교 법학연구소, 『외국법의 계수와 법령용어』(2002), 97면.

13) 최종고, 위의 책, 473면; 최종고, "한미법률교류 100년사," 서울대학교 법학 제23권 3호(1982), 61면.

14) 이하의 내용은 최종고, "유기천의 법사상," 서울대학교 법학 제40권 1호(1999), 176면 이하를 참조하였다. 보다 상세한 내용에 관해서는 이 논문을 참조하기 바란다.

가의 학문은 상징의 분석을 통해서만 가능하다. 또한 상징은 문맥의존성을 지니는 것이며, 사실 개념 자체도 그 본질은 상징이다. 이러한 그의 철학은 첫째, 가장 대표적인 상징의 체계이자 법학을 포함한 모든 학문의 수단이라 할 수 있는 언어에 대한 관심[15]으로 둘째, 법학에 있어서 사실과 문맥의 요소를 강조하는 미국의 법현실주의에 대한 지지로 이어진다. 한국의 법학자로서 그가 누구보다 한국의 언어적, 법문화적 문맥에 주의를 기울였다는 사실을 통해서 그의 철학적 일관성은 입증되고 있다. 그의 기독교적 후기 사상이 집약된 저서인 *The World Revolution*(American West Independent Publishing, 1997)은 음선필에 의해 『세계혁명』(벽호, 1999)이라는 제목으로 번역되어 나왔다.[16]

장경학은 1956년 미 국무성의 초청으로 미국으로 건너가 인디애나대학에서 Jerome Hall의 Jurisprudence 세미나에 참여하게 된다.[17] 귀국 후 그는 이 세미나를 통해 접하게 된 당시 미국의 법이론 사조를 정리한 "미국법률학의 제 경향"이라는 짧은 논문을 발표하기도 했다. 이 글에서 그는 당시 미국의 법이론 사조를 Jerome Hall,[18] Edmond Cahn,[19] Lon L. Fuller 등이 이끄는 법이상주의(Legal idealism), Roscoe Pound, Julius Stone의 사회학적 법학

15) Samuel I. Shuman의 *Legal Positivism—It's Scope and Limitations*(1963)에 대한 서평에서 유기천의 언어철학에 관한 이해의 단면을 엿볼 수 있다. 여기서 그는 "금일에 있어서의 법철학은 Semantics의 문제를 먼저 정확히 다루면서부터 시작하여야 함은 벌써 상식에 속한다"고 적고 있다. 유기천, "Legal Positivism — It's Scope and Limitations, 1963 by Samuel I. Shuman," 서울대학교 법학 제6권 1호, 1964, 168면.

16) 원저에 대한 서평으로는 김철수, "한국의 재통일을 위해," 기독교사상, 468권(1998) 및 안경환, "세계혁명," 서울대학교 법학 제38권 2호(1997) 등이 있다.

17) 최종고, 『한국법사상사』(서울대학교 출판부, 1989), 360면; 장경학, "미국법률학의 제경향," 저스티스 제2권 1호(1958), 7면 참조.

18) 장경학, "제롬 홀 교수의 통합법학," 법조 제17권 9호(1968).

19) 장경학, "Edmond N. Cahn著 「도덕적 판결」," 사상계 제6권 1호(1958).

(Sociological jurisprudence), Thurman Arnold, Jerome Frank,[20] Karl Llewellyn 등의 법현실주의(Legal realism) 등으로 나누어 설명하고 아울러 미국에서의 법사회학(Sociology of law)의 현황을 소개하고 있다. 그는 여기서 평소 법사회학에 관심이 많았던 자신이 처음부터 가장 관심을 가졌던 것은 법현실주의였다고 말한다.[21] 이러한 관심은 곧이어 "미국법에 있어서 현실주의의 법이론"[22]이라는 글로 이어졌으며 1990년대까지도 이러한 관심은 지속되었다.[23] 그는 특히 "한국의 문화사 내지 사회사 속에서 '법'의 관념과 역할을 법사회학적 내지 법사상사적으로 규명해 내려고 하는"[24] 연구를 개척한 것으로 널리 알려졌으며, 아울러 Jerome Hall의 『민주사회의 법이론(*Living Law of Democratic Society*)』(을유문화사, 1960)과 Oliver W. Holmes의 『보통법(*The Common Law*)』(수도문화사, 1962) 등을 번역·소개한 것으로도 유명하다.

1955년부터 강의를 시작하여 1967년부터는 황산덕에 이어 서울대학교에서 법철학 과목을 담당했던 전원배는 "동경대학에서 영미법을 전공한 관계로 영미 법철학과 법사회[학]적 색채를 띤 법철학을 가르쳤다."[25] 최종고의 평가에 따르면, 그는 영미의 자료와 독일의 자료를 균형 있게 참조하면서 관념적 자연법론을 경험론적·사회과학적 관점에서 비판적으로 고찰하는 안목을 지니고 있었다.[26] 그는 특히 "악법의 법리—악법규준에 있어서의 법

20) 장경학, "제롬 프랑크의 법과 근대정신," 1976년 1월 6일자 동대신문; 장경학, "제롬 프랑크著「법과 현대법 정신」," 사법행정 제18권 6호(1977).

21) 장경학, 위의 글, 8면.

22) 장경학, "미국법에 있어서 현실주의의 법이론," 법조 제7권 9-11호(1958).

23) 장경학, "Jerome Frank의 법현실주의," 경원대학교 법학연구(1994).

24) 최종고, 앞의 책(주 17), 360면.

25) 최종고, 앞의 책(주 7), 508면.

26) 최종고, "한국의 법률가상—전원배," 사법행정 제25권 11호(1984), 84면. 최종고는 또한 전원배의 이러한 철학적 경향이 나타나 있는 글의

실증주의와 법의식의 기능"이라는 논문에서 H. L. A. Hart와 Lon L. Fuller의 논쟁을 분석하면서, 단순히 법실증주의에 대한 순수한 옹호론과 순수한 비판론 간의 대립이 아닌, 법률의 "의미와 기능을 분리"[27]함으로써 "법실증주의에 입각하면서도 이를 초월하고 있는"[28] 유사성을 읽어 내고자 했다. 이는 누구나 나치스 법률이 악법이라 생각하면서도 그것의 효력에 대해서는 견해가 일치하지 않는 상황에서 악법이 "악법인 이유, 즉 악법의 법리"[29]를 구성하기 위한 보편적 토대를 확보하기 위함이었다. 이 밖에도 그는 엄민영, 서돈각과 함께 Edwin W. Patterson의 『법철학(*Jurisprudence: Men and Ideas of the Law*)』(을유문화사, 1963)을 번역하고 "Legal Realism에 대한 법학도의 반응"(서울대학교 법학 제12권 4호, 1972)을 저술하는 등 활발한 연구 활동을 이어 갔으나, 너무나 이른 나이에 세상을 뜨고 말았다. 그가 타계한 이듬해에는 그의 법철학 논문들을 모은 논문집 『실정법가치론: 고 전원배 박사 법철학 논문집』(서울대학교 법과대학, 1975)이 간행되기도 했다.

함병춘은 1953년에 미국으로 유학을 떠나 노스웨스턴대학에서 경제학을 공부하고, 1959년에는 하버드대학에서 J.D. 학위를 취득하였다.[30] 귀국 후 그는 연세대학교에서 법철학, 영미법, 한국법제사 등을 강의했다. 최종고에 따르면 그는 주전공이 법철학

목록을 다음과 같이 소개하고 있다. "자연법론의 법실증주의적 비판," 신흥대학 논문집 제2집(1959); "법의 정의에 관한 법사회학적 연구," 高鳳 제4호(1957); "법률해석의 객관적 기준," 법학논총 제1권(단국대학교 법률학회, 1958); "관습 조사의 방법론적 연구," 법조 제9권 4호(1960).

27) 전원배, "악법의 법리—악법규준에 있어서의 법실증주의와 법의식의 기능," 서울대학교 법학 제11권 1호(1970), 25면, 28면.

28) 전원배, 위의 글, 28면.

29) 전원배, 위의 글, 29면. 그는 결국 '악법의 법리'는 법률의 형식적 효력과 실질적 효력의 분리에 있다고 설명한다(31면).

30) 최종고, "한국의 법률가상—함병춘(상)," 사법행정 제27권 3호(1986), 118면 참조.

이었음에도 불구하고 "좁은 의미의 법철학에 관한 논문은 한 편도 쓰지 않았다"[31]고 한다. 하지만 그는 "법의 기능과 경제생활"이라는 논문을 통해 1960년대에 이미 법학과 경제학의 학제적 연구를 시도하는 등[32] 법학방법론적인 측면에서는 이미 영미 법이론의 전통에 입각한 글을 쓰고 있었다. 그는 한국 사회에 관한 법사회학적 연구[33]와 한국의 전통사회에 관한 법사학적 연구[34]를 통해 국내외적으로 널리 알려졌다. 오랜 공무로 인한 저술 시간의 부족에도 불구하고 그는 상당히 많은 국·영문 저작을 남긴 것으로도 유명하다. 1986년에는 그의 영문유고집 *Korean Jurisprudence, Politics and Culture*(연세대 출판부)가 출간되었다.[35]

Ⅲ. 한국에서의 영국 법철학 연구

영국에서 탐구되었던 특색 있는 법철학적 주제와 많은 법철학자들의 다양한 이론들을 빠짐없이 언급하는 것은 지난한 작업일 뿐만 아니라 이 글의 목적에 비추어도 반드시 필요한 작업은 아닐 것이다. 따라서 영국의 법철학 이론의 흐름 그 자체에 대해서는 일단 다음과 같이 국내외의 문헌들이 대체로 취하고 있는 서술 방식에 따라 간략히 정리해 보는 것으로 만족하고자 한다. 문헌들은 영국 법철학사의 전개 과정을 다음과 같이 크게 5단계

---

31) 최종고, "한국의 법률가상－함병춘(하)," 사법행정 제27권 4호(1986), 92면.

32) 함병춘, "법의 기능과 경제생활," 연세논총 제1권(1962).

33) 1969년 11월 24일자 대학신문에 실린 "한국인의 법의식" 참조.

34) Hahm Pyongchoon, *The Korean Political Tradition and Law－Essays in Korean Law and Legal History*, Hollym, Seoul, 1967 참조.

35) 이에 대한 서평으로 최종고, "HAHM Pyongchoon, *Korean Jurisprudence, Politics and Culture*," 서울대학교 법학 제27권 4호(1986) 참조.

로 나누어 정리하고 있는 것 같다. 즉 그 철학의 유명론적 사유 전통을 다진 Johannes Duns Scotus와 William of Ockham의 중세 법철학, 주로 Thomas Hobbes와 John Locke의 법철학으로 정리되는 17세기의 법철학, "법의 근대화 운동이 시작된 시기"[36]인 18세기의 W. Blackstone의 보수주의적 법철학, 19세기의 Jeremy Bentham, John Austin, John Stuart Mill 등 공리주의자들의 법철학 및 Albert Venn Dicey의 자유주의적 법철학, 마지막으로 H. L. A. Hart의 새로운 분석법학이 중심이 된 20세기 이후 현재까지의 법철학으로 나누어 다루는 것이다.

이들 중 Duns Scotus나 Ockham의 법철학에 관해서는 중세 스콜라 학파의 법철학에 관한 개설서 수준의 소개를 넘어 본격적으로 국내에서 연구된 바는 없는 것 같다. 다만 교회 철학의 전문 연구자 중 Duns Scotus를 전공하고 있는 김현태 신부가 쓴 두 권의 저서 『둔스 스코투스의 삶과 사상』(철학과 현실사, 2006) 및 『둔스 스코투스의 철학 사상』(가톨릭대학교출판부, 1994)을 접해 볼 수 있다.

반면 T. Hobbes와 J. Locke의 시대로 넘어오게 되면 국내의 법철학 및 정치철학계에서 몇몇 원전에 대한 번역과 함께 다수의 연구 논문이 나오기 시작한다. 예컨대 T. Hobbes에 대해서는 박일경의 "Hobbes와 Locke에 있어서의 인권"(법조, 1968), 심재우의 "Thomas Hobbes의 법사상"(『법사상과 민사법』: 현승종 박사 화갑기념논문집, 1979), 박은정의 "<기하학의 정신>과 근대자연법"(이화여대 사회과학논집 第16호, 1986) 및 "방법사적 관점에서 본 홉스의 자연법사상"(『동서의 법철학과 사회철학』: 서돈각 박사 고희기념논문집, 1990), 좌종흔의 "홉스 사상의 전체주의적 성격"(강릉대 논문집, 1983) 및 "토마스 홉스의 사상에서 본 절대적 국가권력과 국민의

36) 안경환 · 김종철, 앞의 글(주 2), 218면.

자유"(법철학연구 제2권, 1999) 등이 있고, J. Locke에 관하여는 박승재의 "존 로크의 자연법사상"(단국대 정치학논문집, 1960), 박일경의 앞의 논문(1968), 박성균의 "영국시민정치이론의 형성에 관한 연구 —로크의 시민정치이론을 중심으로— "(동아대학교 박사학위논문, 1980), 이환구의 "J. Locke의 시민적 자유에 관한 연구"(군산대 논문집, 1984), 김동수의 "록크의 소유권론의 이데올로기적 성격 —맥퍼슨과 툴리의 논쟁을 중심으로"(서울대 현대사상 제1호, 1989), 김용환의 "John Locke의 인간론과 정치론에 대한 한 해석"(철학 제32호, 1989), 신동룡의 "자유주의적 저작권 담론의 성과와 한계에 대한 고찰"(법철학연구 제8권 1호, 2005) 등이 있다.

다만 한 가지 아쉬운 점이라면 영미의 실천철학 연구자들이 J. Locke의 주의주의(Lockean voluntarism) 철학을 I. Kant의 이성주의(Kantian rationalism) 철학보다도 훨씬 더 비중 있게 다루고 있는데 비하면 현재까지의 국내 J. Locke 법철학 연구의 수준은 양적, 질적으로 매우 부족해 보인다는 것이다.[37] 예컨대 그의 재산권 사상이나 국가 권위의 정당성에 관한 동의 이론(Consent Theory)에 관하여는 기존의 정치철학적 연구 외에 법철학 분야에서의 본격적인 연구가 반드시 필요한 부분으로 보인다. 또한 T. Hobbes의 법철학 사상에 관해서도, 이미 Hart가 지적했던 바와 같은, Bentham이나 Austin의 환원주의적(reductivist) 법이론과 T. Hobbes의 법이론이 보여주는 차별성의 문제[38] 등에 관하여 법철학적 연

37) J. Locke의 실천철학적 입장을 주의주의(voluntarism)로 볼 것인지 주지주의(intellectualism)로 볼 것인지에 관해서는 사실 영미의 연구가들 사이에도 의견이 엇갈리고 있다. 이 점에 대한 간략한 설명으로는 Alex Tuckness, "Locke's Political Philosophy," *The Stanford Encyclopedia of Philosophy* (Summer 2007 Edition), Edward N. Zalta (ed.), URL = <http://plato.stanford.edu/archives/sum2007/entries/locke-political/>의 내용을 참조.

38) H. L. A. Hart, "Commands and Authoritative Legal Reasons," *Essays on Bentham: Studies in Jurisprudence and Political Theory*, Oxford, Clarendon Press, 1982,

구 및 논의가 이루어져야 할 것으로 보인다.

Bentham이나 Austin의 법철학 사상은 Hart 법철학이 직접적인 극복의 대상으로 삼고 있는 덕에 일정 정도 우리 학계에도 익숙해진 측면이 있다. 그렇지만 영국에서조차 공리주의 철학자 내지 입법주의자로서의 Bentham이 아닌, 분석법학자로서의 Bentham의 면모는 Hart의 노력에 의해 뒤늦게 재조명되기 시작했다는 사실로부터 짐작할 수 있듯이 우리 법철학계의 Bentham 연구는 아직 시작 단계에 머물러 있다고 말할 수 있다. 이와 관련하여 1990년대에 시도되었던 Bentham 연구인 안경환·김종철의 "Bentham, Modernity and the Nineteenth Century Revolution in Government"(서울대학교 법학 제35권 3·4호, 1994)에 이어, 최근 장기적 Bentham 연구 기획을 수립한 이상영의 "벤담의 법개념과 입법론에 관한 소고"(세계헌법연구 제13권 2호, 2007), "벤담의 Common Law 체계에 대한 비판과 입법론 구상에 대한 연구"(서울대학교 법학 제49권 3호, 2008) 등과 같은 논문이 나오기 시작하고 있다는 점은 매우 고무적이다. 김연미의 최근 논문인 "분석적 법논리학의 전통에 대한 고찰: 벤담, 호펠드, 캥어의 이론 비교"(중앙대학교 법학논문집 제31권 1호, 2007) 또한 분석법학자로서의 Bentham의 이론을 다루고 있다. Austin의 법이론에 대해서도 기존의 연구를 찾아보기가 쉽지는 않다. 단일 주제로 연구된 것은 아마 1970년대 후반 박광서의 "법실증주의의 선구(J. Austin)"(『근대법사상의 전개』: 장경학 박사 화갑기념논문집, 1977)와 이국운의 "19세기 영국의 분석법학—존 오스틴의 법이론을 중심으로"(법철학연구 제3권 2호, 2000) 정도가 거의 전부일 것으로 보인다. 다만 과거 전원배의 앞의 글(1972)이나 안경환·김종철의 앞의 글(1999)[39] 등을 통해서 Kelsen이나 Bentham과의 비교가 깊이 있게 이루어진 적이

253면.

39) 주 2) 참조.

있다.

법의 지배(rule of law) 원칙과 "일원론적(unitary), 다수주의적(majoritarian), 자기교정적(self-correcting) 민주주의론"[40]으로 집약되는 A.V. Dicey의 헌법학적, 법철학적 사상에 대해서는 윤세창의 "법의 지배의 법리(A.V. Dicey)"(『근대법사상의 전개』: 장경학 박사 화갑기념논문집, 1977), 안경환 · 김종철에 의한 『헌법학입문(*Introduction to the Law of the Constitution*)』(경세원, 1993)의 번역 및 동일 저자들의 앞의 글(1999)[41]을 통해서 상세히 소개되었다.

사실 영국의 법철학에 관한 국내의 논의에 대해 과거 필자가 느꼈던 소감은 무엇보다 우리 학계의 연구가 17세기를 대표하는 사상가인 T. Hobbes와 J. Locke에 관한 연구로부터 Hart 등 현대 법철학자의 이론에 관한 연구로 직행하면서(18세기의 W. Blackstone은 말할 것도 없고[42]) 19세기의 Bentham과 Austin을 마치 '부록'처럼 다루고 있었던 것은 아닌가 하는 것이었다. 다른 한편으로, 이렇듯 19세기 공리주의자들의 분석 법학에 관한 법철학적 연구가 미진한 상황에서, 인접 학문인 정치철학과 윤리학 분야에서는 공리주의를 비판하고 극복하고자 한 J. Rawls의 자유주의가 대대적으로 논의되기 시작하면서 Bentham과 Austin의 이론을 찬찬히 들여다 볼 기회를 또 한 번 놓치고 있었던 것은 아니었나 하는 생각도 든다.[43]

---

40) 안경환 · 김종철, 앞의 글(주 2), 228면.

41) 주 2) 참조.

42) W. Blackstone(1723-1780)에 대해서는 안경환 · 김종철의 연구에 의해 그 시대적 상황에 관한 상세한 서술과 함께 그의 보수주의적 법이론 특히 "의회주권론과 자연법론의 양립가능성에 관한 논의"의 개요가 소개된 바 있다. 안경환 · 김종철, 앞의 글(주 2), 217면 이하, 특히 219면 이하 참조.

43) Rawls의 정의론이나 그의 자유주의적(liberalist) 정치철학 내지 복지국가(welfare state) 이론을 둘러싸고 벌어졌던 1980년대의 공동체주의(communitarianism) 및 자유지상주의(libertarianism) 정치철학과의 논쟁 또

현대 영국의 법철학에서 Hart를 빼고서 이야기할 수는 없다. E. Bulygin의 평가처럼 Hart는 Kelsen과 더불어 현대의 가장 위대한 법철학자의 반열에 올라 있다고 할 수 있으며 이러한 사실은 그의 철학이 국내외의 법철학계에 미친 영향을 통해서도 확인할 수 있다. 사실 Hart 이전의 법철학 연구에서는 국내외를 막론하고 영국의 법철학이 오늘날과 같은 비중을 차지하지는 못하고 있었다. 오병선의 표현을 빌리자면, 당시의 영미 철학계에서는 "정치철학이 죽었고 법철학도 죽어가고 있다고 평가될"[44] 정도였다. 하지만 그가 몸담았던 옥스퍼드는 오늘날 명실상부한 세계 법철학 연구의 중심지가 되어 있다.[45] 그가 P. Devlin, Lon L. Fuller 및 R. Dworkin과의 이론적 대결을 통해 자신의 분석적 법실증주의를 더욱 정교하게 만들 수 있었던 것처럼, 그와 논쟁을 벌인 자연법론 경향의 반실증주의도 이론적인 면모를 쇄신할 수 있었던 것은 주지의 사실이다. 이러한 영향은 그대로 국내의 법철학 연구에도 이어져 분석적 법실증주의의 학풍이 성장하고, 종래의 자연법과는 구별되는 새로운 형태의 반실증주의에 대한 관심도 강화되었다.

Hart의 법철학에 관한 국내의 연구로는 심헌섭의 "법과 도덕의 관계"(서울대학교 법학 제18권 1호, 1977), "H. L. A. Hart의 분석적 법이론"(사법행정, 1978), 『법철학 Ⅰ』(법문사, 1982), 이상열의 "현대분석법리학의 특성 ―H. L. A. Hart의 법의 개념을 중심으

한 국내 법철학계가 많은 관심을 기울이고 있는 부분이지만 이 글에서는 이를 자세히 다루는 것은 생략하고 있다. 다만 완전주의적 덕윤리를 매개로 자유주의와 공동체주의적 정의관을 종합하고자 한 시도인 오병선의 "Teleological Desert and Justice"(에딘버러대학 박사학위논문, 1991)은 특기할 만하다.

44) 오병선, "하트의 법철학 방법과 법의 개념," 한국법철학회 편, 『현대법철학의 흐름』(법문사, 1996), 21면.

45) 최봉철, 앞의 책(주 1), 12면 이하 참조.

로"(효성여자대학교 현대사상연구 제1호, 1990), 오병선의 앞의 글(1996),[46] 김현철의 "권리에 대한 법철학적 연구"(서울대학교 박사학위논문, 2000) 및 "하트 법이론의 철학적 의의에 대한 비판적 고찰"(이화여자대학교 법학논집 제11권 2호, 2007), 박준석의 "하트(H. L. A. Hart)와 라즈(Joseph Raz)의 법철학"(이화여자대학교 법학논집 제11권 2호, 2007) 등이 있으며, 그의 저서 『법 자유 도덕(*Law, Liberty and Morality*)』은 1996년에 이영란에 의해, 주저인 『법의 개념(*The Concept of Law*)』는 2001년에 오병선에 의해 제2판이 번역되었다.

Ⅳ. 한국에서의 미국 법철학 연구

미국의 법철학에 관하여는 대체로 18세기 독립 혁명의 사상적 기초를 제공한 자연법론의 영향이 19세기에 이르러 퇴조하면서 독일 개념법학의 영향 하에 C. C. Langdell의 하버드를 중심으로 형식주의(formalism)적인 경향이 지배하게 되고, 그에 대한 반발로 19세기 말부터 실용주의(pragmatism)적인 법학이 생겨나게 되면서 그 독자적인 전통이 수립되기 시작한 것으로 이해되고 있다.[47] "법을 사회개혁의 수단으로 인식하고 이론 중심의 법리보다는 정책의 실현을 위한 법리의 효용을 강조"[48]하는 미국의 실용주의 법학은 19세기말 20세기초에 이르러 Oliver W. Holmes와 Benzamin N. Cardozo라는 탁월한 실무가들의 손을 거쳐 발전되

46) 주) 44 참조.

47) 실용주의 법학 이후에 나타난 사회학적 법학(sociological jurisprudence)은 실용주의의 적자로, 법현실주의(legal realism)는 실용주의의 서자로 비유되기도 한다. 이에 대한 설명으로는 오세혁, 『법철학사』(세창출판사, 2004) 참조.

48) 안경환 · 김종철, 앞의 글(주 4), 165면.

고, Roscoe Pound의 사회학적 법학에 이르러 소위 진보주의 법이론의 완성을 본 후,[49] 1920~1930년대에 콜롬비아와 예일을 중심으로 "보다 근원적으로 과학적인 심지어는 체계적인 법원리의 존재 의의 자체를 부정"[50]하며 진보주의 법이론의 한계를 비판하고 나섰던 법현실주의(Legal Realism) 운동을 낳게 된다. 그리고 20세기 후반으로 접어들면서는 법과정론(Process Jurisprudence), 법과 사회(Law and Society) 운동, 법경제학(Law and Economics), 비판법학(Critical Legal Studies) 등 다양한 사조가 나타나면서, 독일이나 영국의 그것과는 확연히 구별되는 미국 법철학의 전통을 확립하게 된다.

장경학은 20세기 후반 미국 법철학의 현황을 "百花齊放 百花爛漫"[51]이라는 말로 묘사한 바 있고 안경환·김종철은 미국 법철학의 특징을 한 마디로 "사법우위의 다층적 법이론"[52]이라고 평가하고 있다. 이렇듯 복잡다기한 미국의 법철학은 특히 R. Pound의 저작들이 집중적으로 번역·소개된 시점을 고려할 때 비교적 빨리 우리 학계에 흡수될 수 있었던 것으로 보인다. 즉 1950년에 김증한이 『영미법의 정신(*The Spirit of the Common Law*)』(민중서관)을 번역한 데 이어 1955년에는 김효영·안이준에 의해 『법의 임무(*The Task of Law*)』(위성문화사)가 번역되었고 또한 이병린에 의해서 "19세기의 법철학"(법정 제10권 1호, 1955), "법률의 이성"(법정 제10권 2-5호, 1955) 등과 같은 글이 번역되어 실렸다. 1956년에는 고병국이 『법률사관(*Interpretation of Legal History*)』(일한도서출판사)을, 1958년에는 고병국·이범찬이 『법의 새로운 길(*New Paths of the Law*)』(법문사)을 번역하였으며, 1959년에는 서돈각이 『법에 의한

49) 안경환·김종철, 위의 글(주 4), 166면.
50) 안경환·김종철, 위의 글(주 4), 168면.
51) 장경학, 앞의 글(주 17), 10면.
52) 안경환·김종철, 앞의 글(주 4), 152면.

정의(*Justice According to Law*)』(법문사)를, 그리고 1960년에는 이항녕 · 김여수가 『법철학입문(*An Introduction to the Philosophy of Law*)』(정음사)을 각각 번역하였다(이 책은 1965년에 다시 김용규에 의해 번역되어 문교부에서 간행되기도 했다). Hart의 『법의 개념(*The Concept of Law*)』이 초판 출간 후 약 40년이 지나서야 제대로 된 번역본이 등장했던 점과 달리 R. Pound의 저작들의 경우는 그 사분의 일 정도의 시차만을 두고 번역된 것들도 있다. 물론 훨씬 먼저 1881년에 간행된 Holmes의 *The Common Law*는 1962년에야 번역되었고,[53] R. Pound의 주저 중 하나인 *An Introduction to the Philosophy of Law*(1922)나 그와 비슷한 시점에 출간된 Cardozo의 *The Growth of the Law*(1924)에 대한 번역도 각각 30년 이상의 시차를 두고 등장한 점[54] 등을 고려해 보면 번역본이 얼마나 빨리 나왔는가 하는 사실 자체에는 큰 의미가 없다고 할 수 있다. 하지만 짧은 기간에 동일 학자의 저작들이 동시다발적으로 번역되는 것은 결코 흔치 않은 일로, 우리 학계가 1950～60년대에 미국의 새로운 지적 전통에 대해 품었던 지대한 관심과 "친근함"을 반영하고 있는 것으로 새겨도 무방할 것 같다.

실용주의 법철학에 관한 연구 논문은 조규갑의 "Pragmatism — Pound의 법률사관"(서울대학교 석사학위논문, 1953), 양승두의 "로스코 파운드의 생애와 사상"(연세대학교 법률연구 제3집, 1983) 등으로 그다지 많지 않은 편이다. 반대로 법현실주의의 경우는 그에 관한 원전이 번역 · 소개되기보다는 이른 시기부터 개별 연구 논문의 주제로서 많이 다루어져 왔다.[55] 가령 장후영의 "현실주의

53) 장경학에 의해 『보통법』이라는 제목으로 번역되었다.

54) 1958년에 김치선 · 노융희에 의해 『법의 성장』이라는 제목으로 번역되었다.

55) 법현실주의의 형성에 영향을 준 것으로 알려져 있는 Hohfeld에 관해서도 권리론의 측면에서 많이 연구되고 있다. 예컨대 김연미의 "권리의 구조와 근거에 관한 법철학적 연구"(이화여자대학교 박사학위논문,

법학의 실천"(법정 제7권 10호, 1952), 태윤기의 "현실주의법학에 대하여"(법정 제8권 1호, 1953), 조규갑의 "미국 Realism 법학의 역사적 배경 및 철학적 기초"(동아대학교 법률학보 제1호, 1957), 최식의 "미국의 리아리즘 법학"(법조춘추 제49호, 1968), 강구진의 "미국에서의 법학 연구방법 ―특히 Legal Realism을 중심으로"(고시계 제178호, 1971), 전원배의 "Legal Realism에 대한 법학도의 반응"(서울대학교 법학 제12권 4호, 1972) 그리고 "실정법의 구조분석"(저스티스 제10권 1호, 1972) 및 "실정법의 효력의 근거와 한계 ―법관의 양심방향에 관한 법철학적 고찰"(서울대학교 법학 제12권 1호, 1972), 김용규의 "미국의 현실주의법학"(관봉 한석동 박사 고희기념 논총, 1982), 양승두의 "법사회학의 연구동향에 관한 한 고찰 ―특히 미국의 법현실주의와 계량법학을 중심으로"(한양대학교 법학논총, 1984), 양건의 "미국 법사상에서의 급진주의적 흐름: 1920, 30년대의 법현실주의운동과 1970년 후반 이래의 비판법 운동"(미국학 제8집, 1985) 등이 그 예라고 할 수 있다.[56)]

1990년대 이후에도 최봉철의 "법현실주의"(미국학 제19·20집, 1996·1997), "법현실주의의 이해를 위하여"(한국법철학회 편, 『현대 법철학의 흐름』, 법문사, 1996), "법현실주의"(미국학연구소 편, 『미국 사회의 지적 흐름. 법』, 서울대학교 출판부, 1999) 등 일련의 논문들

2003), "인간의 존엄성과 권리의 관계: 칸트와 호펠드의 권리론을 중심으로"(법철학연구 제9권 2호, 2006) 및 앞의 논문(2007)과 김도균의 『권리의 문법』(박영사, 2008) 등이 그 예이다.

56) 조기영은 미국의 법현실주의에 관한 국내 학계의 연구 현황을 다음과 같이 적고 있다. "우리나라에서 미국의 법현실주의에 대한 연구는 1970년대 이후 꾸준하게 이루어지고 있다. 법현실주의의 실증주의적·도구주의적 특징 및 인식론상의 회의주의로서의 성격, 기존의 형식법학에 대한 비판의 측면, 법현실주의자의 대표자인 프랑크와 르웰린 사상의 소개, 법과 사회운동 및 비판법학과의 관계 등이 그 동안의 선행연구의 주된 내용이었다." 조기영, "미국의 법현실주의 논쟁에 관한 고찰 ― Pound·Llewellyn 논쟁," 법철학연구 제10권 1호(2007), 283면.

과 저서(2007),[57] 김지수의 "법현실주의와 법리의 발견"(인권과 정의, 1994), 장경학의 앞의 논문(1994)[58] 그리고 조기영의 앞의 논문(2007)[59] 등이 계속 발표되면서 미국의 법현실주의에 관한 국내 학계의 깊이 있는 연구가 이어지고 있다. 이를 통하여 우리 법철학계는 그 관심 범위를 추상적 법률에서부터 구체적이고 현실적인 사법과정으로까지 확대하는 동력을 얻고 있는 것이다. 영국이나 독일의 법이론에서 중요한 것은 "법의 본질"에 대한 입장이라고 한다면, 미국의 법이론에서는 "법원의 역할"에 대한 입장이 관건적이라[60] 할 정도로 사법(司法)에 대한 관심이 높다. 이러한 측면에서 사법판단에 관한 다양한 철학적 입장들을 검토하고 있는 최봉철의 "Postmodern Judging"(위스콘신-매디슨대학 박사학위논문, 1993)은 미국 법이론의 특징적인 결을 보여주는 연구로서 주목할 만하다.

나아가 20세기 후반 미국에서 훨씬 다양하게 전개된 법철학적 사조들 또한 국내에서 활발히 연구되고 있다. David Trubek, Mark Tushnet, Duncan Kennedy, Roberto Unger[61] 그리고 Morton J. Horwitz 등이 중심이 된 비판법학운동에 대한 연구로는 양건의 앞의 글(1985), 이철우의 "비판법학과 영미법사학"(법과 사회 제2호, 1990), 김정오의 "Law, Ideology, and Power: A Theoretical Discussion of Marxist Theories, Critical Legal Studies, and Foucault"(위스콘신-매디슨대학 박사학위논문, 1990)와 "자유주의 법체계에 대한 구조적 분석과 비판: 던컨 케네디의 비판법담론을 중심으로"(연세법학연구 제5권, 1992), "Two views on Transformation of

---

57) 주 1) 참조.

58) 주 23) 참조.

59) 주 56) 참조.

60) 안경환 · 김종철, 앞의 글(주 4), 161면.

61) 김정오 역, 『근대사회에서의 법: 사회이론의 비판을 위하여(*Law in Modern Society: Toward a Criticism of Social Theory*)』(삼영사, 1994).

Liberal Legal Order: Unger and Habermas"(『사법의 제문제』: 경허 김홍규 박사 화갑기념 Ⅱ, 1992), "미국 비판법학의 흐름과 동향"(법과 사회 제10호, 1994) 및 "비판법학의 원천과 쟁점들"(한국법철학회 편, 『현대법철학의 흐름』, 법문사, 1996), 이인호의 "자유주의 법담론과 비판법담론"(중앙대학교 법학논문집 제20집, 1995), 한인섭의 "비판법학"(미국학연구소 편, 『미국사회의 지적 흐름. 법』, 서울대학교 출판부, 1999) 등이 있다.

또한 1960년대 초부터 Ronald Coase, G. Calabresi, A. Alcian, H. Demsetz 그리고 G. Becker 등에 의해 시작되어 Oliver Williamson, D. C. North, Richard A. Posner[62] 등으로 이어지는 신법경제학에 관한 연구 및 법정책학적 문제의 해결에 있어 그와 같은 법경제학적 방법론의 가능성과 한계를 동시에 평가해 보고자 하는 연구 등도 활발하게 진행되고 있다. 그러한 예로는 박세일[63]의 "미국에서의 법경제학의 연구동향"(서울대학교 법학 제25권 2·3호, 1984), "코스정리의 법정책학적 의의"(서울대학교 법학 제27권 2·3호, 1986), "Friedrich A. Hayek에 있어서의 법과 경제"(서울대학교 법학 제31권 3·4호, 1990) 및 그의 저서 『법경제학』(박영사, 2000), 이수성의 "범죄와 형벌에 대한 법경제학적 접근—비판적 검토"(서울대학교 법학 제28권 2호, 1987), 최송화의 "법과 정책에 관한 연구—시론적 고찰"(서울대학교 법학 제26권 4호, 1985), 이상윤의 "외국의 법과 경제이론"(법제연구 제3호, 1992), 정순동의 "공공선택이론과 경제규제법학"(연세법학연구 제2호, 1992), 정상조의 "법경제학의 동향과 쟁점"(한국법철학회 편, 『현대법철학의 흐름』, 법문사, 1996), 김일중의 "법과 경제의 접목: 경제학도가 본 진화

62) 정기화 역, 『법경제학(*Economic Analysis of Law*)』(자유기업원, 2003).

63) 박세일은 법경제학의 선구인 스코틀랜드 도덕철학자 Adam Smith의 저서를 민경국과 함께 번역하기도 했다. Adam Smith, 『도덕 감정론(*The Theory of Moral Sentiments*)』(비봉출판사, 1996).

과정"(미국학연구소 편, 『미국사회의 지적 흐름. 법』, 1999) 및 『규제와 재산권: 법경제학적 시각으로 본 정부 3부의 역할』(자유기업센터, 1998), 조홍식의 "민주주의와 시장주의"(서울대학교 법학 제45권 4호, 2004), "원고적격의 정치경제학"(서울대학교 법학 제46권 2호, 2005)과 "원고적격의 정치경제학(Ⅱ)"(서울대학교 법학 제46권 4호, 2005) 그리고 "경제학적 논증의 법적 지위"(서울대학교 법학 제48권 4호, 2007), 송옥렬의 "민사소송의 법경제학"(서울대학교 법학 제46권 2호, 2005) 등을 들 수 있다.[64)]

Ⅴ. 새로운 반실증주의 법철학 연구

앞선 두 장을 통해서 영국의 법철학 전통과 미국의 법철학 전통의 국내 연구 현황에 관하여 간략히 살펴보았다. 사실 위 두 장을 비교해 봐도 알 수 있는 것처럼 영국과 미국의 법철학은 매우 상이한 형태로 발전되어 왔기 때문에, 위와 같은 구별이 일정 정도 불가피한 면이 있었음은 이 글의 서두에서 이미 언급한 바 있다.

---

64) 이 외에도 법여성학 분야의 활발한 활동이나 포스트모던 법학 등에 대한 관심 증대에 관해서도 주목해야 할 것이다. 중요한 몇몇 작업의 예로는 최봉철의 앞의 글(1993), 윤진숙의 "Postmodern Perspective on Law: Where Korean Family Law Goes?"(워싱턴대학 박사학위논문, 2006), "포스트모더니즘과 페미니즘"(연세대학교 법학연구 제13호, 2003), "페미니즘 입장에서 본 정의론에 관한 비판적 고찰"(법철학연구 제8권 1호, 2005), "미국의 포스트모던 페미니즘 법담론에 관한 연구"(법과 사회 제28호, 2005), "헌법재판소 호주제 헌법불합치결정에 대한 법여성학적 분석"(연세법학연구 제12호, 2005)와 오정진의 "한국 최고재판소 판결에 대한 여성주의적 분석: 여성 당사자 사건을 중심으로"(법철학연구 제10권 1호, 2007), "성에 관한 법적 담론의 전개와 전망"(법철학연구 제6권 2호, 2003).

그런데 주지하듯이 영국과 미국의 법철학이 서로 다른 궤적을 그리며 나아가다가 서로 만나는 지점에서 현대 법철학사상 가장 중요한 논쟁들이 촉발되고 이로부터 현대의 새로운 반실증주의적 법철학이라 할 수 있는 Lon L. Fuller의 절차적 자연법론과 R. Dworkin의 원리의 법철학이 등장하게 된다. 이들은 모두 Hart와의 법실증주의 논쟁을 통해[65] 전통적인 자연법론과는 전혀 상이한 방식으로 법실증주의의 법-도덕 분리 테제(The Separation Thesis)를 비판하는 논리를 제공하였다.[66] 특히 Hart와 Dworkin 사이의 법실증주의 논쟁은 법실증주의 진영이 세분화되면서 Hart의 제자인 J. Raz에 의해 계속 수행되고 있다.[67] 요컨대 Hart-Fuller 논쟁과 Hart-Dworkin 논쟁을 거치면서 현대의 영미 법철학 사상은 실증주의 진영과 반실증주의 진영 모두가 그 이전과는 전혀 다른 형태로 발전하면서 세분화되는 양상을 보이고 있는 것이다.

Fuller와 Dworkin의 이론은 국내에도 상세히 소개되어 많은 반향을 일으킨 바 있다. Fuller의 주저인 *The Morality of Law*[68] 및 (Hart의 *The Concept of Law*와 더불어) "20세기 영어권 법철학에서 가장 중요한 저서"[69]라는 평가를 받고 있는 Dworkin의 *Law's Empire*[70]가

65) Lon L. Fuller, "Positivism and the Fidelity to Law — A Reply to Professor Hart," *Harvard Law Review* 71, 1958; R. Dworkin, "The Model of Rules," *Taking Rights Seriously*, Cambridge, Harvard University Press, 1977.

66) 새로운 반실증주의적 경향의 이론들을 포함한 넓은 의미의 자연법론에 대한 분류에 관하여는 Brian Bix, "Natural Law Theory," Dennis Patterson (ed.), *A Companion to Philosophy of Law and Legal Theory*, Oxford, Blackwell Publishers, 1996 참조.

67) 이에 대해서는 박준석, 앞의 글(2007) 및 "해제: 권위의 개념," *The Concept of Authority*(경인문화사, 2007) 참조.

68) 강구진에 의해 1971년에 『법의 도덕성』(법문사)이라는 이름으로 출간되었다.

69) 최봉철, "드워킨의 『법의 제국』," 법철학연구 제8권 2호(2005), 345면.

70) 장영민에 의해 『법의 제국』(아카넷)이라는 제목으로 2004년에 번역되었

번역되었을 뿐 아니라, 여러 학자들의 저서와 논문에서 이들의 이론을 심도 있게 다루고 있다. 그러한 예로서 전원배의 앞의 논문(1970),[71] 정해창의 “훌러의 법철학: 자연법의 세속화”(정신문화연구 제32호, 1987), 오병선의 “하트와 풀러의 법이론 비교고찰—법과 도덕의 분리론을 중심으로”(미국학 제8집, 1985), 장영민의 “법 · 원리 · 도덕—Ronald Dworkin의 법원리론”(인하대학교 사회과학연구소논문집 제7호, 1988), “드워킨의 권리와 원리의 법철학”(한국법철학회 편, 『현대법철학의 흐름』, 법문사, 1996), “하트 · 풀러 논쟁 50년 회고”(이화여대 법학논집 제11권 2호, 2007), 박은정의 “사법적 법실천과 법개념”(법철학연구 제3권 1호, 2000), 최봉철의 “풀러의 합법성론”(법철학연구 제7권 2호, 2004) 및 그의 앞의 글(2005),[72] 김연미의 “드워킨의 법철학 안에서의 권리와 정책의 관계”(법과 정책연구 제6권 2호, 2006), 김도균의 앞의 책(2008)[73] 등을 들 수 있다. Fuller와 Dworkin의 철학이 주목을 끄는 이유는 이들의 이론이 전통적인 자연법 이론이 지니고 있던 이론적 약점을 피하면서도 실정법의 도덕성을 제고하도록 요구할 수 있는 새로운 논리를 제공해 주었기 때문이다.[74]

더불어 Hart 이후의 새로운 분석적 법실증주의에 대한 국내

다. 그 밖에 Dworkin의 *Sovereign Virtue: The Theory and Practice of Equality*는 염수균에 의해 『자유주의적 평등』(한길사)이라는 제목으로 2005년에 번역되었다.

71) 주) 27 참조.

72) 주) 69 참조.

73) 주) 55 참조.

74) 한편 기존의 자연법 전통과 보다 가까운 현대의 자연법론에 대한 소개 글로서 오병선의 “신토마스주의 자연법론의 방법과 논변—존 피니스의 법철학을 중심으로”(법철학연구 제10권 2호, 2007)이 있으며, Hart 법철학의 요소를 자연법론적으로 재구성하는 시도로서는 김도균의 “자연법론적 승인율 모델의 가능성”(법철학연구 제3권 2호, 2000)과 “자연법론적 승인율의 필연성에 대하여”(법철학연구 제4권 1호, 2001)가 있다.

의 연구도 활발히 진행되고 있다. 특히 Hart 사후의 옥스퍼드 사단을 실질적으로 이끌고 있다고 말할 수 있는 J. Raz의 법철학에 대한 관심이 커지고 있으며, 동시에 영미 법철학의 독특한 키워드들에 대한 검토도 차차 이루어지고 있는 상황이다.

Ⅵ. 논의를 마치며

이상에서 살펴본 바를 통해 대체로 다음과 같은 평가를 내릴 수 있을 것 같다. 즉 영미 법철학의 수용을 통해서 추상적인 규범 자체보다는 구체적인 사법과정에 대한 이론적·실천적 관심이 제고될 수 있었으며, 이론적 분석의 정교함과 함께 사회 문제에 대한 비판적 관점의 설득력을 향상시킬 수 있었다는 것이다.

이제 영미 법철학의 연구와 관련하여 향후 우리 법철학계가 나아가야 할 방향 내지는 여전히 남아 있는 문제들에 관하여 생각해 보는 것으로 이 글을 마무리하고자 한다.

첫째, 다양한 법학의 분야를 놓고 생각해 볼 때 넓게 보아 공법(公法) 분야와 관련된 법철학의 연구는 비교적 활발하게 이루어지고 있는 반면, 상대적으로 사법(私法) 분야에 관련된 법철학 연구는 부족했던 것 같다. 예컨대 소유권의 질서의 정당성에 관한 연구나 계약 및 불법행위의 기초이론에 관한 연구 등에서 보다 깊이 있는 연구가 많이 나와야 할 것으로 보인다.

둘째, '법철학함(Doing legal philosophy)'이라는 것에 대하여 더 관심을 기울여야 할 것 같다. 이는 법철학의 연구에 있어서만 아니라 그 교육에 있어서 더욱 중요한 문제일 것이라 생각된다. 이와 관련해서는 특히 미국 법철학계의 강점인 "학제적 연구 풍토" 및 "법철학과 철학의 연계성"[75)]을 우리의 것으로 소화하는 문제에 관하여 많은 고민이 있어야 할 것이다.

셋째, 반실증주의 법철학의 현실 참여적 성격을 보다 실질화할 필요가 있다. 예컨대 우리 사회가 직면하게 되는 하드 케이스에 관하여 담당 재판부의 합리적인 판단을 인도할 수 있는 원리 규범을 개발하고 제시해 줄 수 있을 때, 당해 철학의 진정한 현실 참여적 성격을 인정할 수 있을 것이다.

넷째, 법이 최소한의 도덕성을 갖춰야 한다는 실천이성의 요청이 중요한 만큼이나 법과 도덕이 개념적으로 구별된다는 실증주의적 솔직함 또한 외면하기 어렵다는 것이야말로 현대 법철학사의 치열한 논쟁이 주는 교훈일 수 있다. 이것은 어쩌면 앞으로의 법철학이 출발점으로 삼아야 할 '법의 근본적인 모순'일 수 있으며, 이 점에 관한 새로운 거시적 담론을 생성하는 것이 향후 세계 법철학계가 지향해 나아갈 방향일 수 있다.[76] 따라서 그러한 과정에 주도적으로 참여함으로써, 이론 수요자의 지위에서 이론 공급자의 지위로 변모할 수 있다면 그것이야말로 우리 법철학계가 꿈꿔 볼 수 있는 가장 희망찬 미래일 것이라 생각해 본다.

75) 최봉철, 앞의 책(주 1) 참조.

76) 최근 이러한 필자의 생각과 유사한 견해를 펴고 있는 외국 학자를 만난 적이 있다. 2008년 7월 30일부터 8월 5일까지 서울에서 열렸던 제22회 세계철학자대회의 법철학 세션에서 만난 대만 학자 Yen Chueh-an은 이른바 "normative gap"이야말로 "normative foundation"이라는 테제를 John R. Searle의 화행 이론을 써서 정당화함으로써 많은 주목을 받았다. Yen Chueh-an, "Normative Gap, Subjugation and Recognition"(제22회 세계철학자대회 발표문, 2008) 참조.

Abstract

Anglo-American Wave in the History of Korean Jurisprudence

Joon Seok PARK

This paper aims to give a brief description of Anglo-American jurisprudential influence on the development of modern philosophy of law in Korea. At its first stage, the partial reception of common law under the United States Army military government in Korea (USAMGIK) had, for the first time, brought about to this country a nationwide boom in American jurisprudence. But this wave gradually declined and gave its way to a new trend towards German jurisprudence since 1960's. In this paper works and ideas of some outstanding scholars of this early stage, e.g., Paul Ryu, Pyongchoon Hahm etc., are briefly introduced (chapter 2).

At the second stage, a lively interest in the jurisprudence of common law countries was brought back into Korea soon after Anglo-American legal theorists occupied prevailing positions in the world jurisprudence. This paper summarizes the influence of Anglo-American jurisprudence of this stage throughout the three chapters: English jurisprudence (chapter 3), American jurisprudence (chapter 4), and the new anti-positivist movement as an Anglo- American meeting place (chapter 5).

This paper shows that the influence of Anglo-American jurisprudence in Korea has been on the public law rather than the private law and claims that the interdisciplinary trend of American jurisprudence should take root in Korean academic field, and that the so called participatory perspective should be more practically incorporated into the new anti-positivist legal theories in Korea lest it should be lip service.

Finally, this paper suggests that in the near future the normative gaps between the positivist sources thesis and the anti-positivist moral requirement may well be considered genuine foundations of law to which Korean jurisprudence should pay its attention.

색인어

법철학(Anglo-American jurisprudence)
분석 법학(analytic jurisprudence) 자연법론(natural law theory)
법실증주의(legal positivism) 실용주의(pragmatism)
사회학적 법학(sociological jurisprudence) 법현실주의(legal realism)
법과정론(process jurisprudence)
법과 사회 운동(law and society movement)
법경제학(law and economics) 비판 법학(critical legal studies)

기념대담

한국법철학회 원로와의 대담

일 시 : 2008년 10월 24일 토요일 오전 10시
장 소 : 서울 대우재단 빌딩 8층 제3 세미나실
사회자 : 김정오 교수
참석자 : 김정오 교수, 김영환 교수, 김지수 교수, 박은정 교수, 심재우 교수, 오병선 교수, 장영민 교수, 최종고 교수 (가나다순)

〈 좌담회 내용 〉

사회자(김정오 교수) : 여러 선생님들 반갑습니다. 우리 학회가 이번에 단행본으로 한국법철학 50년사를 출간할 예정입니다. 이에 즈음하여 선생님들의 말씀을 듣는 자리를 마련하게 되었습니다. 선생님들께서는 한국법철학회와 선생님들의 관계를 회고해 주시거나, 선생님들께서 법철학을 하시게 된 계기와 그 동안 법철학 연구를 계속 하시면서 법철학에 대해서 가지게 된 생각을 말씀해 주시면 감사하겠습니다. 그리고 마지막으로 저희 후학들에게 앞으로 한국법철학회가 어떻게 발전해 나가는 것이 좋을는지 그 말씀도 해 주시면 좋을 것 같습니다.

심재우 선생님 : 우리 법철학회는 1957년에 유진오 선생님이 제일

처음에 만들었어요. 『보전논집』 제1호에 보면 유진오 선생님이 쓰신 “중세에 있어서의 정의사상”이라는 논문이 있는데, 한 100페이지에 가까워요. 조그만 책에 가까운 아주 긴 논문인데, 서양 중세의 토마스 아퀴나스나 아우구스티누스의 논쟁에 대한 신학적인 사상도 다루고 있어요. 당시는 완전히 봉건주의 시대였는데, 장원제도라고 있었어요. 영주가 지주가 되고 일반 백성은 그 땅을 얻어 농사지은 것을 다 지주에게 바치죠. 소작인들이 얼마에 임차 땅을 빌린다고 하는 등의 이런 계약을 한 것이 아니에요. 전체 땅의 소유자는 영주였고, 중세 교회가 같이 지주노릇을 했어요. 유진오 선생님은, 토마스 아퀴나스나 아우구스티누스가 그것을 정당화해주는 신학적인 이론을 전개했다고 밝힌 거예요. 우리 법철학회가 유진오 선생님 때인 1957년 정도에 생겼으며, 그 때에 이미 유진오 선생님의 그러한 법철학자로서의 학문적인 업적이 있는 거예요. 유진오 선생 탄신백주년기념논문집을 재작년에 고려대학교에서 만들어, 제가 헌정을 한 것이 있어요. 그 때, 법학자로서의 유진오, 그 다음에는 교육자로서의 유진오, 문학가로서의 유진오, 그 다음에 정치지도자로서의 유진오로 나누어 놓았는데, 거기서 법학자로서의 유진오를 내가 쓰고 발표를 했어요. 그 때 법학자로서의 유진오를 두 가지 측면으로, 헌법학자로서의 유진오, 법철학자로서의 유진오로 구분했어요. 그러니까 그분이 법철학자였다고 하는 것을 모두 몰라서 그것을 발굴해 발표를 했어요. 유진오 선생님의 약력에도 자유와 인간의 존엄에 대한 법철학 사상이 나와요. 우리 법철학 분야에서도 업적이 남아 있고요. 제일 처음에 법철학회를 창립한 사람이기 때문에, 법철학의 이런 발전이 각 학자들에 의해서 되어 어떻게 이루어져 왔느냐 하는 것을 우리가 연구할 필요가 있어요.

최종고 교수 : (한국법철학회는) 1957년에 다른 학회들 다섯 개 하고 한국법학원 산하에서 출발한 걸로 알고 있는데, 오늘 이런 얘기를 공개적으로 같이 하니까 정확성도 기할 수 있습니다. 저도 해방 이후에 우리 한국법사상이 어떤 흐름으로 왔는가에 대하여 저의 <한국법사상사> 뒷부분에서 정리할 때 바로 유진오 선생님을 민주주의 법사상가로 설정하고 있다는 것에 대해 말씀을 드립니다. 법철학을 가르친 최태영 선생님도 사실 그 당시에 "토라(Tohra)에 관한 연구"에 있어서 유진호 선생님 논문보다 더 많은 분량의 엄청난 논문을 『보전논총』에 3회에 걸쳐서 연재하셨는데, 그런 것은 오늘날의 관점에서 본다면 우리 한국 법철학이 대단히 세계 개방적으로 출발했다는 것을 의미합니다. 유진오 선생님의 글도 사실 서양과 세계 법철학회와의 관계성 등에서 출발을 했다는 것은, 앞으로 이야기 하겠습니다만 우리가 할 수 있는 대로 정확하게, 자세하게 보충해야 한다고 생각을 합니다. 그리고 제가 아는 범위 안에서는 법철학이라는 말 자체가 과거에는 '법리학'이라고 하던 것을, 1926년부터 경성제대에 와 있었던 오다카 도모오가 'Rechtsphilosophie'라는 독일말을 직역해서 쓴 것으로 알고 있습니다. 그래서 한국에서부터, 일본 본토보다도 서울에서 법철학이라는 말이 처음 사용되기 시작했다는 것도, 자랑스럽게 생각해야 될지 어쩐지 모르겠지만 하여튼 분명하게 지적을 할 수 있습니다. 그리고 그 당시에 직접 Kelsen을 찾아가서 교류를 하고, 독일어로 Kelsen의 법사상에 대한 것을 발표도 하는 이런 전통이 그 때부터 1920년대 후반, 아니면 30년대의 우리 한국이라고 하는 간판에서 이루어진 이런 것을 우리가 어떻게 이해해야 할 것인가에 대해서

일본 법철학으로 넣어야 된다고 생각해 볼 수도 있었겠지만, 일본 학자이기 때문에 우리 것이 아니다 라고 이렇게 단순하게 생각하기보다는 우리 땅 안에서 20년대, 30년대부터 법철학의 뿌리가 정착된 것이 아닌가 이렇게 해석할 여지도 있지 않겠는가 하는 말씀을 드립니다.

김지수 선생님 : 제가 말씀드리고 싶은 것은, 법철학적인 논의의 전개 양상이 상당히 중요하다는 것입니다. 그 논의가 어떤 시대적 흐름에 따라 어떻게 전개되어 왔느냐 하는 것이지요. 우리가 너무 개개인 중심으로 역사를 기술하다 보면, 이런 논의의 흐름을 제대로 표출시키지 못한다고 저는 봐요. 제가 태국에 가서 사회적·문화적인 양상 속에서 질서를 생각해 보면서 느끼는 것이 있습니다. 태국은 카스트제도가 상당히 뿌리 깊게 박혀 있어요. 카스트 제도가, 이것이 어떤 면에서는 사회적인 안정요인으로 작용할 수도 있고, 어떤 면에서는 사회의 큰 발전에 대한 저해양상으로 작용할 수도 있습니다. 그래서 이와 같은 태국의 사회적인 행동 양상에 비추어, 일본의 봉건제도는 일본 사회에 어떤 영향을 미쳤는가에 대해서, 즉 일본의 봉건제도에 대해서 관심을 많이 가지고 있습니다. 중세 봉건제도에 대한 유진오 선생님의 그 글은, 봉건제도와 관련해서 그 당시에 그것을 인간의 존엄 쪽에 연결시켜서 토마스 아퀴나스의 이론까지 비판했다고 하는데, 굉장히 소중한 자료거든요. 그것을 발전적인 논점에서 우리가 어떻게 펼쳐 낼 것인가가 중요한 것이고, 이런 문제의 흐름을 후학들이 어떻게 펼쳐 내느냐가 중요한 것이지요. 제가 왜 황산덕 선생님에 대해서 늘 존경심을 갖는 것인고 하니, 그분의 사상 중에 불교의 중론사상이라고 하는 것이 있습니다. 이 중론사상을 과연 후학들이 계속 펼쳐 내느냐고 하면, 그렇지 못합니다.

그 다음에 이항녕 선생님의 풍토적 자연법이론에서도 문제적인 양상들은 동일합니다. 후학들이 그런 이론적인 근거를 가지고 어떻게 문제를 펼쳐 내느냐, 생각을 이어서 새로운 변화를 펼쳐 내느냐 하는 것이 중요한 것이지 자꾸 사람을 의식하다 보면 사람의 틀 속에서 헤어 나오질 못합니다. 그런 의미에서 그것이 50년이 되든, 또는 60년, 70년이 되든지 간에 그 안에서의 문제의 양상을 가지고 우리가 어떻게 후학들한테 새로운 길을 열어주느냐 하는 것이 오히려 제가 보기에는 뜻있는 것이라고 생각합니다. 50년은 하나의 문제의 양상에 우리가 펼칠 수 있는 하나의 시공에 불과한 것이지요.

최종고 교수 : 분명히 우리가 인물을 이렇게 중심으로 한다든지 이런 것보다는, 김지수 교수님 말씀하신 그 선학들이 얘기하신 관심과 토픽이 우리에게 어떤 의미를 갖고 있고, 또 우리가 어떤 과제를 더 발전시켜야 하는 건지 그런 퍼스펙티브(perspective)에서 그렇게 나누셨고 했다는 것에 다 전적으로 동감을 합니다. 그런데 저는 처음부터 인물의 얘기가 나올 때마다 제가 늘 얘기하지 않으면 그냥 완전히 묻어 버리고 가는 분이 있습니다. 아시겠지만 유기천 교수님이십니다. 저는 법철학자로서 더구나 동아시아 법철학을 얘기하다 보니까, 법과 문화, 이런 얘기가 나올 때마다 늘 그분이 한국에서 기초를 놓으신 선구자라고 느껴집니다. 그분은 아시는 대로 ARSP에 좋은 논문을 쓰셔가지고 서양에 나가면 유기천을 제일 먼저 묻는데, 국내에서는 후배들이 그 동안 그분에 대한 연구를 못했습니다. 그저 그냥 머리에 떠오르는 몇 사람 정도가 아니라 그분은 꼭 제가 이 대목에서 얘기 안 하면 묻히고 지나갈 것 같아서 말씀드립니다.

사회자(김정오 교수) : 일단은 그 얘기부터 좀 해 주셨으면 좋겠습니다. 한국법철학, 우리가 어차피 50년이라는 것을 끄집어내고 기념을 하는 것도 사실 어떻게 보면 학회가 있어서 그런 것이기 때문에, 선생님들께서 일단은 한국법철학회와 나와의 어떤 관계, 내가 한국법철학회에서 활동을 하면서 어떤 것을 얻었는지 이런 말씀을 좀 해 주셨으면 좋겠습니다. 일단 그것을 좀 짧게 선생님 두 분께서 말씀을 좀 해 주셨으면 좋겠습니다. 심재우 선생님께서 좀 말씀을 해 주십시오.

심재우 선생님 : 이 법철학회 할 때에 우리 황산덕 선생님이 독재를 했어요. (웃음) 말하자면 돌아가시기 전까지 한 30년을 교장직을 안 내놓고 자꾸 하셨어요. 그 다음에 이항녕 선생님께 부탁을 하니까, 정색을 하시고 이제는 우리는 늙었고, 이제 자네들이 하라고 하셨는데, 그 다음에 나이가 내가 제일 많아요. 그러니까 나한테 이제 법철학회장직이 넘어오게 됐는데, 이거 안 되겠다 싶어 회칙을 새로 만들고, 2년 단임으로 하게끔 했습니다. 그런데 나중에 와서 박은정 선생님 대에 가서 이거 2년씩 하다 보니까 이게 조교수, 전임강사까지 회장자리가 돌아가게 됐단 말이에요. 이건 좀 곤란하다 싶어서, 말하자면, 법의 양심을 지키는, 대표적인 법철학 원로들에게 그래도 회장을 맡겨야지, 조교수에게 가는 것은 곤란하지 않느냐 해서 박은정 선생님이 한 번 더 하도록 그렇게 했습니다. 회원들이 다 그렇게 찬성을 해 가지고….

박은정 교수 : 독재는 제가 한 셈이 됐습니다. (다같이 웃음)

심재우 선생님 : 그래 가지고, 지금도 회칙은 2년만 하도록 그렇게 되어 있죠?

사회자(김정오 교수) : 한 번 연임이 가능하게 되었습니다.

심재우 선생님 : 그럼 김정오 교수는….

사회자(김정오 교수) : 2대 독재자입니다. (다같이 웃음)

박은정 교수 : 선생님께서 황산덕 선생님하고 연결되는 그 부분을 말씀해 주시니까, 오래 전에 이야기지만 저도 몇 가지 떠오르는 바가 있어서 말씀을 드립니다. 제가 78년에 독일에서 돌아와서 그 때 황산덕 선생님하고 또 심헌섭 선생님, 심재우 교수님을 모시고 이대의 '진관식당'에서, 그렇게 규칙적이지는 않았지만 그래도 상당히 꾸준하게 학회를 했습니다. 발표회모임을 가졌는데 수는 많지 않았지만 대개 20명 안쪽으로 열다섯 분 정도 모여서, 제가 뭐 주제들은 다 기억이 나지는 않습니다만, 새로운 내용을 가지고 발표도 하고 서구의 새로운 학자에 대한 소개도 하고 했습니다. 아마 제 생각에는 황산덕 선생님도 그런 새로운 얘기도 들으시고 이러면서, 학회가 활성화돼야 된다는 생각도 하시고, 나름대로 이제 제대로 학회체제로 더 발전적으로 나아가도록 해야 되겠다라는 생각도 하시게 되지 않았나 하는 생각도, 저 나름대로 들긴 들었습니다.

장영민 교수 : 그 때 저도 참석을 했었는데, 제 기억으로는 어떤 분이 주제발표를 하고 나면 토론을 하고, 식사하고 또 토론하고, 그 때도 역시 무제한적으로 진행됐습니다. 그 때 김지수 선생님이 익명의 어떤 논문을 발굴하셔서 발표하신 것도 기억이 납니다. 또 Adomeit 교수가 와서 발표한 것도 있고, 그 외에도 여러 번 모인 기억이 나는데, 그게 아마 90년에 이르기까지 계속 다소간 간헐적으로 있었던 것으로 기억이 됩니다. 황산덕 선생님이 89년에 돌아가신 것으로 기억이 되는데, 그 때까지 계속 참석을 하셨던 것으로 기억이 되요. 이대 모임에.

사회자(김정오 교수) : 78년도부터 89년까지의 모임 전에는 그런 발표회가 별로 없었나요? 심재우 선생님?

심재우 선생님 : 글쎄요…. 독일에서 73년도에 학위 마치고 돌아오니까 황산덕 선생님이 나한테 법철학회에서 그 독일학위를 한 것에 대해서 발표를 해 달라고 요청을 해서, 마이호프 교수의 직분존재라고 Als-Sein의 법철학을 발표했어요.

박은정 교수 : 선생님 그 때 어디서 모였습니까?

심재우 선생님 : 어디서 모였는지 잘 기억을 못하겠어요. 우리가 정기적으로 모였는데 일 년에 한 번씩 이화여대에서 모여 가지고 했어요. 그 전에 73년도에 돌아오니까 그 때 법철학 무슨 발표지인가 뭔가가 있었어요. 조그만 회지가. 거기다가 발표한 걸 싣고 했는데…. 이화여대에 박은정 교수님 오시고 난 다음에는 '진관 식당'에 나가서 했었던 것 같습니다…. 그리고 황산덕 선생님이 몇 년도에 돌아가셨는지….

오병선 교수 : 1989년도.

심재우 선생님 : 89년, 돌아가시고 난 다음에 내가 회장을 맡게 되서, 회칙도 새로 만들고, 법철학 하는 사람이 생기고…. 법철학을 하는 사람도 몇 명 안 되는데 거기 조금 바운더리가 넓어졌기 때문에 발표하고 토론도 하고 이렇게 정착된 거 같아요. 지금은 옛날에 비하면 완전히 학회 역할하고 있어요. 발표자가 발표하고 토론하고 학회지에 싣고 하는 학회 활동이 이제 완전히 본격적으로 올라왔어요. 저의 기억에는 황산덕 선생님이 돌아가시기 전까지는 거의 학회가 활성화되는 모습을 느끼지 못했던 것 같아요.

박은정 교수 : 선생님 그 때 돌아오셔서 논문을 발표하시고 그것을 실으셨다고 아까 말씀하시지 않으셨습니까?

심재우 선생님 : 법철학회 회보던가? 몇 페이지 안 되는 건데…. 내가 발표한 것이 그대로 논문으로 그 몇 페이지 안 되는

신문 같은 데에 실렸지요. 그런 게 있었을 뿐이고, 정말 학회지도 없었고, 기고할 사람도 없었지요. 법철학하는 사람들도 도대체 학회에 모여 봤자 10명 이내였고요. 한 몇 명씩 모이고 하니까 학회가 영 활성화되지 않고, 법철학을 같이 연구하고 같이 회원이 될 사람이 있어야 되는데, 토론하고 이럴 사람이 없다, 이거예요. 그때까진.

사회자(김정오 교수) : 지금 말씀하신 대로, 황산덕 선생님 돌아가시기 전, 89년까지가 학회가 저조했다고 평가하시는데, 그럼에도 불구하고 그 당시에도 법철학 관련 논문들은 상당히 많이 나오고 있었거든요. 1940, 50년대 이후부터, 특히 60년대 보면 긴 논문은 아니지만 법철학 쪽의 논문들은 그래도 꾸준히 나오지 않았었나 싶습니다. 학회로서 조직을 해서 본격적인 학회다운 그런 활동은 없었지만, 법철학에 대한 관심을 가지고 했던 분들은 많이 있었던 같습니다.

장영민 교수 : 각자 소속 대학의 논문집에 주로 냈지요. 법철학회 회지는 없었지만.

심재우 선생님 : 서울대학교에 계시던 돌아가신 전원배 선생님, 일찍 돌아가셨지만, 그분도 사물의 본성, 이런 논문을 쓰셨고….

최종고 교수 : 89년에 황산덕 선생님이 돌아가셨는데, 그것보다 몇 년 전인 1983년에 '법 및 사회철학 한국학회'가 창립이 됐습니다. IVR의 한국지부인 셈이지요. 그래서 심재우 교수님도 거기 참여하시고 김철수 선생님, 양승두 선생님, 이항녕 선생님까지…. 그렇게 좀 그 당시에 모임도 갖기도 하고, 나중에는 몇 년에 한 번씩 '법철학과 사회철학'이라고 하는 저널을 '법철학연구'보다도 먼저 내서, 꽤 법철학 논문들이 많이 나왔습니다.

심재우 선생님 : '법 및 사회철학 한국학회'에서 회지가 나온 게 있습니까?

최종고 교수 : 네 번 나왔습니다. 1년에 하나씩 냈습니다.

최종고 교수 : '법철학연구'보다 먼저 나왔죠. 그 때 제 개인적으로 참 고충도 느낀 것이 이게 계속해서 앞으로 어떻게 나아가겠느냐 하는 것이었죠. 벌써 그 때 이항녕 선생님, 심재우 선생님, 또 한상범 교수, 이렇게 다 원로로 올라가시고, 젊은 법철학자들은 법철학회 월례모임을 상당히 활성화해서 계속 잘 해 나가고 있는 중에 무언가 갭(gap)이 있어서 제가 상당히 부담을 느꼈습니다. 그 때 여기 계신 김지수 교수님이 개인적으로 격려도 해주시면서 언젠가는 우리가 합쳐져야 되지 않겠느냐 말씀하셨고…. 그래서 공식적이라고 얘기할 수 있을지는 모르지만, 몇 번 그런 논의도 가졌습니다. 그러던 중에 '법 및 사회철학 한국학회' 모임에 황산덕 선생님이 참석을 해 주셨습니다. 그 때 저는 대단히 감동받았습니다. 황산덕 선생님이 거의 돌아가시기 전 해가 아닌가 모르겠습니다. 그래서 제가 '아, 황산덕 선생님 마지막 가시면서 하신 일이 둘을 합치라는 메시지를 주고 가셨구나'라고 생각했고, 저는 지금까지도 그렇게 주관적으로 기억하고 있습니다. 그래서 법철학회하고 '법 및 사회철학 한국학회'가 둘로 그렇게 내려오다가 앞으로 이것이 한 방향으로 합쳐지기 위해서는, '법 및 사회철학 한국학회'의 활동을 소극적으로 부담을 안 드리는 방향으로 해 나가야겠다고 생각했습니다. 그래야 앞으로 한국법철학회하고 세계법철학회하고 잘 되지 않겠느냐 라고 말입니다. 이런 방향으로 제가 그냥 아까 말씀드린 그 잡지를 중단했습니다. 그런 세월이 작년까지, 공식적으로는 계속되다가 작년에 드디어, 특히 이번에 있었던 IVR 북경

대회라고 하는 것도 염두에 두고, 형식적으로 그리고 기본적으로 통합이 드디어 이루어졌습니다. 그러니까 대단히 오랜 세월이 걸렸는데, 그러나 저는 그것이 그렇게 되는 데에, 황산덕 선생님께서 마지막으로 그 모임에 참석해 주신 것을 대단히 뜻 깊게 생각을 한다는 말씀을 드립니다.

사회자(김정오 교수) : 김지수 선생님, 부탁드립니다.

김지수 선생님 : 참 엄청난 기여를 하신 거예요. 통합을 한다는 게, 외골수로 나간다는 것이 아니라, 그 안에서 엄청난 다양한 생각과 이론을 펼칠 수 있다는 얘긴데, 법철학에 상당히 좋은 또 다른 계기를 마련해 주셨다고 생각하고 있습니다. 저는 매년 미국에 들르는데, 미국가면 꼭 책방을 찾아갑니다. 중고 서점이라든가 서점에, 새로운 책들이 뭐가 나왔는가 하고. 제가 법철학 한다면서 저 나름대로 집착하는 문제점들이 있습니다. 그 중에 하나가 이것입니다. 특히 저는 리오타르(Lyotard)가 이야기하는 슈프리머시(supremacy), 그 숭고의 사상, 그것이 굉장히 저는 어떤 순수한 판단의 비판, 순수이성비판과 실천이성비판을 연결시킬 수 있는 판단의 비판에서의 새로운 양상으로 찰나적인 숭고의 경지라는 점을 강조하고…. 근데 지난번 책방에 갔다가 슈프리머시에 대한 글을 보았어요. 여자가 쓴 글인데 페미니스트 입장에서 쓴 글이에요. 그것을 보고 깜짝 놀랐어요. 부정적인 시각에서 슈프리머시의 정치현상에 미친 영향을 분석한 글인데, 그것을 소위 중동에서 폭탄테러, 폭탄을 갖고 자폭하는 그런 사람들의, 그 슈프리머시가 오히려 국제적인 자폭을 양산하는 결론을 갖고 왔다고 주장하는 것이에요, 이 이론이. 그래서 아, 충격을 받았어요. 슈프리머시를 그렇게도 보는구나. 그러면서 이제 그 이론의 어떤 한계, 보는 시각의 다양성이 여기까지 이르는구나 하는 것을 다

시금 느끼고, 요즘 판단비판을 다시 손에 잡고서 계속 읽고 있습니다. 요즘 컴퓨터세계에 들어가면 가상공간이라고 하는 것이 엄청난데, 그 중에 글들을 보게 되면 밑에서부터 누가 참여해서 올릴 수 있는 그 시공이 엄청나게 넓어지지 않았습니까? 유튜브(Youtube) 동영상도 그러하듯이 이 얘기는 앞으로는 네트워크 시대라, network without web, 그러니까 스파이더가 없는 네트워크라, 그 정도로 네트워크가 사방으로 번져나갈 것이라고 봅니다. 저는 한국의 사회적인 급격한 변동을 보게 되면 정말 network without spider, 거미 없는 네트워크의 망이 밑에서부터 역동적으로 우리 한국 사람들의 역동적인 발상의 기회가 얼마나 증폭되어 나가는가 하는 것을, 태국에 있다가 오면 더욱 실감나게 느끼게 됩니다. 법철학의 이론도 보게 되면 아까도 말씀하셨습니다만, 법철학회도 있고 법사회철학회도 있지만, 사회철학회에서 그 동안 다루어온 법과 경제 관계라든가 소위 이쪽 이론을 펼치는 양상을 보게 되면 상당히 역동적인 이론들이 많습니다. 근데 문제는 어떤 포럼 속에 갇혀서 그것이 패거리를 형성하게 되면 문제가 있는 건데, 그래서 한국의 문화적인 양상은 역동적인 밑에서도 치고 올라오는 어떠한 문화적인 풍토입니다. 이것은 어느 나라에서도 찾아보기가 힘듭니다. 여기 법철학의 논의과정을 보면 거기에도 참 다양한 주장들이 계속 펼쳐져 나가는데, 지난 번에 미국 가서 알게 된 슈프리머시에 대한 저의 집착, 그것이 그렇게도 볼 수 있구나 하는 것을 깨우치면서 생각의 갈래가 얼마나 다채로운지를 실감하게 됐습니다. 그래서 요즘은 가능하면 내용을 갖다가 컨텍스트(context)가 아니라 network without spider 이쪽으로 법의 시공을 생성해 나갈 수 없느냐 하는 데 관심을 두고 있습니다. 그러면서도 자꾸 매력을 느끼는 것이 한스 켈젠(Hans Kelsen)입니다. 한스 켈젠은 '순수법이론'이라는, 순수법이라는 참 어떻게 보게 되면 사회에 이상적인 타이틀을 붙여 놓았는데, 순수라는 이름 속에 소위 최선의 순수성의 틀을 가지고 엄청난 다양한 가능성을 생성시켜 나가는, 어떻게 보게 되면, 최소한의 그래마(grammar)를 가지고 multigeneration시키는 이런 이론이 아닌가 합니다. 달리 얘기해서 어떤 내용을 갖다가 안겨 주려고 하지 말고 그 엄청난 시공의 network 안에서 우리가 우리 나름대로 펼칠 수 있는 본연의 문화가 있지 않느냐 하는 것이지요. 그래서 저 나름대로 법에 대한 생각을 여러 가지로 생각을 짚어 나가는데, 내용 없는 어떤 법의 시공이 어떻게 펼쳐지나. 지금도 생각을 엮어 보려고 애를 쓰고 있습니다. 다만 우리가 정말 자긍심을 가져야 할 것은 법철학에서 정말 밑에서 치고 올라오는 그런 역동적인 다채로움, 이것이 한국 문화의, 중국에서 찾아보기 힘들고 일본에서 찾아보기 힘든, 즉 다른 곳에서 찾아보기 힘든, 하나가 아닌가 합니다. 훈민정음의 음운이론을 계속 보면서 그 소박한 소리의 법칙을 최소한도로 줄이면서 순수이론이 될 수 있는 한글을 창제하신 우리 한국의 세종대왕님에게서도 발견할 수 있었던 것처럼 이게 정말 언어 속에서 그 소리를 통해서 뭐든지 엮어 낼 수 있는, 그래서 한류라는 것도 제가 보기에는 소리의 시공 속에서 열려 있기 때문에 그것이 가능한 것이 아니겠냐는, 뭐 이런 느낌을 가져보고는 합니다. 그래서 엉뚱한 애기 같지만 우리가 너무 내용에 집착하면서 인간 존엄을 볼 것이 아니라, 줄기세포 문제나 지역환경문제 등이 네트워크로 펼쳐지는 과정에서 법철학적 논의의 장을 열어 놓을 수 있다면, 정말 한국만의 그런 역동적인 법철학의 시공이 열리지 않겠느냐는 그런 느낌을 가지면서, 우리 회장님의 노고에 감사의 말씀을 드립니다.

사회자(김정오 교수) : 지금 아주 자연스럽게 주제가 선생님들이 가지고 계신 법철학에 대한 생각 등 아주 중요한 말씀으로 흘러가고 있는데, 다른 분들께서도 학회나 법철학 자체에 대해서 한 말씀 해 주십시오.

오병선 교수 : 굉장히 중요한 자리인데 항상 중요한 자리는 예고 없이 오더라구요. 그래서 되돌아보면 상당히 중요한 자리였구나 하는 생각을 갖는데요. 이렇게 원로 선생님들 모시고 한국 법철학의 과거를 되짚어 보는 것은 사실 현재를 반성하고 미래를 향해서 추동력을 얻으려고 하는 의도인 것 같습니다. 그래서 현 집행부의 노력에 우선 치하를 드리고 싶고요. 우선 시간 관계상 저와 관련된 얘기만 우선 하겠습니다. 저는 1960년대 대학을 다니면서 그 당시에 법철학에 대한 관심이 많았습니다. 최종고 교수님이 증인입니다만, 대학 때부터 법철학회의 모임을 가지고 활동하고 있었고요. 제가 고등학교 때 어느 써클 모임에 있었는데 그 때 그 써클의 지도교수가 황산덕 교수님이었습니다. 그래서 그 당시에 고등학교 때 어느 단체에서 제가 회장을 하고 있었는데, 황산덕 교수님이 지도교수로 있으면서, 황산덕 교수님의 가르침과 사모님의 가르침도 그 때 받게 되었습니다. 황산덕 교수님의 가르침을 받으면서 저분의 훈교를 받았으면 좋겠다는 생각을 하게 되면서 그게 간접적인 숙원이었습니다. 그래서 대학을 법대로 정하게 되고 그 다음에 대학교 3학년 땐가, 2학년 땐가, 대학 내의 법철학회 모임을 운영하면서 고려대학교의 이항녕 교수님을 찾아 갔습니다. 그 때 이항녕 교수님을 연사로 초빙하러 직접 가서 이항녕 교수님하고 이병린 회장님(그 때 변호사)

을 모시고 법철학에 관한 주제로 강연을 했는데, 그 때 이항녕 선생님을 처음 뵈었습니다. 그 때 딸깍발이다 하는 인상을 받았습니다. 그 때부터 이항녕 선생님의 가르침을 간접적으로 받았고요. 대학 때는 전원배 선생님에게서 법철학 강의를 받았습니다. 그분한테 원고를 받으려고 자택도 찾아가고 그러면서 대학 시절 법철학에 관심을 가졌는데, 대학을 졸업하고 나서 사회생활을 하다보니까 법철학에서 길이 멀어지게 되었습니다. 그런데 어느 날 갑자기 학문에 대한 욕구가 다시 솟아서 다시 학업을 하게 되었습니다. 그런데 1979년인가요? 제가 미국에 콜럼비아 로스쿨에 있을 때 H. L. A. Hart가 강연을 왔습니다. 그 때 강연 제목을 봤는데 “Utility and right”라고 하는 그런 주제였던 것 같아요. 그 제목을 보고 아주 듣고 싶었는데 들을 수가 없었어요. 그 강연은 못 들었습니다만, 그 때 그 사건이 화살처럼 박혀, 국제법을 주로 공부하고 있었던 제게 영향을 미치게 되었습니다. H. L. A. Hart와의 인연은 1979년 그 때 그렇게 시작이 되었다고 생각합니다. 그 다음에 1980년대 들어와서 1980년대 중반에 이화여대 모임에 몇 번 나갔었고, 그 다음에 1980년대 후반에 영국에 가서 학위 과정을 밟고 1991년도에 다시 돌아와서 그 때부터 학회활동을 본격적으로 하기 시작하였습니다. 김지수 교수님이 회장을 하실 때 여러 가지 역동적인 사업을 벌여 가지고 대우재단에서 독해모임도 시작하였는데, 그 때 저도 총무이사로서 활동을 한 것으로 기억합니다. 그래서 하트와는 그렇게 인연을 맺었고요. 그 다음에 그 한국 법철학에 대한 자신의 생각, 그 다음에 무슨 관심사가 있느냐 하는 요청 말씀에 대해서 저는 이번에 뭐 최종고 교수도 그렇고, 박은정 교수도 그렇지만, 국제대회에도 여러 번 다녀보고 이번 북경대회도 갔다 와서 역시 우리 한국 법철학자들, 한국 법철학이 상당히 성장했지만 국제적인 수준과 동향에 대해서는 아직도 많이 배워야 할 것이 많다는 그런 인상을 받았습니다. 그러면서 한국 법철학이 앞으로 나아가야 할 방향이 무엇인가 하는 데에 있어서, 제 생각에는 보다 더 독창적으로 생각하면서 자신의 언어로 자신 있게 얘기하는 그런 것이 필요하다는 생각을 가졌어요. 왜냐하면 일본 학자들이 말이죠. 별것도 아닌 그런 내용을 가지고, 표현력도 아주 부족하고 놀림도 받는 그런 정도인데도 자신 있게 자기 얘기를 하는 걸 보고, 아, 우리도 이제 저렇게 나가야 되겠다고 하는 반향을 받았습니다. 우리 아시다시피, 한국이 가지고 있는 역동성이나 다양한 많은 문제가 있지 않습니까? 이걸 갖다가 보다 더 법철학자가 제대로 임무를 해야 된다면 보다 더 숙고를 하고 보다 더 자신 있게 천착을 하면서 철학적인 식의 생각으로 변형시켜서 아마 작업을 해야 하지 않느냐 하는 생각을 갖게 되고, 그런 책임감도 갖게 된다고 생각합니다. 그러면서 제가 생각하기에 우리 1980년대, 1990년대 이래 계속 활동해 온 과정을 되돌아볼 때 우리 한국 법철학도 기본적으로, 개념 분석적인 연구, 사회적·역사적 연구, 그리고 규범적·형이상학적 연구, 이렇게 크게 세 가지 방향으로 연구를 해야 된다고 봅니다. 제가 볼 때 개념적 분석은 그래도 많은 분들이 천착을 하는 것 같아요. 그리고 법과 도덕의 관계, 법의 효력 등 여러 가지 생각을 하고 노력을 한 걸로 기억이 됩니다. 그런데 법철학에 관해 과연 한국과 세계와의 관계에서 사회적, 역사적인 것을 넘어서서 사회철학적 내지 역사철학적인 관점에서 법철학이 어떤 연관을 가지느냐 하는 것에 대해서 좀더 철학적인 관심을 가져야 한다고 생각합니다. 왜냐하면 우리가 가지고 있는 가장 큰 난제 중의 하나가 한국 법치주의와 인권에 대한 논의가 여전히 저조하다고 하는 비판을 생각해 볼 때, 한국의 법치주의가 어떻게 뿌리를 내리고 어떻게 이것이 활성화될까 하는 관점에서 보면 법철학이 단순히 개념 분석적인 것만을 하는 것으로는 부족하지 않느냐, 어떤 역사철학적인 사회철학적인 관점에서 조명을 하고 보다 복합적인 그런 접근을 해야 되지 않느냐 하는 생각을 가지게 됩니다. 그리고 더 나아가 저도 많은 관심을 가지고 있습니다만, 부족한 것이 규범적인, 어떻게 보면 정의나 정의론에 관한 것입니다. 정의의 구체적인 양상, 자유, 평등, 이런 여러 가지 논의는 있습니다만, 보다 포괄적인, 하나의 거시적인, 그런 한국적인 정의론을 갖는 것이 정말 어려운 것 같은데요, 정의론을 좀더 천착해서 하나의 비전을 갖다가 그런 개별적인 vision 이상으로 사람마다 뭔가 theory가 구성이 되어서 나왔으면 좋겠다는 바람을 가지고 있고요. 끝으로 한 마디 보태자면 김지수 교수님이 network without spider 라는 말씀을 하셨는데, 저는 without 이라는 말이 가슴에 와 닿습니다. 처음 법철학을 시작했던 젊을 때는, 하늘의 금성처럼 또는 북극성처럼 뭔가 빛나는 별이 있는 것처럼 봤습니다. 그런데 나이가 들면서 북극성과 이 금성이 내 마음 속에서 흐려지고, 그와 동시에 작은 별들이 여러 개, 하늘 도처에 나타나고 있는 것을 봤습니다. 다시 말하면 처음에 젊을 때는 절대적인 이념이나 절대적인 사상이 가능할 것이라고 생각을 했는데, 나이 들면서 상대주의적인, 어떤 타협적인, 관용적인 이런 식의 자세도 필요하구나 해서, 작은 군소 별들이 많이 떠오른다는 인상을 받은 것입니다. 그런 식의 생각과 동시에 과연 법이 해야 할 역할이 뭔지 라고 하는 점에서, 궁극적으로 다음에 대한 택일을 해야 된다고 생각합니다. 법에 대해서 회의적인 시각을 갖는 것이 필요한지 아니면 법에 대해서 긍정적인 시각을 갖는 것이 필요한지, 법은 좋은 것으로 만들어야 된다는 확신을 가지고 있는 것이 필요한지에 대한 자세가 정립되어야 한다는 생각입니다.

사회자(김정오 교수) : 감사합니다. 박은정 선생님이 좀 말씀해 주시겠습니까?

박은정 교수 : 예, 오 선생님 말씀하시니까 제가 오 선생님이 회장이셨을 때 오 선생님 모시고 제가 '법철학연구'라고 하는 학회지를 처음 만든 그 때가 생각이 납니다. 그 때 '법철학과 사회철학'은 이미 중단됐던가요? 우리 학회지가 첫 번 나온 게 98년이었나요?

오병선 교수 : 예. 98년.

박은정 교수 : 98년이었죠? 예, 제가 정말 기억나는 것은 우리 법철학의 필진들이 그렇게 많지 않으면서도, 학문 종사자들이 그렇게 많지 않은 것 같으면서도, 학회지를 만들 때마다 그래도 수준 있는 원고들이 꾸준히 들어왔던 것, 그것이 저로서는 기억에 남습니다. 처음에는 법철학 주전공자들이 많았지만 그 이후에 기초법학 일반 더 나아가서 실정법 분야에서 새로운 해석들을 구하고자 하는 그런 분들도 관심을 가지게 되면서, 이제는 법학 내에서의 학제성뿐만 아니라 법학 외의 분야까지 확대된 학제성도 확보될 정도로 자라게 된 것, 그것도 참 뜻있게 생각합니다. 그리고 아까 최종고 선생님, 아까 '법 및 사회철학 한국학회'에 대해서 말씀하실 때 저도 그 학회에 참석하면서 외부의 학회, IVR 같은 데도 나가고 그랬는데, 어떻게 본다면 그 학회도 아마 법철학회가 상당히 활성화되었더라면 뭐

그런 어떤 동의라고 할까요, 그런 걸 갖지 않았을 수도 있었을 것입니다. 어떻게 본다면, '법 및 사회철학 한국학회'가 만들어짐으로써 오히려 한국 법철학회가 활성화되는 계기도 되었다는 생각도, 지나고 나니까 듭니다. 제 개인적으로는 이제 한국법철학의 반성과 전망, 이런 글을 한 번 수 년 전에, 오래 되었군요, 벌써, 10여 년 전에 쓴 기억이 납니다. 그것을 쓰면서 해방 직후부터 쭉 보니까, 정말 법철학 관련 논문들이 적다면 적고 많다면 많게 꾸준히 학회에 보이는 것을 느꼈습니다. 제가 그 때 인상적으로 본 것은 법정이라고 하는 잡지였는데 장우영, 유병진 등 이런 분들의 글들이 있었습니다. 해방 직후에 일본의 법철학을 이어받으면서 황산덕 선생님이나 이런 분들이 켈젠을 중심으로 강단법학 내지 법철학을 가르쳤다면, 이런 분들은 실무법철학이라고 할까요, 사법철학이라고 할까요, 이런 쪽에 관심을 가지고 법사회학적인 관점에서 우리 사회의 현실을 또 목전에 있는 이러저러한 사례들을 연관시켜서 쓴 글이더라고요. 그런데 그런 간격을 느낀 겁니다. 한편의 강단법철학과 다른 한편의 실무법철학이 서로 유리된 느낌이 들었습니다. 그런데 그 때 그것들이 잘 조화될 수 있는 자리들이 있었고, 그것을 연관시켜 볼 수 있었더라면 한국법철학의 그 이후에 진로에도 참 좋은 영향을 미쳤겠다는 생각이 들어서 오늘날 어떻게 보면 우리 법철학이 가야 할 아쉬운 방향들도 바로 그런 쪽이 아닌가 하는 생각이 들었습니다. 사법철학이든 입법철학이든 이런 분야에서 이와 같이 갈구하는 바를 충족시켜줄 수 있는 것이 바로, 법철학이 나아가야 하는 길이라고 하는 생각이 듭니다. 저는 그 동안에 응용법철학이라든가, 아까 오병선 선생님도 말씀하셨지만 정치철학 내지는 사회철학, 그것과의 연관 속에서 보는 법철학 쪽에 관심을 나름대로는 가지면서 그런 쪽으로 글도 쓰려고 노력을 하기는 했습니다. 그래서 돌이켜보면, 우리 헌정사에 법철학 쪽 글들이 꾸준히 있을 수밖에 없는 것은 우리의 헌정사와 법치주의의 시행착오라고 할까, 이런 역사 속에서 자연히 보다 옳은 법의 물음, 법학의 기초에 관한 물음, 이런 것에 대한 욕구가 억누를 수 없이 나왔기 때문이라고 봅니다. 그것이 실무에 계신 분이나 아니면 학계에 계신 분들, 학계에 계신 분들 중에서도 법철학을 강학상으로 담당하는 분이 아닌 공법이라든가 이런 실정법 영역에서도 그런 갈구가 있었기 때문에 그런 글들이 꾸준히 나왔지 않았나 하는 생각이 듭니다. 선생님의 북극성 발언을 감명 깊게 들었습니다.

사회자(김정오 교수) : 최선생님 더….

최종고 교수 : 아까 말씀드린 것과 다른 방향이기 때문에 이런 차제에 제가 말씀드리는 것도 괜찮을 것 같습니다. 저는 아시는 대로 법사상사라고 하는 것을 주전공으로 한다고 하는, 아마 공식적으로는 아직까지도 한국에서 유일한 교수로 지금까지 지내 오다 보니까 어릴 적부터 평소에 갖고 있었던 느낌으로 항상 법철학, 철학 속에서의 긴장과 갈등과 아픔 등으로 시종되어 왔다고 솔직하게 말씀드립니다. 제 사고방식하고도 관련되고 삶의 스타일하고도 관련되어 있습니다만, 그럼에도 불구하고 아까 말씀드린 그런 경위로 항상 법철학과 늘 관계를 가져왔습니다. 그러던 중 수년 전 이항녕 선생님께서 해방 이후의 한국 법철학의 흐름을 대한민국 학술원에서 정리를 하라고 하는 걸 받았다고 그러시면서 전적으로 저한테 그것을 맡겨 주셔서 개인적으로 오늘 지금 얘기하고 있는 그 작업을 한 일이 있습니다. 출판까지 되어 있습니다. 그러면서 법사상사라고 하

는 것이 어떻게 보면 종합과학적인, 역사적인, 사실적인 면도 중요시해야 된다고 생각하다 보니까 점점 순수 법이론적인 면보다는 법문화 쪽에 관심을 가져야겠다는 생각을 하게 되었습니다. 그래서 아까 김지수 선생님께서 켈젠의 매력을 새롭게 느끼신다는 게 저한테는 대단히 인상적입니다.저는 선배님들의 법철학을 <한국법사상사>라고 하는 책에서 해방 이후 아까 말씀드린 몇 가지 분류로 제 나름대로 나누어서 연구를 했습니다. 황산덕 선생님께서는 역시 켈제니안(Kelsenian)이라고 자처하셨지요. 나중에 조금 수정을 하셨지만 말입니다. 이항녕 선생님은 또 스스로 라드브루흐와 괴테를 연결해서 당신의 기초를 삼는다고 이야기하셨습니다. 그런 면에서 보면 저는 라드브루흐 문화법철학적인 데 관심을 갖고 75년에 라드브루흐의 『법철학』을 번역하고, '법 및 사회철학 한국학회'에 1987년 고베대회에서부터 쭉 관계를 해오다 보니까 자의반 타의반으로 동아시아적인 퍼스펙티브라는 것을 생각하지 않을 수가 없게 되었습니다. 아마 타의적으로 제 입장이 세계무대에서는 '동아시아적이다'라고 되어 그 때부터 관심을 가지게 되었습니다. 이항녕 선생님, 황산덕 선생님, 그리고 유기천 선생님은, 한편으로 우리 한국의 전통과 문화에 대한 관심을 강하게 가지신 선학들이신데, 거기에서 제기된 문제를 우리 후배학자가 정말 진지하게 follow-up하고 있느냐 하는 생각을 진지하게 했습니다. 그래서 그것을 좀 생각하다 보니까 동아시아 법철학이라는 생각이 들었고 이것으로 내 나름대로 이론화를 해 봐야 하지 않겠는가 하는 생각이 들었습니다. 이런 생각 때문에 한 10년 동안 외국에 나가서 '동아시아 법철학(East Asian Jurisprudence)', 또는 '비교법철학(Comparative Jurisprudence)'라는 이름으로 영어로 좀 강의를 하다보니까 우선 서양철학자들에게 뭔가 introduction이 될 만한 책을 내주는 것이 필요하다고 생각했습니다. 이번에 북경대회를 의식을 해서 통서를 하나 내어 제 나름대로는 생각했던 것이 이뤄지지 않았나 하는 생각도 합니다. 인물, 토픽, 이런 얘기가 아까도 나왔습니다만, 우리의 컨텍스트 안에서 후학들이 좀더 다부지게 연구해야 할 것이 많다고 생각합니다. 솔직히 말씀드리면, 후배들이 진지하게 책을 읽지 않는 것 같아요. 외국 문헌은 대단히 많이 본 것 같은데 국내 선배들이 쓴 논문들을 얼마나 충실하게 읽고 밝히는가에 대해서는 좀 회의적입니다. 철학적인 관점에서 저는 제대로 법철학을 아직도 못하고 있고, 법주변 철학이라고 할까요, 제 식의 고민만 하다 오늘에 이르렀다 하는 생각이 듭니다.

박은정 교수 : 선생님, 한 가지만 짧게 말씀을 드리려고 합니다. 후배들이 어떤 외국 문헌들에 비해서 우리 쪽 학자분들의 진지한 고민들에 대해서 덜 배려를 한다고 하는 점을 생각해 보면…. 저도 이항녕 선생님 글이나 황산덕 선생님의 글을 읽으면서 이해를 하고, 이 생각들을 연결시킬 수 있는 어떤 착안점을 찾으려고 노력한 적이 있습니다. 그런데 그게 잘 안 되는 것은, 두 분 선생님들이 이제 다 출발은 상당히 독창적인 동양의 다른 학자들의 것에 착안을 하셔서 연구할 수 있는 계기를 주셨는데, 공교롭게도 두 분 다 비슷한 시기에 학계를 떠나신 이런 측면이 있었죠. 그것을 계속해서 발전을 시켜, 요컨대 소통이 되는 글을 계속 남겨주셨으면 좋았을 것이라는 생각이 들어요. 황산덕 선생님의 용수보살 이야기라든가 그 다음의 불교적인 관점, 이항녕 선생님의 풍토적 법사상 등의 것들도, 말하자면 소통적인 노력에 있어서는 그분들의 노작도 조금 부족하지 않

았나 하는 아쉬움이 조금 있습니다. 선생님, 어떻게 보시는지요?

최종고 교수 : 저도 동감인데, 그렇기 때문에 우리가 좀더 발전적으로 나아가야 하지 않나 합니다. 그러면서도 그 어르신들이 생각하는 방향과 주관심사에 대해서 이해하도록 노력하면서 그에 대한 발전을 우리의 과제로서 느끼고 조금 더 연속적으로 나갈 수 있으면 좋겠습니다.

사회자(김정오 교수) : 김영환 선생님, 말씀해 주십시오.

김영환 교수 : 오 선생님이나 최 선생님도 법철학에 어떻게 접근했는가를 말씀하셨기 때문에, 우선 법철학에 접근했던 과거사부터 말씀드리도록 하겠습니다. 아시다시피 저는 고대 법대에 들어갔는데, 그 때 법철학강의를 심재우 교수님으로 부터 듣고 굉장히 많은 감명을 받았어요. 그래서 심재우 교수님을 찾아가서 어떻게, 누구를 공부해야 되겠느냐고 했더니, 심재우 교수님 말씀이 제가 그림을 좋아하니까 라드브루흐를 읽어보면 좋겠다고 하셨습니다. 그 말씀을 따라 라드브루흐 책을 읽어보기 시작해서 독일법철학에 깊이 매료되었고, 그 결과 결국 독일에 가서 라드브루흐의 마지막 제자인 카우프만 교수 밑에서 학위를 하고 돌아왔습니다. 이것이 제가 법철학에 접근하게 되었던 간략한 경험담입니다. 두 번째 법철학회와 관련해서 말씀드리고 싶은 것은 제가 그 동안 법철학회를 위해 한, 두 가지 큰 일에 관해서입니다. 그 하나는 대우재단에서의 독회설립입니다. 제가 89년, 90년에 한국외대에서 시간강사를 했는데, 그 때 김지수 교수님한테 대우재단에서의 모임이 필요하다는 말씀을 드렸습니다. 이미 저는 그 당시 한림대학에서 대우재단의 지원을 받아서 독해를 하고 있었기 때문에, 대우재단이 학술모임을 지원한다는 것을 알고 있었습니다.

그 때 마침 김지수 교수님이 법철학회 회장으로 계셨던 관계로 독회모임이 비교적 별문제 없이 91년에 만들어졌습니다. 그 다른 하나는 대우재단을 기반으로 한 법철학총서 발간입니다. 대우독회가 91년에 만들어져 그 곳에서 2년간 발표 및 토론을 한 것을 기반으로 『현대법철학의 흐름』이라는 책을 한국법철학회가 펴내는 법철학총서 1로 만들었습니다. 이 책은 사실 오늘 김정오 교수님이 주축이 되어 발간하시게 될 『한국법철학 50년』의 전판이라고도 말할 수 있습니다. 그 후 대우재단으로부터 연구 프로젝트를 받아 김정오 교수님이 펴낸 법철학총서 2인 『응용법철학』의 기초를 닦았습니다. 그리고 세 번째, 한국 법철학계의 발전방향에 대해 제 생각은 다음과 같습니다. 박은정 교수님이 이미 말씀하셨다시피, 미래의 법철학은 형식적인 이론이 아니라 실무에 대해 실천적인 중요성을 지니는 '응용법철학'으로 그 모습이 바뀌어야 된다고 생각합니다. 다시 말해서 법철학이 추상적인 이론이 아니라 개별 판결에 대해서 일정한 지침 또는 법적 원리를 제공하는 응용법철학식의 발전이 더욱 필요하다는 것입니다. 그런 관점에서 보면 법의 해석과 적용을 그 대상으로 하는 법학방법론의 연구가 더욱 절실하다는 것은 아무리 강조해도 지나치지가 않을 것입니다. 또한 그렇게 되어야만 법철학에 쉽게 접근하는 사람들의 수가 늘어나 저변이 확대될 수 있다고 생각됩니다. 일본 관서대학이 한양대학과 자매결연을 맺고 있어 작년에 일본에 가서 다음의 흥미로운 ―꽤나 속으로는 부러운― 얘기를 들었습니다. 그 때 통역을 맡았던 사람이 동경제대에서 공부를 하고 있는 한국여학생인데, 그 학생 얘기로는 동대 교수들이 최근에 많은 걱정을 한다고 합니다. 고민의 이유는 동대 대학원의 학생들이 법철학을 많이 듣기 때문에 앞으로 개별 실정법이 아니라 법철학으로 전공을 바꿀 것이라고 우려하기 때문이라는 것입니다. 물론 우리 대학의 현황은 이것과 전혀 사정이 다릅니다. 그런데 법학 전문대학원이 들어선 지금 법철학이 생존하기 위해서는 추상적인 법철학 이론만을 고집해서는 안 될 것 같습니다. 왜냐하면 법철학 원리만을 가르친다면 법철학의 저변확보는 머나먼 이야기가 될 것이기 때문입니다. 그리고 비단 저변 확대뿐만 아니라 법철학 자체의 임무를 생각해 보아도 법철학의 성격은 앞으로 다음과 같이 변해야 한다고 생각합니다. 즉 여태까지의 법철학이 주로 올바른 내용의 법에 관한 것이었다면, 이제 법철학은 올바른 분쟁해결을 위한 이론적 기초를 제공하는 것에 눈을 돌려야 할 것입니다. 이렇듯 법철학이 실무에 근접한 법적 원리의 구체적인 적용방식들을 제공한다면 법철학은 앞으로도 존재하고 또 당연히 존재해야 할 것입니다.

사회자(김정오 교수) : 감사합니다. 장영민 교수님도 한 말씀 부탁드리겠습니다.

장영민 교수 : 저도 한 세 가지 정도로 간단하게 말씀드리겠습니다. 우선, 제가 이 법철학에 입문하게 된 것은 대학에 들어와서…. 사실 제가 법학에 잘 적응을 못했었습니다. 결국은 유일한 학문적인 향기가 나는 돌파구로서 결국 법철학을 택한 것인데, 도화선이 된 것은 황산덕 선생님과 유기천 선생님이었습니다. 그리고 친구들이 얘기하는 어른들 중에 심재우 선생님도 계셨습니다. 여러 분들의 저서와 논문을 읽어도 보고 이런 과정에서 법철학에 접근을 했었던 것 같습니다. 당시 학교 법대에는, 법철학 선생님이 안 계셨었습니다. 전원배 선생님이 타계를 하셨기 때문에, 저희는 4년간 법철학 선생님이 없는 상태에서 학교를 다니게

되었습니다. 그 당시에 심헌섭 선생님이 강사로 나오셨고, 경희대학에 계시다가 성균관대학으로 옮기신, 이런 상황이었습니다. 그래서 저는 경희대학 시절에 또는 성균관 대학 시절에 심헌섭 선생님께 찾아뵈어 이런저런 책도 빌리곤 했습니다. 대학원에 들어가던 해, 76년인데요, 그 때 심헌섭 선생님이 부임을 하셔서 본격적인 지도를 받게 됐습니다. 결국 법철학 교수님들이 법대에서 법철학에 입문하게 되는 다소 역설적인 상황이 되었습니다. 법철학회와의 관계는 이제…. 그렇게 해서 심헌섭 선생님의 지도를 쭉 받게 되는데, 그분이 그 당시에 주로 관심을 가지셨던 학자가 하트라든가 켈젠이었죠. 켈젠은 물론 관심을 가지셨죠. 그래서 여기저기 흩어져 있는 하트의 글을 모아서 선생님께 갖다 드리기도 하고, 선생님께서 미처 못 찾으신 글을 찾아서 갖다 드리기도 하면서 저도 자연스럽게 하트의 글을 읽게 되었습니다. 그러다가 졸업을 하고 군대를 갔다 와서, 다시 선생님의 문하로 들어갔는데, 가자마자 바로 인하대학으로 부임하게 되었습니다. 법철학회 활동이라는 것이 학생 때에 하기 힘든 것이기 때문에, 81년부터 법철학학회에 나오게 되었습니다. 인하대학에 간 후부터, 이대에서 모이는 모임에는 거의 참석은 한 것 같습니다. 정확히 어느 분이 발표를 하셨는지 기억은 안 나지만, 자료는 대충 다 가지고 있습니다. 그렇게 활동을 했고, 학계에 연하의 참여자로서, 말하자면 팔로우십을 충분히 발휘했다고 생각이 됩니다. 그러면서 심헌섭 선생님이 학회장을 맡을 때 총무이사 역할을 하고, 그 후에도 계속 일을 함으로써 학회지 창간하는 데도 기여를 했고, 또 김영환 교수가 나름 주도를 했던 대우 활동에서도 충실한 펠로우로서 활동을 한 것 같습니다. 특별히 학회활동에 기억나는 것은, 말하자면 기여 정도의 기억이고요. 그 다음에, 앞으로의 것에 대한 저의 관심사는, 사실 처음에 말씀드렸지만 학문적인 성격이 좀 높은 것을 지향하는 기질이 있는지 여전히 이론지향적인 성격을 갖고 있습니다. 그래서 실천에 대해서는 다소 거리를 두어 왔었는데 이제 와서 많이 좀 제가 깨우치게 되는 것이 실천에 대한 것입니다. 그래서 실천이라는 것이 무슨 큰 앙가주망(engagement)의 의미가 아니고, 사회 전체의 변화에 대한 예리한 감각을 좀 길러서 그것을 이론화하고 또 원리를 추천하는 것이 되어야 하는 것이 아닌가, 그리고 현실에 있는 사회 움직임과 변화에 대해서 예리한 관심을 갖는 법철학을 해야 되지 않겠는가 하는 생각을 합니다. 가장 도화선이 됐던 것은 드워킨의 생각에 대한 것입니다. 일례를 들겠습니다. 근자에 논의되는 로스쿨 문제와 관련되어 로스쿨 제도 자체가 법철학자들이 충분하게 논의를 한 끝에 도입되어야 되는 제도라고 생각이 되는데, 논의가 별로 없이 불쑥 도입이 되는 바람에 그 골간은 어디로 가고, 로스쿨이라는 이름만 들어오게 되는 이런 큰 역설이 오게 됐다고 하는 생각이 듭니다. case method 같은 것도 사실은 우리가 타깃의 대상으로 삼는 개념법학의 한 범주에 속하는 것인데, 이것을 개념법학의 상대되는 개념으로 설정하여 이걸 버리고 저걸 택하다가 결국에는 같은 것을 가져오게 되는 이런 기막힌 역설이 있게 되지 않겠습니까? 이것은 제가 나중에 자세히 얘기하겠습니다. 그런 의미에서 현실에 대한 감각에 좀더 유의해야 할 것이라고 생각합니다.

사회자(김정오 교수) : 이렇게 해서 원로 선생님들하고 우리 전임 회장님들이 다 말씀해 주셨습니다. 감사합니다.

김지수 선생님 : 최종고 교수가 동양 법철학에 대해서 말씀하셨지

요. 저는 지금 태국에 있습니다. 태국의 부라파 대학으로, 공항에서 한 시간 남쪽으로 가면 있는 대학인데, 조용하고 참 좋습니다. 태국은 아시아 10개 국가 중의 한 나라입니다. 아시아는 한중일 3개국을 협력체제로 잡고 있는데 제 생각에 아시안의 입장에서 중국과 일본과 한국의 역할은 서로 매우 다릅니다. 그래서 소위 동양법철학에서 한중일에만 한정시키지 않으셨으면 합니다. 동남아에서도 문화의 다채로움 속에서 한국의 문화가 표출될 수가 있습니다. 그래서 부라파 대학교에 숙소, 그 다음에 회의장소를 다 제공해 드릴 테니까 (웃음) 법철학 모임을 한 번 동아시아라는 틀에서 벗어나 남쪽의 동남아시아 쪽까지 넓혀 다채로움 속에서 우리 법철학사상을 표출시켜 보는 계기를 한 번 마련했으면 하는데요. 회장님께서 한 번 추진해 주시면 제가 대학당국과 얘기를 해서 장소, 숙소 모든 일체를 제공하도록 하겠습니다.

(박수)

한국법철학회 略史

한국법철학회 略史

연도	내 용
1926	• 우리나라에서 법철학강의는 경성제국대학에서 오다카 도모오(尾高朝雄, 1899~1956) 교수에 의해서 처음으로 실시된 것으로 추측됨. 당시 한국인 제자로서는 유진오 선생, 이항녕 선생 그리고 황산덕 선생이 있었음.
1948	• 처음으로 번역된 법철학서는 Harms의 『법률철학개론』인데, 조중학 선생의 번역으로 신학사에서 출간됨.
1949	• 최초의 법철학 교과서로서 황산덕 선생의 『법철학』이 출간됨.
1955	• 고광림 선생이 처음으로 법사상사를 강의함.
1957	• 한국법철학회 창립. 초대회장으로는 유진오 선생(고려대학교)이 추대되었고, 이사는 이항녕 선생(고려대학교), 황산덕 선생(서울대학교) 그리고 이태제 선생(경북대학교)이 역임함. 그 밖에 김여수 선생(성균관대학교), 장경학 선생(연희대학교), 최식 선생(정치대학교), 최태영 선생(중앙대학교), 정희철 선생(경북대학교), 엄민영 선생(신흥대학교), 안이준 선생(신흥대학교), 김기수 선생(동국대학교), 남상학 선생(홍익대학교), 금영우 선생(충남대학교), 최해태 선생(청구대학교), 문홍주 선생(부산대학교), 현승종 선생과 김증한 선생 등이 한국법철학회의 활동에 참여함. • 유기천 선생이 한국인으로서는 처음으로 미국 하와이에서 개최된 제3차 동서철학자 대회에서 "문화연구의 장 이론"(Field Theory in the study of culture: Its application to Korea)을 발표.
1959	• 유기천 선생이 한국인으로는 처음으로 세계법철학 및 사회철학회(Internationales Verein für Rechts- und Sozialphilosophie:

연도	내 용
	IVR)에 독일어 논문 “이른바 법의 상대성이란 무엇인가(Was ist sogenannte Relativität des Rechts?)”를 발표.
1960	• 황산덕 선생이 국내에서 처음으로 법학박사학위(서울대학교)를 취득하였다. 박사학위논문의 제목은 『최신 자연과학의 발달이 법철학에 미친 영향』임.
1964	• 권영백 선생이 한국인으로는 처음으로 독일 자르브뤼켄 대학교(Universität der Saarbrücken)에서 박사학위를 취득하였다. 박사학위논문 제목은 『라드브루흐의 법철학에서 사물의 본성론의 전개와 의미(Entwicklung und Bedeutung der Lehre von der Natur der Sache in der Rechtsphilosophie bei Gustav Radbruch』임.
1965	• 김홍섭(金洪燮, 1915-1965) 선생 작고. • 이항녕 선생이 법철학 교과서 『법철학개론』을 수도문화사에서 출간.
1974	• 전원배(田源培, 1924-1974) 선생 작고.
1975	• 최종고 교수에 의하여 구스타프 라드브루흐의 법철학 교과서인 『법철학(Rechtsphilosophie)』이 번역되어 삼영사에서 출간됨.
1976	• 고병국(高秉國, 1909-1976) 선생 작고.
1978	• 이항녕 선생이 『법철학적 인간학』을 발표.
1981	• 권영백(權寧佰, 1934-1981) 선생 작고.
1982	• 함병춘(咸秉春, 1932-1982) 선생 작고. • 정종욱(鄭鐘勗, 1933-1982) 선생 작고.
1983	• 세계법철학 및 사회철학회(Internationales Verein für Rechts- und Sozialphilosophie: IVR)의 한국지부 결성.
1984	• 박덕배(朴德培, 1908-1984) 선생 작고. • 고광림(高光林, 1920-1984) 선생 작고.

연도	내 용
	• 전임 세계법철학 및 사회철학회 회장이었던 뮌헨대학(Ludwig Maximilians Universität, München)의 아르투어 카우프만(Arthur Kaufmann) 교수 방한. • 한독수교 백주년 기념 한독법학심포지움 개최. 홀러바흐(Alexander Hollerbach) 교수 초청. "독일에서 자연법논의는 어떻게 되었나?(Was ist von der deutschen Naturrechts-diskussion geworden?)"를 발표.
1985	• 심헌섭 선생이 『법철학 I』을 박영사에서 출간.
1986	• 이병린(李丙隣, 1911-1986) 선생 작고.
1987	• 유진오 선생(1906-1987) 작고. • 1989년에 개최될 IVR 고베(神戸)대회에서 한국이 이사국으로 지정되었음. 당시 서돈각 선생이 이사로 선임됨. • 법학계에서 『대우학술총서』(인문사회과학)에 처음으로 양건 교수의 『법사회학』(통권 18호, 민음사)이 수록되었으며, 법철학 분야에서는 박은정 교수의 『자연법 사상』(통권 24호, 민음사)이 수록됨.
1989	• 황산덕(黃山德, 1917-1989) 선생 작고.
1990	• 심재우 교수 한국법철학회장 취임.
1992	• 김지수 교수 한국법철학회장 취임. • 과거 이화여자대학교에서 비정규적으로 가졌던 법철학연구모임을 정례화하여, 대우재단 세미나실에서 「월례독회」를 개최하게 됨.
1994	• 심헌섭 교수 한국법철학회장 취임.
1996	• 오병선 교수 한국법철학회장 취임. • 한국법철학회 편으로 『현대 법철학의 흐름』을 법문사에서 출판. 한국법철학회의 공동집필로서는 최초의 저서임. • 양승두 선생과 김철수 선생이 일본 홋카이도대학의 히로미치 이마이 교수와 함께 「동아시아 법철학회」를 결성함.

연도	내 용
1998	• 유기천(劉基天, 1915-1998) 선생 작고. • 박은정 교수 한국법철학회장 취임. • 한국법철학회 학술지『법철학연구』창간호 발간(2월). • 4월 연세대학교에서 개최된 학술대회에서「심재우의 법철학」을 주제로 김영환 교수, 이재룡 교수, 심헌섭 선생, 심재우 선생이 발표.
2000	• 김병규(金秉圭, 1920-2000) 선생 작고.
2001	• 박광서(朴光緖, 1916-2001) 선생 작고. • 한국법철학회 편의 두 번째 저작『법치국가와 시민불복종』을 법문사에서 출판.
2002	• 김영환 교수 한국법철학회장 취임. • 한국법철학회 편의 세 번째 저작『응용 법철학』을 아카넷에서 출판.
2003	• 이태재(李太載, 1921-2003) 선생 작고. • 최종고 교수가 IVR 이사로 선출됨.
2004	• 장영민 교수 한국법철학회장 취임.
2005	• 최태영(崔泰永, 1900-2005) 선생 작고.
2006	• 김정오 교수 한국법철학회장 취임.
2007	• 한국법철학회 창립 50주년 기념 학술대회를 개최함.
2008	• 11월 한국학술협의회의 지원으로 로널드 드워킨(Ronald Dworkin) 교수를 초청하여 전문가 세미나와 공개강연을 가짐.
2009	• 한국법철학회와 세계 법철학 및 사회철학회 한국지부가 통합됨.
2010	• 한국법철학회 창립 50주년 기념으로『한국 현대법철학의 형성과 전개』를 세창출판사에서 출간함.

한국 현대법철학의 형성과 전개

2010년 6월 15일 초판 인쇄
2010년 6월 20일 초판 발행

편 자 한국법철학회
발행인 이 방 원
발행처 세창출판사
서울 서대문구 냉천동 182 냉천빌딩 4층
전화 723 - 8660 팩스 720 - 4579
E-mail: sc1992@empal.com
Homepage: www.sechangpub.co.kr
신고번호 제300-1990-63호

정가 30,000 원

ISBN 978-89-8411-305-3 93360

이 도서의 국립중앙도서관 출판시도서목록(CIP)은 e-CIP 홈페이지 (http://www.nl.go.kr/ecip)에서 이용하실 수 있습니다.(CIP제어번호: CIP2010002062)